DALIDA

Lorsque l'amour s'en va...

CATHERINE
BENOIT-SEVIN

DALIDA

Lorsque l'amour s'en va...

CARRERE

Michel Lafon

Éditions 13
9 Bis rue de Montenotte
75017 PARIS
Tél. : (1) 46.22.44.54

ISBN 2-86804-406-9

... quand il n’y a plus d’espoir,
La vie est un opprobre, et la mort un devoir.

VOLTAIRE
(Mérope)

1

LE DERNIER JOUR

Après les premiers rayons de soleil du printemps, le froid était revenu sur Paris ce samedi-là.

Le froid et la grisaille...

La matinée s'achevait lorsque le téléphone a sonné dans la jolie maison du 11bis, rue d'Orchampt, nichée en haut de la butte Montmartre.

Dalida n'a pas été surprise. Elle attendait cet appel. Avec impatience. Avec joie.

Un ami cher avait promis de l'appeler pour confirmer le rendez-vous qu'ils avaient pris le soir même.

Ils dîneraient ensemble, en tête à tête, dans un de ces petits bistrots tranquilles où il fait bon échanger projets et confidences... parfois même un peu plus.

Dali s'autoriserait un ou deux verres de vieux bordeaux. Elle picorerait dans son assiette quelques bouchées d'un mets raffiné qu'elle aurait choisi avec soin pour ne pas nuire à sa ligne. Elle écouterait son compagnon lui parler de son travail, des films qu'il avait vus, des livres qu'il avait lus. Elle lui raconterait son récent voyage en Turquie, l'accueil enivrant que lui avait réservé ce pays où elle venait de donner un récital à la demande du chef de l'État en personne.

A la fin du repas, la conversation se ferait sans doute plus intime. Dalida et son compagnon abandonneraient le « je » pour le « nous » des secrets partagés.

Ce serait une si agréable soirée!

Hélas, en ce samedi 2 mai, l'homme au bout du fil lui a dit :

– Non, excuse-moi, mais ce soir je ne peux pas.

Peut-être même a-t-il ajouté autre chose qui l'a déçue, meurtrie, égratignée, elle, qui depuis quelques mois, avait les nerfs à fleur de peau, les larmes à fleur de cil.

Dalida s'est retrouvée seule. Avec un long weekend en perspective.

Elle a regardé mélancoliquement les brins de muguets « porte-bonheur » qu'elle avait reçus la veille et qui commençaient déjà à baisser du nez dans leur vase d'opaline.

Elle a tourné en rond un instant. Un instant qui s'est prolongé, prolongé...

Oh bien sûr, si elle l'avait voulu, Dalida n'aurait eu qu'un geste à faire pour briser sa solitude.

Roland Ribet, son imprésario, chaleureux, exubérant, bavard ne l'avait-il pas appelée la veille pour lui dire :

– Je t'emmène au théâtre demain. Nous irons voir « Cabaret » à Mogador. J'ai deux places. Tu verras, c'est un spectacle formidable.

Dalida lui avait répondu :

– Je ne suis pas sûre d'être libre. J'ai un dîner

déjà prévu. Rappelle-moi demain. On verra à ce moment-là.

Effectivement, Roland a téléphoné au cours de l'après-midi. Qu'est-ce qui a alors poussé Dalida à refuser avec ces mots :

– Désolée, Roland, je ne me sens pas en forme. Excuse-moi. Une autre fois...

Et comme il insistait, elle a ajouté :

– Ne t'inquiète pas. Ce n'est qu'un coup de fatigue passager. De toute façon, je ne suis pas seule, Jacqueline reste dormir avec moi...

Jacqueline, l'habilleuse de Dalida. Son habilleuse et même beaucoup plus que cela. C'est une des personnes qui lui est la plus proche. Une amie, une confidente qui est aussi secrétaire, assistante, cuisinière, coiffeuse quand il le faut.

Alors, soit, si Jacqueline était là, Roland Ribet n'avait pas lieu de s'inquiéter!

Seulement voilà, à Jacqueline, ce jour-là, Dalida avait décidé de mentir.

– Sauve-toi, lui a-t-elle déclaré affectueusement. Ce soir, je n'ai pas besoin de toi. Je vais au théâtre avec Roland.

Alors Jacqueline est partie.

– Et surtout, ne viens pas trop tôt demain, lui a lancé Dali. J'ai l'intention de faire la grasse matinée. La Turquie m'a épuisée. J'ai besoin de récupérer...

– O.K., je passerai vers midi.

– Non, ne viens pas avant 17 heures!

Va pour 17 heures. Jacqueline sait bien que dans le monde du show-business on n'a pas d'heure pour se coucher et encore moins pour se lever.

Et puis, Roland Ribet est un délicieux camarade pour sa patronne. Il l'invitera à souper après le spectacle. Il la raccompagnera, la dorlottera, la bordera dans son lit. Bref, ce soir-là Dalida sera entre de bonnes mains.

Pauvre Jacqueline qui tranquille et sereine a quitté la maison familière.

Pauvre Jacqueline qui, le lendemain à l'heure dite, a découvert un si poignant spectacle...

Lorsque son habilleuse a fermé la porte, Dalida savait déjà ce qu'elle allait faire.

Dans l'armoire de toilette, dans la petite salle de bains attenante à sa chambre, au premier étage, il y avait tout ce qu'il faut...

Pour avoir déjà, à deux reprises, tenté de mettre fin à sa vie, Dali, la star de lumière secrètement hantée par l'obscurité, connaissait les moyens de mettre fin à son mal de vivre.

Elle n'a pas tardé à réunir le nombre de cachets nécessaires. Ils étaient dans la maison – dispersés peut-être pour échapper aux regards vigilants de ceux qui l'aimaient – mais elle savait où les trouver.

Six tubes... Dalida a jugé qu'il en fallait autant. Cette fois, elle ne voulait pas se rater.

Elle a mis de l'ordre dans la maison. Elle a revêtu un déshabillé de soie blanche. Elle a pris soin d'avaler par poignées les petites pilules dans sa salle de bains et de jeter l'emballage vide dans la corbeille à papiers. Puis, elle a tracé quelques mots sur un carton blanc.

Son ultime message. Son dernier adieu : « La vie m'est insupportable. Pardonnez-moi. »

Ce billet, Dalida ne l'a pas cacheté dans une enveloppe. Il était pour tout le monde, sa famille, ses amis, son public. Elle l'a posé bien en évidence sur le bouddha d'or qui veillait sur sa chambre.

Alors, elle s'est dirigée vers son lit. Un grand et beau lit fait pour l'amour, garni de coussins, abrité de voilages.

Elle s'est allongée...

Dans un dernier geste de coquetterie, elle a mis devant ses yeux une paire de lunettes noires, sans doute pour cacher à ceux qui la retrouveraient les terribles stigmates de la mort.

Puis, pour parfaire son suicide, elle a pris un verre qu'elle a rempli de whisky. Elle l'a bu d'un trait, elle qui détestait tant l'alcool. Elle a eu le temps de caler derrière son dos au creux de sa nuque, un gros coussin chamarré. Elle a pris la pose – pathétique et émouvante intention d'artiste et de femme soucieuse de séduire jusque dans la mort – puis elle s'est endormie.

Jacqueline allait la retrouver le lendemain, belle, tranquille, dans l'écrin de soie et de lamé qu'elle avait choisi pour partir.

Sous sa chevelure rousse, le coussin était encore tiède. Dans ses mains, le verre, vide, était resté figé. Sur sa bouche, on pouvait lire comme un sourire...

C'est le silence qui a d'abord frappé Jacqueline lorsqu'elle est arrivée.

Puis elle a vu le chien, assis muet sur le siège dans la cuisine...

C'était un petit nouveau. On l'avait donné tout récemment à Dalida qui venait de perdre Vizir, le carlin qu'elle aimait d'une infinie tendresse. Un chien affectueux, tendre, intelligent sur lequel elle avait reporté l'affection qu'elle n'avait pu offrir à un enfant.

Le nouveau venu, Raja, n'était pas encore vraiment habitué à l'hôtel particulier de la rue d'Orchampt. Mais, avec ce surprenant instinct dont les animaux font preuve si souvent, il avait pressenti le chagrin de sa maîtresse. Respectueux du drame qui se déroulait à l'étage au-dessus, il avait négligé la pâtée préparée à son intention. Il était resté immobile sur sa chaise, soumis, discret, triste.

Oh oui, Jacqueline a tout de suite compris que quelque chose s'était passé. Elle est montée à l'étage. Elle a ouvert la porte de la chambre de conte de fée pour y découvrir la princesse endormie. A jamais endormie.

Dalida était sereine, la mort était venue sans douleur. Elle l'avait laissée intacte, presque assise, la tête à peine inclinée sur la gauche dans un abandon consenti.

Que fait-on quand on découvre une telle tragédie? On n'y croit pas. Jacqueline n'y a pas cru. Elle a senti son pouls battre la chamade, mais elle n'a pas perdu espoir. Elle s'est précipitée sur le téléphone et elle a fait d'abord les numéros qu'elle connaissait par cœur. Celui du médecin de Dalida qui a prévenu le SAMU, celui d'Orlando, le plus jeune frère de la chanteuse, l'homme qui veillait sur sa carrière et sur sa vie. Celui de Rosy, sa cousine. Elle a appelé le restaurant voisin « Da Graziano », où Dali allait comme chez des amis, sûre de trouver chaleur et oubli. Elle n'a pas songé à prévenir la police.

Pour Jacqueline, c'était impossible. Dalida n'était pas morte. Elle allait se réveiller, se réchauffer à la chaleur de ceux qui l'aimaient.

C'est ce qu'a pensé Orlando, lui aussi, dès qu'il est arrivé sur les lieux. Il habite à deux pas, dans un petit appartement d'où il pouvait – croyait-il – protéger sa sœur.

Ce jour-là, hélas, elle avait déjoué sa vigilance.

Fou de douleur, le frère s'est jeté au pied du lit de celle qu'il appelait, avec son exubérance latine, sa déesse, son soleil, sa star.

Alors, égaré par la peine, il a levé les bras au ciel en hurlant :

– Je ne veux pas que l'on sache que Dali est morte. Ne disons rien, célébrons ses obsèques dans la plus stricte intimité. On racontera n'importe quoi, qu'elle est à l'étranger, qu'elle ne veut plus se produire sur scène. Je ne veux pas que l'on sache que ma sœur chérie est partie !

Pendant trois heures, les quelques intimes réunis autour du corps de Dalida n'ont pas osé contrarier Orlando.

Mais Dalida ne méritait-elle pas autre chose qu'un enterrement à la sauvette ?

Si bien sûr ! Il fallait organiser pour elle une cérémonie grandiose où tous ses admirateurs pourraient venir lui rendre un dernier hommage. Il fallait que Dali parte comme elle avait vécu : avec panache.

C'est alors seulement qu'Orlando a accepté que le décès soit publiquement révélé.

Et pour la France entière qui a appris la nouvelle à 20 h 20 au journal télévisé, ce fut un bien triste dimanche soir.

Dès lors, rue d'Orchampt, le téléphone n'allait cesser de retentir.

Des quatre coins du monde, les amis de Dalida bouleversés criaient leur peine et leur révolte. Leur regret aussi : celui de n'avoir pas su l'aider à vaincre sa mélancolie.

Nana Mouskouri, qui se trouvait à Vancouver au Canada, était en larmes.

La dernière fois qu'elle l'avait vue, Dalida lui avait dit :

– Tu en as de la chance, toi. Tu as deux beaux enfants et un homme qui t'aime...

Une petite phrase qui montrait combien Dalida souffrait d'avoir raté sa vie de femme. Une petite phrase qui, à elle seule, explique son suicide.

L'appel le plus poignant est venu de Floride. Il provenait du peintre Jean Sobieski, un homme que Dalida avait passionnément aimé vingt-six ans plus tôt. Un des quatre hommes qui ont marqué son cœur, le seul qui soit encore vivant. Le seul qui ne se soit pas suicidé (voir chap. 4, 5 et 8).

Alain Delon, auquel elle vouait une très tendre amitié, se trouvait à l'étranger. Il a fait savoir, profondément ému, qu'il reviendrait pour les funérailles.

Bientôt, les premières visites allaient se succéder.

Il fallait qu'Orlando se décide, qu'il choisisse la robe que porterait Dalida pour le dernier voyage, la robe qui l'immortaliserait dans les souvenirs.

Fébrile, il a alors fouillé dans les penderies où s'alignaient, à jamais privées de vie, les merveilleuses toilettes de Dalida. Des robes « lumière », des robes « fleurs », des robes « écrin » pour sa beauté radieuse.

Il y en avait de toutes les couleurs, de longues, de courtes, de sobres, de gaies.

C'est justement sur une robe joyeuse, d'un rouge éclatant, que le regard d'Orlando s'est arrêté d'abord.

– Ce sera celle-là, a-t-il dit.

Jacqueline a alors entrepris la tâche délicate et ô combien douloureuse de vêtir la défunte.

Mais le frère de Dali s'est ravisé.

– Mettons-lui plutôt la tenue qu'elle préférait, a-t-il déclaré. Celle qu'elle portait lorsqu'elle chantait *Mourir sur scène.*

C'était un long fourreau noir orné de strass.

Mais non, décidément Orlando ne voulait pas que Dalida porte une toilette triste dans sa dernière demeure.

Alors, il a sorti des armoires la merveille des merveilles. Une robe d'or entièrement plissée du couturier favori de la chanteuse, Loris Azzaro.

– Dali, c'était un soleil, a murmuré son frère. Il faut l'habiller comme un soleil.

Et c'est vrai qu'étalés autour d'elle comme une corolle, les larges plis mordorés ont paré son corps immobile d'une resplendissante auréole.

C'est Guy Lux, qui, l'un des premiers, est venu

rendre un dernier hommage à Dalida. Il allait dans les heures et les jours qui suivent être suivi par les plus grands noms du spectacle : Yves Mourousi qui a tenu à veiller son amie jusqu'à 4 heures du matin, Hervé Vilard qui vénérait Dali, François Valéry et Nicole Calfan, Dany Saval, Alice Dona et tant d'autres.

C'est pourtant la réaction de Mireille Mathieu qui a été la plus violente, la plus déchirante.

Mireille s'est quasiment effondrée en découvrant son amie sur son lit de mort. Mireille est une femme solitaire, comme l'était Dali et qui, sans doute, n'en a été que plus touchée par le geste fatal de celle qui partageait avec elle les bravos du grand public...

Le lundi 3 mai fut le jour de la mise en bière. Toute la famille s'était réunie. Le frère aîné de Dalida, celui qui pour de vrai s'appelle Orlando, était venu avec ses deux fils Luigi (dix-neuf ans) et Roberto (dix ans).

Élucidons tout de suite un petit mystère. Le plus jeune frère de Dalida, celui qui dirigeait sa carrière depuis près de quinze années à sa merveilleuse aînée s'appelait Bruno. Oui mais à l'époque de la vogue « yé-yé », il avait décidé de chanter lui aussi. Et il avait choisi pour pseudonyme le prénom de son grand frère, du plus âgé des enfants Gigliotti.

En fin de compte, même s'il avait vite abandonné la chanson, Bruno était resté Orlando pour tout le monde du show-business.

Si bien que Dalida avait deux Orlando dans son cœur. Un grand et un petit. Un grand qui habitait plus loin d'elle mais lui avait donné une immense joie en lui faisant... deux neveux.

Dalida les avait dorlottés, caressés, gâtés comme une seconde mère.

Et voilà qu'ils étaient là, ces deux gamins, devant sa dépouille, découvrant bien trop tôt le spectacle cruel de la mort.

Lorsque l'on a placé Dalida dans le cercueil d'acajou, capitonné de satin blanc, Orlando (Bruno) a demandé qu'on lui apporte un bouquet de roses. Puis, chiffonnant une à une les fleurs délicates, il a fait tomber sur le corps de Dalida une pluie de pétales odorants. Longuement, il a regardé le visage adoré, puis il a murmuré :

« Petite sœur chérie, pourquoi ne m'as-tu pas dit ce qui te manquait. Je serais allé te le chercher à genoux jusqu'au bout du monde. »

Mais ce qui manquait à Dalida, personne ne pouvait plus le lui offrir.

A cinquante-quatre ans, Dalida n'espérait plus grand-chose de sa vie. Elle était passée à côté de l'essentiel : la maternité. Son seul et unique mari était mort. Et aujourd'hui, l'amour même s'il vibrait encore parfois sur sa peau, se faisait de moins en moins dense, de moins en moins profond.

En vérité, Dalida n'y croyait plus. Elle savait bien qu'elle ne vieillirait pas aux côtés d'un être cher entre tous, lié à elle pour le meilleur et pour le pire.

Oh pour le meilleur, elle trouverait encore des cavaliers! Mais pour le pire, c'était trop tard.

Bien sûr, il y avait son métier, son public. Mais, après trente ans de carrière, trente ans de voyages, de valises ouvertes et fermées, de chambres d'hôtel, de trac et de fatigue, elle commençait à se faire lasse. Bien sûr, la chaleur de ses admirateurs était un baume capable d'adoucir bien des chagrins. Et c'est vrai que sur scène Dalida oubliait tout!

Mais le vedettariat a bien d'autres servitudes. C'est aussi une forme physique à maintenir coûte que coûte au prix d'efforts de chaque instant, une image à entretenir (ah les longues séances chez le coiffeur, le maquilleur, le couturier pour seulement cinq minutes de passage à la TV!). Enfin, c'est un obscur travail de la voix, des textes, de la chorégraphie qui prend bien du temps et de l'énergie.

Dalida, en revanche, s'était prise d'un renouveau de passion pour le cinéma.

En tournant le film de son ami, le metteur en scène égyptien Youssef Chahine, elle s'était sentie vibrer d'une émotion neuve.

Pour une fois, on ne lui demandait pas d'être jeune et belle, mais seulement profonde et authentique.

Dalida avait même pris du plaisir à se vieillir pour les besoins du rôle.

Et à la sortie du *Sixième jour*, la critique avait salué unanimement son grand talent d'actrice.

Seulement, voilà, le film n'avait pas eu le succès escompté. Sans doute parce qu'il s'agissait d'une œuvre difficile, le public n'était pas venu en nombre pour l'applaudir.

Dalida en avait souffert. Cruellement. Intimement. Elle avait mis tant d'elle-même dans son personnage de grand-mère combative!

Alors, ces derniers temps, les déceptions s'étaient accumulées.

On le sait bien, il y a des cocktails qui, en une seule gorgée, vous assomment. Un doigt de gin, un doigt de champagne, un droit de Curaçao et voilà que dans votre tête, tout à coup, c'est le grand chambardement.

En ce samedi 2 mai, dans le cœur de Dali, il y avait un peu de lassitude, un peu de nostalgie, un peu de mélancolie, beaucoup de solitude... bien plus qu'il n'en faut pour perdre le fil de la vie!

Mais s'il pesait sur son âme beaucoup de choses en trop, c'est la petite chose en moins qui a servi de détonateur. Ce rendez-vous que son ami avait annulé n'était-il pas la preuve, une fois de plus, que l'amour la fuyait.

Et lorsque l'amour s'en va...

2

L'ENFANCE OU LE TEMPS DES RÊVES

Loin des palaces et des grandes mosquées, loin du Sphynx et des pyramides : Choubrah.

Maisons aux façades roses, ocres et pistache. Murs craquelés derrière lesquels un palmier, un figuier s'épuisent à survivre. Escaliers, ruelles tortueuses où des grappes d'enfants jouent nu-pieds...

Et partout, le soleil. Le soleil accablant, aveuglant d'Égypte : RA, le dieu des anciens...

C'est à Choubrah, faubourg modeste du Caire, que Yolanda Gigliotti, celle qui sera star sous le nom de Dalida, voit le jour le 17 janvier 1933.

Quelques années plus tôt, M. et Mme Gigliotti avaient quitté avec leur aîné, Orlando, leur Calabre natale pour tenter leur chance en Égypte.

Elle, c'est Pépina, comme l'appellent tendrement les enfants : Orlando, bien sûr, mais aussi Yolanda, et puis bientôt Bruno, le petit dernier.

Pépina, c'est la vraie mamma italienne. Avec ses pleurs, ses cris et ses colères, mais surtout son cœur « grand comme ça ».

Lui, c'est M. Gigliotti, l'artiste. Violoniste de

talent, mais vraie tête de Calabrais, irrascible, autoritaire, exigeant.

Comme il ne trouvait plus d'engagements au pays, il avait décidé de traverser la Méditerranée. C'est ainsi que la famille avait, un beau jour, abordé les rivages du Caire. La tempête faisait rage. Sur la mer démontée, Pépina avait peur, et Orlando était malade. Mais il était trop tard pour faire demi-tour. D'ailleurs, faire demi-tour, on ne connaît pas chez les Gigliotti.

Au Caire, M. Gigliotti a tout de suite été engagé comme premier violon dans l'orchestre de l'Opéra. La famille a pu emménager dans un modeste logement de Choubrah et, quelque temps plus tard, Yolanda est née.

Yolanda, la future Dalida, dont la beauté sera convoitée par les hommes et enviée par les femmes, fut-elle une jolie petite fille? Pas vraiment.

De santé délicate, Yolanda est une enfant chétive, un peu malingre. Et surtout, son œil droit est victime d'un strabisme douloureux. Par trois fois, il faudra l'opérer et durant toute son enfance son petit visage sera dévoré par d'épaisses lunettes.

Dans la rue, les autres gamines se moquent d'elle et, à l'école des sœurs qu'elle fréquente, ses camarades l'ont cruellement surnommée « quatre z'yeux ».

Yolanda aurait pu être une petite fille heureuse, sans histoire, bercée par l'amour de Pépina, et la tendresse de ses frères. Elle fut une enfant complexée, souffrant dans sa chair, mais surtout dans son cœur de tant de moqueries. Une enfant qui s'est toujours dit qu'elle avait une revanche à prendre sur la vie.

Heureusement, à l'école, une religieuse savait la

consoler quand les autres petites filles la harcelaient trop. C'était sœur Isabela.

– Ne t'inquiète pas de ce que racontent tes camarades, me disait sœur Isabela, devait plus tard raconter Dalida. Tu as les plus beaux yeux du monde.

Et comme la petite Yolanda, désespérée par les mots cruels de ses condisciples, restait muette et incrédule, la religieuse la regardait en se signant.

– Tu sais bien que Jésus m'interdit de mentir, reprenait sœur Isabela.

Alors, Yolanda repartait jouer, se croyant pour un temps une petite fille comme les autres.

Cette bonne sœur, réellement bonne, Dalida ne devait jamais l'oublier.

Des années plus tard, devenue star, Dalida a appris que sœur Isabela, désormais très âgée, se mourait au Caire.

Alors, sans hésiter, Dalida, renonçant à ses engagements, s'est envolée pour l'Égypte embrasser une dernière fois celle qui l'avait aimée. Il fallait rendre à cette vieille dame un peu de la tendresse qu'elle lui avait jadis donnée. Ça aussi, c'était Dalida...

Mais revenons à Choubrah.

En 1940, la guerre éclate et les ennuis commencent pour les Gigliotti. M. Gigliotti, s'il n'a jamais fait de la politique, n'en est pas moins italien. L'Égypte, elle, est sous protectorat anglais. Du coup, le père de Yolanda se retrouve interné dans un camp de prisonniers dans le sud égyptien.

Pour Pépina, de longs mois noirs vont se succéder. Des mois durant lesquels elle va se battre pour faire vivre ses trois enfants. Pépina ne sait faire qu'une chose : coudre. Alors, pour gagner sa vie, elle devient couturière en chambre, travaillant parfois jusqu'à l'aube, à la lumière d'une mauvaise lampe.

De temps en temps, les autorités militaires autorisent Pépina à aller voir son mari. Elle habille alors ses enfants avec soin, les met sur leur trente-et-un, et l'on part pour le camp de prisonniers.

– Nous revenions silencieux, déchirés, se souviendra plus tard Dalida. La captivité avait vite transformé mon père. Lui si solide, autoritaire, mais affectueux, était devenu décharné et aigri.

C'est un autre homme qui reviendra en effet finalement à Choubrah et reprendra sa place de premier violon. Un homme que Yolanda aura désormais toutes les peines du monde à aimer.

Devenue adolescente, entre eux ce sera le conflit. Dalida avouera même plus tard qu'à une époque, elle l'a détesté.

– Quand nous jouions dans la rue et que nous faisions trop de bruit, dira-t-elle, il se penchait au balcon et il hurlait pour que nous nous taisions. Il s'en prenait aussi à ses voisins. Il insultait tout le quartier. On ne pouvait pas le calmer, et moi j'avais honte de lui.

Ce que la jeune Yolanda ne comprenait pas, c'est qu'après l'épreuve de la guerre, M. Gigliotti était un homme brisé. De plus, la vie qu'il menait n'arrangeait pas les choses. Chaque soir, il partait pour l'Opéra, et n'en rentrait jamais avant deux ou trois heures du matin.

Dans la journée, lui, il devait dormir. Mais comment trouver le sommeil quand le soleil écrase le Caire et que les enfants crient sous vos fenêtres?

Aussi, M. Gigliotti devenait-il de plus en plus coléreux et entre Yolanda et lui, les scènes se multipliaient.

Ce n'est jamais facile pour un père de voir que son enfant devient une jeune fille. Surtout quand la jeune fille est jolie – car Yolanda est jolie maintenant, très jolie – et que le père est italien!

Pas question pour Dalida d'aller s'amuser dehors. Ses sorties, c'est uniquement pour aller à l'école et sitôt les cours finis, elle doit rentrer directement aider Pépina à la maison.

Le dimanche, on va à la messe en famille. Et l'office terminé, alors qu'Orlando et Bruno ont le droit d'aller se promener, Yolanda, elle, regagne la maison avec ses parents.

Pourtant, cette surveillance, Yolanda parvient à la déjouer.

Dans la petite chapelle consacrée à sainte Thérèse, pendant qu'officie le père Gabriel – celui qui l'a baptisée et lui a fait faire sa première communion – Yolanda se poste près du bénitier.

C'était depuis toujours, sa place favorite. Complexée par son regard blessé, Yolanda avait choisi ce coin d'ombre, un peu à l'écart, près d'un pilier.

Mais, désormais, ce n'est plus par timidité que Yolanda retourne à son bénitier. C'est devenu pour elle un tendre rendez-vous. Chaque dimanche, elle y retrouve un jeune adolescent, de quinze ans, Armando.

Ensemble, ils assistent à la messe, échangent quelques regards, et parfois se prennent furtivement la main! Armando, le premier amour impossible de Yolanda...

Jeux bien innocents mais qui attireraient les foudres de M. Gigliotti s'il les découvrait! Yolanda le sait : elle en a déjà fait l'expérience cuisante.

Yolanda a deux copines, Miranda et Natalinda. A elles trois, elles forment une sacrée équipe et dès qu'elles le peuvent, elles se retrouvent.

Elles sont tellement liées que, lorsqu'elles vont à la plage, elles portent un maillot de bain identique!

Avec Miranda et Natalinda, Yolanda s'est, une fois ou deux, laissée entraîner au cinéma. Rien de tel que d'être vissée à la maison pour avoir envie de s'échapper, c'est bien connu!

Mais quelle affaire quand Yolanda est rentrée chez elle.

– Où étais-tu? Que faisais-tu? Avec qui?

M. Gigliotti était hors de lui. Et ce n'était pas que des cris et des injures. C'étaient aussi des gifles à vous dévisser la tête...

Redoutable, M. Gigliotti, qu'une congestion cérébrale a fini par emporter.

Il est parti trop vite pour se réconcilier avec sa fille. Trop vite pour connaître l'extraordinaire destin qui l'attendait. Mais, à Yolanda, il a tout de même légué quelque chose : son caractère volcanique.

– C'est le sang de mon père qui coule dans mes veines, reconnaîtra plus tard Dalida, quand on la taquinait sur ses redoutables colères.

Devenue veuve, Pépina reprend ses travaux de couture afin de faire bouillir la marmite.

Jusqu'à présent, on ne rêvait pour Yolanda que de mariage. Son destin était tout tracé. Élevée chez les sœurs, parlant l'italien, le français et l'égyptien, elle trouverait un beau parti et n'aurait plus qu'à être bonne épouse et bonne mère.

Hélas, les choses ne sont plus les mêmes. Désormais, il faut travailler.

Ce changement ne dérange guère Yolanda. La vie rangée, casanière, cela ne l'a jamais attirée. La jeune fille a, depuis longtemps, un tout autre rêve : devenir une actrice célèbre.

Depuis sa prime enfance, Yolanda a toujours entendu parler d'une de ses tantes, Eléonora Duse. Eléonora qui était une grande comédienne en Italie à la fin du siècle dernier.

Pourquoi Yolanda ne réussirait-elle pas là où sa tante a trouvé la gloire? D'autant qu'elle a le théâtre dans la peau. Elle l'a senti tout de suite quand elle jouait de petits rôles chez les sœurs lors des fêtes de fin d'année.

Yolanda en est sûre : la comédie est sa vocation. Un jour, son nom brillera en haut de l'affiche...

Peut-être. Mais dans l'immédiat, il faut travailler, avoir un métier. Pépina le veut. Poussée par sa mère, Yolanda suit des cours pour devenir sténodactylo. Et son diplôme décroché, elle entre comme secrétaire dans une entreprise égyptienne de produits pharmaceutiques.

Mais la jeune fille qui bientôt aura dix-huit ans, n'en aspire toujours pas moins à un avenir plus glorieux. Ces stars qu'elle voit dans les magazines la font plus que rêver. Elle le sait, elle est l'une d'entre elles. La seule différence, c'est que l'on ne l'a pas encore découverte. Ce n'est qu'une question de temps.

Seulement, comment faire pour sortir de l'anonymat?

L'occasion se présente. Comme chaque année au Caire, on organise l'élection de Miss Ondine, l'équivalent de miss Égypte. Yolanda va se présenter...

Faut-il en parler à Pépina? Bien sûr que non! Yolanda sait à l'avance que le refus sera catégorique et elle entend déjà les lamentations de la mamma :

– Se montrer presque nue en public! Tu n'y penses pas!... Qu'est-ce que j'ai fait à la Madone pour avoir une fille pareille?...

Yolanda décide donc de s'inscrire en secret au concours. Et un après-midi d'été, la voici qui saute dans un bus pour gagner la piscine, au centre du Caire où a lieu la compétition.

Dans un sac, elle a emporté le vêtement qui, elle en est sûre, lui donnera le succès : un maillot deux pièces, imitation panthère!

Il y a foule au bord de la piscine tandis que les concurrentes défilent une à une devant le jury. Comme les autres, Yolanda passe devant une rangée d'inconnus fumant cigare, le regard masqué par des lunettes noires.

Puis vient l'heure des délibérations...

Enfin, un officiel s'empare du micro, le silence se fait et une voix retentit dans la grande piscine :

– A l'unanimité, le jury a décerné le titre de Miss Ondine à... Yolanda Gigliotti!

Yolanda est folle de bonheur. Elle a gagné! C'est son premier succès et elle ne doute pas qu'il est annonciateur de milliers d'autres. Désormais, elle a le pied à l'étrier et la voie royale des stars de cinéma s'ouvre devant elle.

Néanmoins, en attendant les cachets mirobolants, Yolanda doit se contenter d'une paire de souliers dorés, trophée de Miss Ondine. Et pour rentrer à Choubrah, elle reprend tout bêtement l'autobus. Les limousines, ce sera pour plus tard...

Évidemment, en apprenant l'élection de sa fille, Pépina est furieuse. A la maison, c'est un bel orage et Yolanda la fougueuse n'est pas la dernière à y jeter des éclairs.

Pépina, qui adore sa fille, finit par se faire une raison. Après tout, du moment que Yolanda continue à être sténodactylo, elle peut toujours rêver de cinéma et de célébrité. Elle finira bien par se rendre compte que c'est impossible et tout rentrera dans l'ordre...

Seulement, c'est compter sans l'entêtement, l'opiniâtreté toute calabraise de Yolanda. Forte de son titre de « Miss Égypte », elle se met à hanter les studios de cinéma.

Elle est belle, désormais elle en est sûre. Elle a du tempérament : on finira bien par la remarquer.

Et c'est vrai qu'on la remarque. Oh, pour Yolanda, ce n'est pas encore un vrai rôle, mais c'est un début.

Rita Hayworth tourne en Égypte *Joseph et ses frères*, et pour des scènes de raccord, il lui faut une doublure.

Comme Rita, Yolanda est sculpturale. Comme

Rita, elle a une chevelure superbe, et en plus Yolanda a la même taille que l'inoubliable « Gilda ». Elle est engagée.

C'est ainsi qu'à Louxor, tandis que le soleil embrase la vallée du Nil, Dalida se retrouve dans les bras d'un jeune et séduisant débutant.

Ce débutant, qui n'a à l'époque pas encore de moustache, c'est Omar Sharif. Omar qui n'oubliera jamais sa rencontre avec la ravissante Miss Égypte.

– C'était dans les années 50, se souviendra-t-il, vingt-cinq ans plus tard, lors d'une émission de télévision, en présence de Dalida. Je t'avais d'abord rencontrée dans le bureau du producteur, Pierre Zarpanelli. Une fille merveilleuse est entrée : c'était toi.

Ce jour-là, Omar a été conquis. Il n'a eu de cesse d'en savoir plus sur Yolanda. Et dès qu'elle a quitté le bureau, il a demandé au producteur de lui donner son téléphone.

Le lendemain, Omar appelait Yolanda chez elle et l'invitait à dîner.

Après quelques hésitations, la jeune fille a accepté.

C'est dans un restaurant discret du Caire, qu'Omar et Yolanda ont soupé en tête à tête. Omar l'a révélé lui-même : il était très épris et a déployé ce soir-là des trésors de charme et de séduction.

Puis, alors que la nuit chaude était tombée sur la capitale égyptienne, Omar a raccompagné Yolanda chez elle.

Devant la porte, il a arrêté sa petite voiture. Ni l'un, ni l'autre n'ont bougé. Puis Omar a passé un bras autour des épaules de Yolanda, sa tête s'est penchée vers elle et ils ont échangé un long baiser...

Était-ce la naissance d'une passion? Omar l'aurait bien voulu. Mais vite Yolanda a quitté la voiture et est rentrée chez elle.

Quand ils se sont revus sur le tournage, Yolanda s'est montrée distante. Jamais on n'aurait pu croire que cette fille pleine de vie et de soleil puisse se montrer aussi froide!

Mais, malgré tout, Omar était conquis.

– Tout le temps du film, a avoué Omar, je n'ai eu d' yeux que pour elle. Elle était si belle...

Et jamais il n'a oublié ce baiser volé un soir d'été au Caire...

Vingt-cinq ans plus tard, alors qu'Omar évoquait ces souvenirs devant elle à la télévision, Dalida a été bouleversée. Sur le plateau, elle n'en a rien montré. Mais une fois dans sa loge, elle a donné libre cours à son émotion.

– Il se souvient, il se souvient de moi, a-t-elle dit. J'étais persuadée qu'il m'avait oubliée. Moi, de toute ma vie, je me souviendrai de la façon dont il m'a regardée pour la première fois. Un tel regard ne s'oublie pas...

Tant d'émotion après tant d'années! Cette rencontre ressemble à s'y méprendre à un coup de foudre...

Mais alors, pourquoi avoir fui cet amour?

Pourquoi l'avoir laissé s'en aller?

– Parce qu'Omar et moi nous n'étions pas des amoureux comme les autres, devait expliquer, longtemps après, Dalida. J'étais officieusement fiancée à un garçon très jaloux. Il me faisait peur et ma mère n'aurait pas compris que je veuille rompre parce que j'étais tombée amoureuse d'un acteur croisé dans le bureau d'un producteur. Déjà, pour souper avec lui en tête à tête, j'avais dû mentir. J'ai raconté que je devais dîner avec le metteur en scène et l'acteur principal d'un film dans lequel j'avais toutes les chances de tourner.

Finalement, ce « fiancé » trop exclusif, Yolanda a fini par l'éconduire. Mais elle a dû le faire prudemment et cela a pris de longues semaines. Quand enfin elle a été libre, Omar était reparti. Il gagnait déjà ses galons de vedette et, elle, Yolanda, était toujours simple figurante.

Alors, pour oublier, Yolanda s'est remise à courir le cachet.

Pour mieux frapper l'esprit des producteurs, la jeune fille a décidé de changer de nom. Yolanda, c'était trop banal. Il fallait quelque chose de plus percutant, de plus accrocheur. Yolanda s'est alors souvenue d'un épisode tiré de la Bible qu'elle avait joué jadis chez les sœurs. Face à Samson, elle était Dalila. Dalila, la cruelle, qui privait son amant de ses forces en lui coupant les cheveux pendant son sommeil.

C'était décidé : désormais, Dalila serait son nom de vedette, son nom de guerre.

Et c'est Dalila que remarque le réalisateur français Marc de Gastyne. Il est venu tourner *Un verre, une cigarette* en Égypte et il engage Dalila.

Cette fois, c'est un vrai rôle. Un rôle que Marc de Gastyne, remaniant le scénario, rallonge, tant il trouve Dalila photogénique.

Dans *Un verre, une cigarette*, on voit vraiment

celle qui sera Dalida pour la première fois. Brune, très brune, moulée dans un fourreau noir qu'une seule bretelle retient sur ses épaules parfaites, elle ondule, elle charme et... elle chante! Mais Dalila ne sait pas encore que ce rôle de chanteuse est celui de sa vie. Pour l'ores, elle est et restera comédienne.

Un autre film vient bientôt couronner sa jeune carrière. C'est *La marque de ToutanKhamon* ».

Ça marche pour Dalila. Mais ça ne marche qu'au Caire. Et le Caire, ce n'est pas le monde : c'est le bout du monde!

Dalila n'est pas folle. Elle ne se laisse pas troubler par cette gloire limitée. Elle sait que si elle veut vraiment devenir une star, il faut qu'elle quitte l'Égypte, qu'elle conquiert des scènes plus grandes, des publics plus vastes.

Mais, comme au temps où elle voulait sortir de l'anonymat, la même question se pose : « Comment? ».

C'est un ami de la famille auquel elle confie parfois ses espoirs, ses rêves, qui donne un soir à Dalila la solution :

– J'ai revu Marc de Gastyne, lui dit-il. Il a été impressionné par ta prestation dans *Un verre, une cigarette*. Il croit en toi. Il faudrait que tu ailles à Paris. Là-bas, il connaît quelqu'un qui pourrait t'aider.

Quand Dalila rapporte cette conversation à Pépina, la mamma s'affole. Voir partir son enfant à l'étranger? La savoir la proie de tous les traquenards, de toutes les convoitises? Jamais! Quand on est une Gigliotti, on se doit de se respecter et d'être respectée!

Et de nouveau c'est l'orage, et de nouveau Dalila ne cède pas. Ses foudres éclipsent toutes les autres.

Marc de Gastyne a donné à Dalila l'adresse de l'homme qui peut l'aider dans sa carrière parisienne. C'est le colonel André Vidal. Dalila lui écrit :

– Monsieur, sur les conseils de votre ami M. de Gastyne, je vous prie de faciliter mon voyage en France et mon séjour à Paris. Vous vous chargerez de payer mon billet d'Égypte à Paris, de me loger et de me nourrir pendant le court délai entre mon arrivée et mon premier engagement. En rémunération de ce service, vous serez pendant une durée de cinq ans mon agent exclusif. Vous seul aurez droit de signer mes contrats. Je vous autorise, jusqu'au remboursement de la somme que vous m'aurez allouée, de prélever 40 % sur mes cachets. Ensuite, vous retiendrez 20 %.

Elle ne manque pas de culot, la petite miss Égypte! Mais ça marche... ou presque. Le colonel accepte de lui payer son billet. Mieux, devant l'insistance de Pépina qui ne veut pas voir sa fille partir complètement à l'aventure, il lui envoie un aller-retour. Pour ce qui est du séjour de la future star à Paris, c'est une autre histoire. Certes, le colonel fera tout ce qu'il peut pour l'aider, mais il faudra qu'elle se débrouille toute seule en attendant.

Qu'importe, Dalida accepte ces conditions. Elle sait que si elle veut réaliser ses rêves, il faut qu'elle quitte coûte que coûte l'Égypte.

Et puis, tout ira bien. Dalila en est persuadée.

Ses frères, Orlando, qui travaille dans une usine de textile et Bruno, qui est mécanicien dans un garage, ont beau lui crier « casse cou! », rien n'y fait.

– Dès que j'aurai fait fortune, leur dit-elle fermement, vous viendrez me rejoindre.

Mais le plus dur reste à faire : se séparer de Pépina.

Pour cette dernière c'est une déchirure de voir partir sa fille. Certes, le billet est retenu. Certes, Dalila a un aller et retour en poche. Certes, si elle échoue, elle pourra toujours rentrer au pays et reprendre son emploi de secrétaire.

Mais tout ça, ce sont des mots. Ce que Pépina voit, elle, c'est qu'elle va être séparée de son enfant. Et que sa Yolanda – car jusqu'au bout Dalida restera pour elle Yolanda – va être toute seule, livrée à tous les pièges dans une ville inconnue...

Ces arguments, Dalila les comprend. Mais elle comprend aussi qu'il ne faut pas y céder.

Si elle veut devenir une star, si elle veut réussir comme elle le croit sa vie, il faut qu'elle parte sans se retourner.

Arrive le jour fatidique.

Dans sa chambre de jeune fille, Dalila a bouclé sa valise. Quelques robes, quelques rares coupures de journaux égyptiens où l'on parle d'elle.

Dans la cuisine, Pépina l'attend, elle le sait. Elle sait que les adieux vont être déchirants.

Quand, enfin, Dalila ose affronter sa mère, elle ne tente même plus de la retenir. Assise sur une mauvaise chaise, Pépina pleure, c'est tout.

Mais ces sanglots sont pire que tous les reproches et un instant Dalila croit qu'elle va céder.

Mais non. C'est comme si elle était déjà partie. Et c'est bien connu : chez les Gigliotti, on ne fait pas demi-tour.

Alors, Dalila embrasse furtivement sa mère et part en courant. Et pour ne plus entendre ces sanglots qui tentent de la retenir, Dalila claque la porte derrière elle.

Dehors, c'est le soleil, toujours lui. C'est l'autobus qui l'emmène à l'aéroport. Le contrôle des billets, des passeports. La voix impersonnelle de l'hôtesse dans les haut-parleurs qui appelle les passagers pour Paris.

Bientôt, l'avion décolle et l'immense cité du Caire se dessine telle une maquette par le hublot. Dans un coin, un quartier aux maisons roses, ocres et pistache. Aux ruelles pittoresques : Choubrah.

L'Égypte s'éloigne. Adieu le Caire, à nous deux Paris!

3

UNE ÉTRANGÈRE À PARIS

Dalila... Dalila... Dalila...

L'avion d'Air France survole la Méditerranée, mais Dalila ne songe pas à regarder par le hublot.

Pourtant, c'est la première fois qu'elle emprunte ce moyen de transport. Mieux, c'est la première fois qu'elle quitte l'Égypte.

Mais non, tout ça n'a aucune importance.

Calée dans son fauteuil, Dalila a sorti de son sac un papier et un crayon, et sans relâche, elle écrit son nom : Dalila, Dalila, Dalila...

Pourquoi? Parce qu'en ce 24 décembre 1954, elle vole vers le succès. Bientôt, ils seront des milliers à se précipiter pour lui réclamer un autographe.

Alors, cette jeune fille pleine d'espoir s'entraîne et sans relâche, elle signe : Dalila... Dalila... Dalila...

Ces trois syllabes sans cesse répétées viennent rythmer les instants qui la rapprochent de la grande aventure.

Et quand l'avion a entamé sa majestueuse descente au-dessus de Paris, peut-être a-t-elle cru sous elle voir parmi les innombrables lumières de Paris son nom soudain scintiller au plus haut du fronton d'un théâtre.

Enfin, l'avion s'est posé sur la piste du Bourget. Paris, me voilà!...

Paris, pour Dalila, cela a tout d'abord été un immense manteau glacé qui s'est refermé sur elle.

Où était-il le soleil égyptien? Loin, très loin. Ici, ce n'était plus que brumes, froidure et grisaille.

Et tandis que chacun se pressait pour aller fêter Noël avec les siens, dans un autobus, une jeune exilée découvrait la solitude.

C'est ainsi que Dalila s'est retrouvée en haut des Champs-Élysées. En poche, quelques milliers de francs de l'époque, à la main, une valise. Mais dans le cœur, la certitude que l'avenir lui appartenait.

Allons, l'heure n'est pas à la rêverie. Il faut faire face. Et ça, en bonne Gigliotti, Dalila sait le faire.

Avant tout, trouver un toit. Alors, Dalila descend la plus belle avenue du monde, dépasse les palaces où elle ne doute pas qu'elle habitera un jour. Peu avant le rond-point, elle tourne sur sa gauche. Et voici que dans la rue de Ponthieu, l'enseigne lui fait signe : hôtel.

La jeune fille pousse la porte du 67. C'est là que désormais, elle habitera.

Dès le lendemain, Dalila prend contact avec le colonel Vidal.

Oh, il est plein de bonne volonté le colonel, mais ses relations ne sont pas aussi solides qu'il le voudrait...

Bien vite Dalila comprend qu'il va falloir qu'elle se débrouille toute seule.

Alors, elle entreprend la tournée des agences artistiques spécialisées dans le cinéma.

Mais des débutantes en quête d'un petit rôle ou même simplement d'une figuration, il y en a des milliers.

– Je suis miss Égypte, répète inlassablement et fièrement Dalila.

Mais ce titre qu'elle croit glorieux n'impressionne guère ceux qui la reçoivent. Et partout, c'est la même réponse :

– Laissez-nous votre adresse, on vous écrira s'il y a quelque chose pour vous.

Pourtant, Dalila ne se laisse pas décourager, et quand elle retrouve sa chambre de la rue de Ponthieu, après avoir dîné d'un maigre sandwich, elle écrit à Pépina :

– J'habite près des Champs-Élysées, la plus belle avenue du monde, dans un quartier élégant, rempli de vitrines...

En détail, Dalila explique ses démarches, reconnaît qu'elle se heurte à certains obstacles mais elle conclut, résolue :

– J'ai confiance, ne t'inquiète pas.

Et pour Pépina, comme elle le fera toujours parce que toujours elle restera sa petite fille, Dalila signe : Yolanda.

Mais cette confiance qu'elle revendique en écrivant à sa mère, Dalila est en fait loin de l'éprouver.

Chaque porte qui se referme en claquant ébranle peu à peu son courage.

Et puis, l'argent commence à manquer. Dalila a beau compter chaque franc, se nourrir de peu, ses ressources ne sont pas inépuisables, d'autant que vivre à Paris est bien plus onéreux qu'au Caire.

Que faire? S'avouer vaincue et rentrer en Égypte?

Impossible.

Certes, Pépina serait heureuse, mais elle ne pourrait s'empêcher de triompher en lui lançant :

– Je te l'avais bien dit!

Quant à l'idée de retrouver le bureau et ses collègues, Dalila n'ose même pas l'imaginer. Elle entend déjà les réflexions :

– Mais pour qui elle se prend celle-là! Tout ça parce qu'elle a été miss Ondine! Vraiment, elle croit au Père Noël.

Non. Si Dalila retourne un jour au Caire, ce sera en star ou rien du tout.

D'ailleurs, pour ne plus être tentée de baisser les bras, Dalila sait ce qu'elle va faire.

Il lui faut de l'argent? Elle va en avoir. Sans hésiter, Dalila s'empare de son sac, dégringole l'escalier et se précipite à l'agence d'Air-France sur les Champs-Élysées.

Quand elle ressort quelques minutes plus tard, elle s'est fait rembourser son billet de retour pour l'Égypte.

Désormais, tous les ponts sont coupés avec le passé. Ne reste plus que l'avenir.

Et c'est la ronde des agences qui recommence avec toujours la même fin de non-recevoir.

Pourtant, à force de courir ainsi le cachet, Dalila finit par faire une rencontre importante.

Roland Berger a remarqué cette jeune fille à l'opulente chevelure, aux anneaux de gitane, à la taille de guêpe. Il a senti qu'il y avait chez elle l'étoffe d'une vedette, ce feu sacré qui brûle en vous et vous distingue de la foule.

Roland Berger est professeur de chant, il sera aussi le premier « fan » de Dalila.

Pourquoi ne pas chanter plutôt que de s'entêter à faire carrière dans le cinéma?

Dalila n'est guère séduite. Le chant, elle n'y a jamais songé. Ses rêves, ce sont les studios, les projecteurs, les caméras.

Mais Roland Berger sait se montrer persuasif et l'idée finit par faire son chemin dans l'esprit de la jeune fille.

Après tout, pourquoi pas? Puisque Roland s'offre à lui donner des cours, Dalila va essayer.

Commence alors entre eux une association mouvementée.

Dalila est d'un tempérament fougueux, on le sait. Mais Roland n'a rien à lui envier. Ce n'est pas une collaboration qu'ils vivent, mais un perpétuel affrontement.

Pourtant, au fil des cris, des menaces et même des injures, un résultat voit le jour.

La mode est à la chanson méditerranéenne, aux voix chaudes, ensoleillées où les « R » roulent sous les accents comme les galets sous le torrent.

La Méditerranée, Dalila connaît. Et pour rouler les « R », elle n'a pas besoin de se forcer!

Roland Berger lui fait travailler le grand succès de Gloria Lasso de l'époque : *Étrangère au paradis*.

Peu à peu, la voix de Dalila se pose, trouve toute son ampleur, son timbre inoubliable.

Quand elle se sent vraiment au point, Dalila part à la conquête des cabarets.

Mais là encore, c'est la déception. La jeune fille s'aperçoit qu'elle n'est pas la seule à courir les auditions. A Paris, elles sont comme elle des dizaines à vouloir faire carrière dans la chanson.

Heureusement, entre deux colères, Roland Berger est là pour la soutenir. Il croit en Dalila, il est sûr que ça finira par marcher...

Entre-temps, Dalila a quitté son hôtel de la rue de Ponthieu. Elle a emménagé dans un petit meublé de la rue Jean-Mermoz, toujours dans le quartier des Champs-Élysées.

Ce nouveau logis est plus confortable, mais hélas, il est aussi plus cher. Alors, Dalila le partage avec Gina Gardel, une nouvelle amie qui, elle aussi, rêve de faire carrière dans la chanson.

Gina et Dalila s'épaulent, se remontent mutuellement le moral quand l'une d'elles flanche un peu.

Elles ne sont pas les seules à tirer le diable par la queue et à rêver de gloire rue Jean-Mermoz.

Sur le même palier, il y a aussi un jeune homme qui veut devenir célèbre. Il est brun, élancé, le regard extraordinairement bleu. Une vraie gueule d'ange.

Dalila et lui se croisent parfois dans l'escalier. Elle descend en jupe bouffante et talons aiguilles. Il monte quatre à quatre dans sa chemise Lacoste, ses pantalons larges et ses mocassins blancs.

Sourire éclatant quand il passe. Et il lance :

– Salut.

– Salut, répond Dalila.

De bonjour en salut, de salut en bonsoir, ils en viennent à parler.

Il veut être comédien, il en est sûr : bientôt il crèvera l'écran. Il s'appelle Alain Delon.

Dès lors, ce n'est plus seulement deux copines qui se confient leurs doutes et leurs espoirs rue Jean-Mermoz. Le duo est devenu un trio.

Entre Dalila et Alain, une amitié est née qui ne se démentira plus.

Quand la jeune fille va passer une audition, souvent Alain l'accompagne.

Dalila chante, et l'éternelle phrase tombe : « laissez-nous votre adresse... »

Alors, en lisant la déception dans le regard de Dalila, Alain se rapproche, la prend gentiment par la taille et la console.

– Tu étais très bonne. Je t'assure, très très bonne.

Souvent aussi, c'était au tour de Dalila d'accompagner Alain à ses rendez-vous avec les producteurs. Au tour de Dalila aussi de lui remonter le moral parce qu'on ne voulait pas de lui.

Alors, bras dessus, bras dessous, ils repartaient pour la rue Jean-Mermoz. Gina leur ouvrait la porte, pleine d'espoir, mais à leurs mines, elle comprenait tout de suite et ne posait pas de questions.

Rien de tel que la vache enragée pour souder une amitié. Et la vache enragée, ils l'ont vraiment connue.

Un soir, ils n'avaient plus rien à manger. La dernière boîte de conserve n'était plus qu'un souvenir.

En fouillant dans ses poches, Gina a réussi à découvrir quelques pièces de monnaie. Aussitôt, Alain s'en est emparé et a redescendu l'escalier.

Quelques minutes plus tard, il remontait tout essoufflé avec leur dîner : un œuf dur!

Un œuf qu'Alain a écalé avec précaution pour ne pas en perdre et qu'il a partagé...

C'était dur, très dur. Cela ne pouvait plus durer. Il fallait que quelque chose arrive... et c'est arrivé!

Sur les conseils de Roland Berger, Dalila est allée frapper à la porte du cabaret « La Villa d'Este ». Et, ô miracle, Paoli, le patron a accepté de lui donner sa chance : elle ferait un essai dès le lendemain.

Dalila est rentrée rue Jean-Mermoz le cœur battant pour annoncer la grande nouvelle.

Alain et Gina l'attendaient. Alain surtout, qui ne tenait plus en place.

Le matin même, il s'était rendu pour un rôle aux studios de Boulogne-Billancourt. De longues heures, il avait fait la queue au milieu des autres postulants.

Et c'était lui que l'on avait choisi! La preuve, il avait même reçu une avance! Et de brandir fièrement un billet de 5 000 francs.

Dans le petit meublé, c'est le délire. Alain, bientôt comédien célèbre. Dalila bientôt chanteuse à succès.

Mais tout d'un coup, l'enthousiasme retombe. Il y a un problème : Dalila n'a rien à se mettre pour passer à « La Villa d'Este ».

Qu'importe! Puisque Alain a de l'argent.

Dalila devait chanter le soir; le matin, Alain et Gina se rendaient au marché Saint-Pierre à Montmartre. Et avec les 5 000 francs d'Alain, ils achetaient un coupon de drap noir.

Toute la journée, Gina a cousu pour son amie et le moment venu, Dalila avait sa tenue de scène.

Ce soir-là, au cabaret, Dalila ne fait même pas le lever de rideau. Et pour cause, à « La Villa d'Este », il n'y en a pas!

Simplement, tandis que les clients commencent à pénétrer dans le cabaret et prendre place à leur table, sur la petite estrade, Dalila se lance.

S'appliquant à bien mettre en pratique les conseils prodigués par Roland Berger, elle chante *Étrangère au paradis*.

Roland, lui, est dans la salle, aux côtés du patron. Et quand Dalila achève sa chanson, il souffle à Paoli :

– Tu tiens une vedette, mon vieux. Regarde, quelle allure...

La « vedette » regagne la coulisse saluée par quelques maigres applaudissements.

Trop occupés à s'asseoir ou à commander, les clients n'ont pas réalisé qu'une star venait de naître. Mais le patron, lui, engage Dalila.

Dès lors, elle chantera tous les soirs pour le cachet mirobolant de... 1 500 anciens francs!

Ce soir-là, quand Dalila regagne sa chambre, elle est folle de joie. Ce coup-ci, les portes de la gloire lui sont ouvertes. Ce n'est plus qu'une question de temps pour qu'elle soit célèbre.

Épuisée par la fatigue et l'émotion, la jeune fille trouve encore le temps, avant de se coucher, d'écrire à Pépina.

– Je suis chanteuse, explique-t-elle. J'ai pas mal de succès et je chante tous les soirs dans un grand théâtre de Paris...

Sous la plume de Dalila, le cabaret s'est métamorphosé en grand théâtre! Et, à l'écouter, elle en est la vedette alors que ce sont en réalité Charles Aznavour et Juliette Gréco que les gens viennent y applaudir...

Mais, qu'importe! Ce mensonge rassure Pépina et renforce Dalila dans ses certitudes : elle tient le bon bout et sa vie va changer.

Et, c'est vrai qu'elle change pour Dalila, à commencer par son nom.

Un soir, à « La Villa d'Este », elle rencontre un ami de Marc de Gastyne, Alfred Machard. En discutant avec la jeune fille, Alfred Machard s'étonne de son pseudonyme. Il le trouve guerrier, mais aussi un peu risible. Si elle veut vraiment faire carrière, il faut qu'elle trouve un autre nom.

Mais, quand on s'est appelé Yolanda pendant vingt ans, qu'on a fini par s'habituer à Dalila, on n'a pas envie de changer encore d'identité...

Comment faire? Et si l'on mélangeait les deux?

Par jeu, Alfred Machard et la jeune fille se mettent à jongler avec les syllabes. Finalement, c'est Alfred Machard qui trouve :

– Que diriez-vous de Dalida?

– Dalida? Dalida? Oui, pourquoi pas? Cela sonne bien. Va pour Dalida!

De ce jour, c'est Dalida qui se produit à « La Villa d'Este ».

Son contrat achevé, Dalida est aussitôt engagée dans un autre cabaret, le « Drap d'Or ». Mais, bien vite, elle revient chanter à « La Villa d'Este ».

Un soir, elle est folle de rage parce qu'elle vient

une fois de plus de se disputer avec Roland Berger. Dalida fulmine dans sa loge et ce n'est pas le moment de la déranger...

Pourtant, c'est exactement ce qui se passe. Juste avant d'entrer en scène, la bouquetière du cabaret vient la trouver tout excitée.

– Tu sais qui est dans la salle? fait la jeune fille.

– Non, et je m'en moque! rétorque Dalida.

Et sans chercher à en savoir plus, la voilà qui part chanter.

Mais, une fois sur la petite scène, malgré le projecteur qui l'illumine, Dalida reconnaît le visiteur important. C'est Bruno Coquatrix, le directeur du tout jeune Olympia, qui dîne à une table avec des amis.

Dalida se sent prise de panique. Bruno Coquatrix c'est la chance de sa vie! Il est sans cesse à l'affût de nouveaux talents. Il faut qu'il la remarque, il faut qu'elle chante encore mieux que d'habitude. Et c'est ce qu'elle fait. Dalida est éblouissante de rythme et d'émotion.

Si éblouissante, que Bruno Coquatrix s'arrête de parler et qu'à la fin de la chanson il sort un calepin de sa poche pour y noter : Dalida...

La jeune fille salue et regagne la coulisse, bouleversée.

A-t-elle gagné? Va-t-elle attendre maintenant que Bruno Coquatrix la contacte?

C'est mal connaître Dalida la fonceuse. Elle ne veut pas que son nom jaunisse sur la page d'un calepin relégué au fond d'un tiroir! Son nom, elle le veut tout en haut de l'affiche et elle va tout faire pour exploiter sa chance.

Chaque mardi à l'Olympia, Bruno Coquatrix organise avec le concours d'Europe I qui vient de naître, une sorte de radio crochet : « Les numéros un de demain ».

Dalida va s'y présenter. Comme ça, Bruno Coquatrix la reverra et, qui sait? peut-être l'engagera-t-il pour un spectacle...

En allant à l'Olympia pour participer aux « Numéros un de demain », Dalida se répète qu'elle va au rendez-vous de la chance.

Elle ne se trompe pas. Mais cette chance, elle ne va pas du tout prendre le visage auquel elle s'attend.

Tandis qu'en coulisse Dalida se prépare au milieu des autres participants, à quelques centaines de mètres de là deux hommes, un brun et un blond, prennent un verre dans un café du boulevard des Capucines.

Le brun se nomme Eddie Barclay. Il n'est pas encore l'empereur du disque, mais il dirige déjà une petite société d'édition musicale.

Le blond s'appelle Lucien Morisse. Il est directeur des programmes sur Europe I.

Les deux compères ont décidé de passer la soirée ensemble, mais ils ne sont pas d'accord sur son emploi. Eddie aimerait aller au cinéma. Lucien, lui, préférerait se rendre à l'Olympia. On ne sait jamais, peut-être y découvrira-t-il la vedette de demain...

Alors? Olympia ou cinéma? Pour trancher, les deux amis décident de jouer leur soirée au 421.

Sur la piste verte, sous les néons du bar, les dés roulent, les jetons sont distribués... Et c'est Lucien Morisse qui gagne.

Quelques minutes plus tard, quand Dalida entre sur la scène du music-hall, Eddie et Lucien sont dans la salle.

En la voyant, en l'entendant, Eddie a un choc.

Certes, cette jeune fille brune n'est pas encore une irréprochable professionnelle. Mais elle a une voix si extraordinaire, une telle présence en scène! C'est exactement la jeune inconnue qu'Eddie recherche depuis des mois pour sa maison de disques.

A ses côtés, Lucien Morisse ne partage pas son enthousiasme. Mais Eddie est tellement emballé qu'il réussit à le convaincre. Au fond, peut-être cette débutante a-t-elle du talent... Peut-être est-elle une future vedette...

Poussé par Eddie Barclay, Lucien Morisse décide de donner à Dalida une deuxième chance : elle viendra passer une audition dans les studios d'Europe I.

Cette audition, Dalida s'y rend sans vraiment trop y croire. Elle en a déjà passé tant! Mais, pour l'occasion elle a tout de même préparé avec soin une nouvelle chanson. C'est *Barco negro*, un succès de la grande chanteuse portugaise Amalia Rodriguez.

Quand Lucien Morisse écoute chanter Dalida sans le moindre accompagnement, cette fois, il est conquis. Eddie Barclay avait raison : cette jeune fille a une voix d'or, un tempérament de feu.

Dès lors, les choses vont aller très vite.

Barco negro devient en français *Madona* et Dalida l'enregistre dans les studios Barclay.

Quelques jours plus tard, elle est seule chez elle. Lucien Morisse lui a dit de bien écouter Europe I, qu'il y aurait une surprise pour elle.

Alors, docile – une fois n'est pas coutume! – Dalida écoute, tout en repassant ses corsages.

Soudain, le fer s'arrête! La jeune fille est comme tétanisée... Cette voix qui sort de son poste de radio, pas de doute, c'est la sienne! Cette chanson, c'est *Madona*!

Puis, les derniers accords éteints, la voix du speaker s'élève dans la petite chambre :

– Nous venons d'entendre *Madona*, la toute première chanson de Dalida, celle que l'on a déjà surnommée l' « orchidée noire ».

Dalida ne sait plus ce qu'elle fait. Elle rit, elle pleure, elle marche de long en large dans sa chambre sans pouvoir s'arrêter. Elle croit qu'elle va devenir folle!

Puis, brusquement, elle redevient Yolanda, la petite fille de Choubrah aux rêves de gloire. Cette grande nouvelle, il faut qu'elle la fasse connaître à Pépina. Vite, elle se met à écrire :

– Je suis si heureuse! Et je suis sûre que tu le seras aussi. On peut m'entendre à la radio!... Je suis heureuse, si heureuse...

Hélas, ce bonheur est de courte durée car *Madona* n'est pas un succès. On reproche à Dalida de trop ressembler à Gloria Lasso, de n'en être que la pâle copie.

Alors, Eddie Barclay, Lucien Morisse et Dalida se concertent. Il ne faut pas rester sur cet échec; il faut au contraire lancer tout de suite un nouveau microsillon.

Mais cette fois, la chanson devra être plus typée,

coller tout à fait à la peau de Dalida, éclipser le soleil de Gloria Lasso.

Cette chanson miracle, c'est Lucien Morisse qui va la découvrir. En tant que directeur des programmes d'Europe I, Lucien doit écouter toutes les nouveautés françaises et étrangères.

Un matin, un stock de disques italiens arrive sur son bureau. Consciencieux, Lucien Morisse les écoute un à un.

Soudain, c'est le déclic! Cette ritournelle joyeuse, entraînante, c'est exactement la chanson qu'il cherche pour Dalida.

Aussitôt, Lucien Morisse décroche son téléphone et appelle Philippe Boutet, l'éditeur de la musique, pour en obtenir les droits.

Mais, Philippe Boutet se fait tirer l'oreille pour accepter de les céder. Cette chanson, il préférerait que ce soit Gloria Lasso qui la chante. Au moins, le succès serait assuré. Tandis que Dalida...

Lucien Morisse déploie alors des trésors de persuasion pour décrocher l'affaire et il y parvient en effet.

Cette persuasion, Lucien doit encore y faire appel pour convaincre ensuite Jacques Larue de faire l'adaptation française de la chanson. Parolier à succès, Jacques Larue a d'autres chats à fouetter. Pourtant, devant l'insistance de Lucien Morisse, il finit par accepter.

Et les mots s'alignent sur la page blanche :

« Et gratte, gratte, sur ta mandoline, mon petit Bambino »,

« Et chante, chante, de ta voix câline, mon petit Bambino ».

Bambino vient de naître, marquant à jamais de son empreinte la chanson française.

Bien sûr, c'est Europe I qui diffuse pour la première fois *Bambino* sur ses antennes. Aussitôt, c'est le succès fulgurant. L'air est sur toutes les lèvres, sur toutes les radios.

D'autres chanteurs déjà célèbres ont beau l'inscrire ensuite à leur répertoire, *Bambino* est et restera pour toujours indissociable du nom de Dalida.

Cette reprise du même succès par plusieurs vedettes, chose courante à l'époque, va d'ailleurs donner lieu à un esclandre.

Bruno Coquatrix n'a de cesse désormais d'inscrire Dalida au programme de son Olympia.

L'Olympia! Que rêver de mieux? Dalida se fait une joie d'y chanter dans la première partie du spectacle de Georges Guétary, la vedette.

Seulement voilà, Georges Guétary à lui aussi mis à son répertoire *Bambino* et compte bien l'interpréter.

– Mais, c'est impossible! s'exclama Dalida. *Bambino* c'est moi!

Eh bien, non, *Bambino* c'est aussi Guétary et il ne cédera pas.

Dalida va-t-elle s'incliner? Ce serait mal connaître sa tête de Calabraise!

– Puisque c'est comme ça, je ne chanterai pas dans votre Olympia!, lance-t-elle à Bruno Coquatrix.

Et sans attendre, Dalida s'en va...

Se fermer la porte d'un music-hall comme l'Olympia quand on débute, il faut oser!... Pourtant, Dali a eu raison. Car cette sortie de star a fortement impressionné Bruno Coquatrix. Ce feu, ce tempérament l'ont définitivement séduit. Il veut que Dalida passe à l'Olympia et il y arrivera.

Le mois suivant, Charles Aznavour remplaçait Georges Guétary en tête d'affiche. Cette fois, plus de problème. Non seulement Aznavour ne chantait pas *Bambino,* mais, en plus, il était ravi d'accueillir dans son spectacle la petite débutante qu'il avait connue à « La Villa d'Este ».

Pour Dalida, c'est le triomphe. On connaissait sa voix, on découvre avec enthousiasme sa silhouette, sa fougue.

Du jour au lendemain, une « mode Dalida » naît à Paris et gagne toute la France.

Elles sont des milliers de jeunes filles à se coiffer, à s'habiller, se maquiller comme Dalida.

Dalida n'était plus une simple chanteuse, elle était déjà une star, bientôt elle serait un mythe.

Et pour que son bonheur soit complet, il ne lui restait plus désormais qu'à trouver l'amour...

4

LUCIEN, JEAN... ET LUCIEN

Cet amour que Dalida espère, attend même avec impatience, il est tout près et depuis déjà longtemps.

Depuis le moment où elle a chanté à Capella *Barco Negro* dans les studios d'Europe I.

Ce jour-là, Lucien Morisse, le professionnel a été conquis. Mais Lucien Morisse, l'homme, est lui aussi tombé sous le charme.

Pourtant, il n'a rien dit.

Elle était sa découverte, sa Galatée. Il s'est contenté d'être sa chance, son Pygmalion.

Entre eux, ce fut d'abord le vouvoiement, fait de respect et d'admiration. L'admiration de deux êtres qui s'estiment, à force de se battre ensemble, de gagner ensemble.

Et ils ont fait plus que gagner, ils ont triomphé.

En l'espace de quelques mois, Dalida est devenue une star et Lucien le plus sollicité des impresari.

Alors, désormais, ils peuvent poser leurs bagages. Désormais ils peuvent prendre le temps d'écouter leurs sentiments.

Il ne leur en faut pas beaucoup pour se rendre compte qu'ils s'aiment profondément, qu'ils veulent faire leur vie ensemble. Encore faut-il que l'un et l'autre se déclarent...

Dalida ne veut pas faire le premier pas. D'abord, parce que ce n'est pas à une femme de le faire, et puis, qui sait si ce maître, cet homme qu'elle admire tant, ne va pas l'éconduire, elle, la petite Yolanda Gigliotti?

Alors, elle attend. Et elle attendra longtemps...

Jusqu'au jour où, tôt le matin, elle reçoit un coup de téléphone de Lucien qui lui dit : « Si nous prenions ensemble un petit déjeuner chez toi? »

– Encore un de ses caprices, s'est dit Dalida.

Mais, comme Lucien est un vieil ami, elle ne refuse pas sa proposition.

Le voilà qui arrive à 10 heures, les joues rosies par le rasoir, impeccablement cravaté, tiré à quatre épingles.

– Quand je suis allée dans la cuisine pour chercher le café, a raconté plus tard Dalida, il m'a suivie. D'un air dégagé, il s'est appuyé au réfrigérateur et il m'a dit :

– Vos savez Dalida... Je voudrais vous dire quelque chose...

– Ça y est! pense-t-elle aussitôt. Il va se déclarer. Enfin!

Seulement Lucien n'est pas de ceux qui parlent d'amour à la va-vite. Il lui faut du temps, beaucoup de temps.

Déjà, persuadé qu'il vient d'en dire trop, il se met soudain à toussoter et, pour se donner une contenance, retourne s'asseoir. Il mettra quinze heures à lui dire ce qu'il a sur le cœur! Quinze heures, c'est long pour une femme amoureuse. Ça en fait beaucoup de minutes et de secondes! Presque une éternité!

– Nous sommes partis à 11 heures dans sa voiture, pour la vallée de Chevreuse, où des amis de Lucien possèdent une petite villa, a raconté Dalida. J'étais très étonnée. Pourquoi était-il intimidé à ce point? J'étais certaine que Lucien avait voulu me parler sérieusement... Alors, pourquoi avait-il aussi vite battu en retraite?

Mais Dalida n'est pas au bout de son effarement. Cet homme aux hautes responsabilités, cet homme qui prend à longueur de journée d'importantes décisions, n'est qu'un petit enfant transi, timide, devant elle.

– En route vers la Porte de Châtillon, il m'a quand même regardée de côté, a raconté Dalida, et il m'a fait un petit sourire auquel, encore une fois, j'ai largement répondu. Puis il a détourné la tête avec précipitation. Un peu comme si j'étais le diable. Je pensais : s'il m'aimait vraiment, il n'hésiterait pas comme cela. S'il était sûr de lui, il y a longtemps qu'il m'aurait prise dans ses bras. Ou bien, alors c'est qu'il m'aime démesurément, énormément, et que cela lui ôte tous ses moyens. N'est-ce pas souvent ainsi dans les films et dans les romans. Mais, bien vite, je me raisonnais : c'est impossible... Personne ne peut être à ce point intimidé par moi...

Cela fait longtemps maintenant qu'ils roulent et, entre eux, le silence est toujours de rigueur. Quand, soudain, une terrible pensée vient à l'esprit de Dalida :

Et si Lucien était amoureux d'une autre femme et

si c'était justement cela qu'il n'arrivait pas à lui dire?

Quitte à souffrir, Dalida préfère rompre la glace tout de suite :

– Elle est belle? lui demande-t-elle à brûle-pourpoint.

– Oui, répond-il du tac au tac.

– Intelligente?

– Oui, très.

– Sympathique?

– Oui, très.

– Simple?

– Oui, du reste, tu vas l'adorer. Et son mari aussi, j'en suis certain.

Ouf! Dalida reprend espoir : Lucien et elle n'étaient pas sur la même longueur d'onde. C'est des amis chez lesquels ils vont déjeuner qu'il parle, pas de lui!

La journée se déroule dans l'insouciance et la bonne humeur : pétanque, jeux de cartes, promenade... Mais pas de mots doux de Lucien pour Dalida.

Il est 21 heures, l'heure de prendre congé. Lucien raccompagne Dalida devant sa porte. Il n'a pas encore dit ce qu'elle espère. Mais peut-être que là, au dernier moment, il va se lancer...

Eh bien, non. Lucien lui serre la main comme à une amie, et le plus naturellement du monde, lui souhaite une bonne nuit.

– Une fois chez moi, j'ai éclaté en sanglots, a confié Dalida. J'ai pensé : « il ne m'aime pas ». Il était une heure du matin, je sanglotais sur mon lit. Mais soudain, un coup de sonnette a retenti. C'était Lucien.

Il était rouge, essoufflé. Il avait un album de mots croisés à la main. Il me l'a tendu en balbutiant : « C'est pour vous... Si on en faisait un maintenant ? »

Quelle mouche l'a donc piqué ? Dalida a beau lui faire remarquer :

– Mais, Lucien, il est une heure du matin... Est-ce bien le moment de faire des mots croisés ?

Lucien, cette fois, s'entête :

– Eh bien, tant pis, lui répond-il, si on ne fait pas de mots croisés, je ne vous verrai plus...

– Je n'avais jamais vu un caprice pareil chez un homme de son âge et de sa situation ! Je me suis dit : « il est fou ! » Mais je l'ai tout de même laissé entrer. Il a posé son album de mots croisés sur une table. Il s'est assis. Je me suis assise à côté de lui en pensant : ou c'est moi, ou c'est lui, mais il y en a sûrement un des deux qui n'est pas normal ! Et puis, soudain; il a avalé sa salive et il m'a dit :

– Je t'aime ! Je t'aime !

– Alors, j'ai failli fondre en larmes de bonheur et d'énervement.

Cette fois, ça y est, c'est dit ! Dieu que Dalida l'attendait cet aveu ! Enfin, leurs cœurs vont pouvoir battre à l'unisson, enfin leur passion va pouvoir s'épanouir au grand jour. Et vogue l'amore...

Dalida plane sur un nuage rose. Assez haut pour ne pas prêter attention à cette étrange confidence de Lucien :

– Tu sais, j'ai peur du bonheur. Un jour, je me suiciderai.

Encore une facétie de Lucien le taciturne, le torturé, se dit Dalida. Mais rien qui ne puisse vraiment altérer leur bonheur.

Leurs gestes, leurs regards, les attentions qu'ils ont l'un envers l'autre, tout désormais trahit leur amour.

Aux yeux de la France entière, la belle « orchidée noire » est désormais la fiancée officielle du directeur des programmes d'Europe I.

Ne reste plus qu'à les marier... Mais, là encore, ils ne sont pas pressés.

Il n'en faut pas plus pour que, dès 1960, on les appelle un peu partout : « les éternels fiancés ». Comme Alain Delon et Romy Schneider.

Leur mariage tant espéré ne cesse d'être reporté. Plusieurs fois, on parle d'une date, plusieurs fois, on la remet. Les raisons? Le travail, l'emploi du temps surchargé, les semaines qui passent trop vite... Lucien et Dalida ne sont jamais à court d'explications.

Seulement, si ça marche une fois, deux fois, leurs admirateurs finissent par se lasser. Les commérages vont bon train, les esprits chagrins pronostiquent un drame caché, une rupture imminente...

Ils se trompent. La preuve : Lucien et Dali emménagent ensemble dans un luxueux duplex, rue d'Ankara, à Paris. Le premier gros achat qu'elle se permet avec ses cachets de chanteuse! De quoi clouer le bec à bien des oiseaux de malheur.

La presse, cette fois, est sûre de son scoop quand elle annonce : « Dalida se mariera en avril. »

Mais l'été s'écoulera sans qu'aucun maire ne voit passer devant lui Lucien Morisse et Yolanda Gigliotti.

Les on-dit, les médisances reprennent de plus belle. Si violemment que Lucien, à court d'arguments, sort de sa réserve et avoue :

– Si je n'épouse pas Dalida, c'est parce qu'on n'épouse pas une vedette!

Voilà qui a le mérite d'être clair.

En fait, Lucien a peur. Peur que la célébrité, l'argent, n'étouffent dans l'œuf leur éventuel mariage, peur qu'ils ne s'épousent que pour vivre le pire, sans l'ombre du meilleur. Il y a trop d'exemples autour de lui : Vadim et Bardot, Robert Hossein et Marina Vlady, trop de couples brisés par le tourbillon de la gloire.

Dalida en rêve pourtant de ce mariage.

– Je voudrais tant vivre à côté de lui toute ma vie, déclare-t-elle alors. Je suis née pour être épouse, mais je suis célèbre et il a très peur.

Ses admirateurs ont de la peine pour elle. Ils en viennent à reprocher la dureté de Lucien à l'égard de sa Dali.

Il faudra encore attendre quelques mois pour que Lucien cède. En 1961, soit cinq années après leur rencontre, il lui demande sa main.

Dans la mairie du XVIe arrondissement à Paris, ce 8 avril 1961, c'est une Yolanda Gigliotti émue qui s'engage pour la vie à être l'épouse fidèle de M. Lucien Morisse.

La cérémonie est magnifique. Lorsque, vêtue de la magnifique robe d'organza lilas, créée par Pierre Balmain, la jeune mariée descend les marches de la mairie, la foule entière l'applaudit. Des milliers de curieux, d'admirateurs sont là. C'est la bousculade la plus complète. Le service d'ordre est débordé. Les reporters et les photographes arrivent en vagues de plus en plus nombreuses pour relater l'événement. Pour l'occasion, l'orchestre de Raymond Lefèvre entonne un pot pourri des plus grands succès de Dalida.

Le bal a lieu à l'auberge de La Moutière, à Montfort L'Amaury. Les témoins, Eddie Barclay et Jean Fridmann, y accompagnent les mariés. La soirée est somptueuse. Une seule ombre au tableau : l'absence de Pépina, la maman de Dalida. Retenue au Caire pour terminer les derniers préparatifs avant son exil, elle sera bientôt à Paris, auprès de sa belle Yolanda. Les verres de champagne s'entrechoquent, les félicitations pleuvent. Dalida et Lucien nagent en plein bonheur.

Pas de voyage de noces, pourtant, pour les jeunes mariés. Pour eux, Venise ou même la Côte d'Azur, c'est trop loin. Dalida devra se contenter de la Foire du Trône, où elle s'enfuit avec Lucien aussitôt le bal ouvert pour les besoins d'un reportage.

Ce n'est pour elle que partie remise : trois mois plus tard, Dalida vivra en effet une merveilleuse lune de miel... avec un autre homme!

Eh oui, Yolanda l'imprévisible a soudain, après soixante-quinze jours de mariage heureux, le plus inexplicable des coups de cœur! Elle tombe subitement amoureuse d'un jeune et beau peintre, d'origine polonaise : Jean Sobieski.

C'est au « Whisky à Gogo », une boîte de nuit de Cannes, que, début juillet 1961, elle perd la tête pour les ravissants yeux d'un inconnu.

Dalida effectue alors une tournée dans le Midi et, c'est pour se distraire, qu'à l'invite de ses amis, elle accepte, à 2 heures du matin, d'aller boire un verre.

Soudain, un grand jeune homme blond, aux yeux bleus, s'avance vers elle et l'invite à danser. Dieu qu'il est beau ! Dalida est subjuguée. Après s'être présenté, il l'entraîne sur la piste de danse. Dalida est sous le charme. Ils dansent, redansent et elle sent monter en elle un trouble inconnu.

Puis ils vont s'asseoir à la même table et là, tout à trac, son cavalier lui dit :

– Je crois que je vous aime.

Dalida est bouleversée. Elle ne sait quoi répondre. Elle se contente de détourner le regard, tant elle est rouge de confusion. Mais, déjà, elle le sent qu'entre eux deux, les jeux sont faits.

– Quelques jours plus tard, à Paris, quand nous nous sommes revus, a-t-elle raconté, il m'a de nouveau fixée de ses grands yeux bleus, très doux, alors j'ai fondu...

Attitude inqualifiable pour la plupart de ses amies. Tout son entourage essaie de lui démontrer que c'est une folie. Mais rien n'y fait : Dalida aime... à la folie !

Ensemble, ils flânent dans Paris, vont dîner dans les petits bistrots de Montparnasse, commencent à faire des projets.

Mais plus les jours passent, moins Dalida garde son insouciance. Elle commence à être rongée par les remords. Elle a honte de tromper son mari.

– J'étais mariée, a-t-elle déclaré peu après. Je n'avais nullement l'intention de tromper Lucien. J'aurais dû fuir. J'ai succombé.

Comment expliquer qu'une femme aussi solide, aussi sincère quand elle a dit « oui » à Lucien, ait cédé si vite aux avances d'un inconnu ? Que s'est-il passé pour qu'entre Lucien et elle, en trois mois, tout soit dit?

Pas grand-chose justement : la fin d'une belle liaison où l'on ne parlait plus assez d'amour.

Tous deux ne vivaient plus que pour leur obsession : réussir, dénicher des chansons à succès, vendre toujours plus de disques. Leur couple n'était plus qu'une association dans laquelle subsistait beaucoup d'estime et d'admiration réciproques, mais où la passion s'était peu à peu éteinte. Au lieu de se dire des mots d'amour, ils ne parlaient que de travail. Au lieu de retrouver sa femme comme un amoureux transi, après chaque éloignement, Lucien ne prenait pas le temps de tomber dans ses bras. Vite, il fallait réviser son tour de chant, répéter, améliorer.

Comment ne pas se souvenir du triste présage de Lucien :

– On n'épouse pas une vedette?

Lorsque Jean entre dans sa vie, c'est comme si, d'un coup, Dalida respirait une grande bouffée d'air frais, comme si elle découvrait soudain la joie, le romantisme de l'amour. C'est comme une pause, aussi un moment de repos, de dépaysement, loin du métier et de sa rigueur. Difficile de résister à une telle renaissance.

Seulement, quand on s'appelle Dalida, quand on est un personnage public, ce n'est pas si simple de vivre ses passions.

Au début, Lucien Morisse ne se doute de rien. Jusqu'à ce que Dalida néglige toute prudence. La passion l'aveugle, elle s'affiche partout avec son chevalier servant. Que ce soit sur les plages de la Côte d'Azur ou dans les boîtes de nuit, elle est toujours accompagnée de Jean.

– Un écho parut sur nous dans un journal local, a raconté Dalida. Lucien, qui était à Saint-Tropez, l'a lu. Il est venu aussitôt me rejoindre à Montpellier où je chantais.

Lucien lui pose carrément la question :

– Ces rumeurs, ces bruits, sont-ils vrais?

Dalida n'a pas le courage de lui répondre « oui ». Mais Lucien la connaît bien. Ce n'est pas à lui que Dalida peut mentir.

– Il a été formidable, racontera-elle ensuite. Il n'a pas eu un mot de reproche. Il n'a eu qu'un regret : que je ne lui ai pas dit tout de suite la vérité. Je t'aurais conseillée, m'a-t-il confié. Peut-être aurions-nous pu sauver notre amour. Je crains qu'il ne soit trop tard désormais. C'est ce jour-là que nous avons parlé divorce pour la première fois.

Elle reconnaît ses torts, assume ses responsabilités et ose déjà avancer :

– Je garde à Lucien mon amitié.

Cette façon de prendre les devants ne trompe personne : Dalida veut éviter tout scandale.

En vain. Scandale il y aura. Non seulement, Lucien, malgré sa dignité, accuse mal le coup. Mais son public ne lui pardonne pas.

– Oui, je sais que j'ai mal agi, admet-elle alors. Mais résiste-t-on au coup de foudre? Je suis une femme coupable. Je n'ai pu résister à cet amour. Il était trop grand, trop fort.

Elle déménage et laisse son appartement de la rue

d'Ankara à Lucien. Elle file s'installer dans un meublé à Neuilly-sur-Seine avec Jean.

Ils n'y restent pas longtemps. L'amour leur donne vite des ailes. En novembre 1961, alors que pour tous les chanteurs c'est l'époque des rentrées sur les scènes de music-halls, Dalida disparaît en Camargue avec Jean. Un mois entier de vraie lune de miel! Un enchantement!

– J'y ai découvert la retraite de Jean, a-t-elle raconté. C'est un mas camarguais. La dune le sépare de la mer. Les ajoncs envahissent le pas de la porte. On s'éclaire avec des lampes à essence. On entre dans un autre siècle, et c'est là qu'est le repos. Les chevaux sauvages venaient paître à quelques mètres de nous. J'ai pu me baigner, sans que personne ne me dérange. Le soir, nous écoutions le ressac de la mer, le bourdonnement des insectes. La Camargue, je l'ai découverte à cheval avec Jean. Mauvaise cavalière, je tremblais à tout moment. Lui ressemblait à un centaure, car il monte sans selle et sans étriers. Dans ce cadre, il avait un nouveau visage. Il semblait coller parfaitement à cette nature sauvage. Il paraissait fait pour elle. Grâce à lui, j'entrais dans une nouvelle vie.

Oui mais, à quel prix! Car, hélas, pendant que Dalida file le parfait amour dans le Sud, à Paris, les langues se délient. Un peu partout, on condamne autant d'irresponsabilité, autant d'insouciance. Dalida se rend-elle bien compte de ce qu'elle fait? Ne voit-elle pas que si elle veut continuer sa carrière, elle ne doit pas rompre avec un homme aussi important? Sûr que Lucien Morisse se vengera d'un tel affront!

Mais elle le fait! Ce ne sont pourtant pas les mises en garde qui manquent :

– Gardez-le bien au chaud Lucien Morisse, lui recommande par exemple Gloria Lasso. Moi aussi, j'ai eu dans ma vie un homme qui m'a aidée à percer : Maurice Tézé, directeur des disques Pathé-Marconi. Nous nous sommes séparés et je suis restée une vedette, mais vous, si un jour vous avez le malheur de perdre Lucien Morisse, le lendemain vous n'existerez plus!

Mais Dalida décide de s'imposer. Seule, elle franchit tous les obstacles avec l'énergie d'un si courageux petit soldat que Lucien Morisse en sera le premier stupéfié.

Et le 6 décembre 1961, elle fait un vrai triomphe à l'Olympia!

Émue et bouleversée par les applaudissements, ce sont les larmes aux yeux qu'elle retourne dans sa loge, où parmi la foule des admirateurs l'attend... Lucien! En un regard, leurs rancunes et leurs souffrances s'envolent, Dalida tombe dans ses bras et lui demande pardon. Si Lucien souffre encore, il n'en laisse rien paraître. Il reste digne et chaleureux. Et surtout il est fier. Dalida a beau ne plus vivre avec lui, elle est tout de même sa création, sa réussite.

Jean Sobieski a eu la bonne idée de ne pas venir ce soir-là à l'Olympia. Et personne, au risque de gâcher l'atmosphère joyeuse de la soirée, n'évoquera son nom.

Si Lucien est là, ce soir, auprès d'elle, c'est avant tout pour lui montrer que, malgré les calomnies, il ne fera pas le moindre geste pour briser sa carrière. Il lui déclare même, avant de la quitter :

– Si tu as besoin de moi, appelle-moi. Je viendrai.

Le lendemain, c'est à croire qu'en France personne n'avait osé, jusqu'à présent, écorcher la réputation de la chanteuse. Les sceptiques ont disparu de l'hexagone comme par enchantement. Les journalistes se font tout miel et, le plus objectivement du monde, commentent la renaissance de Dalida.

Jacques Chancel écrit : « Pas de chemin de croix pour Dalida. Les sifflets sont restés au vestiaire. Les prétendus tueurs dont j'étais ont applaudi. »

Dans *Le Monde,* Claude Sarraute explique : « A ce qu'on disait, le public, le vrai, le grand, celui de Dalida, s'était enfin avisé de la minceur de son talent. L'affreux *Bambino* avait fini par lasser, il ne manquerait pas de lui signifier. Il n'en a rien fait. Dalida a retourné ses deux mille spectateurs comme autant de crêpes étalées dans autant de fauteuils. C'est une fine mouche qui ne manque pas d'audace... Nous nous attendions à une mise à mort, nous avons assisté à un baptême. Voyez à quoi tiennent les réputations. »

Désormais, Dalida aura celle d'une grande. Piaf, qui viendra un soir à l'Olympia, confiera à Bruno Coquatrix :

– La petite, elle en a dans le ventre! Comme moi, c'est une gagneuse.

Désormais, elle peut tout se permettre, y compris le grand amour, y compris de déclarer :

– Je crois que celle qui n'a jamais perdu la tête, que celle qui n'a pas tout compromis et tout risqué pour l'amour d'un homme, n'aura jamais connu avec plénitude le bonheur d'être femme.

Hélas, Dalida la vivra si peu de temps cette plénitude. Au bout d'un an, elle rompt avec Sobieski! Parce que ce qu'elle aimait tant en lui au départ : sa beauté, sa jeunesse, sa vie de bohème, sa nonchalance lui sont devenues, petit à petit, insupportables. Et que, comme toutes choses, l'amour s'en va...

De son côté, à peine son divorce prononcé, Lucien Morisse annonce qu'il a l'intention de se remarier avec une jeune starlette, Agathe Aems. S'il ressent encore la blessure que lui a fait Dalida, il n'en laisse rien paraître.

Depuis qu'il a fait le premier pas vers elle, le soir de l'Olympia, Lucien tient sa promesse : il ne la laisse pas tomber.

– Je crois que je suis son meilleur ami, déclare-t-il plusieurs années après leur divorce. Elle ne reste jamais plus de huit jours sans me téléphoner, même quand elle est à l'autre bout du monde.

Miracle de l'amitié! Dès qu'elle a un problème, Dalida en parle à son ex-époux. Ils dînent souvent ensemble avec Agathe. Ils se font des cadeaux, jouent au poker, s'aiment d'amitié.

Quand, en 1967, Dalida découvre que l'homme qu'elle aime alors à la folie, Luigi Tenco, vient de se tuer, c'est Lucien qui, aussitôt, s'empresse de la consoler. Quand, incapable de se remettre de ce suicide, elle décide d'aller rejoindre Luigi dans la mort, c'est à Lucien, qu'avant de s'endormir elle laisse une lettre. C'est aussi Lucien qui, le premier, se rendra à son chevet. C'est lui qui lui réapprendra à sourire.

– Chaque jour, il venait me voir à l'hôpital, a raconté Dalida. Il posait une rose rouge sur mon oreiller, près de mon visage. Il s'asseyait auprès de moi, me prenait la main. Il se taisait. Le silence de Lucien a toujours été pour moi le plus doux des pardons, le plus doux des aveux. Lucien, d'abord, je l'ai aimé comme un amant, puis comme un époux, et enfin il est devenu mon frère jumeau, nous n'avions plus besoin de nous parler pour nous comprendre. Ainsi, j'ai toujours su qu'il se suiciderait.

Une fois sortie du coma, elle a beau lui dire :

– Lucien ne fait jamais ce que j'ai fait.

Dalida sait pertinemment que Lucien n'écoute pas ce qu'elle lui dit. La mort a une telle emprise sur lui ! Il en parle si souvent !

– Au début de notre mariage, racontait-elle, quand il me parlait de la mort, je riais, je l'embrassais, je ne le prenais pas au sérieux. Puis, un jour, lors d'une de nos premières escapades en Bretagne, il m'a soudain pris la main et m'a dit :

– Tu sais, ce qu'il y a de plus merveilleux, Dali, c'est de savoir qu'on va mourir. Mais oui, je n'attendrai pas que la mort vienne me prendre par surprise. Je me suiciderai.

A l'époque, Dalida faisait semblant de ne pas prêter attention à ce qu'il venait de dire, mais elle le sentait : Lucien ne plaisantait pas. Sa voix était trop chaude, trop grave...

Alors que Dalida s'amusait à lui raconter ses rêves, Lucien a soudain eu cette parole :

– Un jour tu rêveras ma mort.

Dali n'a pas compris sur le moment cette nouvelle tocade de Lucien.

Hélas, il ne se trompait pas.

– A 2 heures du matin, le 11 septembre 1970, je me suis réveillée en sueur, a raconté Dalida. Je ne peux pas expliquer ce que j'ai ressenti. J'avais froid. J'avais peur. Mon corps me faisait mal, un mal horrible. J'ai allumé la lumière. Je me suis levée. Je ne pouvais plus respirer. Dans ma tête, c'était le vide. Je ne pouvais plus me raisonner. Je me suis recouchée. J'ai fermé les yeux. Les images les plus tragiques défilaient à une allure folle dans ma tête. J'ai eu l'impression de toucher le fond de la douleur morale et physique. J'ai vécu une véritable descente aux enfers, exactement comme au cours de la nuit du 26 février 1967, quand j'étais déjà aux portes de la mort.

– Puis, comme dans un brouillard, j'ai entendu sonner le clocher de l'église de Montmartre. J'ai regardé mon réveil. Il était 5 heures du matin. Brusquement, mes douleurs ont cessé. Je me suis endormie comme une masse.

– A 8 heures du matin, Bruno, mon frère, a frappé à la porte de ma chambre :

– M. Siegel, le directeur d'Europe I, te demande au téléphone, c'est urgent!

– D'un bond, je me suis levée. Quand il m'a annoncé que Lucien s'était suicidé d'une balle dans la tête en rentrant chez lui à 2 heures du matin, sans réfléchir, je lui ai dit :

– Il est mort à 5 heures du matin, n'est-ce pas? Je le savais. J'ai vécu dans mon corps toute son agonie.

– J'avais partagé sans le savoir les derniers moments de sa vie. Et dire que je n'ai pas pu empêcher qu'il se donne la mort. Cette vérité est atroce, cruelle et, quand je me suis agenouillée près de son corps, immobile à jamais, je pleurais aussi sur l'impuissance humaine.

Le choc est terrible pour Dalida! D'un coup, elle se sent si seule, si abandonnée, comme si un peu d'elle-même venait de disparaître.

Son frère Bruno accourt pour la consoler. Une demi-heure plus tard, elle s'engouffre avec lui dans un taxi. Ses yeux rougis sont cachés par des lunettes de soleil. Direction : rue d'Ankara, à l'appartement qui fut le sien avant d'être celui de Lucien et d'Agathe. Il faut la soutenir en sortant du taxi, tant elle est terrassée par le chagrin.

Maurice Siegel, qui l'attend dans le salon, l'accompagne dans la chambre à coucher où se trouve le corps de Lucien et où Agathe est là, qui veille. Les deux femmes échangent le regard le plus tendre, le plus complice, et tombent dans les bras l'une de l'autre.

Bouleversées, elles s'agenouillent ensuite et se mettent à prier.

Encore une fois, Dalida venait de perdre l'amour et l'amitié.

– L'amour, même le plus pur, même le plus vrai, le plus sincère ne sauve personne, confiait-elle. On ne peut mourir, ni souffrir à la place de ceux dont la vie nous paraît plus précieuse que la nôtre!

Ses amis, ses admirateurs, son public viennent, hélas, de s'en rendre compte...

5

LUIGI :
LE SOLEIL AU CŒUR

– Pour moi, c'était l'homme idéal. C'était l'amour de ma vie que je n'oublierai jamais.

Cet homme qui a su enflammer le cœur de Dalida, lui faire vivre les plus belles heures de son existence, avant de lui entrouvrir les portes du désespoir et de la mort, c'était Luigi Tenco. Leur passion n'a duré que quelques mois. Mais elle a brillé avec une telle intensité, un tel feu, un tel éclat, que chaque jour qu'ils ont passé ensemble auraient comblé bien des vies.

– « Il n'y a pas de rencontre, il n'y a que des rendez-vous. »

Souvent, Dalida a songé à cette phrase du philosophe Raymond Abellio, quand elle s'est souvenue du jeu du destin qui l'a mise en présence de Luigi.

– Je me trouvais dans les studios d'enregistrement d'une maison de disques, à Rome, par un torride après-midi d'août 1966, a raconté Dalida, quand on m'a présenté ce Luigi Tenco. Je suis aussitôt tombée sous son charme. C'était le vrai, le grand coup de foudre. Le simple contact de sa main m'a mise dans tous mes états. J'étais sous sa coupe...

Mais qui est donc ce Luigi Tenco pour apprivoiser d'un seul regard, d'une seule poignée de main, une des femmes les plus célèbres et les plus adulées du monde ?

Personne ou presque. Bien sûr, il est beau ! Les yeux presque noirs, les lèvres pulpeuses, le visage volontaire, il est à vingt-sept ans, un pianiste de talent, mais un compositeur difficile. Ses chansons profondes qui racontent des histoires tristes n'ont guère de succès. Surtout, comme bien des artistes à la sensibilité à fleur de peau, il doute de lui-même et réagit avec violence à la moindre critique. Il ne connaît ni les compromis, ni les compromissions. Incapable de supporter la médiocrité, incapable de dévier de la route qu'il s'est fixé, ce rebelle refuse à l'avance tout chemin facile pour arriver à la gloire.

C'est pourtant dans ce but, que des producteurs de disques italiens ont organisé cette rencontre entre leur poulain et Dalida. Si elle acceptait de parrainer une chanson de Luigi au prochain Festival de San Remo, si elle interprétait cette chanson sur scène, le jeune homme pourrait peut-être enfin sortir de l'anonymat ou, du moins, du petit cercle des cabarets romains où il se produit.

Beaucoup de « si », beaucoup de conditionnel, beaucoup de calculs mercantiles dont ni Dalida, ni Luigi ne parlent un seul instant, quand ils dînent le soir même en tête à tête. Ils ont des choses tellement plus importantes à se dire ! Ils ont à se découvrir l'un à l'autre, à se livrer leurs secrets intimes, à entendre « les mots où se répand le cœur mystérieux ».

Devant la force, la violence des sentiments de ce

garçon de sept ans plus jeune qu'elle, Dalida a-t-elle eu peur? A-t-elle redouté d'être emportée par cet ouragan de passion pure où chaque parole sonne vraie comme un accord parfait? Non, dans ce petit bistrot romain de la *Plazza del Popolo*, sur la terrasse où un vent brûlant fait vaciller les chandelles, elle a déjà abdiqué. Son cœur est pris et bien pris.

– Pour longtemps, pense-t-elle.

Elle a tellement besoin d'être aimée, pour elle, rien que pour elle. Bien sûr, elle pourrait aider Luigi dans sa carrière, mais cela est si facile, qu'elle n'y a guère songé. Il suffirait de trois coups de téléphone à Paris, et toutes les radios passeraient du Luigi Tenco!

Mais Dalida en est certaine, ce n'est pas ce qu'il voudrait. Elle a déjà pressenti qu'il ne veut arriver que par son talent.

Ce talent dont elle ignore encore tout, il a d'ailleurs bien le temps de le faire éclater à la face du monde. Pourtant, Dali est une femme généreuse, ouverte aux autres, attentive au bonheur et au malheur de ses amis. Mais là, dans ces instants privilégiés avec Luigi où tout est possible, Dalida devient possessive, presque égoïste. Elle veut que Luigi lui fasse oublier qu'elle a rompu avec Christian de La Mazière, que Jean Sobieski s'est marié, que trop souvent l'amour l'a effleurée avant de s'enfuir à tire d'ailes.

Elle veut captiver le regard sauvage de Luigi, entendre sa voix, lui parler de poésie, de bonheur. Elle veut l'écouter rêver à haute voix et partager ce rêve.

La semaine de routine que Dalida avait prévu de passer à Rome s'est transformée, comme par miracle, en une suite ininterrompue de moments euphoriques.

Enregistrements, interviews, galas, bravos et applaudissements ne comptent pas. L'important, c'est de retrouver Luigi et sa Vespa et de sillonner les rues de la capitale italienne. Avec lui, elle retrouve le plaisir enfantin de savourer des « gelati » achetés à un vendeur de glaces, de jeter avec un pincement de cœur une pièce de monnaie dans la fontaine de Trevi, en faisant un vœu. De visiter le Colisée en se moquant des groupes de touristes tenus en laisse par quelque guide franco-italiano-américano-germanique.

Enfin, la nuit venue, dans un registre plus grave, plus sensuel, plus extatique, de s'endormir enlacés dans les bras de son amant pour se réveiller, lovée contre lui.

Hélas, le calendrier professionnel de Dalida ne laisse guère de place à des vacances romaines, aussi merveilleuses soient-elles. Trop vite à son gré, elle doit regagner Paris et ses engagements, enregistrer *Seule dans ma chambre*, une chanson qu'elle a retenue avant... Avant Luigi!

Luigi le ténébreux, l'inconsolable n'a alors qu'une seule idée : rejoindre au pied du Sacré Cœur, celle qu'il aime.

Il lui faut deux mois pour se débarrasser de ses maigres engagements. Mais quand, enfin, il sonne à la porte de Dalida, ce n'est pas des fleurs qu'il lui apporte, mais une chanson, une superbe composition : *Ciao amore, ciao.*

– Il y avait beaucoup travaillé, a raconté Dalida. Il m'a dit : Yolanda (c'était ainsi qu'il m'appelait), cette chanson, c'est une histoire, un message. J'y ai mis tout mon cœur. Dis-moi ce que tu en penses...

Bien sûr elle n'en pense que du bien! Un des couplets, surtout, la touche, la fait vibrer. Il dit :

– Regarder chaque jour s'il pleut ou s'il fait soleil pour savoir si demain l'on vivra ou l'on mourra.

Aussitôt après l'avoir lue, elle entraîne Luigi au sous-sol, dans le salon de musique et de travail. Elle s'appuie au piano, tandis qu'il se concentre devant le clavier. Puis ses mains fines, fortes, volent de touche en touche. Les yeux fermés, Dalida se laisse envahir par la poésie des mots, la beauté des notes. Au deuxième refrain, elle mêle sa voix à celle de son amant.

– Tu vois, lui dit-elle, je la connais déjà sans l'avoir apprise.

Après un long baiser, Dalida prend sa décision :

– Nous la chanterons à San Remo!

Ce n'est pas seulement la femme amoureuse qui a parlé, mais la grande professionnelle, la star qui ne s'est jamais trompée dans le choix de son répertoire.

Entendu, écouté, compris, Luigi se transfigure. Son visage s'éclaire, un large sourire fait place à sa moue boudeuse. Avoir pour partenaire cette immense vedette, c'est pour lui la récompense suprême. Mais être aimée d'elle, c'est le paradis. Un paradis où Dalida tient une grande place, toute la place.

– Ceux qui nous connaissaient bien disaient que nous paraissions être les seuls amants de cette terre, tant nous respirions le bonheur confiera Dalida avec émotion.

Car, à trente trois ans, Dalida semble enfin découvrir l'amour. Et elle s'en laisse envelopper avec la naïveté et la sincérité confiante d'une jeune fille. Auprès de Luigi, elle oublie ce scepticisme et cette méfiance qu'ont si souvent les vedettes face à l'amour.

Elle revit chaque fois que Luigi revient à Paris et, chaque fois, c'est un émerveillement nouveau.

Ils se retrouvent chez elle ou au « Prince de Galles », le luxueux palace de l'avenue George-V près des Champs-Élysées, le seul hôtel digne d'héberger leur passion, a décrété Luigi.

Le soir de la Saint-Sylvestre, c'est dans un pauvre petit cabaret de Rome que Dalida le passe. Elle a refusé les plus brillantes invitations, les soirées les plus huppées de Paris pour être là, auprès de Luigi, qui chante sur l'étroite scène. Mais quand à minuit les lumières s'éteignent et que Luigi vient la rejoindre, c'est pour elle le plus beau des réveillons. A chaque coup de cloche qu'égrène une lointaine église, elle lui murmure : « Je t'aime, je t'aime ».

Plus tard, c'est à pied qu'ils rentrent jusqu'au palace où Dalida est descendue. Le trajet est long, l'air froid, les étoiles toutes proches dans le ciel nuit d'encre. Qu'importe ! Nichée contre Luigi, Dalida respire à pleins poumons le parfum du bonheur.

Et déjà, elle échafaude l'existence qui les attend.

Désormais elle ne va plus interpréter que des compositions de Luigi, ces mélodies graves où il laisse parler son cœur. Elle sera sa messagère, sa voix, son écho. En plus jeunes, ils vont former un couple aussi indestructible que celui de Line Renaud et de Loulou Gasté, ses amis. Elle sera sa muse, son inspiratrice, mais aussi son interprète. Elle imagine, quand ils chanteront en duo, leurs deux noms accolés au fronton de l'Olympia : DALIDA – LUIGI TENCO. Leurs deux noms accouplés aussi au bas du registre de la mairie du XVIIIe arrondissement. Oui, c'est là qu'elle veut épouser Luigi, pour ne plus jamais être séparée de lui. Et puis un jour, un matin de printemps où le soleil chassera les derniers frimas, son mari ira déclarer la naissance du fils qu'elle lui aura donné. Cet enfant de l'amour, du bonheur, de la plénitude.

Tout cela, Dalida le murmure dans l'oreille de Luigi. Il hoche la tête, il sourit, il baise la main de sa compagne.

– Oui, tout cela est possible, lui dit-il, aucun obstacle ne s'élève sur notre chemin. Mais, d'abord, je dois triompher à San Remo!

Ah, l'orgueil du beau ténébreux! Dalida l'avait oublié un instant, ce besoin exacerbé de Luigi de réussir seul, par lui même.

– Je ne veux pas que l'on ricane derrière mon dos, que l'on attribue mon succès à ta gloire, lui avait-il dit un jour.

Cette fierté, Dalida l'admire. Mais, pour elle qui a déjà tout prouvé, tout conquis, les triomphes sont devenus futiles. Ils font presque partie de son pain quotidien. Quand elle tente de l'expliquer à son amant, il se bute, ne comprend pas. Et c'est vrai, il faut avoir vécu des moments exceptionnels où une salle, debout, rappelle inlassablement son idole, pour ne plus en avoir envie. Du moins jusqu'au prochain récital.

– Tu verras, tu décrocheras le Premier Prix, lui dit-elle pour le rassurer, comme on raconte une belle histoire à un enfant qui a peur du noir, peur de s'endormir...

Un faible rayon de soleil réveille Luigi le 27 janvier 1967, à San Remo. Pour lui, le grand jour est arrivé, le jour de gloire. Par discrétion, il a pris une chambre individuelle à l'hôtel Savoy.

– Nous avons déjeuné ensemble, a révélé plus tard Dalida. Luigi plaisante, il est gai. Il est persuadé que sa chanson va être bien accueillie par les critiques et le public. Il aime ce texte qui raconte son histoire. Il y a mis tout son enthousiasme, toute sa jeunesse. Il est sûr que son œuvre va être la grande gagnante du concours.

Hélas, plus l'heure de la compétition approche, plus Luigi est tendu, nerveux. Pour surmonter son trac, Dalida lui conseille une tisane qui l'apaisera. Mais il ne l'écoute pas. Il ingurgite whisky sur whisky, et comme cela ne calme pas ses nerfs assez vite, il avale des tranquillisants.

Catastrophique mélange!

Au moment où il monte sur scène, il a perdu la moitié de ses moyens.

Pourtant, bravement, il s'empare du micro et il se met à chanter, *Ciao amore, Ciao*, comme si sa vie en dépendait!

Un instant, il oublie sa peur, son angoisse, la sueur froide qui imbibe sa chemise de soie blanche.

Tout d'un coup, c'est fini. Les applaudissements qui montent de la salle, loin de le réconforter, le font encore plus douter de lui, de sa prestation.

Pourtant, il sait que la partie n'est pas jouée. C'est maintenant, au tour de Dalida, sa « marraine », d'écarter le rideau cramoisi et de s'avancer vers le public pour y interpréter comme le veut la coutume, la chanson de son protégé. Elle a revêtu une longue robe noire incrustée de dentelle blanche.

D'un geste de la tête, elle ordonne au chef d'orchestre d'attaquer. Une fois encore, *Ciao amore, ciao* s'envole dans la salle du Palais des Fêtes.

A peine Dalida a-t-elle égrené la dernière notes que les bravos fusent. La salle délire de joie, empêche la star de quitter le plateau.

Luigi est transformé. Il la tient sa victoire! Encore faut-il que le jury délibère, rende son verdict.

Dalida vient se serrer contre son amant, trouve les mots pour le préparer à une déception :

– Et puis après, lui dit-elle? Qu'est-ce que ça peut faire, si tu ne gagnes pas? Tu écriras une nouvelle chanson pour le prochain Festival, voilà tout!

Mais Luigi a la moue boudeuse. Il veut gagner cette année, offrir à Dalida son premier grand succès, comme un cadeau d'amour, de mariage, la promesse d'une vie nouvelle.

Dans la salle, les conversations cessent. Un homme en smoking noir, une feuille de papier à la main, s'avance sur scène escorté du halo blanc d'un projecteur. Un à un, il nomme les lauréats admis en finale. Dalida s'accroche à Luigi. Elle le serre de toutes ses forces. Mais l'énumération s'achève sans que le nom de Luigi Tenco ait été cité. Il est éliminé.

Tel un boxeur sonné par un direct trop percutant, Luigi chancelle sous le coup du sort. Dalida croit qu'il va s'effondrer.

– Ce n'est pas une catastrophe, lui dit-elle. Dans

la vie, il y a des jours où l'on gagne et d'autres moins heureux.

Il ne répond rien. D'une secousse, il se débarrasse de l'étreinte de la femme qu'il aime et qu'il croit avoir perdue. Il marche vers la sortie.

Dalida le rattrape par la manche.

– Mais où vas-tu ? Tu sais bien qu'il y a une soirée de gala prévue après le Concours!...

Être confronté aux vainqueurs, voir leurs visages satisfaits, entendre les condoléances de ses amis, il n'en a ni la force, ni l'envie.

La star insiste :

– Ne sois pas bête ! Ce n'est qu'un festival ! Il y en aura d'autres...! La prochaine fois, c'est toi qui remporteras le Premier Prix...! Il ne faut jamais se décourager dans la vie... Ça ne sert à rien! Ton heure viendra, j'en suis sûre! Je serai d'ailleurs à tes côtés. Ensemble, nous vaincrons ! Tu verras ! Allez, ne fais pas cette tête, et viens avec moi, à la soirée...!

Mais Luigi s'entête. Il a décidé de rentrer à son hôtel. Pourquoi ? Pour réfléchir ? Pour pleurer ? Pour tenter de faire la part du rêve et de la réalité ?

En tout cas, il rassure sa compagne. Il lui dit de ne pas s'inquiéter, que tout ira bien dans un moment. Il la convainc d'assister sans lui au dîner.

Ce soir-là autour de la table que préside Dalida, l'ambiance est morose. La chanteuse contemple le couvert dressé pour Luigi et que l'on n'a pas enlevé. Devant cette place vide, elle sent son cœur se serrer. Un moment, elle tente d'avaler un peu du potage qu'on lui a servi. Mais il ne passe pas. Des nuages de tristesse, des éclaircies d'espoir traversent son esprit.

– L'Italie ne le comprendra jamais, songe-t-elle. Mais un jour, nous nous marierons, je l'aiderai, il se fera un nom en France. et lorsqu'il reviendra ici il sera accueilli en fils prodigue...

On lui présente un homard. Elle a un mouvement de recul. Un pressentiment l'envahit.

D'un bond, elle se lève, elle traverse l'immense salle de restaurant, indifférente aux regards interrogatifs qu'elle croise.

Elle hèle un taxi.

– A l'hôtel Savoy, commande-t-elle, d'une voix qu'elle veut ferme.

– Monsieur Tenco est-il rentré? demande-t-elle au concierge.

– Oui, la clé du 219 n'est plus là.

Maintenant, Dalida court dans le long couloir. Les numéros des chambres défilent : 213, 215, 217, 219.

Elle pousse la porte! Son cœur bondit de joie.

Luigi dort.

Elle s'approche du lit, se penche, entoure la tête de son amant, de son amour.

Elle pousse un hurlement d'horreur!

Brutalement, comme si elle avait été piquée par une vipère, elle retire sa main : elle est rouge de sang.

Mais elle ne peut admettre que Luigi ait cessé de vivre.

Elle crie :

– Vite un médecin, vite un médecin.

Orlando, Rosy, Eddie Barclay, Lucien Morisse, tous présents au Festival, puis au dîner de gala, envahissent tour à tour la chambre. Ils ont suivi d'instinct Dalida, pressenti un drame.

Pourtant, le drame que Dalida vit, personne ne peut le comprendre. Depuis cinq mois, un homme avait bouleversé son existence, lui avait redonné l'espoir, la certitude que le bonheur existait. Et cet homme trop orgueilleux, trop excessif, trop fou, trop tendre, trop passionné, gisait sur ce lit, à jamais immobile. Avec lui s'évanouissait plus que la paix du cœur, l'assurance de ne pas vieillir seule, sans enfant. Elle avait cru très fort qu'elle pourrait enfin connaître les joies d'être une femme, une femme comme les autres, et la porte de ce simple paradis venait de se refermer sur elle. Un geste désespéré, une balle de révolver 7,65, tirée dans la tempe, avait tout anéanti.

Sur le lit, Dalida trouve une lettre qu'elle ne comprend pas. Pour la première fois depuis cet après-midi torride de Rome, où elle avait entendu Luigi lui parler, elle n'est plus à l'unisson de ses mots. Elle lit, elle relit, elle cherche entre les lignes ce qu'il avait désiré lui dire.

Cette étrange missive, la voici :

« *J'ai aimé le public italien, et je lui ai consacré cinq ans de ma vie. Je fais cela, non parce que je suis fatigué de la vie (tout au contraire) mais pour protester contre un public qui envoie en finale " Io, tu e la rosa ".* »

Pourtant, loin de déchirer ce dernier message, Dalida le plie soigneusement, le range dans son sac. Elle le gardera toujours, comme la plus précieuse des reliques.

Cinq heures, cinq longues heures, Dalida veille le

corps de Luigi. Ni son frère, ni sa cousine Rosy, ni Eddie Barclay, ni Lucien Morisse ne peuvent l'éloigner de l'horrible spectacle.

A Lucien, qui tente de l'entraîner de force dans une chambre, où elle pourra se reposer, elle dit :

– Tu ne peux pas comprendre, je l'aimais.

Dalida n'est plus Dalida ! Certes, elle fait semblant d'être toujours la même, la grande artiste qui insiste pour que le spectacle continue. Mais dès qu'elle est seule dans sa loge, ou la nuit dans sa chambre, elle se laisse aller à pleurer. La mort brutale de Luigi a brisé le plus intime de ses ressorts : sa foi dans le bonheur.

Après Lucien, après Jean, elle se persuade qu'elle est maudite. Elle imagine même que la rançon de la gloire, c'est ce lit désespérément vide d'où l'amour a fui.

Pire encore, elle se persuade qu'elle est responsable de la mort de Luigi, qu'elle n'a pas su trouver les mots pour lui épargner ce geste fatal. Jour après jour, nuit après nuit, le désespoir l'envahit. Elle juge sa vie vaine et ses succès futiles.

Ce qui lui permet alors de présenter à son entourage, un visage presque souriant, c'est la pensée omniprésente, obsédante qu'elle va bientôt mettre fin à ses jours.

– Pendant un mois, a-t-elle déclaré, j'ai préparé mon suicide comme un crime parfait. Je souffrais trop.

En secret, elle se procure des barbituriques ! Mais il lui en faut beaucoup. Aussi, se rend-elle chez trois médecins différents. A chacun, elle se plaint de ne pas pouvoir dormir. Et elle ressort avec une belle ordonnance pour des somnifères puissants.

6

LA MORT DANS L'ÂME

Elle a fait le premier pas de sa longue descente aux enfers. D'autres vont suivre : il lui faut, par exemple, connaître la dose fatale, celle qui lui garantira un voyage au bout de la nuit. Qu'à cela ne tienne ! Elle joue la comédie chez un pharmacien où elle s'inquiète de dépasser la limite dangereuse. Et elle obtient le renseignement dont elle a besoin.

Elle contourne ensuite un obstacle plus difficile : la bienveillante vigilance de sa famille. En effet, depuis la mort de Luigi, depuis qu'elle porte ce masque de la bonne humeur, son frère Orlando s'inquiète. La nuit du drame, Lucien Morisse n'a-t-il pas pris le jeune homme à part pour lui conseiller :

– Surveille bien ta sœur. Tu sais, comme elle est fragile, sentimentale...! L'épreuve qu'elle subit m'inquiète beaucoup ! Ne la quitte pas d'une seconde...

Prévenu, Orlando monte la garde.

Il a fait venir Rosy rue d'Orchamp, Rosy qui dort désormais dans la chambre adjacente à celle de Dalida.

– Moi-même je passais toutes mes soirées près

d'elle, a déclaré Orlando. Après le dîner, nous jouions aux cartes jusqu'à 3 ou 4 heures du matin.

Pour Dalida, se pose donc le problème de cacher ses précieux somnifères, loin des regards de sa famille. Elle cherche, et finalement, elle trouve. Elle les glisse au fond d'une paire de chaussures.

Reste enfin pour la star si lasse, si fatiguée, à trouver le lieu où s'endormir pour toujours.

– Je ne voulais pas mourir chez moi, racontera-t-elle plus tard, parce que lorsque je restais une heure dans ma chambre, ma mère frappait à ma porte et me demandait si j'allais bien. Et puis ma maison, c'était le refuge d'une grande famille unie. Je ne voulais pas qu'elle soit le témoin de mes derniers instants.

C'est par hasard, alors que Dalida se maquille dans un studio de télévision, qu'elle surprend une conversation. Une jeune femme affirme que le seul lieu où les vedettes ne sont pas reconnues, ce sont les palaces. On peut même y demeurer trois jours et trois nuits sans que personne ne vous dérange.

Un palace? Dalida frémit. Le nom du « Prince de Galles » lui vient immédiatement à l'esprit. C'est le lieu idéal pour son suicide. N'est-ce pas là qu'elle a été si heureuse avec Luigi?

Désormais, tout est prêt, ou presque. La chanteuse doit encore régler ses affaires. Une après-midi, elle parvient à échapper à la surveillance de Rosy, le temps de se rendre chez son notaire et d'y établir son testament.

Plus tard, Orlando découvrira l'acte. Il témoignera :

– Dans ses dernières volontés, elle avait pensé à chacun d'entre nous. Pas un membre de sa famille, si éloigné eût-il été, pas un ami n'avait été oublié, a confié son frère. Ce que nous redoutions par-dessus tout, depuis de longues semaines, était donc vrai!

Le lendemain, Dalida refuse de signer un important contrat chez Barclay. Orlando s'en étonne. Pour toute réponse, elle lui confie :

– Cela n'aurait pas été honnête de ma part. Bientôt, je ne chanterai plus

Pour commettre sur elle-même le crime parfait qu'elle a fixé au 27 février (un mois exactement après la mort de Luigi), la star a tout réuni. Elle a le mobile : son intolérable douleur. L'arme du drame : une abondante réserve de somnifères. Elle connaît le lieu où il se produira : le « Prince de Galles » où elle a réservé une chambre sous le nom de : Yolande Gigliotti.

Il lui reste à trouver le moyen d'échapper à la surveillance du clan.

Le samedi 26, alors que toute la famille est réunie pour déjeuner, elle annonce qu'elle part le lendemain pour Turin.

Orlando s'inquiète :

– Que vas-tu faire là-bas?

– Une émission de télévision. On vient de m'appeler directement. J'ai accepté. Mon avion décolle à 14 heures. Rosy me conduira à Orly.

Son frère ne bronche pas. Quand Dalida décide quelque chose, quand elle prend son ton autoritaire, il respecte la décision du chef. Après tout, ce voyage improvisé pourrait la distraire.

– Quand j'ai embrassé ma mère, mon frère, avant

de les quitter, j'étais la seule à savoir que c'était pour la dernière fois, a raconté Dalida plus tard.

A l'aéroport, la star monte tranquillement dans son avion, sous le regard de Rosy. Arrivée à Turin, elle retient immédiatement une place sur le prochain vol pour Paris. Elle a deux heures à patienter, deux heures pour changer d'avion, deux heures pour déverser dans les toilettes ses somnifères. Mais non, elle ira jusqu'au bout.

– Quand je me suis installée dans la Caravelle qui me ramenait à Paris, je n'avais ni remords, ni regret. J'étais déjà détachée du monde, a-t-elle déclaré.

Avant de héler un taxi qui la conduira au « Prince de Galles », Dalida prend une dernière précaution. Elle relève ses cheveux en un chignon, chausse des lunettes noires. Elle se regarde dans une glace, elle ne se reconnaît pas.

– J'étais prête, dira-t-elle. Je pouvais me tuer.

A 21 h 30, elle pénètre dans le palace. Le concierge lui tend sa clé. Elle jette un bref regard dans le hall. Personne ne prête attention à elle. Elle monte dans sa chambre, met l'écriteau « Ne pas déranger ».

La suite, c'est Dalida elle-même qui l'a racontée.

Aujourd'hui, après sa tragique disparition, sa confession d'antan résonne comme une sinistre répétition.

– Je me suis rendue dans la salle de bains. Je me suis déshabillée. Je me suis démaquillée. J'ai coiffé soigneusement mes cheveux. J'ai passé ma robe de chambre verte. J'ai rempli un verre d'eau. Je l'ai posé sur la table de nuit. Alors, j'ai sorti les barbituriques de mon sac à main. Lentement, j'ai avalé 8 comprimés d'un somnifère et 16 d'un autre, tranquillement. J'ai bu le verre d'eau. Je me suis allongée sur le lit. J'ai fermé les yeux. J'ai mis mes mains derrière ma nuque. Je me suis endormie.

Pour la troisième fois, la femme de chambre du « Prince de Galles » passe devant la porte close. Elle regarde longuement le petit écriteau fixé à la poignée « Ne pas déranger ».

Une fois de plus, elle hésite sur ce qu'elle doit faire : il y a plus de vingt-quatre heures que l'inscription est toujours à la même place. Vingt-quatre heures qu'une certaine Yolande Gigliotti, la femme qui a pris cette chambre, n'a pas ouvert sa porte. Même quand on est très fatiguée, ça fait long vingt-quatre heures...

La femme de chambre s'enhardit et colle son oreille contre le chambranle : aucun bruit ne filtre de l'intérieur de la pièce. Elle se relève et s'éloigne dans le couloir. Mais, au bout de quelques pas, elle se ravise : non, décidement ce n'est pas normal. Tant pis, si elle se fait « taper sur les doigts », il faut faire quelque chose.

C'est grâce à cette femme de chambre que Dalida va échapper de justesse à une mort certaine. La direction de l'hôtel, alertée par son employée, téléphone dans sa chambre : personne ne répond! Aussitôt, un membre du personnel bondit dans les étages, son « passe » à la main. Mais la porte refuse de s'ouvrir : la clé est restée à l'intérieur! Il faut passer dans l'appartement voisin pour découvrir le drame.

Sur la table de chevet, à côté du corps inanimé, un petit mot est posé bien en évidence : « A prévenir d'abord : Lucien Morisse. »

– Quand je suis arrivé, dira-t-il plus tard, j'ai eu un choc en voyant mon ex-femme. Elle était étendue sur son lit, drapée dans une robe de chambre verte, les mains croisées derrière la nuque. Son visage paraissait calme. Elle avait les yeux fermés, mais sa peau était déjà bleuâtre. Un médecin, convoqué d'urgence, me dit alors :

– Il ne faut pas perdre de temps. Il n'y a qu'un seul endroit où on pourra peut-être la sauver : le centre anti-poisons Fernand-Vidal.

Pendant quatre jours, c'est l'incertitude. Pendant quatre jours, Dalida est à la porte de la mort.

La nouvelle de sa tentative de suicide a fait la « une » de tous les journaux.

France-Soir a titré : « Dalida lutte contre la mort. » Le quotidien russe *Nedelya* a informé ses lecteurs :

« Dalida est l'exemple-type de la victime du système capitaliste dans lequel les artistes vivent dans une sorte d'état d'hypnose, craignant de perdre leur popularité. »

Paris-Jour du 1er mars, a publié la « petite prière » de Yvan Andouard :

« Je n'ai pas l'habitude de faire des prières. Surtout pas des prières publiques. Mais, pour Dalida, tant pis, si je suis ridicule (mais peut-on l'être au chevet de quelqu'un qui se bat entre la vie et la mort) et je veux dire avec l'accent du Midi, ce qui me vient spontanément à la plume quand je suis sincèrement ému... cette petite, je me permets de vous le garantir, elle a le cœur pur. »

En même temps, des centaines et des centaines de lettres sont parvenues à la direction des journaux, au siège de sa maison de disques, à son domicile. Toutes disent l'émotion, la tristesse, des admirateurs de Dalida pour ce geste qu'ils souhaitent sans véritable conséquence.

Ce n'est que cent deux heures après son geste fatal que Dalida rouvre enfin les yeux. Elle n'est entourée ni d'anges, ni de démons. Nulle musique séraphique ne teinte à ses oreilles. Autour d'elle, les murs sont laqués blancs. Les barreaux du lit où elle repose l'étonnent.

Le visage d'une infirmière entre dans son champ de vision.

– Prévenez maman, murmura-t-elle. Dites-lui que je ne recommencerai plus, dites-lui que je regrette.

La femme en blanc lui prend le poignet, tâte son pouls.

– Ne vous fatiguez pas.

Dalida respire avec peine, mais elle respire!

Quand elle découvre l'aiguille de sérum glucosique, plantée dans son avant-bras. Dalida gémit :

– Mon Dieu, qu'ai-je fait?

Puis elle se rendort.

Elle n'ouvre à nouveau les yeux que deux heures plus tard pour découvrir ses deux frères et sa mère à son chevet.

– Au moment où elle a vu maman se pencher sur elle pour l'embrasser, a raconté Orlando, ce fut un instant pathétique. Dalida, incapable de bouger, était terriblement bouleversée, et elle a eu envie de pleurer.

Quand elle a senti la main de notre mère prendre affectueusement la sienne, la pauvre n'a pu que murmurer :

– Maman, pardon. Je ne recommancerai plus.

Pépina, qui a prié chaque jour à l'église des Abbesses pour que Dieu sauve sa fille, est terrassée par l'émotion. Elle s'assied au pied du lit et pleure silencieusement. Dalida, d'un geste faible, demande à Bruno d'approcher. Ce n'est plus la femme brisée qui parle alors, mais la grande vedette :

– Ma voix est perdue, lui dit-elle. Je peux à peine parler.

Et c'est vrai que Yolenda est exangue, un médecin intervient.

– Il faut partir maintenant.

Dans un dernier effort qui la fait grimacer de douleur, Dalida implore sa mère :

– Maman, reste. Ne me laisse pas seule!

Les médecins se montrent intransigeants, et la frêle vieille dame, doit, elle aussi, s'éloigner. Mais c'est d'un pas léger qu'elle le fait. Sa fille est sauvée. Elle a seulement besoin de repos, de retrouver son énergie, son extraordinaire vitalité.

Un mois plus tard, c'est chose faite, ou du moins, elle est sur la bonne voie. Dalida ne déclare-t-elle pas alors :

– Je ne pourrai jamais plus me sentir seule, isolée dans la foule. J'ai le cœur qui bouillonne et, cependant, un frisson hérisse mes jambes et mes bras. Tout l'amour que l'on m'a prouvé depuis « ma mort » me donne le chair de poule. Je ne pensais pas, je ne voulais pas me sentir entourée de tant d'attentions. Pourquoi n'ai-je pas su, bien avant, que je n'étais pas seule?

Et elle ajoute :

– J'ai voulu mourir sans aucune haine pour moi; j'ai voulu mourir comme on fait un pensum, résolue, appliquée, sans me vouloir du mal. Je ne mourrai plus jamais, je veux vivre; vivre encore, encore et plus fort, puisque Luigi Tenco est mort.

7

LA CONNAISSANCE ET LA FOI

– On pourrait croire que l'heure la plus difficile de ma vie fut celle où j'ai décidé de me suicider. Eh bien non! C'est celle où j'ai dû trouver en moi la volonté de vivre!

Ces mots prononcés par Dalida portent leur poids de douleur, de souffrance, de désespoir. Mais ils sont surtout une porte grande ouverte sur ailleurs, sur demain.

Car au réveil de son suicide manqué, Dalida l'a enfin trouvé cette volonté de vivre. Seulement, recommencer son existence d'avant, ce n'est plus possible. Dalida a besoin d'autre chose :

– J'ai réussi dans la vie, s'interroge-t-elle, mais ma vie, c'est quoi?

Désormais elle le sait : elle ne pourra plus jamais se contenter d'être Dalida-vedette. Elle veut être Dalida-femme avant tout. Réussir « dans » la vie, elle a prouvé de façon éclatante qu'elle était capable de le faire. Maintenant, il faut qu'elle réussisse « sa » vie. Pour cela, elle doit entreprendre la plus passionnante, mais aussi la plus difficile des recherches, celle qui lui permettra enfin de connaître Yolanda Gigliotti, c'est-à-dire la femme secrète et déchirée qui se cache derrière Dalida la star.

Dalida sort de la clinique du Vésinet où elle était hospitalisée, le 21 mars 1967. Le jour du printemps... Une coïncidence bien sûr. Mais la star, rendue à la vie, ne peut s'empêcher d'y voir le signe d'une existence nouvelle qui s'offre à elle.

Lorsqu'elle retrouve sa maison de Montmartre, Dalida ne porte qu'un seul et unique bijou : une simple petite croix en or. Il ne faut pas s'y tromper : si pour les gens qui la croisent dans la rue il ne s'agit que d'un simple ornement, pour Dalida c'est beaucoup plus que cela. Cette petite croix qu'elle ne quitte ni le jour ni la nuit c'est un symbole, celui-là même que des millions d'hommes et de femmes vénèrent de par le monde : le symbole de la foi chrétienne.

Car dans la longue nuit qu'elle vient de traverser, immobile sur son lit de douleur, Dalida a rencontré une lumière, une lumière qui, loin de l'aveugler, l'aide à ouvrir les yeux sur elle-même : Dieu.

Il ne s'agit pas d'une découverte, mais bien de retrouvailles :

– C'est comme si on m'avait miraculeusement rendu un être cher après des années et des années de séparation, dit-elle alors.

Oui, c'est bien d'une séparation qu'il s'agit ou, pour mieux dire, d'un lent éloignement, progressif, presque insensible, semblable à celui que connaissent un homme et une femme qui, au fil des jours, cessent tout doucement de s'aimer.

Dalida le sait. Avec cette lucidité, cette intelligence qui font d'elle beaucoup plus qu'une simple chanteuse de variétés, elle n'hésite pas une seconde à regarder la vérité en face :

– Il y a longtemps que j'avais perdu la foi. Depuis que j'étais devenue une grande vedette.

Tous les admirateurs de Dalida le savent : à chaque fois qu'elle entre en scène, elle fait le signe de croix. Mais petit à petit, au fil des galas et des concerts, ce geste s'était pratiquement vidé de sa substance. Il était devenu machinal. Pour Dalida, une chose surtout était révélatrice de cet éloignement de Dieu : la petite médaille de la Vierge que sa mère lui avait offerte le jour de sa première communion, cette médaille à laquelle elle tenait tant, dormait à présent au fond d'un tiroir.

Là, en ce jour de printemps de 1967, Dalida se rend compte brusquement de tout ce qu'elle a perdu d'essentiel. Un voile épais vient de se déchirer qui lui rendait le monde gris et sans âme :

– Dans le tourbillon de ma vie, j'avais fini par oublier de croire.

Ce tourbillon, cette existence privée de foi et de lumière, elle a voulu y mettre fin. Mais le destin en a décidé autrement. Quand elle a ouvert les yeux, pour la première fois depuis de longues semaines de coma, Dalida a porté sa main à son cou : elle a rencontré la petite croix qu'une infirmière lui avait passée. Sans qu'elle le sache encore, ce simple geste machinal était le premier pas vers la foi retrouvée.

Quand elle revient chez elle, au milieu des objets, des plantes vertes qu'elle aime tant, Dalida peut commencer à se découvrir elle-même. Peu à peu, tout son passé lui revient et elle le regarde des yeux différents. Elle voit clairement tout ce qui l'a fait souffrir ou espérer. Elle comprend tout ce qu'elle a détruit, raté.

Et maintenant, il faut bâtir, rebâtir plutôt. C'est bien dans le caractère de Dalida de ne pas pleurer sur soi, de ne pas s'attarder sur les échecs, mais au contraire, foncer, aller de l'avant sans cesse.

Pour y parvenir, Dalida a besoin d'aide, d'appuis solides sur lesquels elle puisse se reposer.

Ces appuis, ce n'est pas dans le petit monde virevoltant du show-business qu'elle va les chercher, mais sur les rayons des bibliothèques. Les rayons du haut, ceux où son rangés les auteurs que l'on appelle « difficiles ».

Dalida n'a pas peur de la difficulté : les exigences de son métier de vedette lui ont appris depuis longtemps que la trop grande facilité est trompeuse, qu'elle débouche rarement sur une œuvre de qualité.

Ce que son métier lui a enseigné, elle va le mettre en pratique dans sa vie de femme. Elle n'a pas fait de longues études? Qu'importe!

– Lorsque l'on a un profond désir de savoir, de connaître, on finit par comprendre : « C'est un état de grâce. »

Dieu a-t-il permis à Yolanda Gigliotti de baigner dans cet état de grâce? Nul ne peut l'affirmer bien sûr. Une chose est certaine : Dalida dévore les livres les plus prestigieux, elle cherche dans toutes les directions, avec une préférence marquée pour la philosophie et elle n'hésite pas à le dire, à le clamer même :

– J'ai renoncé aux futilités de la vie pour pouvoir me consacrer à l'étude. Aujourd'hui, j'ai 34 ans et j'ai décidé de faire « ma philo ». Je me suis mise au travail avec acharnement pour préparer ma licence.

Les lectures de Dalida, à cette époque, vont du Grec Platon au Français Teilhard de Chardin. Philosophie antique, philosophie chrétienne. Mais Dalida ne se limite pas à cela. Elle découvre aussi les grands romanciers, les poètes illustres : elle lit et relit *Les chants de Maldoror*, ce long poème étrange, surréaliste avant la lettre d'Isidore Ducasse dit Comte de Lautréamont.

Dans le petit monde du show-business, dans la presse, dans ce que l'on appelle le « Tout-Paris », on commence à s'étonner de cette brusque passion pour les études. L'étonnement fait bientôt place à quelques ricanements teintés de méchanceté. Les esprits qui se croient forts et qui ne sont que chagrins y vont de leurs sarcasmes :

– Quoi, une chanteuse qui lit Platon et Malraux? Mais de quoi se mêle-t-elle celle-là? Elle ferait mieux de laisser les grands auteurs aux intellectuels spécialisés et de retourner à la chansonnette!

Eh bien non! Dalida en a assez de ces théories stupides. La littérature ne doit pas être réservée aux seuls initiés. Tout le monde y a droit et elle la première, puisqu'elle en a besoin, pour son équilibre, pour son bonheur.

Elle a raison de s'obstiner en laissant parler les envieux et les aigris. Car au fil de ses découvertes, elle va rencontrer quelqu'un dont l'importance va être capitale pour elle : Sigmund Freud, le père de la psychanalyse. L'un après l'autre, elle lit, étudie, relit tous les livres de Freud. Pour elle, c'est une véritable révélation. Depuis « l'introduction à la psychanalyse » jusqu'à « l'interprétation des rêves », Dalida comprend que grâce au merveilleux outil qu'elle découvre chez Freud, elle va enfin pouvoir combattre ce qui la tourmente depuis si longtemps. Elle va pouvoir exorciser ces démons qui l'oppressent sans relâche.

Mais elle comprend aussi que la lecture ne suffit pas. Pour que la psychanalyse serve à quelque chose, il est nécessaire de se faire aider, il faut que quelqu'un la guide pour qu'elle puisse voir clair en elle-même.

Alors, sans se préoccuper des moqueries ni des avis contradictoires que chacun se plaît à lui donner, Dalida va entreprendre une analyse. Jour après jour, patiemment, elle prend conscience de ce qui l'obsède : le suicide de Luigi Tengo, son grand amour italien. Elle se sent responsable de cette mort brutale. Son entourage a beau tout faire pour tenter de l'apaiser, rien n'y fait : nul ne peut délivrer la chanteuse de ce sentiment de culpabilité qui l'habite. Depuis des mois, elle se torture elle-même à cause de cette chanson écrite par Luigi qui n'a pas obtenu le prix du Festival de San Remo :

– Peut-être que je ne l'ai pas chantée avec la douceur et la sincérité qu'il fallait...

Voilà ce qu'elle ne cesse de tourner et de retourner dans sa tête. Bien sûr, cette longue analyse qu'elle entreprend ne la débarrassera jamais tout à fait de ce terrible sentiment de culpabilité. Comment le pourrait-elle d'ailleurs? Coup sur coup, Dalida devra encore encaisser deux chocs horribles : le suicide de

Lucien Morisse en 1970 et celui du Comte de Saint-Germain en 1983.

La psychanalyse n'est pas un remède miracle permettant d'accepter n'importe quelle épreuve le cœur léger. Mais du moins, cette meilleure connaissance que Dalida acquiert d'elle-même l'aidera-t-elle à vivre avec ses deuils, avec sa douleur.

Car c'est surtout cela que Dalida apprend grâce à la psychanalyse, c'est la leçon primordiale qu'elle en retient : il faut coûte que coûte, qu'elle réapprenne à vivre.

Qu'est-ce que ce mot « vivre » signifie pour quelqu'un comme Dalida qui sait que des millions d'hommes et de femmes, certains illustres, la plupart anonymes, croient en elle, l'aiment et attendent son retour? Cela veut dire : chanter, renouer le contact un instant rompu avec son public, remonter sur la scène dont elle est l'une des reines les plus éclatantes, les plus populaires.

Dès le 8 juin 1967, Dalida fait sa rentrée dans l'émission de Guy Lux « Le palmarès des chansons ». Seulement, ce n'est pas une rentrée comme les autres, comme en font tous les artistes. Car Dalida a changé, profondément changé depuis sa tentative de suicide, 3 mois auparavant. Et ce changement, elle veut qu'il soit perceptible aussi dans son métier. Puisque la femme Yolanda est différente, il faut que la chanteuse Dalida le soit aussi. Sinon, ce serait tricher avec le public, tromper ses sentiments pour elle, deux choses que Dalida a en horreur.

Ce soir-là, des millions de téléspectateurs vont

recevoir la nouvelle Dalida comme un choc, une révélation. Sur le petit écran apparaît une tache blanche qui s'avance, grandit, se découpe dans la lumière des projecteurs : c'est elle! Symbole de la vie qui recommence, image de la foi retrouvée, Dalida a laissé le noir pour une longue robe blanche à fleurs.

Alors que les applaudissements se déchaînent dans le grand studio, Dalida attaque sur une chanson encore inconnue : « les grilles de ma maison » :

Ce long voyage est fini
Je me retrouve au pays
J'avais peur que tout me soit étranger
Mais rien ne semble changé

Rien n'a changé? Si : Dalida elle-même. Le public qui ne s'y trompe pas lui fait une ovation sans précédent. Et c'est vrai qu'elle n'a jamais chanté aussi bien, jamais sans doute sa voix n'a été aussi profonde, aussi bouleversante. Comme si le malheur surmonté, la réflexion philosophique, la lumière de la foi, comme si tout cela, Dalida avait voulu en faire cadeau d'un seul coup à son public, pour le remercier d'être resté fidèle. Pour lui faire partager ses nouvelles raisons de vivre.

Les professionnels du spectacle, les grands de ce métier ne s'y trompent pas non plus. Le 5 octobre 1967, le soir de sa première à l'Olympia, sa loge croule sous les fleurs et les messages de sympathie, d'amitié.

Johnny Hallyday : « Je regrette infiniment de ne pouvoir assister à ta première. Reçois 100 000 baisers qui ne suffisent pas à exprimer toute la joie que j'éprouve à te revoir à l'Olympia!

Simone Signoret et Yves Montand : « Nous sommes de tout cœur avec toi, ma belle Dalidadouchekaia! On t'embrasse! »

Et Jacques Brel qui a fait ses adieux à la chanson sur cette même scène de l'Olympia, un an auparavant : « Une fois de plus, ce soir, Paris applaudira! »

Et Paris applaudit, à tout rompre. L'ovation enfle, grandit, emplit ce large vaisseau que devient l'Olympia les soirs de triomphes. Devant son public tour à tour enthousiaste ou recueilli, rieur ou ému, Dalida chante. Elle chante son suicide, mais surtout sa renaissance. Grâce à ce retour sur elle-même qu'elle accomplit depuis des mois, elle se sent même assez forte pour interpréter la chanson écrite par Luigi Tenco, *Ciao, amore, ciao.*

En l'espace de 15 chansons, Dalida, aux yeux du monde, est redevenue une star. Les contrats se succèdent, les tournées se préparent. Dalida trône de nouveau à la place qui est la sienne : la première.

Pourtant, rien ne pourra plus jamais être comme avant. Car à présent, Dalida ne se laisse plus éblouir par les feux de la rampe comme un papillon affolé par la lumière trop vive. Elle s'y réchauffe le cœur mais ne laisse plus ses ailes s'y brûler.

Elle a d'autres secours, d'autres raisons d'exister. Et tant pis si cela en chiffonne quelques-uns : Dalida est toujours à la recherche de « sa » vérité et rien ne pourra l'arrêter dans cette voie. Pour pouvoir se retrouver quand elle en éprouve le besoin, elle a changé totalement sa maison de Montmartre :

– J'ai transformé ma chambre, j'ai fait construire une petite pièce où je peux me recueillir, prier, méditer, essayer de comprendre ce que je suis et ce que je dois faire.

Mais bientôt, même cela ne suffit plus à Dalida. Elle a ouvert les portes à son intelligence, de sa curiosité, elle a soif sans cesse de nouvelles découvertes, d'autres horizons.

En janvier 1970, Dalida prend une décision qui en étonne plus d'un parmi les blasés, habitués à se moquer de tout.

– Je sais que je suis à un tournant de ma vie, dans le domaine spirituel, déclare-t-elle. Pour voir plus clair en moi-même, je vais me retirer quelque temps dans un monastère.

Elle le fait! A l'issue d'une tournée à Tahiti et à Nouméa, Dalida s'envole pour Benarès, au nord de l'Inde. De là, elle se rend au pied du Népal pour aller s'enfermer dans un « Ashram ». Un ashram, c'est une communauté hindou dans laquelle les « gourous » (les maîtres) enseignent à leurs disciples à s'engager sur « les chemins de la sagesse ».

Certains, bien sûr, verront là un caprice de vedette, un « coup de pub ». D'autres feront de l'ironie facile :

– Comment, après la religion catholique, l'hindouisme à présent! Qu'est-ce que cela veut dire?

Cela signifie que Dalida cherche sa voie, humblement, en sachant très bien qu'elle peut se tromper parfois. A ses détracteurs mesquins, elle répond d'une voix sereine :

– Celui qui ne doute pas n'existe pas. Toujours

Dalida rayonne de bonheur, après son premier triomphe,
c'est le début d'un long succès pour "Bambino".

Pour Gilbert Bécaud, le talent de la jeune Dalida ne fait aucun doute
Et il s'y connaît !

Longue robe noire, longue chevelure auburn, une star est née.
C'est Dalida en 1967 !

En Lucien Morisse, Dalida a trouvé son Pygmalion, son conseiller, son mari.

La vague des "yéyés" passe, Dalida reste!
Mais elle a dû changer son look.

Quand Sammy Davis Jr. est à la batterie, ça swingue pour Antoine
et pour Dalida.

A la première du "Parrain" Dalida est entourée
de son frère Orlando (à dr.) et de Romy Schneider (à g.).

L'hommage très fleuri de Claude François et d'Adamo à leur amie.

Pour Jean Sobeiski, Dalida avait quitté Lucien Morisse
après seulement 3 mois de mariage.

Au fil des ans,
l'ex-miss Egypte
n'avait rien perdu
de sa beauté.
Au contraire !

Flash, applaudissements, bravos : pour la star, c'est une "première" comme les autres à l'Olympia !

Dalida était toujours aussi éblouissante.
Son entrée au Lido aux bras d'Eddie Barclay : le clou de la soirée !

Avec Richard Chamfray,
"Conte de Saint-Germain"
Dalida avait de nouveau
cru en l'amour. Hélas...

Ce jour-là, Dalida rayonnait de bonheur !
Mais, bientôt, les larmes allaient remplacer les rires.

Yves Mourousi et Serge Lama,
témoins de l'amour de Dalida pour Richard !

Richard Chamfray, Hervé Villard et Serge Lama :
fascinés par la belle "Dali".

Sacha Distel, Serge Lama, Dave, Alice Dona la félicitent dans sa loge.

Avec Omar Sharif
les retrouvailles
de deux petits Egyptiens
devenus grands.

En vacances, avec son chien "Vizir".
Il était un peu son enfant.

Avec Lugi Tenco, Dalida avait rêvé d'une vie de bonheur.
Mais le destin en a décidé autrement...

Mireille Mathieu et Dalida : les deux voix les plus populaires de la chanson française.

Avec Catherine Deneuve : la blonde et la rousse, un cocktail explosif.

Julio Iglesias : il l'adorait et l'admirait.

Avec Yannick Noah, la rencontre de deux talents.

L'hommage de Mme Mitterrand
et de sa sœur Christine Gouze-Raynal.

Line Renaud et Dalida :
un duo de choc pour Loulou Gasté.

Son corps parfait
et son élégance faisaient
rêver les jeunes.

douter de soi, c'est comme cela que l'on évolue.

Une phrase qui semble être un écho à celle du philosophe Emmanuel Mounier : « L'homme de l'habitude s'achemine vers la mort spirituelle. »

Dalida, ce qui l'intéresse, ce qu'elle veut, c'est précisément tout le contraire : la vie ! Et la vie, elle le sait, c'est une perpétuelle évolution.

Pour vivre cette évolution, pour chercher son épanouissement, Dalida reste sourde aux moqueries, mais elle n'hésite pas non plus à prendre des risques dans sa carrière.

En juin 1971, Dalida participe à une émission de télévision italienne, à Naples. Dans les coulisses, elle croise Léo Ferré. Léo, le vieil « anar » de la chanson, réputé provocateur, qui depuis vingt ans traîne derrière lui une tenace odeur de souffre. Tout le contraire de la Dalida de *Bambino* !

Pourtant, ces deux-là se rencontrent et se comprennent :

– Tu sais Léo, *Avec le temps* est une merveilleuse chanson. J'aimerais tellement l'interpréter !

Léo Ferré regarde longuement Dalida :

– Je crois que tu peux la chanter, maintenant...

– Tu le penses sincèrement ?

– Oui, je le pense.

Presque tout de suite, la décision de Dalida est prise : elle chantera *Avec le temps* sur la scène de l'Olympia. Et tant pis si la chanson ne cadre pas avec la sacro-sainte « image » qu'une chanteuse se doit, paraît-il, de toujours respecter.

Malgré les avis contraires, Dalida s'obstine : elle sait qu'elle a raison, elle sait que son public comprendra qu'elle lui donne ce qu'elle a de plus précieux : sa sincérité.

Le 23 novembre 1971, c'est la première. Dalida, droite, majestueuse devant son micro, attaque sur les premières notes du piano :

Avec le temps, avec le temps va, tout s'en va
On oublie les passions et l'on oublie les voix
Le cœur quand ça va plus c'est pas la peine d'aller
Chercher plus loin, faut laisser faire et c'est très bien
Avec le temps, tout va bien.

C'est un triomphe. La voix profonde, un peu rauque, bouleversante d'émotion, Dalida vient de donner une nouvelle noblesse à la superbe chanson de son ami Léo.

Au premier rang, ce soir-là, se trouve un homme qui n'est pas encore président de la République : François Mitterand. Cela aussi fait partie du « renouveau spirituel et intellectuel de Dalida » : l'ouverture sur le monde, sur la société, sur ses problèmes et ses souffrances. En 1974, fidèle en amitié, elle soutiendra le candidat Mitterand tout au long de la campagne présidentielle. Tout en mettant bien les points sur les i.

– J'ai beaucoup d'estime et d'amitié pour François Mitterrand et je suis d'accord avec la générosité de ses idées. Mais je n'appartiens pas au parti socialiste et n'y appartiendrai jamais.

Une phrase en forme d'avertissement pour les idéologues de tous poils qui aimeraient bien embrigader cette chanteuse populaire sous leurs drapeaux partisans.

Ils en seront pour leurs frais : Dalida, une fois pour toutes, a choisi son camp. C'est celui de l'intelligence, de la connaissance, celui de la paix de l'âme que procure la réconciliation avec Dieu, celui du regard lucide posé sur soi-même grâce à la psychanalyse. Pourtant, il manque une chose à Dalida, une chose sans laquelle, elle le sait, il lui est impossible de vivre : l'amour. Car la ferveur des millions d'hommes et de femmes qui l'acclament chaque soir ne peut remplacer la tendresse et la force rassurante d'un seul homme.

Cet homme, Dalida va le rencontrer et vivre avec lui huit années passionnées. Il porte un nom étrange et la France le connaît déjà depuis quelques mois en raison des stupéfiants pouvoirs qu'il prétend posséder.

Cet homme, c'est le comte de Saint-Germain.

8

RICHARD : UN AMOUR MAGIQUE

J'ai 17 000 ans, je suis né entre ciel et terre, d'un martien et d'une soucoupe volante. Je suis immortel, mon ami Louis XV aussi.

Il suffit de vingt-cinq minutes d'antenne, à l'émission télévisée de Jacqueline Baudrier, en janvier 72, pour que le comte de Saint-Germain devienne une sorte de héros national. Il est vrai que des déclarations comme celle-ci, faites d'une voix tranquille et sûre d'elle-même, ont de quoi intriguer les uns, agacer les autres. En tout cas, personne ne reste indifférent à cet étrange personnage qui prétend être la réincarnation d'un alchimiste du XVIIIe siècle. A l'appui de ses dires, il s'était même offert le luxe, en direct devant les caméras, de transformer du plomb en or! Vrai ou faux, une chose est sûre : les joailliers présents sur le plateau en avaient bel et bien perdu leur latin!

La réalité, comme toujours, est beaucoup plus prosaïque : le comte de Saint-Germain s'appelle plus simplement Richard Chamfray. Loin d'avoir vu le jour dans les sombres époques préhistoriques, il est né tout bonnement le 4 avril 1940, à Lyon.

Mais finalement, peu importe qui il est réellement. Ce qui est sûr, c'est qu'il va effectivement accomplir un véritable miracle : offrir à Dalida le formidable bonheur d'un grand amour partagé...

Octobre 72. Malgré le soutien de la religion, en dépit des succès éclatants qu'elle remporte dans sa carrière, Dalida ne va pas très bien. Il faut dire que le destin semble s'acharner sur elle à plaisir pour lui porter des coups impitoyables. Après le suicide de Luigi Tenco, qui l'a durement éprouvée, c'est Lucien Morisse, son ex-mari, qui se donne la mort. Puis, c'est sa propre mère qui disparaît. C'est trop, beaucoup trop pour Dalida, encore très fragile, très vulnérable après son suicide de février 1967.

Orlando décide qu'il faut faire quelque chose. Orlando le frère tant aimé, Orlando l'ami fidèle qui comprend Dalida mieux que personne. Il est inquiet pour sa sœur qu'il voit sombrer inexorablement dans la dépression nerveuse.

Alors, il lui vient une idée. Oh, ce n'est pas l'idée du siècle, il le sait très bien, Orlando. Mais il est prêt à tenter n'importe quoi pour ne plus voir Dalida s'efforcer de lui sourire de ses grands yeux tristes.

Il décide de présenter à sa sœur ce fameux comte de Saint-Germain dont on parle tant dans les dîners parisiens. Après tout, il s'occupe de sciences occultes, de mysticisme : toutes choses qui passionnent Dalida.

Il demande à l'un de ses amis, Guillaume Biro, d'inviter Richard Chamfray à un dîner que donne Dalida dans sa maison de Montmartre, le 27 octobre 1972. Cette soirée, le comte de Saint-Germain l'a racontée par la suite avec des accents de sincérité qui en disent long sur la violence des sentiments qui se sont emparés de lui ce soir-là :

– Lorsque nous avons sonné à la porte de chez elle, j'étais à la fois si intimidé et impatient que tout d'un coup je me suis senti devenir complètement stupide. J'avais perdu tous mes moyens!

« Le dîner terminé, je me suis assis tristement seul, à l'écart sur un canapé.

« Dalida, debout, au milieu du salon, riait et plaisantait avec les autres invités.

« J'avais l'impression de ne plus exister. Quand, soudain, elle est venue s'asseoir à côté de moi, en me disant gentiment :

– Vous n'avez donc rien à dire, Monsieur de Saint-Germain? Je n'ai pas entendu votre voix de toute la soirée.

« Je me suis senti rougir comme un gosse qui a fait une bêtise.

« Après, je me rappelle à peine. Je me suis mis à parler, comme dans un rêve. Je lui ai raconté ma vie.

« Les années noires de mon adolescence perturbée, mes mauvaises fréquentations aux alentours du métro Halles, devant l'église Saint-Eustache, quand j'ai failli mal tourner.

« Pour la première fois de ma vie, j'ai eu la certitude qu'une femme m'écoutait, me comprenait, ne me jugeait pas. Et cette femme, c'était Dalida. Quand je me suis tu, que j'ai repris conscience, j'ai eu l'impression que je rêvais. Nous étions seuls, elle et moi. Ses autres invités étaient tous partis sans que nous nous en apercevions. Le jour était en train de naître!

« Je me suis levé, je lui ai pris la main. Je l'ai portée à mes lèvres. Elle l'a retirée vivement. Et elle m'a raccompagné vers la porte. Juste au moment où elle allait la refermer, je lui ai dit :

– Acceptez-vous de prendre le thé avec moi demain? Je viendrai vous chercher à 17 heures.

« Elle a accepté d'un simple signe de tête.

« Je n'étais même pas très sûr qu'elle ait vraiment accepté. Le lendemain, pourtant, elle m'attendait.

« Pour ce premier rendez-vous, je l'ai emmenée dans un salon de thé de l'avenue des Champs-Élysées.

« C'est elle, alors, qui m'a raconté sa jeunesse, ses chagrins, les drames qu'elle avait vécus.

« En l'écoutant, je recommençai à espérer, à me dire que peut-être, je saurais me faire aimer d'elle.

« Ne pouvant plus résister au désir de la revoir, je suis allé sonner à sa porte, un bouquet de violettes à la main. Il était 10 heures du soir. Dalida est venue m'ouvrir. J'avais si peur qu'elle referme la porte que je l'ai coincée avec mon pied et j'ai crié en même temps :

– Je vous aime. Je vous aime!

« C'est alors que le miracle s'est produit.

« Son visage s'est éclairé, elle m'a souri.

« Elle m'a laissé entrer. Je l'ai prise dans mes bras. Je l'ai embrassée. Ce soir-là, je suis resté chez elle. Depuis, nous ne nous sommes jamais quittés. »

Et Dalida alors?

Elle est folle de bonheur. Son visage rayonne littéralement. Elle a toujours su qu'elle n'était pas femme à vivre sans amour, que la vie était trop triste sans cela. Cet amour qu'elle a rêvé, il est là, tout près d'elle, il lui sourit et lui ouvre les bras! Depuis la tragique disparition de Luigi Tenco, jamais elle n'avait senti son cœur battre aussi fort dans sa poitrine.

Mais même si elle veut se consacrer entièrement à l'homme que le destin vient d'apporter dans sa vie, elle n'oublie pas qu'elle est aussi Dalida, la star internationale. Le 12 janvier, elle doit prendre l'avion à Orly. On attend Dalida à Beyrouth, au Liban, pour une série de récitals.

Ce soir-là, à 23 heures, Richard et Dalida arrivent à l'aéroport tendrement enlacés. Ils sont heureux d'être l'un avec l'autre. Pourtant, dans leurs sourires, dans les longs regards qu'ils échangent, indifférents au va-et-vient des voyageurs pressés, on décèle une ombre de tristesse : Dalida et Richard savent qu'ils vont être séparés durant une semaine. Une semaine c'est court, mais quand on veut tout se dire, tout partager, quand on a tant d'amour à se donner, c'est presque une éternité!

Cette séparation, la toute première depuis la naissance de leur amour, Richard sent qu'il ne sera pas capable de la supporter. Il refuse même de l'envisager plus longtemps! Saisissant le bras de Dalida, il l'entraîne vers les guichets :

– Je viens avec toi, lui souffle-t-il, je n'aurai pas le courage de passer ces huit jours sans toi!

Dalida reste un instant interdite. Elle ne s'attendait pas à une telle déclaration, là, au milieu de tous ces gens qui vont et viennent dans le hall de l'aéroport. Puis comme si elle réalisait brusquement le merveilleux cadeau que Richard est en train de lui faire, elle lui saute au cou et l'embrasse avec fougue, sans se soucier si on les regarde ou non. Les amoureux sont seuls au monde...

Ces huit jours en tête à tête dans l'un des sites les plus beaux du monde – pas encore ravagé par la guerre et le terrorisme – seront pour Dalida un véritable enchantement. Elle est apaisée, séduisante, heureuse. Jamais sans doute elle ne s'est sentie aussi bien dans sa peau depuis la fin tragique de son amour pour Luigi Tenco.

Tous les jours, Richard l'emmène chez Bahari, le plus fameux restaurant de Beyrouth. Là, en tête à tête, à l'ombre d'une tonnelle, ils savourent longuement la vie nonchalante, pleine de couleurs et de parfums, de la capitale libanaise.

Ils sont comme des gosses, insoucieux du monde, de leurs problèmes, comme dans le poème de Prévert qui semble n'avoir été écrit que pour eux :

Les enfants qui s'aiment
Ne sont là pour personne.

La veille de leur retour en France, Richard offre à Dalida le plus beau, et aussi le plus envoûtant témoignage de son amour pour elle. Toujours aussi fantasque, le comte de Saint-Germain n'a pas fait les choses à moitié. Il a loué une somptueuse Cadillac noire pour conduire Dalida jusqu'aux fameuses ruines de Baalbek, à 70 kilomètres de Beyrouth.

Et c'est là, au milieu des imposants vestiges de l'antique cité phénicienne que Richard dévoile la surprise qu'il a préparée pour Dalida. Avec la mine de conspirateur d'un enfant malicieux, il sort de sa poche un petit coffret de cuir vert. D'un geste lent et solennel, il l'ouvre. Sur le velours repose une superbe pierre rouge qui étincelle sous les rayons obliques du soleil couchant.

– C'est une vieille bijoutière de Beyrouth qui m'a vendu cette pierre, dit-il tendrement à Dalida. La coutume veut que l'une de ces pierres offertes à Baalbek à celle que l'on aime soit le gage d'un amour éternel...

Dalida, bouleversée par le geste de Richard, a du mal à retenir les larmes qui perlent à ses paupières. Pour cacher son émotion, elle se précipite dans ses bras et enfoui son visage au creux de son épaule :

– Moi aussi je t'aime, Richard! Je t'aime tellement, parvient-elle à dire d'une voix tremblante.

Puis, s'écartant légèrement de lui, elle prend la petite pierre rouge dans sa main droite et en fermant les yeux, la serre longuement contre sa poitrine...

Hélas, les amoureux restent rarement longtemps seuls au monde car le monde a tôt fait de les reprendre dans ses filets, de les happer dans ses tourbillons. A plus forte raison dans le cas d'une vedette mondialement célèbre comme l'est Dalida. Malgré leur désir de préserver leur amour, Richard et Yolanda doivent rentrer à Paris : l'Olympia réclame Dalida.

Cet Olympia 74 est une cuvée exceptionnelle, le public est délirant, les critiques unanimement enthousiastes. Écoutons Maurice Béjart, le célèbre chorégraphe :

– Chaque soir, le public décape les maquillages, décoiffe les stars, déchire les fourreaux de satin pour aller jusqu'au cœur, jusqu'au point où s'arrêtent les limites insolentes du faux-semblant, pour découvrir une parcelle de l'être que nous possédons tous à égalité et que Dalida chante... simplement!

Un Olympia en forme de triomphe avec deux nouvelles chansons qui vont faire le tour du monde : *Gigi l'amoroso* et surtout cette chanson écrite par Pascal Sevran, l'ami de toujours, *Il venait d'avoir dix-huit ans* :

J'ai mis de l'ordre dans mes cheveux,
Un peu plus de noir sur mes yeux,
Ça l'a fait rire.
Quand il s'est approché de moi,
J'aurais donné n'importe quoi,
Pour le séduire...

Mais en redescendant de scène, quand les projecteurs sont éteints, Dalida la star adulée redevient Yolanda la femme amoureuse. Une femme dont le problème n'est pas, n'est plus, de séduire, mais bien de consolider son amour, de l'empêcher de se briser sur les récifs qui se dressent en travers de son chemin.

Car la passion de Dalida et de Richard a déjà quitté les eaux calmes du port pour entrer dans une zone de hautes turbulences. Quelque chose comme le triangle des Bermudes de la carte du Tendre!

Que se passe-t-il donc? En fait, les problèmes commencent à poindre entre eux sur un sujet crucial : le mariage. Durant près de quatre ans, va se dérouler une valse-hésitation incessante dont la presse se fera largement l'écho, semaine après semaine.

On annonce une union imminente. On donne la date, on précise que Richard a déjà acheté une alliance de platine ornée de 36 diamants. On affirme que le mariage aura lieu au Mexique, que les fiancés se rendront à la mairie dans une Cadillac blanche décapotable...

La semaine suivante, patatras! Le mariage est annulé : Dalida a dit « non » au comte de Saint-Germain! Deux ou trois mois après, la même scène recommence, à quelques détails près : annonce quasi officielle de mariage, annulation de la cérémonie presque au dernier moment.

Mais ce serait une grave erreur que de voir là des caprices de vedette avide d'une publicité à bon compte. Dalida, de toutes ses forces, veut croire à ce nouveau bonheur qui s'offre à elle. Mais elle a connu tant de malheurs! Tant de fois déjà, elle a cru qu'elle allait enfin découvrir une existence de femme comblée de femme comme les autres. Tant de fois, elle a été cruellement rappelée à l'ordre par un destin implacable. Et quand Richard la presse de s'unir à lui pour le meilleur et pour le pire, Dalida voit passer devant ses yeux les ombres de Lucien Morisse, de Jean Sobieski, de Luigi Tenco, les ombres de ces hommes qui devaient lui apporter le bonheur et qui, l'un après l'autre, l'ont laissée seule et désespérée.

« Chat échaudé craint l'eau froide », dit le proverbe. C'est un peu ce calvaire-là qu'est en train de vivre Dalida. A force de côtoyer le malheur, elle a la sensation très vive que la fatalité s'acharne sur elle, que si elle dit « oui » à Richard, le mauvais sort va fondre de nouveau sur elle comme un oiseau de proie sur son innocente victime...

Et puis, un matin de mai, le bombe éclate sous forme d'une dépêche de l'Agence France-Presse qui tombe sur les télescripteurs. Il s'agit d'un communiqué d'Orlando, le frère de Dalida et son producteur artistique.

– Les rumeurs concernant le prochain mariage de Dalida avec le comte de Saint-Germain sont sans fondement, déclare-t-il. De toute façon, ce mariage est tout bonnement impossible et pour une raison très simple : Richard Chamfray est déjà marié!

C'est vrai! On a beau être habitué aux frasques du comte de Saint-Germain, il y a tout de même une grosse différence entre transformer le plomb en or et... escamoter une épouse légitime! En effet le 4 juillet 1959 Richard – qui n'a alors que dix-neuf ans – a épousé Renée, une jeune fille rencontrée quelques mois plus tôt au cours d'une soirée de bal.

Ensemble, ils vont connaître toutes les galères, les fins de mois difficiles, les lendemains qui déchantent et les petits matins gris. Ils iront même, à bout d'espoir, jusqu'à tenter de se suicider tous les deux. Déjà le suicide...

Quatre ans plus tard, en 1963, Renée n'abandonne pas Richard quand il est condamné à six ans de réclusion criminelle dans une affaire de vol. Durant ces six années, elle sera le seul lien entre lui et le monde.

Mais lorsque Richard recouvre la liberté, Renée et lui se rendent très vite compte que la vie commune n'est plus possible.

Le destin les avait séparés. Mais Richard, qui garde une profonde reconnaissance à celle qu'il a passionnément aimée, décide de ne pas divorcer.

Ce qui rend maintenant son mariage impossible avec Dalida!

Pourtant, leur amour reste intacte, malgré les petites dissensions, malgré ce mariage impossible. Ensemble, ils connaissent des moments de folle complicité, de tendresse indestructible. Ils emploient de touchantes ruses pour pouvoir se retrouver en tête à tête, loin des regards indiscrets.

Quand en juillet 74, Dalida disparaît durant dix jours, c'est pour aller rejoindre Richard en Corse. Pour ne pas être reconnue, elle s'est cachée sous une opulente perruque blonde et dissimulée derrière des verres fumés :

J'ai mis de l'ordre dans mes cheveux,
Un peu plus de noir sur mes yeux...

Un matin, Richard disparaît de bonne heure et ne revient que deux heures plus tard. Dans sa main, il tient un petit paquet entouré d'un ruban rouge. Il le tend à Dalida avec un mystérieux sourire. Elle défait le ruban, heureuse, pensant qu'il s'agit d'un de ces bijoux que Richard aime tant à lui offrir.

Quelle n'est pas sa surprise en découvrant le cadeau de Richard : c'est une toute petite tortue vivante! Sur sa carapace est accrochée une petite pancarte portant ces simples mots :

– Que cette tortue vive autant que notre amour!

Et Dalida, tout comme Richard, sait très bien que les tortues sont réputées pour vivre fort longtemps. Entre cent et deux cent ans...

Malheureusement, ce n'est là qu'une brève accalmie avant les tempêtes qui se préparent. Les nuages s'amoncellent à l'horizon de leur amour. C'est qu'il n'est pas facile de vivre à deux lorsque l'on est constamment sous les feux de l'actualité, sans cesse soumis à la pression des autres.

Des lézardes apparaissent. Il arrive de plus en plus souvent qu'ils se disputent, qu'ils se chamaillent pour des riens. Dalida, dans sa quête désespérée du bonheur qui la fuit obstinément, veut Richard rien que pour elle. Elle souhaite sa présence auprès d'elle à chaque instant de la journée.

Parfois, Richard se révolte contre cet amour qu'il trouve envahissant. Un soir où ils doivent sortir en boîte avec des amis, au dernier moment, Dalida décide qu'elle ne veut pas les voir, qu'elle préfère rester à la maison. Elle espère bien sûr que Richard va renoncer à sortir lui aussi, pour demeurer auprès d'elle. C'est le contraire qui se produit :

– Eh bien reste là si tu veux, lui dit-il d'une voix sèche, mais moi j'ai besoin de sortir : j'étouffe ici!

Bien sûr, ce ne sont là que de petites querelles d'amoureux, pas bien graves en elles-mêmes. Mais les véritables orages approchent, de ces tempêtes auxquelles peu de couples, même les plus unis, parviennent à résister. Et soudain, la vie de Dalida et du comte de Saint-Germain bascule dans le drame.

Il est exactement 1 h 30 du matin, ce 18 juin 1976, quand Dalida, Richard et Orlando arrivent devant la maison de la rue d'Orchampt à Montmartre.

Soudain, Richard s'immobilise :

– Regardez, crie-t-il en désignant une fenêtre au troisième étage, il y a de la lumière là-haut!

– C'est la chambre de Maria, fait à son tour Dalida, ce n'est pas possible!

En effet, c'est louche. Maria, la cuisinière portugaise, est en vacances dans son pays. Pourquoi sa chambre était-elle éclairée? N'écoutant que son courage, Richard court chercher un double des clés. Par prudence, il se munit également d'une carabine, celle que Dalida lui a offerte pour son dernier anniversaire.

Lorsqu'il ouvre la porte, Dalida et Orlando l'ont rejoint. Tous trois découvrent stupéfaits, un étonnant spectacle : un homme entièrement nu, en train de manger! Richard s'avance :

– Haut les mains! Que faites-vous là?

Affolé, l'inconnu se précipite vers lui jusqu'à ce que son ventre entre en contact avec le canon de l'arme braquée sur lui. Et c'est alors que le drame se produit : sous le choc, le coup part tout seul et l'homme reçoit une balle à bout portant, juste à gauche du nombril. D'abord, c'est l'affolement, la panique même. C'est Richard qui réagit le plus rapidement :

– Il faut appeler Police-Secours, vite!

Richard et Dalida, aidés par « Nono », la secrétaire, ont à peine le temps de rhabiller l'inconnu qui gît inanimé dans une mare de sang, que déjà, la sirène de l'ambulance se fait entendre au coin de la rue. Le blessé est emmené à l'hôpital Bichat, où il doit être opéré d'urgence. Ce n'est que trois jours plus tard que Dalida, choquée par ce nouveau malheur qui s'abat sur sa vie, apprendra la vérité.

L'homme que Richard a involontairement blessé s'appelle Joao Feliciano. Il est l'ami de Maria, la cuisinière, depuis plus d'un an et il a pris l'habitude de la rejoindre dans sa chambre presque toutes les nuits.

Ce soir-là, malgré l'absence de sa maîtresse, il a eu envie d'aller dormir dans le bel hôtel particulier de la rue d'Orchampt...

Dès le lundi suivant, les policiers se présentent chez la chanteuse : ils viennent chercher Richard Chamfray pour l'interroger. Le comte de Saint-Germain a beaucoup perdu de sa superbe et c'est un homme vieilli, abattu, que les policiers entendent :

– Oui, j'ai tiré sur lui, mais c'est un accident, dit-il d'une voix brisée. Il était si hébété, si étonné de nous voir qu'il s'est avancé vers moi et le coup est parti... Ensuite, j'étais trop ému, trop gêné par la carrière de Dalida. Je me suis embrouillé dans mes explications. J'avais du mal à parler clairement. J'avais peur pour Dalida.

Et Dalida, elle? Une fois de plus, son attitude est admirable. Elle fait face à l'adversité avec courage, avec grandeur même. Finies les petites disputes, oubliées les brouilles sans importance : l'homme qu'elle aime a besoin d'elle plus que jamais, elle ne se dérobera pas.

Au moment même où Richard est interrogé par la police, elle est en Corse pour les besoins de sa carrière. Le lundi soir, le téléphone sonne dans sa villa de Marina di Fiore. C'est Orlando.

– Ne t'affole pas, mais j'ai une mauvaise nouvelle, lui annonce-t-il avec ménagement : Richard est gardé à vue.

Dalida a l'impression que son cœur va s'arrêter de battre : son amour, en prison! Pourtant, elle se ressaisit vite : elle doit être forte! Richard, son Richard, a besoin d'elle!

– Je rentre par le premier avion, dit-elle à Orlando d'une voix dont elle s'efforce de maîtriser les tremblements. Viens m'attendre à l'aéroport.

Dès le lendemain matin, pâle, les traits tirés, Dalida se précipite au commissariat où Richard est détenu. Toute la journée, elle ne le quitte pas une seconde, lui épongeant amoureusement le front, allumant ses cigarettes.

Assise sur une simple chaise de bois, dans un bureau brûlant, Dalida ne lâche pas la main de Richard. Elle l'embrasse avec une tendresse presque maternelle et tente de le réconforter.

– Ne crains rien, je t'aime, lui murmure-t-elle. Tant que nous serons ensemble, il ne pourra rien nous arriver. Je t'aime tellement!

Et c'est vrai que leur amour semble puiser dans ce nouveau malheur infligé par la fatalité une force accrue, une seconde jeunesse. De nouveau, Dalida et Richard parlent mariage. Qu'importe les obstacles!

– Je suis prête à tout pour sauver Richard, s'écrit

Dalida. Si c'est nécessaire, je vais faire les démarches indispensables pour épouser Richard en prison!

Le drame, le malheur... Toutes choses dont Dalida est tristement coutumière... Eh bien, pour cette fois, l'amour semble triompher. Serait-ce la fin de cette fatalité qui pèse sur la vie de Dalida depuis si longtemps, trop longtemps?

On peut le croire, quand on les voit tous les deux, se tenant par la main comme deux adolescents émerveillés d'être ensemble. On peut le croire encore lorsqu'en 1978, Dalida fait une déclaration éclatante de bonheur serein :

– Avec Richard, dit-elle, j'ai déjà vécu six années d'amour de véritable amour. C'est la première fois depuis ma séparation d'avec Lucien Morisse, il y a dix-septans, que je partage aussi longtemps l'existence du même homme et que je retrouve le bonheur.

Aujourd'hui, je suis sûre de la force de ce qui nous unit, Richard et moi. « L'épreuve des six ans » dont m'a toujours parlé ma mère en affirmant qu'au-delà un couple peut durer pour l'éternité, cette épreuve nous a réussi. J'en suis d'autant plus sûre que nous avons eu des coups durs, Richard et moi. Nous les avons supportés ensemble. Nous avons fait front ensemble.

Et pourtant... Ce soleil qui semble briller de tous ses rayons sur son amour, Dalida ne sait pas encore que c'est un soleil couchant.

Deux ans plus tard, la nuit tombe : Richard et Dalida se séparent. Et cette fois, c'est définitif. Leur amour n'est pas mort de mort violente, il s'est éteint petit à petit, un peu plus chaque jour.

Dalida, généreuse, aura un dernier geste pour celui qu'elle a tant aimé : elle tiendra leur rupture secrète jusqu'au procès de Richard, pour ne pas l'accabler davantage.

Les admirateurs de Dalida apprendront en même temps la condamnation de Richard à 2 ans de prison et sa séparation d'avec leur idole.

Ni l'un ni l'autre ne devaient jamais se remettre de cette rupture. Richard Chamfray a beau tenter de vivre un nouvel amour avec Paula Loos de Guily, le souvenir de Dalida est trop lourd : un matin de juillet 83, le corps du comte de Saint-Germain, ainsi que celui de sa nouvelle compagne, est retrouvé dans sa voiture, sur une petite route déserte de Provence.

Ils sont morts tous les deux. Ne pouvant supporter la vie sans Dalida, Richard a préféré mettre fin à ses jours.

Pour Dalida, le choc est effroyable. Luigi Tenco, Lucien Morisse et maintenant Richard Chamfray : morts tous les trois! Trois hommes qu'elle a aimés, trois suicides!

– Mais pourquoi?, sanglote-t-elle en apprenant la terrible nouvelle. Oh mon Dieu, pourquoi?

De nouveau, Dalida est seule, accablée par le destin. Seule sans amour, sans homme pour l'aimer, la protéger. Mais, et c'est peut-être encore pire pour elle : elle est seule sans enfant.

9

PRENDRE UN ENFANT PAR LA MAIN...

– Rien ne peut remplacer le bonheur d'avoir un mari, un enfant. Rien!

A l'heure des bilans, Dalida ne se faisait plus d'illusions sur sa propre vie. Elle la savait tronquée, amputée d'une joie essentielle : celle de s'entendre appeler par le doux nom de maman.

Le grand amour, la passion qui conduit au mariage lui manquait aussi, bien sûr, mais ce n'était rien en comparaison de sa soif de maternité.

– Beaucoup de femmes vivent le même drame que moi. Mais elles ont souvent autre chose qui remplace ce vide, ce manque, expliquait-elle. Moi j'ai beaucoup d'amis, une famille que j'adore, mais le soir, la nuit, je me retrouve seule.

Et les nuits sont si longues quand il n'y a pas près de vous le souffle d'un enfant endormi dans son petit lit...

Dure et amère réalité pour une femme. Dure et cruelle réalité pour Dalida l'Égyptienne. Comment pourrait-elle oublier que là-bas, dans son pays natal, entre sable et soleil, l'enfant est roi ? Que là-bas, sur les rives du Nil, il n'y a pas plus grande joie, plus grand honneur que de porter un petit d'homme?

Et Pépina si rayonnante, si chaleureuse! Pépina la mamma italienne! Comment ne pas penser à elle?

Dans les veines de Dalida, c'est le même sang qui coule, le même besoin de transmettre la vie.

A vingt ans déjà, elle veut être mère. Seulement un enfant, ça se fait à deux... Et comme aucun prince charmant n'a encore jeté son dévolu sur Yolanda, elle se contente de se dire, bien avant de le chanter : *J'attendrai...*

Mais la conquête de la France ne lui laisse pas beaucoup de répit. Tout va désormais si vite. C'est la course aux cachets, les début à « La villa d'Este », l'épreuve quotidienne de la ténacité et de la volonté. Dans ce monde d'hommes où une femme a déjà tant de mal à se faufiler, il vaut mieux taire, provisoirement au moins ses désirs les plus secrets.

Puis c'est le succès. Avec *Bambino,* Dalida est happée dans le tourbillon de la gloire, loin de se douter qu'il l'éloigne chaque jour un peu plus de la maternité.

Elle se doit désormais complètement à son public. Pas question de se reposer sur ses lauriers, pas question ne serait-ce qu'une huitaine de jours, de souffler.

– Dans cinq ans, lorsque ma carrière sera bien assurée, se promet-elle alors, j'arrête tout et je « fais » un enfant.

Pour elle ce n'est plus un vœu pieu, puisque cette fois elle a trouvé le père idéal : son fiancé, Lucien Morisse. Mais, lui, conformément à son habitude n'est pas très pressé. Il lui rétorque en riant :

– Nous aurons un enfant lorsque ta cote de popularité aura baissé. Tu auras le temps!

Hélas, une fois mariés, ils n'en auront pas assez pour qu'un petit Morisse puisse sauver leur amour...

Séparée de Lucien, Dalida doit mettre les bouchées doubles, si elle veut se maintenir au top niveau. La vague du Yé-Yé et du rock déferle. Sous peine de disparaître engloutie par leurs flots, Yolanda doit se battre pour ne pas faire oublier qu'elle est la grande Dalida.

– Ce n'était pas le moment de mettre un enfant au monde, a-t-elle confié. Je risquais de tomber dans l'oubli, et comme j'étais incapable de faire un autre métier pour gagner ma vie...

Dalida décide donc d'attendre encore un peu. Après tout se dit-elle, rien ne me presse. Je suis jeune, j'ai tout l'avenir devant moi!

Et puis heureusement il y a Luigi! Luigi le fils de son frère aîné qui, en venant au monde en octobre 1967, lui permet de patienter et lui redonne du baume au cœur. Elle en a tant besoin à ce moment-là! Le souvenir de la mort de Luigi Tenco, son propre suicide sont encore si proches...

Quand Orlando lui apprend qu'il va bientôt être papa, Dalida lui demande aussitôt de la choisir pour marraine. Faveur accordée, bien évidemment.

Dès lors elle s'accroche à chaque risette de Luigi comme un asphyxié à un ballon d'oxygène. La vie est là sous ses yeux, cette vie qu'elle a voulu fuir et qui lui a si souvent fait mal. Qui sait, pour Luigi, peut-être vaut-elle le coup d'être vécue!

Elle se force à tout voir à travers les yeux de son

filleul. Il ne se passe pas un jour sans qu'elle téléphone à sa belle-sœur Marie-Thérèse pour avoir des nouvelles du petit. Quand elle ne passe pas carrément le voir plusieurs fois dans la semaine...

– Lorsque Dalida vient nous voir, confiait Marie-Thérèse, elle se précipite vers Luigi et, dès qu'elle est près de son berceau plus rien d'autre ne compte pour elle.

– Elle le prend dans ses bras, elle le chatouille sous le menton pour qu'il sourie, elle lui parle le langage des nouveau-nés. Chaque fois qu'elle repart, elle a les larmes aux yeux. Dalida ne peut se le cacher plus longtemps : elle est dévorée par l'envie d'être elle aussi maman.

D'accord, pour l'instant, elle n'a pas auprès d'elle, le compagnon, le père idéal, d'accord ses pensées sont encore trop liées à Luigi Tenco, mais pourquoi pas plus tard ?

En attendant ce grand jour, elle reporte tout son amour sur son filleul. Elle s'occupe également avec la plus grande discrétion, d'œuvres d'enfants abandonnés, et vient en aide à une multitude de petits « filleuls » qu'elle visite chaque fois qu'elle le peut, dans les orphelinats.

Et puis, c'est le drame. En 1969, Dalida a soudain de graves problèmes de santé. Elle consulte un gynécologue qui lui recommande de se faire opérer au plus vite.

– Puisqu'il le faut... répond-elle.

Seulement le médecin ajoute aussitôt :

– Je dois cependant vous avertir que cette opération vous privera à tout jamais de la joie d'être mère.

Le sang de Dalida ne fait qu'un tour. Non, ce n'est pas possible, elle a sûrement mal entendu! Il y a sûrement une autre solution...

Pleine d'espoir, Dali s'en va consulter les plus grands spécialistes du monde. Hélas, tous sont formels : il faut opérer! Et qui plus est d'urgence, car, lui dit-on, puis elle reculera l'intervention, plus sa vie sera en danger.

Dalida est littéralement sonnée parce qu'elle vient de comprendre. Alors c'est fini, complètement fini?... Jamais, plus jamais?... Oh non, ce n'est pas vrai!

Dalida est anéantie. La douleur lui noue la gorge. Pourtant elle ne réalise pas bien encore. Il y a d'abord sa vie à sauver, cette opération à subir...

C'est le cœur gros qu'elle entre en clinique. C'est complètement abattue qu'elle en ressort... stérile.

– Quelque chose venait de se briser en moi, a-t-elle déclaré plus tard avec beaucoup de sincérité et d'émotion. Je savais désormais que je ne connaîtrais jamais l'extase de porter un enfant, d'entendre son cœur battre au rythme du mien, de vivre les douleurs de l'enfantement qui s'effacent avec le premier cri du nouveau-né. Ma vie n'avait plus aucun sens, alors je me suis jetée à corps perdu dans le travail.

Une profonde blessure s'est ouverte. Et c'est souvent que, triste et désabusée, elle déclare :

– Un enfant à soi, c'est un but merveilleux dans l'existence. Une femme peut se consacrer à lui totalement. Un enfant c'est un précieux réconfort. Moi, je n'ai ni ce but, ni ce réconfort.

Dalida ne cachera pas longtemps son malheur à son public. En 1970, au cours d'une émission de radio, elle avouera qu'elle est stérile. Elle en parlera simplement avec des mots bien à elle, des mots de femme blessée.

Désormais dans sa grande maison de Montmartre, c'est avec encore plus d'impatience qu'elle attend le jeudi. C'est le jour sacré par excellence! Le jour qu'elle consacre au grand bébé de son frère qu'à défaut d'avoir porté dans son ventre, elle porte dans son cœur. Car Luigi va à l'école maintenant et marraine tient à être là pour son seul jour de congé. Elle lui fait visiter le zoo, le jardin d'acclimatation, ensemble ils font les magasins, vont au restaurant. C'est la fête continuelle!

– Ma sœur ne pense qu'à cet enfant, disait en souriant le père de Luigi. Qu'il ait le moindre petit rhume et elle s'affole. Que je le gronde un peu, s'il fait un caprice, et elle est en guerre contre moi.

Mais Dalida a une telle reconnaissance envers ce petit bout d'homme.

– Je ne peux pas oublier que c'est lui qui m'a sauvée au lendemain de mon suicide. C'est en le voyant la première fois que j'ai compris que la vie est un don de Dieu, et qu'on n'a pas le droit de détruire son œuvre.

Des paroles qui ont une étrange résonnance aujourd'hui...

Luigi, s'il lui procure une grande joie, un grand réconfort, ne parvient tout de même pas à étancher en elle son inextricable besoin d'enfant.

Dalida devient obsédée par la maternité. Elle veut voir comment se déroule un accouchement, ce moment exceptionnel qu'elle ne pourra jamais vivre.

Rosy, sa cousine, lui en offre l'occasion. Elle

propose à Dalida d'être à ses côtés quand elle mettra son fils au monde.

Ce beau jour de décembre 1970, Dalida est aussi émue que la maman. C'est elle qui, la première, tient le bébé dans ses bras, c'est elle qui, pendant trois jours et trois nuits, le veille comme s'il était la chair de sa chair.

Quand l'année suivante, Pépina s'éteint, Dalida ressent sa stérilité avec plus d'acuité. Le vide de sa vie lui fait soudain peur, l'angoisse de la solitude l'étreint.

Alors une idée chemine petit à petit en elle : et si elle adoptait un enfant?

Hélas, Dalida n'est pas mariée. Et la loi est la loi : une célibataire, surtout il y a une quinzaine d'années, n'a guère de chance de se voir confier un bébé. Dalida accepte mal cette juridiction. Et les pensées les plus folles lui traversant alors l'esprit :

– J'étais si tenaillée par ce besoin de chérir un petit être, a-t-elle avoué plus tard, que j'ai même pensé faire un mariage blanc pour faciliter l'adoption. J'y ai pensé, mais je ne l'ai pas fait. Ça n'aurait pas été raisonnable. Ç'aurait été lui donner un bien mauvais départ dans la vie à cet enfant.

Malheureusement pour Dalida, les mères-porteuses ne sont pas encore à la mode. Tout semble se liguer contre elle pour que son désir d'enfant soit contrarié.

– J'aurais loué le ventre d'une autre femme si cela s'était fait a-t-elle reconnu plus tard. Car c'est trop injuste, quand on a tant d'amour à offrir de ne pouvoir le partager!

Quand la passion amoureuse frappe de nouveau à sa porte, en la personne du beau comte de Saint Germain, Dalida rêve encore une fois à l'impossible : être mère. Elle consulte des spécialistes, subit de nombreux examens... en vain. L'espoir est définitivement brisé. Condamnée à ne pas donner la vie, Dalida doit se contenter d'être, pour ses neveux et filleuls d'occasion, une « maman du dimanche », une vraie maman-gâteau.

– Ils en profitent les petits coquins! reconnaissait-elle en riant. Mais c'est si doux de les voir et de leur faire de petits cadeaux...

Seulement, elle ajouta aussitôt :

– Le soir, quand tout le monde s'en va, je déambule dans ma grande maison. Et, parfois, il m'arrive même de sangloter...

Jusqu'au bout, Dalida essaie de trouver des substituts à son amour frustré.

Ainsi, c'est pour elle une véritable joie de chanter *Confidences sur la fréquence* avec Antoine, un petit garçon de huit ans. Une grande émotion aussi quand son ami, le chanteur Shake, la choisit pour être la marraine de ses jumeaux. Et surtout, c'est un bonheur sans nom de jouer, pendant deux mois et demi avec un petit garçon de six ans, Mehdi, pour les besoins du film *Le Sixième jour*. Certes, Dalida n'y interprète que le rôle de sa grand-mère mais quelle joie le soir venu, quand les caméras ne tournent plus, de lui apporter toute la tendresse d'une mère!

– La première fois qu'il m'a appelée « maman », tous mes sentiments maternels refoulés depuis si longtemps sont remontés à la surface, a-t-elle raconté.

Et ce petit que je serrais dans mes bras pour la caméra, il est devenu le mien. Il passait son temps à venir dans ma loge. Il grimpait sur mes genoux pour me raconter ses joies et ses misères d'enfant. Et lorsqu'il avait de la peine, il se blottissait contre moi, il pleurait, son visage contre mon épaule. Pour le consoler, je trouvais les mots, les gestes que savent instinctivement les mères. J'oubliais tout pour ramener un sourire sur ses lèvres.

Hélas, le tournage prend fin et Medhi retourne chez sa « vraie » maman. Une séparation cruelle pour Dalida, un intense déchirement.

Le cœur gros, elle rentre sur Paris. Il lui faut désormais affronter sa « vraie » vie.

Dans son grand salon désert, malgré l'affection de Luigi, Dalida a mal. Mal qu'aucun petit gosse ne soit là près d'elle à courir dans ses jambes, à s'accrocher à ses jupes et à lui crier « maman ».

Non, il n'y a personne, tout comme demain il n'y aura personne pour la retenir dans ce monde, pas un seul petit d'homme pour l'empêcher de dire :

– J'ai peut-être réussi dans la vie, mais je n'ai pas réussi ma vie.

10

LA BEAUTÉ A SES SECRETS

Dalida était une très belle femme. Si son visage n'avait ni l'harmonie, ni la régularité des statues grecques, il évoquait la majesté grave et mystérieuse d'un sphynx.

Teint brun, traits anguleux, cheveux noirs de jais, yeux en amandes, grande bouche sensuelle, Dali avait l'éclat volcanique et ténébreux d'une fille de la Méditerranée. Italienne par le sang, il y avait de l'Égypte dans son regard, de l'Orient dans ses gestes.

Longtemps, elle s'était cru laide. Durant son enfance d'abord, mais aussi dans les premières années de sa vie de femme et de chanteuse.

Elle avouait volontiers qu'il lui avait fallu atteindre l'âge de trente-huit ans pour perdre ses complexes. Pour s'admettre telle qu'elle était.

C'est une longue psychanalyse, entreprise au lendemain de sa terrible tentative de suicide, en 1967, qui, disait-elle, « l'avait sauvée ».

Enfin bien dans sa peau, Dali avait osé se regarder en face sans trembler, et faire le bilan lucide de ses défauts et qualités.

Les défauts, elle avait tenté de les atténuer, les qualités, elle les avait développées.

D'abord, se trouvant trop brune, trop typée, elle avait adouci ses cheveux de reflets dorés. Ils étaient raides? Elle les avait bouclés jusqu'à trouver son style de coiffure idéal en cette longue crinière rousse qui lui allait si bien.

En revanche, elle avait cultivé, par un maquillage approprié, la photogénie que lui conféraient ses pommettes hautes et bien marquées, ses joues creuses de femme fatale.

Si bien que, loin de pâtir du temps qui passe, Dalida était devenue plus séduisante que jamais dans les dix dernières années de sa vie.

L'âge semblait ne pas avoir de prise sur elle. Elle ne vieillissait pas, ce qui bien sûr, faisait dire à certains qu'elle avait subi plusieurs « liftings ».

A-t-elle vraiment eu recours à la chirurgie esthétique pour effacer des ans l'irréparable outrage?

Voilà en tout cas ce qu'elle avait déclaré dans la presse en 1982, alors qu'elle abordait une étincelante cinquantaine :

– Je ne l'ai pas encore fait, mais le jour où je me rendrai compte que c'est nécessaire, je n'aurai aucune honte à me refaire le visage et à l'avouer. La seule chose qui m'ennuie dans la chirurgie esthétique, c'est la peur de l'opération. Sinon, je trouve cela très normal. Beaucoup d'Américaines le font, même si elles ne sont pas actrices.

Cela dit, avait-elle ajouté, mieux vaut s'efforcer le plus longtemps possible, de garder une peau saine. Selon moi, ce sont les fards qui abîment la peau. Aussi, en dehors de mes émissions de télévision et de mes galas, je laisse mon visage nature. Je ne possède en outre qu'un seul pot de crème : une crème hydratante que je mets la nuit.

Une peau et un corps sains, c'était là le plus important des secrets de beauté de Dalida.

Avec une volonté et une discipline sans faille, elle avait adopté une hygiène de vie draconienne.

Elle ne fumait plus depuis 15 ans, ne buvait pas, sauf deux verres de bon vin rouge de temps en temps au cours du dîner. Elle était férue de diététique et connaissait par cœur la valeur nutritive des aliments, ceux qui étaient bons pour le teint, l'éclat, le dynamisme, l'équilibre et surtout pour la ligne.

La ligne, ah la ligne, ce fut toute sa vie la grande obsession de Dalida!

Lorsqu'elle s'est éteinte à cinquante-quatre ans, Dalida avait véritablement un corps de jeune fille. Tous les couturiers qui l'ont habillée peuvent en témoigner : elle avait des mensurations d'un mannequin et les robes sur elle « tombaient » à la perfection, sans que nulle retouche ne soit jamais nécessaire.

Mince, fine, elle pesait 51 kg pour 1,67 m. Ses seins plutôt menus mais qu'on voyait se dessiner si joliment sous certaines de ses toilettes « sexy », étaient ronds, fermes et haut placés.

Elle avait la taille très fine et aimait la souligner de grosses ceintures ou la laisser deviner sous ses petits tailleurs cintrés.

Ses jambes étaient longues à n'en plus finir, souvent mises en valeur par des bas noirs, des escarpins à hauts talons.

Pas un pouce de graisse! Pas un bourrelet, pas un gramme de cellulite.

Comment Dalida faisait-elle donc pour traquer les kilos? Avait-elle un régime spécial?

Eh bien, oui. Dalida ne prenait qu'un repas par jour.

– Ce repas, c'est le dîner, avait-elle expliqué elle-même. Normalement, il se compose d'une grillade, d'une salade et... d'un bon gros gâteau à la crème.

Oui, Dalida adorait les sucreries et c'est pour pouvoir se livrer sans remords à son péché mignon qu'elle se privait sur le reste.

Comment pouvait-elle tenir toute la journée jusqu'au repas du soir?

Grâce aux vitamines.

Dalida se faisait concocter par son médecin un petit cocktail de vitamines qu'elle adaptait selon ses besoins et selon les saisons. Attention, rien à voir avec ces dangereux « coupe-faim » ou ces euphorisants que certains gourous de la ligne peu scrupuleux donnent à leurs patients pour les faire fondre.

Non, Dali détestait les drogues sous toutes leurs formes. Elle était une adepte de la santé par la nature. Ses vitamines lui offraient seulement le moyen d'avoir un bon équilibre et de l'énergie.

Elle les prenait le matin au réveil avec une tisane.

A midi, quand elle se sentait un petit creux, Dali mangeait un œuf dur ou croquait dans un fruit frais. Une pomme généralement.

Chaque dimanche matin Dalida se pesait. C'était une habitude, presque un rite.

Si elle découvrait qu'elle avait pris un peu de poids, elle se mettait aussitôt à la diète totale. Elle n'avalait rien ce jour-là, si ce n'est beaucoup d'eau minérale ou de tisane.

Elle ne reprenait son rythme normal que lorsqu'elle avait retrouvé son poids idéal de 51 kg.

Pourquoi cette discipline terrible et obsédante qui n'est pas sans évoquer l'abstinence de certains sages ou de certaines congrégations religieuses?

Parce que Dalida, même si elle était une chanteuse populaire, était une intellectuelle, (voir chapitre 7). Une intellectuelle et une esthète.

L'embonpoint, les désordres du corps, les disgrâces de la chair étaient à ses yeux une faiblesse.

Elle voulait pouvoir se mettre nue devant son miroir et s'observer de la tête aux pieds sans que son regard s'arrête sur une imperfection.

– Si je suis satisfaite de mon reflet, ma journée sera merveilleuse, disait-elle. Sinon, je serai mal à l'aise, angoissée, culpabilisée.

En fait, Dalida pensait que le corps est un reflet de l'âme. S'il s'épaissit et se laisse gagner par la graisse, c'est que quelque chose va mal dans la tête. Et inversement.

Ce n'était pas seulement une théorie. Dalida en avait fait l'expérience plusieurs fois au cours de sa vie.

A son arrivée à Paris, en 1954, Dalida en quelques semaines avait pris dix kilos. Parce que la petite Cairote venait de découvrir les délices de la cuisine française certes! Mais pas seulement. A cette époque, Dalida se sentait vide et inutile. Son titre de Miss

Égypte et son diplôme de sténodactylo exceptés, elle ne possédait rien d'autre que l'espoir pour nourrir ses ambitions.

Car elle était ambitieuse. Elle voulait réussir. En grand! En son et lumière.

Hélas, comment y parvenir quand on ne connaît rien ni personne. Quand on frappe à toutes les portes sans jamais en passer le seuil!

Dans son incertitude face à l'avenir, Dalida mangeait. Elle se jetait sur la nourriture pour combler sa peur et ses angoisses.

– Je dévorais des pâtisseries le jour et la nuit, a-t-elle raconté. J'en avais toujours en réserve dans ma petite chambre. Le sucre apaisait mes craintes, me rappelait la douceur de l'enfance, de l'époque où je n'avais à m'inquiéter de rien...

Et puis, un jour, Dalida a eu un choc. Le choc du miroir justement. En faisant sa toilette dans son palais de 4 m^2 sous les toits, elle s'est aperçue dans la glace.

Alors, soudain, elle s'est fait horreur.

– La femme que j'avais en face de moi n'était plus la jeune chanteuse qui aspirait à la gloire, c'était un tout autre personnage. En fait, j'avais ma mère sous mes yeux! Et je ne voulais pas lui ressembler... Du moins pas sur le plan physique. Bien sûr, je l'aimais beaucoup, ma « mamma », très tendrement même, mais elle avait eu des enfants, une vie dure. En Orient, une femme devient vite une « mamma ». Elle a peu de temps pour se surveiller. Mais ce n'était pas mon cas. Aussi, j'ai pris une décision énergique : j'ai tout fait pour perdre mes dix kilos de trop. Cela n'a pas été simple. Il m'a fallu beaucoup de volonté. C'est depuis ce jour-là que je me suis efforcée de ne plus faire qu'un seul repas par jour...

Une autre fois pourtant, Dalida allait craquer. Au cours des années 67-70, dramatiques pour elle sur le plan sentimental, la gourmandise allait de nouveau lui servir de refuge. Mais par la suite elle n'avait plus jamais « rechuté ».

Dans sa lutte pour garder la ligne, Dalida a eu une autre alliée : la danse rythmique.

Deux fois par semaine, elle se rendait dans une salle de gymnastique parisienne pour y prendre une ou deux heures de cours. La technique qu'on y pratiquait n'était pas vraiment de la danse. Ce n'était pas non plus de l'aérobic que Dali trouvait bien trop violent. Il s'agissait de mouvements simples et rythmés, enchaînés en douceur sur une musique de jazz.

Après ces séances, Dalida se sentait souple et légère.

En supplément, elle faisait régulièrement chez elle des exercices abdominaux pour garder un ventre plat.

Au bout du compte, il arrivait souvent que la chanteuse soit obligée de faire un autre type de régime : un régime... grossissant.

Oui, dans les périodes de travail intense, elle maigrissait trop.

Dans ces moments-là, elle ne se plaisait pas non plus. Alors, elle faisait le bonheur d'Hélène sa cuisinière. Elle l'autorisait à préparer mille et un bons petits plats. Ah, les spaghettis bolognaises d'Hélène! Ils étaient presque aussi savoureux que ceux de Pépina, la mère de Dalida.

Pour mieux s'en régaler encore, la star invitait de nombreux amis à partager ses repas. Et c'était la fête, la joie dans la grande salle à manger de style espagnol de la rue d'Orchampt.

Autre ingrédient de la beauté de Dalida : le bronzage.

Dalida était une fille du soleil. Elle aimait s'offrir à la caresse de ses rayons. Elle se sentait plus jolie quand sa peau était hâlée. Aussi, chaque fois qu'elle le pouvait, au cours d'un voyage dans un pays chaud ou de vacances dans sa belle maison de Porto-Vecchio, en Corse, elle s'allongeait au bord de la piscine, dans un « tout petit, petit bikini » semblable à celui de sa chanson, pour se dorer au soleil.

Comme elle avait une peau mate, une « peau brune » comme on dit, elle ne craignait pas les brûlures. En une heure d'exposition, elle dorait comme un pain d'épice.

Bien sûr, Dalida savait que les rayons ultra violets vieillissent l'épiderme. Mais, incapable de résister à ce qu'elle appelait son « sport favori », elle compensait en soignant sa peau « de l'intérieur ». En prenant, comme nous l'avons dit plus haut, des vitamines spécifiques, notamment la A et la E.

Enfin, il y avait une autre partie de son corps dont Dali prenait grand soin : ses mains.

Elle avait de belles mains fines, ornées d'ongles longs, toujours parfaitement soignés et vernis.

Pour ce qui concerne l'élégance vestimentaire, Dalida surprenait souvent ceux qui la rencontrait en privé.

Dans la vie de tous les jours, elle choisissait des

toilettes discrètes plutôt « bon chic, bon genre », coupées dans de belles matières, aux teintes discrètes. Exactement le contraire de celles qu'elle portait sur scène et qu'elle voulait luxueuses, fastueuses, théâtrales !

Oui, Dalida était une femme complexe, qui souhaitait être belle pour plaire aux autres, mais aussi à elle-même. La beauté n'était pas un artifice à ses yeux. C'était une forme de respect de la vie. Une forme d'intelligence.

En l'emportant, la mort n'a pas trahi son désir de toujours donner d'elle l'image de la perfection.

Sur son lit de satin et de roses, elle était superbe.

11

LE REGARD BLESSÉ

« Quels charmes ont pour vous des yeux infortunés
Qu'à des pleurs éternels vous avez condamnés? »

Cultivée, éprise de littérature, Dalida ne pouvait pas ignorer ces vers de l'Andromaque de Racine.

Et, en les lisant ou en les écoutant, elle en déformait sans doute un peu le sens pour les prendre à son compte. Au compte de ses propres yeux « infortunés » dont, tout au long de son existence, la « coquetterie » lui a fait verser tant de pleurs.

– Mes yeux, c'est le drame de ma vie, disait-elle et se répétait-elle chaque fois, qu'impitoyablement, une glace lui renvoyait son image.

Elle qui, quoiqu'elle en pensât, avait gardé, la cinquantaine passée, un corps de jeune fille, souple et ferme. Elle si attentive, ainsi que nous venons de le voir, à la moindre ride, au moindre kilo superflu, n'avait rien, jamais rien pû faire pour oublier le strabisme qui « désorientait » son regard. Et elle s'imaginait, se persuadait jusqu'à l'obsession que ses interlocuteurs ne voyaient dans ses yeux si beaux, si tendres « que » leur si léger défaut.

Connaissant les dispositions d'esprit dans lesquelles elle se trouvait, qui aurait osé lui dire que cela faisait partie aussi de son charme? Personne bien sûr, car alors, la si sensible Dali en aurait pris ombrage. Elle aurait cru qu'on se moquait d'elle, ou pire, qu'on voulait adoucir sa peine. Une peine à elle, rien qu'à elle. Et elle n'était pas de celles qui aiment être plaintes.

Aidée, conseillée par Lucien Morisse d'abord, par d'autres ensuite, Dalida avait, à force de ténacité, réussi à modeler sa silhouette, à se jouer de sa chevelure, à adapter son corps au gré des modes.

Elle avait transformé, formé sa voix, appris à la placer, à mettre en relief son accent langoureusement oriental.

Elle avait appris à bouger, à marcher, à danser, à embellir sa gestuelle. Elle avait aminci, enjolivé son visage. Mais dans ce visage, il y avait ces yeux! Ces yeux qu'elle haïssait. Ces yeux qui, d'après elle, « abîmaient » le miroir de sa coiffeuse!

Et le succès, au lieu de lui faire oublier cette si légère disgrâce, la grossissait.

Photos de famille ou de magazines, portraits de pochettes de disques, affiches annonçant un gala, émissions télévisées qui lui étaient consacrés ou films dont elle était la vedette, autant de représentations d'elle qui la faisaient souffrir.

Elle savait, en effet, que même le plus adroit des opérateurs ne pouvait tricher avec ce fichu parallélisme auquel ses prunelles se dérobaient. Et elle en était désespérée.

Pour elle, c'était une réelle infirmité contre

laquelle elle devait lutter à chaque instant, chez elle ou sur scène, en présence de ses proches ou de ses admirateurs. Et elle les aimait tant ceux-là, qu'elle allait jusqu'à redouter qu'ils soient gênés pour elle quand ils la regardaient!

Ce mal qui a empoisonné véritablement sa vie, chaque jour, à chaque instant, Dalida en enrageait d'autant plus qu'il n'existait pas à sa naissance!

– Je suis née avec un regard normal, confiait-elle les rares fois où elle voulait bien aborder ce sujet. Et puis, quand j'ai eu dix-huit mois...

Quand elle a dix-huit mois, Yolanda est une petite fille adorable, gaie, pleine de vie. Elle marche déjà bien sûr. Elle trotte même dans la cour de la maison de ses parents, et dans les ruelles avoisinantes de ce quartier de Choubrah, au Caire. Nous sommes en 1933 et il n'y a nulle voiture, nul danger pour une gamine de cet âge à jouer sur la chaussée où les enfants sont rois.

Nul danger, hormis le soleil... Un soleil qui éclabousse les façades blanches des maisons, et peut se montrer redoutable pour ceux qui n'y prennent pas garde.

Et ce gros bébé de Yolanda n'y prend pas garde. Pire, elle joue avec! C'est rigolo, trouve-t-elle, de fixer ce gros disque brillant pendant quelques instants, bien en face, puis de regarder l'ombre. Il y a de jolis papillons de toutes les couleurs qui dansent alors devant ses yeux, avant de disparaître. Tiens, où sont-ils donc passés? Ils ont dû repartir chez eux dans le soleil! Alors, Yolanda le fixe à nouveau pour qu'il les lui rende. Et le jeu recommence. Une, deux, dix fois peut-être jusqu'au moment où sa maman s'apercevant du manège de sa fille, l'arrache à sa contemplation pour l'entraîner dans l'ombre. Est-il déjà trop tard? Sans doute. Du moins, une partie du mal est fait. Celle que bien plus tard et jusque sur son lit de mort, son frère Orlando appellera « le soleil », vient de se brûler à ses feux. Résultat de cette folle exposition : la petite Yolanda, pendant plusieurs heures est dans le noir. Elle ne voit plus rien cette fois, plus de papillons, plus de belle lumière et ses yeux la brûlent. Elle souffre d'ophtalmie, une affection de l'œil, et d'une conjonctivite aiguë.

Les jours, les mois passent, mais le temps n'arrange rien. La petite fille se frotte les yeux et souffre de leur irritation.

– Ça brûle maman! gémit-elle en pleurant.

M. et Mme Gigliotti s'inquiètent. Et ils ont raison. Yolanda n'aurait-elle pas, en plus de cette inflammation, attrapé quelque chose de plus grave, le trachome, par exemple, se demandent-ils.

Le trachome... un virus spécifique qui traîne dans les ruelles et est endémique dans un pays chaud comme l'Égypte.

Les parents de la fillette s'effrayent, quand l'œil droit de Yolanda se met à « déraper ».

Alors, cette fois, ils consultent les meilleurs ophtalmologues du Caire. Ceux-ci se font rassurants :

– Plus le sujet est jeune, plus un strabisme est facilement rectifiable, expliquent-ils. Sur des tout petits, une seule opération suffit pour le corriger parfaitement et définitivement. Car les muscles sont neufs, et élastiques. Or, votre fille a deux ans. C'est donc maintenant qu'il faut intervenir.

C'est ainsi que ravigorés par ces paroles pleines d'optimisme, M. et Mme Gigliotti acceptent que leur bébé passe sur le billard. Comme ils acceptent de la laisser plusieurs jours après dans le noir absolu. Ils l'empêchent, pour son bien, d'arracher le bandeau qu'on lui a mis sur les yeux et qui la gêne tant. Ils vivent d'espoir, jusqu'au jour où les médecins regardent leur œuvre. Et là, pour les parents mais pour Yolanda aussi, c'est une immense, une première déception. L'opération a été un échec : l'enfant louche toujours !

Les années passent et Yolanda commence à faire le dur apprentissage de la coquetterie de son œil droit.

Très vite, ses petites camarades et ses jeunes copains se moquent d'elle : « Ah, la loucheuse, ah, la loucheuse ! » scandent-ils en dansant autour d'elle et en lui faisant les cornes.

Ils ne savent pas alors, dans leur inconscience, combien ils font de mal à leur compagne de jeux. Il ne leur vient même pas à l'idée combien leurs moqueries la font souffrir. Ils ne comprennent pas pourquoi elle éclate alors brusquement en sanglots, leur échappe et va se réfugier en courant chez elle dans sa chambre pour ne plus entendre leurs cris et se retrouver, déjà, avec sa solitude.

Et, dans cette jolie petite chambre de petite fille, que fait Yolanda ? Se console-t-elle avec ses poupées ? Même pas, elle les rejette. Elle les enfouit sous des coussins. Elle ne souffre plus de voir que ces bébés de chiffon ou de celluloïde ont, eux, des yeux parfaitement symétriques qui semblent la narguer.

Elle en vient même à les détester tant, qu'elle les bat avant d'aller jouer avec ses frères aux soldats de plomb. Eux, au moins, l'aiment. Eux, au moins, ne se moquent jamais d'elle. Bien plus, ils défendent leur sœur et rossent ceux qui osent en leur présence, lui faire la moindre remarque sur sa disgrâce.

Quand Yolanda a six ans, les spécialistes tentent une seconde intervention car le strabisme de leur jeune patiente s'est aggravé.

Une nouvelle fois, l'enfant doit demeurer de longues journées dans le noir absolu. Puis ce sont de bien pénibles leçons de rééducation que la fillette doit subir. C'est dur à cet âge de garder un œil obstrué, tout en faisant « travailler » l'autre. C'est dur encore, si jeune, de devoir porter des lunettes correctives, surtout quand cela correspond au moment où, pour la première fois de sa vie, on pousse la porte d'une école maternelle. C'est horrible quand on entend, comme Yolanda, les quolibets fuser.

Ses petites camarades de l'école religieuse des sœurs de Marie-Auxilliatrice ne lui font pas de cadeaux!

C'est à qui lui trouvera le surnom le plus stupide, le plus méchant que ses grosses lunettes correctives inspirent.

– Toutes les petites filles et les garçons de mon quartier m'appelaient « la grenouille » ou « la bigleuse ». A l'école, ils m'avaient surnommée dès le premier jour : « quatre z'yeux », se souvenait Dalida. De plus, à cause de mes lunettes, pour que je ne risque pas de les casser, on m'interdisait de jouer dans la cour de récréation. La maîtresse m'obligeait à rester assise toute seule sur un banc, le long du mur de l'école. J'étais en marge. J'étais celle qui n'est pas comme les autres. Et cela me rendait terriblement malheureuse.

On la comprend : quelle terrible mise en quarantaine, en effet! Quelle affreuse découverte de la solitude fait alors la future Dali!

Et plus les années passent, plus ce strabisme interdit à Yolanda d'avoir les mêmes distractions que ses camarades. Comment, se dit-elle, quand elle devient adolescente, pourrait-elle avoir, elle aussi, un petit flirt? Quel garçon, se répète-t-elle, pourrait la courtiser et lui voler un premier baiser?

Eh bien, il s'en présente un. Timide, certes, mais qui, au lieu de ne voir que le strabisme des yeux de Yolanda, en perçoit la douceur. Une douceur qui vient du cœur. Un amoureux bien platonique qui n'oserait pas bien sûr lui déclarer sa flamme mais qui la lui montre. Où le rencontre-t-elle, cet Armando de quinze ans qui, pour la première fois, lui fait battre le cœur? Dans la rue? Au cinéma? Pas du tout! Dans la petite église de son quartier de Choubrah où Dalida chaque semaine va se recueillir pour prier la Vierge et Sainte-Thérèse et les supplier de lui donner un jour, une vue « normale ».

Bien des années plus tard, Dalida n'avait oublié ni la petite église de son enfance, ni Armando, son soupirant :

– Adolescente, pour me consoler de loucher, et de porter des lunettes, j'allais prier Sainte-Thérèse dans cette petite chapelle située à deux pas de chez nous, a raconté Dalida. Chaque dimanche, j'allais à la messe, mais comme j'étais très complexée, pour éviter les moqueries des gamins et des gamines du quartier, j'arrivais la dernière. Je me réfugiais près du bénitier, au fond de l'église et dès que la messe était finie, je sortais la première pour me précipiter à la maison.

Oui, elle s'enfuyait, Yolanda. Mais non sans avoir jeté du bout des doigts un baiser à Armando qui, durant toute la cérémonie, s'était tenu à côté d'elle, tout près d'elle, tentant de lui prendre la main...

Deux ans plus tard, malheureusement, l'état des yeux de Yolanda s'est aggravé. A seize ans, non seulement elle louche toujours, mais plus grave encore, sa vue baisse. Les complications qui assaillent ses yeux la terrifient. Elle a peur de devenir aveugle.

C'est alors que, risquant le tout pour le tout, Dali décide de se faire à nouveau opérer. Elle en a assez de se sentir laide, assez de n'avoir pas une cour de copains autour d'elle. Seulement, les chirurgiens, cette fois, ont perdu leur bel optimisme de jadis et la préviennent : ou l'opération sera une réussite et alors, finis les complexes ou ce sera la catastrophe et elle risque la cécité? Et Dalida décide de tenter cette terrible épreuve. C'est un geste fou, mais aussi chargé d'espoir. Et même si Mme Gigliotti est farouchement contre cette nouvelle intervention, sa fille tient bon.

C'est ainsi qu'un matin de 1949, Yolanda passe à nouveau sur le billard de la meilleure clinique des yeux du Caire pour y subir l'opération de la dernière chance.

– J'avais tellement souffert depuis que j'étais gosse, a confié Dalida, qu'à seize ans, j'étais prête à tout. Un seul rêve m'habitait : ne plus jamais apercevoir dans la glace, le regard de mes yeux déviés. Ce n'est que sur la table d'opération, au moment de l'anesthésie, que j'ai vraiment connu l'angoisse. Un voile noir s'est abattu devant ma vue. Car je savais, on m'avait prévenue, que ce voile noir risquait de ne plus jamais se lever.

L'opération se passe, mais les chirurgiens ne peuvent tout de suite se prononcer. Il faut attendre la cicatrisation. Attendre que ses yeux se reposent. Et c'est quarante jours que Yolanda va vivre dans l'expectative. Quarante jours dans le noir absolu.

– Ce fut terrible ces quarante jours, a-t-elle dit par la suite. Car pendant cette longue période, j'ai dû garder un bandeau noir sur mes yeux et je ne savais pas si – quand on me le retirerait – j'aurais recouvré ou non la vue!

– C'était tellement douloureux et tellement angoissant qu'on a dû m'attacher les mains derrière le dos pour m'empêcher d'arracher ce cache qui me rendait folle.

Heureusement pour Yolanda, outre sa mère, il y a quelqu'un qui est là, tout près d'elle. Quelqu'un qui la couve de sa tendresse : Orlando, son frère cadet. Orlando qui sera plus tard, non seulement son directeur artistique, son conseiller, mais aussi son plus fidèle confident. Orlando qui déjà ne supporte pas qu'elle souffre, qui déjà ne la quitte pas d'une semelle et fait tout ce qui reste en son pouvoir pour lui remonter le moral.

– Je ne savais pas quoi faire pour la distraire, a-t-il dit en se rappelant ces moments si durs. Alors, j'allais au cinéma et je lui racontais les films que j'avais vus. Je me souviens, qu'un soir, pendant deux heures, je lui ai décrit toutes les péripéties de *La valse des adieux* avec Robert Taylor et Vivian Leigh. Je me souviens même avoir légèrement modifié la « chute » du film. Il finissait mal et pour rien au monde je n'aurais voulu faire pleurer ma Dali.

– Je me rappelle aussi l'avoir accompagnée un jour à l'église où elle voulait prier. Comme elle avait encore les yeux bandés, je l'ai tenue par le bras pour la mener jusqu'à l'autel et là.

Soudain, elle m'a demandé :

– Dis-moi, petit frère, dis-moi, quelle est la couleur de la robe de la Sainte Vierge? Si je ne dois plus jamais la revoir, je veux pouvoir me rappeler si elle est bleue ou blanche.

Quelques jours plus tard, Dalida peut enfin retirer son bandeau. Quelle angoisse pour elle! Après quarante jours, que va-t-elle trouver dessous?

Ce n'est heureusement ni la catastrophe tant redoutée, ni hélas le miracle. Yolanda voit! Elle a même récupéré quelques dixièmes et son strabisme, s'il existe encore, est bien rectifié.

Il n'en faut pas plus pour que Dali la volontaire, Dali la courageuse, puise dans cette petite métamorphose une force nouvelle. Après un an de rééducation, un an de lutte, elle range ses lunettes dans un placard et se dit : « Maintenant, le cinéma, à nous deux! »

Car le cinéma la fascine et elle veut devenir

comédienne! Et si elle veut « crever l'écran », c'est aussi et surtout pour que cette enfance marquée par les feux du soleil, soit vengée par... les feux de la rampe!

Pauvre Dali! Dans son innocence, dans son enthousiasme juvénile, elle ignore que les projecteurs vont bientôt la faire souffrir à nouveau, que leur lumière va lui brûler les yeux et lui provoquer des migraines épouvantables et ce, pendant... trente ans.

Mais même si elle le sait, elle s'en soucie comme d'une guigne. Elle veut réussir, s'en sortir, effacer le passé. Elle veut « s'éclater » comme on dit aujourd'hui.

Et, bien vite, elle se lance dans la bagarre du succès. Et pour commencer, elle s'occupe de sa silhouette. En quelques mois, elle l'amincit, la sculpte. Le résultat ne se fait pas attendre : Dali, la gamine au physique ingrat, devient, en quelques mois, une belle jeune fille. Si belle et si sûre d'elle-même, qu'elle va faire une chose inimaginable pour elle, il y a peu : se présenter au concours de Miss Égypte! Et le plus fort, c'est qu'elle le gagne! La voici sacrée la plus voluptueuse des beautés égyptiennes. Quelle fabuleuse revanche! Et aussi quel tremplein pour l'avenir!

La voici, malgré ses yeux qui ne sont pas tout à fait symétriques, qui tourne ses premiers films! Elle tient des petits rôles, certes, mais elle est « à ses yeux » une femme nouvelle.

A vingt et un ans, à Noël 1954, regonflée à bloc, elle quitte son Égypte natale pour gagner Paris.

Là, pendant deux ans, la petite vedette du Caire, a beau frapper aux portes des producteurs pour décrocher un rôle, on ne lui répond pas. On ne devient pas star du jour au lendemain. Surtout quand on a dans le regard un « petit quelque chose » qui déroute.

Mais Yolanda ne se décourage pas. Si on ne veut pas de ses yeux, on admirera sa voix. Et la voilà bientôt à la « Villa d'Este », ce cabaret où elle passe avec Aznavour. La voilà bientôt passant une audition à l'Olympia où Lucien Morisse et Eddie Barclay la remarquent « malgré ses yeux ».

Nous connaissons la suite... *Bambino,* le succès, le triomphe... L'apprentie comédienne est devenue une chanteuse professionnelle. Yolanda est devenue « Dalida ». Elle est heureuse, resplendissante bien sûr, mais déjà elle ressent à nouveau dans sa chair, dans ses yeux, de vieilles douleurs qui l'assaillent. Les lumières violentes de la scène frappent sa rétine, l'éblouissent, ravivent ce mal qu'elle croyait à jamais disparu.

Connaît-elle ce sonnet sur la beauté d'Isaac de Benserade? C'est bien possible :

« Beaux yeux, source vive et féconde;
« Beau refrain, doux commencement
« Des plus belles chansons du monde? »

De belles chansons, elle en a à son répertoire, Dalida! Mais ces yeux qui ont tant inspiré les poètes, elle en souffre à nouveau. Et maintenant de terribles migraines ophtalmiques viennent à chaque instant lui rappeler qu'ils sont fragiles.

Et pendant vingt-neuf ans. Oui vingt-neuf ans, Dali va les user et les détester!

Pendant vingt-neuf ans, de ce jour de 1956 où elle devient célèbre, jusqu'à ce mois de mai 1987 où elle se donne la mort, ce regard va l'épier, la poursuivre. Dans son miroir d'abord, dans sa vie sentimentale ensuite, dans sa carrière enfin.

– Vous ne pouvez savoir combien je redoute un dîner en tête à tête avec l'homme que j'aime a-t-elle souvent dit. Parfois, j'ai l'impression qu'il fuit mon regard et quand il veut m'embrasser, aussitôt je ferme les paupières... J'ai si peur qu'il se moque de moi!

Cette peur, cette vieille peur de petite fille qu'on se moque d'elle, jamais elle ne l'oubliera. Elle renaîtra à bien des occasions. Quand elle se verra « en affiche », en film, en photo, par exemple. Mais aussi quand elle deviendra, elle la star adulée, une femme dont on imitera la « coquetterie » pour faire rire les autres.

Ainsi quand Thierry Le Luron décide de l'imiter, Dali a peur...

Elle sait bien que d'être prise comme sympathique tête de turc par cet imitateur au talent prodigieux est une marque d'estime et une preuve de célébrité, mais, enfin, cela ne lui plaît qu'à demi. Même si Thierry la prévient amicalement au téléphone qu'il la met à son programme.

– Tu ne m'en voudras pas, Dali? Lui demande-t-il.

– Mais non, voyons, c'est un « honneur »! lui répond-elle.

Que pouvait-elle répondre? Qu'elle ne veut pas qu'il l'imite? Allons donc! Elle n'est pas bégueule Dali. Elle aime rire, même à ses dépens. Elle le prouvera d'ailleurs quand elle acceptera de se caricaturer elle-même dans une émission de Collaro. Que va faire d'elle, Le Luron? S'il se contente de mimer ses gestes favoris, de copier sa voix, d'exagérer son accent, qu'importe! Mais s'il s'attaque à ses yeux, ça, elle ne l'avalera pas! Hélas, Thierry ose... Dans son sketch, il parle comme Dalida, il chante comme Dalida et il « louche » comme... Dalida!

Et même si elle s'efforce d'en rire en public, en privé, elle en pleure. Ça lui fait tant de mal d'être à nouveau montrée du doigt comme la petite Yolanda qu'on appelait « quatre z'yeux » tant d'années auparavant!

Cette imitation de Thierry l'atteint d'autant plus qu'à cette époque ses yeux sont pour elle devenus un véritable supplice. Son strabisme s'accentue et déclenche de lancinantes douleurs. Chaque fois qu'elle fait une émission de télévision, les spots l'aveuglent et lui provoquent de profondes migraines. Elle vit dans l'angoisse d'une nouvelle opération à laquelle elle se refuse de toutes ses forces. Elle laisse passer les mois, continue sa carrière, va de gala en gala et chante, chante à s'en étourdir, chante pour oublier son mal.

Mais il est là, son mal, accroché à ses prunelles. Il ne veut pas la lâcher. Et, bientôt, le spécialiste qui la suit, le professeur Godet-Joly, la persuade de le laisser l'opérer. Avec bien des réticences, elle accepte enfin et, le 10 avril 1985, elle passe sur le billard.

Hélas, quand, deux mois plus tard, son chirurgien lui dit qu'il faut qu'il l'opère à nouveau, Dalida est au bord du désespoir. Heureusement, Orlando, son frère si dévoué, est là pour la soutenir et la convaincre de faire confiance à la Faculté. Et Dalida accepte. Et elle a raison, car, quelques semaines après cette intervention qui lui faisait tant peur, elle rayonne de bonheur.

Jamais, depuis des années, elle n'a ressenti tant de paix. Serait-elle enfin débarrassée de ce défaut qui, depuis qu'elle a dix-huit mois, la hante et la complexe ? On le dirait bien quand on prend connaissance de ce qu'elle déclarait en cette année 1985.

A ce moment, en effet, son strabisme est parfaitement rectifié et sa vie en est totalement bouleversée.

– Jamais, déclarait-elle, je n'avais imaginé à quel point cette petite différence allait améliorer mon existence. Seuls les gens qui ont eu les mêmes problèmes peuvent comprendre ce que j'ai enduré moralement et physiquement. Désormais, chaque matin, quand je me lève, je me sens heureuse de ce nouveau jour qui commence. Avant, je n'avais jamais éprouvé ce sentiment.

« Le premier regard que je portais sur le miroir de ma salle de bains me démoralisait pour le restant de la journée. Je ne pensais qu'à ce maudit strabisme. Ma " coquetterie dans l'œil " était devenue pour moi une obsession.

« Quand je me trouvais au restaurant et que je sentais le regard de quelqu'un se poser sur moi, je baissais les yeux.

« Aujourd'hui, tout est différent : si vous saviez la joie que j'ai éprouvée la première fois que je suis entrée au restaurant sans lunettes de soleil et, surtout, sans mon strabisme ! J'ai promené mon regard dans toute la salle, sûre de moi, heureuse, comme je ne l'avais jamais été. Les gens m'ont souri, et moi je leur ai rendu leurs sourires. Je crois que si je ne m'étais pas retenue, je serais allée les embrasser.

« Aujourd'hui aussi, je n'ai plus besoin de cacher

mes yeux. J'avais chez moi trente paires de lunettes de soleil de toutes les formes. Comme elles me rappelaient mes années de malheur, j'en ai distribué vingt-huit à mes amies, et j'en ai gardé deux pour les jours où il y aurait vraiment un très fort soleil.

« Je ressens tellement de joie à avoir des yeux comme tout le monde que maintenant je ne cesse de me reprocher d'avoir attendu si longtemps avant de me faire opérer. Je voudrais dire à toutes celles qui souffrent comme moi d'un léger strabisme et qui sont malheureuses à cause de cela de ne pas hésiter à se faire opérer. Leur vie en sera bouleversée. Aujourd'hui, je peux enfin regarder les hommes en face. »

Les hommes, mais aussi les caméras et son public, immense, chaleureux.

A ce moment, Dalida est pleine de projets : elle va tourner un film en Égypte. Elle va renouer avec ses premières amours, son pays natal et le cinéma. Elle a cinquante-deux ans. Elle est au sommet de sa gloire. En pleine possession de ses moyens, plus ardente, plus resplendissante que jamais, et elle prend son destin semé d'embûches à bras-le-corps. Cette métamorphose de son regard la comble d'aise et elle le dit :

– Les yeux des gens dans la rue sont aujourd'hui mon plus beau miroir. Ils me sourient et moi, je souris enfin à l'avenir.

A l'avenir ? Il sera court, trop court, pauvre et chère Dalida ! Quelques mois seulement après ces déclarations si enthousiastes, prise d'un subit coup de cafard, dans sa villa de Corse où elle s'est réfugiée pour l'été, Dalida tente de se tuer.

Elle avale un tube de barbituriques. Ce jour-là, le destin est clément pour elle. Dalida est découverte à temps. Elle a déjà sombré dans un demi-coma, mais un transport d'urgence à l'hôpital et un lavage d'estomac la remettent sur pied en trois jours.

Dalida a si honte de son geste, qu'elle fait promettre à son frère de n'en rien dire à personne.

Le secret est bien gardé.

Ni la presse, ni les relations professionnelles de la chanteuse, ni même la plupart de ses amis ne seront au courant du drame.

Pourtant, de ce jour, une chaîne discrète s'organise autour de la vedette. Ses quelques intimes se relaieront pour la préserver de la solitude.

Jacqueline, son habilleuse et amie, s'arrangera pour dormir le plus souvent possible rue d'Orchampt.

Mais le 2 mai au soir, Dalida a réussi à tromper cette tendre vigilance.

Et son frère, effondré de chagrin, lui fermera les yeux, ces yeux qui, depuis sa plus tendre enfance, lui ont procuré tant de souffrances physiques et morales.

Mais s'ils sont fermés à jamais, nous savons bien qu'ils contemplent désormais autre chose. Un univers de paix peut-être. Le poète Sully Prud'homme ne dit-il pas ?

« *Bleus ou noirs, tous aimés, tous beaux,*
Ouverts à quelque immense aurore,
De l'autre côté des tombeaux,
Les yeux qu'on ferme voient encore. »

12

AMOURS SANS LENDEMAIN

« *L'amour, c'est comme un jour, ça s'en va, ça s'en va l'amour...* »

C'est Aznavour bien sûr et non Dalida qui a gravé cette chanson nostalgique et triste et en a fait un tube. Mais Dalida, comme nous tous – et mieux que nous ! – a fredonné bien des fois le texte de son vieil ami. A chaque fois sans doute que l'amour l'a fuie.

C'est Aznavour, justement, qui, au lendemain de la mort de Dalida, à l'émission spéciale que lui consacrait Yves Mourousi, a déclaré : « Si Dalida a magnifiquement réussi sa carrière, elle a totalement raté sa vie de femme. »

Comme si le destin, depuis toujours, ne lui donnait pas le choix et s'acharnait, dès que naissait une passion, à s'empresser de la détruire.

Pourtant, à chaque fois qu'un compagnon se présentait, Dali se lançait « à cœur perdu » dans l'aventure. Elle voulait y croire et elle y croyait. Même si la rupture qui précédait ce regain sentimental, lui avait laissé à l'âme comme un goût de cendres.

C'était le cas, une fois encore, quand, en ce mois d'octobre 1982, Dali se laisse embarquer dans un nouveau voyage à deux.

Voilà près de deux ans qu'elle a quitté par lassitude le fantasque comte de Saint-Germain et elle en a assez de son existence de solitaire. Elle aimerait tant aimer! Elle aimerait tant qu'un homme l'adore comme l'adore son public!

Ce vœu, va être exaucé à l'automne quand, par le plus grand des hasards, un jeune et brillant avocat prénommé Max se met sur le chemin de son cœur.

C'est par un coup de chance, en effet, qu'ils se retrouvent à une table voisine dans un restaurant de la butte Montmartre, où Dali dîne avec des amis.

Ils se « retrouvent », oui, car ils se sont connus quinze ans auparavant. Mais connus en tant qu'amis seulement. Quinze ans, comme c'est loin!

A l'époque, en 1967, Max est un étudiant de vingt-cinq ans. Il est « monté » d'Aix-en-Provence pour terminer ses études de droit à Paris. Mais en dehors de la carrière juridique qu'il a choisie, il y en a une autre qu'il aimerait épouser : celle de compositeur. Il est doué, Max!

Guitariste hors pair, il veut placer les chansons qu'il a composées. Il veut que les producteurs de disques le reçoivent. Pas facile pour un jeune inconnu. Seulement, Max a de la chance. Le voici qui se lie d'amitié avec un homme qui, lui, a déjà fait son trou dans le milieu si fermé du show-business. Cet homme, ce monsieur, c'est Orlando, le frère chéri de Dalida. Max et lui sympathisent donc. Pendant quelques mois ils sont inséparables. Et c'est tout naturellement que l'impressario présente l'étudiant musicien à la grande Dali. Mais ce n'est qu'une présentation autour d'un verre. Rien d'autre.

Ils se perdent alors de vue d'autant plus facilement que, bientôt, Max renonce à faire une carrière artistique et retourne à Aix-en-Provence où il devient avocat.

Treize ans plus tard, en 1980, le voici qui revient à Paris pour y installer son cabinet.

Deux ans se passent encore avant que ses pas ne le mènent dans ce restaurant de Montmartre où dîne ce soir-là Dalida.

Leurs retrouvailles deviennent vite chaleureuses puisque seulement deux jours après, les voici en tête à tête, dans un restaurant indien ce coup-ci « L'Annapurna », près du faubourg Saint-Honoré.

Ils se racontent leur vie, leurs doutes, leur solitude aussi. Ils s'épanchent l'un l'autre, et de complicité en complicité, ils deviennent inséparables. Ils sont libres tous deux, libres de s'aimer... et de se le dire. Mais pas question pour Dalida de crier sa passion sur les toits avant d'être sûre de ses sentiments. Aussi est-ce dans une discrétion absolue qu'ils vivent le premier mois de leur idylle. Le week-end, ils se cachent dans une maison prêtée par un ami, près de Deauville. Et ces rendez-vous clandestins, qui rompent sa solitude de cœur, apportent tant de joies à Dalida que, brusquement, elle a envie de clamer son amour. Elle veut se montrer au grand jour au bras de son beau et brillant soupirant.

C'est ainsi que le 25 novembre 1982, Dalida, que l'on n'avait pas vue en compagnie masculine depuis deux ans, présente à tous et à toutes son compagnon.

C'est à un gala organisé par Jean Sablon, au profit de l'Enfance handicapée, au pavillon Gabriel, sur les Champs-Élysées. Là, dans la salle qui réunit bien des vedettes de la chanson, Dali fait une entrée très remarquée. Elle est superbe, comme à son habitude, mais ce qui étonne le plus ses amis du spectacle, c'est le visage rayonnant de bonheur qu'ils découvrent.

Et tous s'empressent d'accueillir avec chaleur ce grand brun qui porte le smoking avec tant de naturel et de classe. Tous, en effet, espèrent que cet homme saura faire oublier à sa célèbre compagne les amours malheureuses du passé et lui fera connaître enfin les joies et la paix d'une vie de couple réussi.

Hélas, cet espoir sera vite déçu. L'amour durable, l'amour qui rime avec toujours, Dalida ne le connaît que dans ses chansons, jamais dans sa vie. Le coup de cœur qu'elle a eu pour Max ne durera pas bien longtemps.

Une fois encore, au bout de quelques mois, l'amour s'en va.

L'amour s'en va, comme la vie est lente.
Et comme l'espérance est violente...

écrivait Apollinaire. Et ce n'est pas Dalida qui aurait contredit le poète du pont Mirabeau. Oui, pour elle, malgré ses échecs, l'espérance malgré tout est violente et subsiste.

Elle le prouve d'ailleurs quelques mois après sa séparation d'avec Max en tombant sous le charme de Karim, un beau pilote de ligne de trente-huit ans.

Elle le rencontre en septembre 1983, chez des amis, et tout de suite elle se sent attirée par cet inconnu. Son nez très droit, ses yeux sombres, ses lèvres pleines et son sourire désarmant émeuvent tout de suite Dali la solitaire, Dali l'esseulée. Et, ce soir-là, dès les premiers mots qu'ils échangent, Karim et elle se trouvent bercés par la même musique...

Karim est français, mais comme Yolanda Gigliotti, il est né lui aussi en Égypte et y a passé son enfance. Rien de mieux que l'évocation nostalgique de souvenirs d'enfance et de la terre natale pour créer entre la chanteuse et l'aviateur une tendre complicité.

Rien d'étonnant non plus si ces deux solitaires n'ont qu'une envie à la fin de cette soirée : se voir et se revoir. C'est ce qu'ils font, mais en prenant soin de se fixer des rendez-vous discrets, loin des regards envieux.

Comme avec Max, son précédent et éphémère compagnon, Dalida ne veut pas faire la « Une » des journaux avec Karim, avant d'être sûre que son cœur ne se trompe pas. Aussi, pendant quatre mois, Dali et Karim, s'ils se voient le plus souvent possible, s'ils se sentent, jour après jour, de plus en plus amoureux, ne se montrent jamais ensemble en public. Jusqu'au jour où Dali, faisant taire ses superstitions, laisse éclater son bonheur.

C'est le mardi 31 janvier 1984 qu'elle présente son commandant de bord à ses amis et au Tout-Paris. Et pour cette grande entrée dans le monde, dans « son » monde, Dali ne peut mieux choisir son endroit. En effet, c'est au sommet de la tour Montparnasse, au restaurant « Le Ciel de Paris », qu'elle emmène Karim. « Le Ciel de Paris » : un nom prédestiné pour un aviateur, qui la suivrait lui... au septième ciel, si elle le lui demandait!

Cette fois encore, en remarquant la joie éclatante de Dalida, ses amis sont heureux de la voir comblée. Mais d'autres, qui la connaissent bien, se disent à l'oreille : « Pourvu que ça dure! »

Hélas, ces oiseaux de mauvaise augure n'ont pas tort de s'inquiéter pour l'avenir sentimental de leur Dali.

Sept mois plus tard, en effet, le torchon brûle déjà entre les deux amants.

Mais pourquoi donc le sort poursuit-il ainsi la malheureuse Dalida? Pourquoi ces amours, qu'elle voudrait éternelles, ne sont toujours et encore que de brèves amours?

Parce que le métier, ce foutu métier, prend le dessus sur sa vie de cœur. Sa vocation de star la pousse vers les ruptures... Des ruptures qui surviennent quand elle s'y attend le moins. Des ruptures qui la meurtrissent, la minent, l'accablent et la rejettent dans sa solitude.

Le 17 août de cette année 1984, Dalida est radieuse. Épuisée après une tournée d'été triomphale de quarante jours qui lui a fait traverser la France de long en large, Dalida n'a qu'un souhait : se jeter dans les bras de Karim. Karim que, depuis quarante jours, elle n'a pas vu. Mais, enfin, son plaisir de le retrouver, pense-t-elle, va effacer la tristesse de cette séparation forcée. D'autant que, pour rattraper le temps perdu, Dalida et Karim ont décidé de s'envoler, le jour même de leurs retrouvailles, pour les Tropiques : ils veulent passer aux Antilles une délicieuse lune de miel.

Seulement, lorsqu'ils se retrouvent, après ces six semaines passées loin l'un de l'autre, le beau projet de vacances à deux s'écroule.

Paradoxalement, c'est le monde du cinéma, celui du spectacle, auquel Dalida avait eu tant de réticences à présenter Karim, qui lui a volé son bel amant.

Karim, alors que Dalida chantait de gala en gala, s'est vu proposer un rôle au cinéma!

L'œil de cinéaste de Roger Hanin a repéré le physique et la prestance du compagnon de Dalida et lui a proposé un rôle dans son prochain film : *Le train de la mort*. Un long métrage dont les prises de vue vont commencer dans cette deuxième quinzaine d'août, soit dans quelques jours.

Le pilote va devenir acteur!

Ce qui aurait pu amuser Dalida dans d'autres circonstances la met aujourd'hui au supplice. Leur lune de miel est tombée à l'eau! Elle a tant espéré ces vacances avec Karim, qu'elle ne peut supporter l'idée d'en être privée.

– Et quand doit commencer le tournage? lui demande-t-elle lorsqu'ils se retrouvent, ce 17 août.

– Dans quelques jours. Il est donc impossible pour moi de te suivre aux Antilles s'entend-elle répondre.

Cette phrase, Dalida la reçoit comme une gifle. Ses yeux s'embuent de larmes. Voici donc que Karim fait passer à son tour sa « carrière » ou du moins son éventuel avenir professionnel d'acteur, avant son cœur!

Ça, elle ne peut l'admettre!

Mais, retenant ses sanglots, c'est dans un rire – mais dans un rire bien jaune – qu'elle lance à son compagnon, cette boutade grinçante :

– Oh, de toute manière, tu sais bien que le seul amant auquel je tiens vraiment, c'est mon public. Je préfère quitter un homme que mon public.

Une phrase amère, dure, irrattrapable, qui sonne le glas de cette liaison qui n'aura duré que onze petits mois.

Brèves, trop brèves amours que celles que connaît Dalida dans ses dernières années. Mais elle a tant besoin de rompre avec sa solitude! Elle voudrait tant trouver le confident, l'ami, la moitié qui lui manque! Le trouvera-t-elle un jour, cet homme qu'elle a recherché au long de tant d'années?

Elle n'en sait rien et elle est lasse de cette quête sentimentale qui lui paraît sans fin. Plus le temps passe, plus les amours s'en vont et plus Dalida devient méfiante. Son cœur lui a joué tant de tours!

C'est sans doute ces échecs successifs qui ne lui font pas remarquer tout de suite l'attrait qu'un homme exerce sur elle. Un homme qui, au cours de cet automne 1984 la voit pourtant régulièrement. Et pour cause! Ce quadragénaire est depuis peu son médecin traitant! Il est brillant, talentueux et a une voix d'une douceur exquise. Mais rien, absolument rien ne se passe entre lui et sa célèbre cliente. Ce généraliste lui prodigue des soins, un point c'est tout. Il ne la traite que comme une patiente, rien d'autre. Et, de son côté, Dalida le considère seulement comme un praticien.

Un praticien qui, comme tout bon généraliste, saura lui remonter le moral quand elle aura à surmonter des épreuves. Celle de ces deux opérations des yeux, notamment que subit Dalida en avril et en juin 1985.

Ce n'est pas lui qui l'opère, bien sûr, puisqu'il est généraliste et non chirurgien, mais c'est lui qui l'aide à surmonter les affres de sa convalescence. Lui qui participe à sa rééducation. Lui qui la conseille, la dorlote. Lui qui partage sa joie quand elle s'aperçoit que son strabisme a disparu, qu'elle peut à nouveau affronter les feux de la rampe sans souffrir, sans être atteinte de douloureuses migraines ophtalmiques.

Hélas, il ne sera pas là quand Dalida, cet été de 1985, passe ses vacances dans sa villa de Corse.

Il ne sera pas là quand elle découvrira, épouvantée et éperdue de détresse, que son strabisme réapparaît. Il ne sera pas là quand Dalida, découragée de voir sa vue décroître à nouveau, tentera de mettre fin à ses jours au cours de l'été 1985 (voir chapitre précédent).

Mais, par le plus grand des hasards, il se trouvera en septembre 1985 chez des amis à Saint-Tropez où Dalida, elle aussi, est conviée.

Et c'est surpris l'un comme l'autre que la chanteuse et le médecin se retrouvent ce soir-là et se réjouissent de cette rencontre inattendue.

Ce n'est plus un médecin qui soigne une patiente, ce sont un homme et une femme qui alors se sourient, se découvrent...

Ils parlent, s'amusent, rient et, peu à peu, leur gaieté prend de tendres accents.

Dalida trouve aussitôt que ce médecin, outre ses compétences, a « aussi » un charme fou.

Lui, de son côté, s'aperçoit que cette patiente est « aussi » une femme drôle, intelligente et désirable.

Attirés l'un vers l'autre, ils n'ont qu'une envie : poursuivre cette découverte, cette complicité et s'émouvoir de cette tendresse naissante.

Aussi, est-ce tout naturellement que, de retour à Paris, ils prennent plaisir à se revoir, à se réserver des petits soupers en tête à tête dans la jolie maison de Dali à Montmartre et à commencer à s'aimer.

Très vite, ils sont inséparables. Et cette fois, Dalida se moque bien d'être vue en la compagnie de son compagnon. A quoi lui a servi de cacher pendant plusieurs mois ses précédentes amours? A rien, puisque, très vite après, ces passions se sont étiolées, défaites.

Aussi, est-ce au bras de son médecin, qu'elle se rend dès le 23 septembre, à la première de « Jules César » le grand spectacle de Robert Hossein, au Palais des Sports.

Trois semaines plus tard, les voici, toujours inséparables, le 16 octobre, à la première d'Henri Salvador, au Palais des Congrès.

Dalida paraît heureuse. Elle semble avoir retrouvé le plaisir des sorties mondaines. Ne les voit-on pas encore ensemble, le 25 novembre, au Paradis Latin, au gala organisé pour la lutte contre le Sida?

Et ne clament-ils pas alors que c'est ensemble qu'ils réveillonneront à Noël, tous les deux, chez Dalida?

La nouvelle chanson que Dalida a mise à son répertoire s'intitule alors : *Le temps d'aimer.*

Va-t-elle le prendre enfin ce temps d'aimer?

Va-t-elle, avec ce médecin si séduisant, connaître des années de bonheur?

Hélas, non! La fatalité qui pèse sur elle depuis toujours la poursuit. Et au fil des mois qui suivent, ses rendez-vous d'amour avec son praticien s'espacent, puis n'ont plus lieu.

Et Dalida se retrouve seule.

Cela signifie-t-il qu'entre cette année 1986 qui débutait et le 3 mai 1987, où elle s'est éteinte, Dalida n'a plus frémi d'amour?

Eh bien non. Au moment où elle commettait son geste irréparable, il y avait de nouveau un espoir dans son cœur... Le soir qui a précédé sa mort, elle devait dîner en tête à tête avec un homme. Et puis, ce compagnon, le dernier, s'était décommandé...

On a dit qu'il s'agissait d'un homme marié. C'est faux. Il était libre. Quarante ans, brun, les tempes grisonnantes, c'était un homme comme Dalida les aimait.

Voici ce qu'elle avait dit de lui à l'un de ses proches :

– Il est brillant, drôle, beau et tellement tendre, avait-elle confié. C'est un être intelligent avec lequel je ne m'ennuie jamais. Pour moi, c'est un espoir de bonheur, mais l'avenir dira s'il était encore temps que je le rencontre ou déjà trop tard...

Il était hélas trop tard.

Épuisée par tant d'années d'errance sentimentale, Dalida a tourné le dos à l'espoir. Ce soir-là, la mort a été plus forte que l'amour.

13

TRENTE ANS DE GLOIRE

– J'ai aimé mon métier, comme un amant. Je me réveillais avec lui, dormais avec lui, faisais l'amour avec lui, a dit Dalida.

Ce don d'elle-même à son public, son public le lui a bien rendu. En France, mais aussi au Canada, au Japon, en Orient ou en Amérique, il a toujours répondu présent aux rendez-vous que Dalida lui a fixés.

De *Bambino* à *Nostalgie,* de la jeune fille brune, timide, engoncée dans sa jupe noire, la taille serrée par une large ceinture, à la meneuse de revue en bas résille et chapeau claque du Palais des Sports à Paris, ce fut le même triomphe, la même foule conquise par cette voix profonde, rauque, « riche de tous les sons de " l'Orient " » comme l'a dit Charles Aznavour.

En chiffres, c'est 85 millions de disques vendus, 38 disques d'or, des chansons traduites et interprétées en sept langues.

Et puis, un disque exceptionnel, unique dans l'histoire du music-hall. Ce disque, Dalida le reçoit en 1981, à l'Olympia. Déjà, il a fallu prolonger d'une semaine le récital prévu pour ne durer que quinze jours. Le dernier soir, alors que la salle vibre sous les applaudissements, alors que la star se casse en deux, dans ce geste qui lui est particulier pour remercier la foule qui l'acclame. Michel Drucker monte sur scène...

Dali, surprise, le regarde s'avancer vers elle. Il cache quelque chose derrière son dos. Un bouquet de fleurs? Un cadeau plus personnel?

– Ce n'est pas, ce ne peut pas être un disque d'or! pense-t-elle, je le saurais! Et puis, généralement, ce sont les maisons de disques qui l'offrent...

Michel s'empare du micro :

– ... J'ai le grand honneur d'avoir été chargé de vous remettre, au nom de tous, à l'occasion de vos vingt-cinq ans de carrière, un disque de diamant!

Dalida rit, pleure, étreint le rideau pour ne pas tomber.

Bouleversée, il lui faut un long moment avant de pouvoir prendre la parole et articuler ces quelques mots :

– Je suis tellement émue devant un événement aussi inattendu que je ne sais pas, je ne sais plus ce que je dois faire, ni ce que je dois dire, mais, merci à tous du fond du cœur! Merci...!

Un disque de diamant, aucun artiste avant elle n'en avait reçu! Mais sans doute, aucun artiste ne s'était autant battu armée de sa seule voix, pour triompher de tous, de toutes, et demeurer plus d'un quart de siècle au sommet du hit-parade.

Car les embûches, les obstacles, les cabales n'ont pas épargné Dalida.

Bien sûr, sa carrière débute en 1956 d'une façon fracassante! En dix-huit mois, elle se place à la tête des ventes de disques français, grâce à *Bambino* et à *Gondolier*. Elle détrône Bécaud, Piaf, Brassens, Marcel Amont et même Gloria Lasso, à laquelle on avait tenté de l'opposer!

Dalida est-elle comblée? Ses succès exceptionnels lui tournent-ils la tête? Pas du tout! Pour elle, la vedette la mieux payée du show-business, la chanson n'est qu'un tremplin. Vers quoi? Vers le cinéma. C'est là qu'elle pense pouvoir s'exprimer pleinement, faire la preuve de son vrai talent, celui de comédienne.

Un rôle modeste dans *Rapt au Deuxième Bureau*, en 1958, puis *L'amour chante* et *Inconnu mon cœur*, où elle est une vedette de cabaret, ne lui apportent la gloire qu'elle espérait. Elle ne se décourage pas pour autant. En 1960, elle reprend le chemin des studios pour *Parlez-moi d'amour*. C'est vrai qu'elle en est la vedette aux côtés de Jacques Sernas et de Raymond Bussières.

Mais, une fois encore, le public préfère la chanteuse à l'actrice.

Pour se consoler, Dalida enregistre le *Bonheur* et *Les enfants du Pirée*, tirés du film célèbre *Jamais le dimanche* et ce sont deux tubes!

Un journaliste compare alors son ascension à celle de Brigitte Bardot. Mais il trempe sa plume dans du vitriol!

– Dans deux domaines différents, leurs carrières ont subi des courbes parallèles. Au début, on a écrit et répété que l'une jouait mal et que l'autre chantait à faire peur. Elles ont continué à monter en flèche au firmament des vedettes.

Le firmament, pourra-t-elle y rester longtemps?

Lucien Morisse qu'elle vient de quitter, après seulement trois mois de mariage, va-t-il, comme le disent certains, se venger en lui brisant les reins? Elle ne veut pas y croire, elle ne l'en pense pas capable. Elle redoute pourtant ses réactions.

Mais une autre chose l'inquiète. C'est la vague déferlante des yéyés qui inonde les ondes. Les jeunes idoles qui se nomment Johnny Hallyday, Sylvie Vartan ou Eddy Mitchell vont-ils la faire choir de son piédestal? Elle en a peur car, elle le sent bien, son style par rapport à celui des idoles des jeunes commence à dater. Il faudrait réagir, innover, inventer. Mais personne à cette époque n'est à ses côtés pour la conseiller.

Et puis, est-ce un hasard si les programmateurs de radio passent plus souvent ses vieux succès que ses tubes les plus récents... Pour tous, ça ne fait aucun doute : à travers eux, c'est Lucien Morisse qui se venge!

Une véritable cabale s'organise autour de Dalida. Les envieux rejoignent la troupe des Cassandre, et tout est bon désormais pour la vilipender, pour prédire sa fin proche.

Seulement, c'est compter sans l'énergie et la ténacité de la petite Yolanda!

Toute seule, elle inscrit du rock à son répertoire, change de look, adopte les ballerines et le pantalon. Et sur un coup de tête, elle décide de passer en fin d'année à l'Olympia.

Bruno Coquatrix en est le premier surpris. D'abord, parce que Dalida a longtemps boudé son music-hall, et surtout, parce qu'il ne croit plus vraiment qu'il y a encore un public pour les ritournelles et les roucoulades à l'italienne. Place au yéyé et au rock!

On a beau expliquer à Dalida que les goûts du public ont changé, elle renonce à croire qu'elle est passée de mode. Elle persiste et signe... un contrat qui stipule qu'elle fera sa rentrée à l'Olympia le 6 décembre 1961.

Déjà, le Tout-Paris se prépare comme l'on se prépare à une corrida.

« C'est une mise à mort », peut-on lire un peu partout dans la presse.

Sous le titre : *Dalida, Hallali* ! un journaliste de l'ancien *Libération* écrit :

Après avoir bénéficié de bien des complaisances au cours de sa rapide et quelque peu superlative carrière, voilà que le bruit court, enfle et s'amplifie, selon lequel son tour de chant sera son « chant du cygne ». Je dis que, selon que Dalida se révélera taureau ou biche, c'est-à-dire selon qu'elle fera face ou qu'elle s'enfuira devant la meute, il lui restera une chance de se tirer indemne de l'épreuve, car il arrive que des taureaux fassent mal à leurs toréadors. Sinon... ce sera la curée!

« Dalida ne passera pas l'hiver », lit-on de part et d'autre.

Paris-Presse ironise en précisant que Dalida ferait bien de choisir une robe noire pour monter sur scène. La plus adéquate des tenues pour assister à son propre enterrement.

Paris-Jour prête ses colonnes au fils du général Catroux qui écrit : « *Vedette, comme on fabrique un réfrigérateur, ou une machine à laver, avec le public, Dalida est un témoignage accablant contre le mauvais goût contemporain.* »

Rien de moins!

Heureusement, il y a les amis, les inconditionnels : Aznavour, Annabel et Bernard Buffet, Henri Salvador, qui ne cessent de lui apporter leur réconfort.

Pendant les dix jours qui précèdent son spectacle, Dalida sera réveillée chaque matin à 7 h 30 précises par un coup de téléphone : « On ne te laissera pas chanter... » Anonyme, bien sûr. La lâcheté n'a pas de visage...

Dans la même veine, chaque jour, des lettres de « corbeaux » sont déversées dans sa boître à lettres. On lui prédit le pire. On le souhaite même.

Mais Dalida tient bon, face à cette méchanceté gratuite. Mieux : ça la stimule. Elle a de plus en plus envie de leur prouver à tous qu'elle n'est pas de celles qu'on peut réduire du jour au lendemain en cendres.

La salle de l'Olympia est archicomble ce 6 décembre. On doit même rajouter des cloisons. Poussés par une curiosité morbide, ses détracteurs n'ont pas voulu manquer ça!

A l'entrée, les reporters-radio se glissent à travers la foule et posent leurs questions inquisitrices : « Vous venez au spectacle pour assister à la fin d'une carrière? Ou au contraire, pensez-vous que Dalida soit encore capable de poursuivre? »

Rien, vraiment, rien ne lui sera épargné!

Dans sa loge, quelques minutes avant d'entrer en

scène, Dalida aura droit à la plus charmante des délicatesses : un coursier lui apporte une couronne mortuaire ! On peut lire sur le ruban : *A la chanson défunte, vive Édith Piaf !*

On s'autorise même l'humour noir.

La première partie où se produisait Richard Anthony vient de s'achever. A Dali de jouer !

Le trac, un terrible trac lui noue la gorge. Les trois coups résonnent. Le rideau se lève. Dalida ne s'est jamais sentie si seule sur scène. Mais elle n'en laisse rien paraître. Elle chante *24 000 baisers*, une chanson au goût du jour, au rythme endiablé. Sa petite robe courte, mauve et lilas, lui donne un air de collégienne friponne et ingénue. Ce n'est pas la grande Dalida. Elle semble mal à l'aise.

La salle reste silencieuse. Pas un applaudissement pour l'encourager.

Très vite, elle enchaîne avec *Je me sens vivre*, une nouvelle chanson d'amour, triste et émouvante. Elle y met tant de passion, tant de sincérité, que les larmes lui viennent aux yeux.

Mes yeux ne sont faits que pour ton réveil, chante-t-elle.

Mes lèvres ne servent qu'à bercer ton sommeil,
Mon épaule est formée pour le creux de tes bras,
Et mon corps, tout entier, pour dormir avec toi,
Et depuis lors, je me sens vivre
Je me sens vivre parce que je t'aime,
Parce que je t'aime et suis aimée de toi...

Comment ces paroles vont-elles agir sur les 2 000 spectateurs jusqu'à présent si hostiles ?

Le dernier accord vient d'être frappé. Pas un mouvement dans la salle. Pas un applaudissement. Le silence froid et glacial.

Dalida salue le public. Elle se redresse, prête à défier la terre entière, et tout à coup, c'est l'explosion, la rafale d'applaudissements!

Tous se lèvent pour l'acclamer, Lucien Morisse le premier. C'est une marée hurlante de bravos, de vivats, de bis. En quelques minutes, des fleurs recouvrent la scène. Dalida est abasourdie, estomaquée, bouleversée. Les larmes aux yeux, elle salue une nouvelle fois son public, conquis. C'est le triomphe, la victoire. Dali a gagné!

Dix ans plus tard, c'est, animée par la même fougue, la même foi en elle, qu'elle se lancera un autre défi. Et elle gagnera encore!

En 1971, n'inscrit-elle pas à son répertoire des compositeurs tels que Michel Legrand, Michel Sardou, Serge Lama et Léo Ferré.

Oui, du Léo Ferré, un artiste abrupt, difficile, souvent hermétique.

Autour de Dalida, on s'inquiète :

– Du Ferré! Elle n'a pas peur, hein!

– Elle n'a pas fini de nous étonner tous!

– Vous croyez vraiment que ça va marcher?

Même Bruno Coquatrix est sceptique. Mais Dalida tient bon. C'est à l'Olympia, en cette fin de novembre 1971, qu'elle veut défendre son *Avec le temps* que Léo l'a autorisée à chanter. Et si Coquatrix ne veut pas prendre de risque financier, elle produira elle-même son spectacle!

Orlando soutient sa sœur. Comme toujours dans les situations heureuses ou dramatiques, dans les choix importants, il a son mot à dire. Pour Yolanda, il est comme un frère, un confident, un conseiller. Il est aussi son éminence grise, ainsi qu'elle-même l'a dit :

– Il s'occupe des contrats, des enregistrements. Il déblaie le terrain dans tous ces domaines, comme il s'occupe de tout ce qui est administratif, chose dont j'ai horreur. J'ai bien assez à faire pour le choix, les titres, les mélodies, les textes, les costumes, les modifications à apporter parfois à une chanson...

Et une fois encore, Orlando a eu raison de faire confiance au talent de sa sœur.

Le directeur de l'Olympia fait un « mea culpa » public.

– Pour une fois, je me suis trompé ! déclare Bruno Coquatrix. Pendant deux semaines, elle a stupéfié Paris !... Celle que l'on croyait être l'éternelle Mlle Bambino a fait ses adieux à la scène au moment même où y pénétrait une déesse hiératique, drapée dans une longue robe blanche, et pourtant, d'une féminité bien terrestre : Madame de la chanson ! Le mardi 23 novembre, entre 23 h 03 et 0 h 07, bref, en une heure et quatre minutes, l'Olympia a explosé et avec lui tout Paris, car un miracle venait de s'accomplir, miracle qui, pendant deux semaines, devait se renouveler, chaque soir, dans un enthousiasme chaque fois délirant...

Le journal *Le Monde* est plus concis : « Dalida a beaucoup changé : en bien ! »

Dali confirme elle-même à Jean Nohain le virage qu'elle vient de prendre :

– L'âge ne change rien, lui dit-elle. Pour vivre le mieux possible, il faut s'accepter telle que l'on est. Accepter de vieillir. Si l'on refuse de s'accepter, on n'évolue pas. En tant que femme, j'ai changé. Ce changement se reflète dans mes chansons. Je ne pourrai plus chanter *Isti, Bitsi, petit bikini.*

En 1971, elle renouvelle son formidable succès de l'année précédente avec deux chansons que personne n'oubliera : *Luigi l'Amoroso* et *Il venait d'avoir dix-huit ans*, aux paroles si émouvantes que son ami Pascal Sevran a composées pour elle.

Il venait d'avoir dix-huit ans,
Il était beau comme un enfant,
Fort comme un homme,
C'était l'été évidemment
Et j'ai compté en le voyant
Mes nuits d'automne.
J'ai mis de l'ordre à mes cheveux,
Un peu plus de noir sur mes yeux,
Par habitude.
J'avais oublié simplement
Que j'avais deux fois dix-huit ans!

Chaque année apporte à Dalida ses heures de gloire, de triomphe.

Elle remet au goût du jour *J'attendrai*, la rengaine de Rina Ketty, enregistre *Paroles, paroles, paroles; Je suis malade...*

Déjà adulée en Europe, au Japon, en Orient, Dalida part, en 1978, à la conquête de l'Amérique. Et elle voit New York tomber à ses genoux. Mais comme elle a eu peur!

– Je me souviendrai toujours de ce 29 novembre 1978. J'étais crispée de trac. La gorge nouée depuis le matin. Quand le rideau s'est levé devant une salle bondée et que, avant que j'ouvre la bouche, j'ai entendu l'ovation qui m'était faite, mon trac a fondu en tendresse. Je ne m'explique pas encore un tel succès. Je n'avais pas enregistré un seul disque aux États-Unis...

Au début de l'année 1979, elle confie à Jacques Chancel :

– Cela fait presque vingt-cinq ans que je chante et, à un certain moment, je commençais à m'ennuyer. Parce que les chansons d'amour, même si elles sont différentes, sont toujours des chansons d'amour.

Elle ne va pas s'ennuyer longtemps! Elle se rend à Los Angeles pour rencontrer Lester Wilson, le chorégraphe de *La fièvre du samedi soir* de John Travolta.

Avec lui, naît l'idée qu'elle peut être une meneuse de revue, une nouvelle Mistinguett! Mais il lui faut apprendre à danser, à lever la jambe haut, très haut, à se mouvoir sur une scène immense, entourée de boys!

Ce nouveau défi, peu de femmes de quarante-cinq ans oserait le relever. Dali, si! Sûre d'elle, elle accepte de poser pour une photo provocante. A califourchon sur une chaise, ses longues jambes gainées de bas résille, ses pieds juchés dans des chaussures à très hauts talons, elle ne porte qu'un gilet blanc et une redingote rouge! Cette image, un matin, les Parisiens la découvrent sur les murs de la capitale!

La première de son « show » au Palais des Sports de la porte de Versailles à Paris le 5 janvier 1980, ses amis vedettes sont tous là pour l'applaudir : Serge Lama, Dave; Sacha Distel, Alice Donna, Jean Sablon, Yves Mourousi, Sylvie Joly, Jaïro, Amanda Lear, Diane Dufresne, Shake, Hervé Villard... Mireille, et bien d'autres. Cette première, les vingt mille spectateurs s'en souviendront longtemps. Rarement ils ont été à pareille fête!

Non seulement Dalida danse, et elle danse bien, mais elle donne un tempo effréné à sa troupe. Régal des yeux, régal des oreilles. Dali chante tous ses succès, mais elle innove aussi avec *Gigi in Paradisco* ou *Money Money*.

Le lendemain, la presse est unanime :

Richard Cannavo, dans *Le Matin de Paris* écrit par exemple :

« *Madame Dalida, je m'incline devant vous! Devant notre travail, devant ces heures volées à la vie qui s'en va. Je m'incline devant votre courage et cet entêtement tranquille qui font de vous une reine! Vous êtes superbe avec votre chevelure de feu et votre corps enfin épanoui, vos jambes interminables. Comme Marilyn, votre cousine d'Amérique, vous incarnez le mythe éternel de l'amour, brisé parfois, toujours renaissant; vous êtes, madame Dalida, une légende vivante...* »

Désormais, Dalida n'a plus rien à prouver! Sa fortune est inestimable. Elle s'est fait construire à Porto-Vecchio, au sud de la Corse, une somptueuse propriété, digne d'un décor des Mille et Une Nuits.

Mais, si Dalida a toujours réussi ce qu'elle a entrepris, il lui reste encore à tenir une promesse qu'elle avait faite à la petite Yolanda, la jeune doublure de Rita Hayworth au pied des Pyramides : devenir une star de cinéma.

Malgré les échecs ou les demi-succès de ses films de jeunesse, au fond de son cœur, elle n'a pas renoncé.

Cependant, pour réaliser ce rêve, Dalida ne choisit pas la route facile.

Elle accepte de se vieillir, de dissimuler sa belle chevelure sous un tchador, d'interpréter une pauvre lavandière dans le film que Youssef Chahine lui propose de tourner : *Le Sixième Jour.*

Le scénario se déroule au Caire en 1947, pendant une épidémie de choléra. Saddika (Dalida dans le film), épouse d'un paralytique, craint que son petit-fils, touché par le fléau, ne soit dénoncé aux autorités sanitaires, et fuie vers Alexandrie. Sur le bateau, Ohka, un charmant bateleur, tente de la séduire...

Un voyage au bout de la nuit qui, pourtant, s'ouvrira pour elle sur la vie et l'acceptation de l'amour.

– Chahine m'a fait un beau cadeau, a raconté Dalida. Pour la première fois, je peux montrer vraiment la profondeur, la gravité que je possède à l'intérieur de moi. Ce fut mon premier grand rôle de comédienne. J'avais certes tourné dans quelques films, mais ma réelle carrière cinématographique commence avec ce film. Avant le tournage, je suis allée en Égypte afin d'observer les attitudes, les gestes des femmes égyptiennes. Loin de ma maison, de ma famille, de mes amis, j'ai perdu petit à petit mon identité. Pour mieux encore me pénétrer du personnage, je quittais rarement ma djellaba. Les prises terminées, je me suis souvenue aussi de mon enfance, alors que sévissait au Caire cette fameuse épidémie. Sans l'avoir subie personnellement, j'avais à l'esprit cette peur, cette angoisse de l'époque où nous mangions de la salade bouillie et où nous nous lavions les mains à la bergamote.

Une autre épreuve attend encore Dalida : elle doit apprendre par cœur son texte en arabe, car sa voix, trop connue, ne peut être doublée.

Le résultat des efforts de la vedette ne la comble qu'à moitié. Si la critique est unanime à proclamer son talent, à reconnaître la finesse psychologique de son interprétation, à saluer la naissance d'une très grande actrice, *Le Sixième Jour* est loin d'être un succès commercial.

Cela a-t-il atteint Dalida plus qu'elle ne voulait le laisser paraître ? En tout cas, elle gardait la tête haute quand elle confiait, peu de temps avant sa mort :

– On a vraiment l'obligation de se remettre constamment au monde soi-même. Actuellement, pour la première fois depuis longtemps, j'ai de la chance et pas de problèmes. Je vais jouer Cléopâtre en comédie musicale au Palais des Sports et ma vie privée est au beau fixe. Qui plus est, je lis dans tous les journaux que j'ai réussi un rôle de composition grave et difficile. Je n'ai pourtant pas calculé. Tous mes actes sont instinctifs. Tout me vient de l'intérieur. Je fais les choses comme je le sens. Je sais que je prends maintenant un virage. Ce n'est pas le premier. Ce sera peut-être le dernier.

14

CIAO, CIAO, BAMBINA!

Entre l'église de la Madeleine et l'Olympia, boulevard des Capucines, combien y-a-t-il de mètres? Deux cents, trois cents? Pas davantage.

Et entre ce jour de 1956 où Yolanda Gigliotti passe en tremblant de trac sa première audition dans le célèbre music-hall, et ce 7 mai 1986 où la Madeleine fait pour elle résonner ses grandes orgues aux accents de Gustav Mahler, combien d'années se sont écoulées? Vingt-neuf. Vingt-neuf années de gloire. Vingt-neuf années de joies mais aussi de peines avant le désespoir fatal.

Dans le temple profane de la chanson, la voix de Dalida s'est élevée bien des fois. C'est dans le temple sacré, tout proche, qu'elle s'éteint aujourd'hui.

Le temps est frais en ce matin du jeudi 7 mai 1987. Un pâle, très pâle soleil ne réussit pas à réchauffer le cœur de ceux et celles qui, par centaines et bientôt par milliers, sont venus rendre un dernier hommage – celui de leur présence émue – à Dalida. Ils l'aimaient, Dali, car ils la savaient généreuse. Généreuse dans ses chansons mais aussi dans la vie.

Alors, ils sont là. Des admirateurs, des admiratrices de tous âges, de toute condition, au coude à coude, muets, les yeux tristes, unis par la même ferveur, la même douleur.

Beaucoup serrent sur leur cœur une simple rose enroulée dans la « Une » d'un journal où s'étale – pour la dernière fois? – le portrait rayonnant de la chanteuse.

Ils sont là depuis huit heures alors que la cérémonie est prévue pour 11 h 30. Mais ils ne veulent rien manquer. Tant de monde est attendu! Il faudra le contenir. Dans ce but, la préfecture a disposé des barrières tout au long de la rue Royale jusqu'à la place de la Condorde!

Les journalistes font leur travail. Ils tendent un micro vers ces visages anonymes aux traits déformés par le chagrin pour récolter quelques témoignages.

Une femme aux cheveux blancs se tamponne les yeux, cherche ses mots. Elle veut parler, dire son affection, sa détresse.

– Je l'aimais comme ma fille, Dalida... Quand on a appris sa mort, mon mari et moi, on était en train de dîner, devant la télé... On s'est regardés et puis on a éclaté en sanglots, tous les deux... On a tous ses disques... des belles chansons, pas vulgaires comme tant d'autres. Elle chantait la vie, Dalida...

Une Belge de trente-cinq ans est venue de Bruxelles. Sa veste est couverte de badges et elle a épinglé à son revers une grande photo de sa vedette.

Par-dessus la barrière, elle tend à un homme qui lui a le privilège d'être « invité », un petit bouquet de roses :

– Vous pouvez les porter pour moi à l'église? Je suis là depuis cinq heures du matin mais je n'ai pas pu entrer...

Des enfants, beaucoup d'enfants (ce vendredi est la journée de vacances accordée par le maire de Paris) ont accompagné leur aînés. Dali les aimaient tant!

Deux gamines insouciantes, gaies, souriantes – pour elle que peut-être la mort? – s'amusent à reconnaître les célébrités qui descendent de grosses limousines: Rolls, Mercedes, et gravissent lentement le majestueux escalier.

– T'as vu, c'est Chantal Goya et Jean-Jacques Debout!, disent les fillettes en se poussant du coude et en tendant le doigt.

– Et là, Enrico Macias! Jean-Luc Lahaye! Gérard Lenorman, Sheila!

– Delon! Alain Delon!, murmure la foule en regardant l'acteur qui, les yeux protégés par des verres teintés, monte l'escalier, les mains enfouies dans les poches de son pardessus gris.

Mais bientôt les gamines ont la tête qui tourne et n'ont plus le temps de citer les noms des stars qui sont venues accompagner leur amie Dali à son dernier et funèbre « spectacle ». Il y en a trop!

Michèle Torr, Karen Cheryl, Anouk Aimé, Georges Guétary, Paulette et Patricia Coquatrix, Claude Lelouch, Eddie Barclay, Rika Zaraï, François Valéry, Yves Lecoq, Guy Béart, Jeane Manson, Hervé Vilard, Nicole Calfan, Georges Moustaki, Jacques Chazot, Pascal Sevran, Guy Lux sortent de voiture et s'engouffrent sous le porche.

Et puis les « politiques »: Jack Lang, Alain Juppé,

Claude Estier, l'ambassadeur d'Egypte, Jacques Attali prennent place dans le chœur de l'imposante église.

Pendant ce temps, la foule des admirateurs grossit.

Les habitants de Montmartre, les voisins de Dali, arrivent eux aussi. Ils n'ont pas voulu quitter leur quartier avant le cortège funèbre. Ils voulaient être là devant la grande maison de Dalida au 11 bis de la rue d'Orchampt quand elle la quitterait pour toujours.

Et ils y étaient depuis l'aube.

Toute la nuit, des anonymes avaient jeté pardessus le mur de simples bouquets. Modestes fleurs enroulées dans des images de la Vierge ou de Sainte-Thérèse que Yolanda vénérait, depuis sa plus tendre enfance. Petits billets tracés parfois d'une écriture tremblée :

« Adieu, Dali, nous t'aimions. Nous ne t'oublierons jamais »

« Merci Dali de nous laisser ta voix, tes chansons »,

« Ciao, Bambina, Ciao! » « Nous t'embrassons... et prions pour toi... »

A 8 h 30, outre ces fleurs aux messages émouvants, des dizaines de gerbes, des brassées de roses, de glaïeuls, de géraniums, s'amoncellent devant le portail et parsèment la cour et le trottoir.

Le ministre de la Culture, François Léotard, sort de sa demeure. Il est venu s'incliner sur la dépouille de la vedette avant de s'envoler pour Cannes pour le festival du cinéma.

Les voisins lisent les banderolles. Des gosses de la butte sanglotent. Elle les aimait tant, Dalida! Quand elle les rencontrait dans les rues de Montmartre, elle les embrassait toujours et leur posait mille questions. Elle les faisait rire aussi et parfois, quand ils le lui demandaient, elle leur fredonnait un refrain, pour eux, rien que pour eux...

Et ce sont ces gosses, les yeux rougis de larmes, qui entourés par leurs parents, leurs amis, voient le cercueil d'acajou de leur « grande sœur » sortir de chez elle pour partir vers la Madeleine. Alors, la foule pleure, la foule scande même : « Dalida, Dalida » et des bouquets pleuvent sur le fourgon qui s'éloigne précédé par des motards.

Il est très exactement 11 h 30, quand les portes massives de l'église s'ouvrent pour laisser entrer la dépouille de Dalida et sa famille. Et la musique de Mahler, le compositeur préféré de la chanteuse, éclate aux grandes orgues et emplit l'immense voûte.

Dignes, les traits tirés par la fatigue et le chagrin, ses frères, ses neveux, ses cousins suivent le cercueil qui, porté par six hommes, remonte lentement l'interminable nef emplie de centaines et de centaines de fidèles.

On couvre le catafalque d'un manteau de fleurs blanches, tandis que l'organiste, François-Henri Houbart, égrène maintenant les premières notes de *Bambino*, la chanson fétiche. *Bambino* auquel Dalida doit son début dans la carrière. *Bambino* qui l'a portée toute sa vie.

Et la cérémonie commence.

Le chanoine Thorel s'approche d'un micro. Il est le curé de la Madeleine depuis des années. Il a conduit bien des enterrements de personnalités du monde du spectacle : Joséphine Baker, Michel Simon, Tino Rossi, Thierry le Luron, pour ne citer que ceux-là...

Mais quand il prononce les premiers mots de son homélie, un frisson de stupeur parcourt l'assistance.

Car les mots du père Thorel sont durs, très durs. Dalida s'est donné la mort et l'Église n'admet pas le suicide. Et le chanoine le dit :

– Dalida s'est suicidée. Et l'Église condamne le suicide. Dieu nous a donné la vie, lui seul a le droit de nous la reprendre...

Les fidèles se regardent. Ils sont stupéfaits. Ils ne sont pas venus ici pour entendre blâmer leur amie par un prêtre. Va-t-il la condamner, lui reprocher son geste de désespoir ?

Non. Très vite le père trouve les mots de pardon et d'excuse, des mots que chacun veut entendre.

– ... Dalida était baptisée, Dalida avait la foi. Et si l'Église accepte aujourd'hui de bénir une suicidée, c'est parce que l'Église n'exclut personne. Dalida a souffert... Elle a connu une longue épreuve et particulièrement ces derniers temps elle était sous le coup d'une profonde dépression. Elle n'était pas en état de comprendre ce qu'elle faisait. Aussi, je vous demande à tous, à toutes de vous souvenir d'elle. Dalida était une femme bonne. Elle mérite notre miséricorde. Que tous ceux qui sont ici et savent prier, prient pour Dalida. L'Église veut rappeler encore aujourd'hui, aujourd'hui surtout, que Dieu est amour et miséricorde et qu'en mourant pour le salut des hommes sur la croix, le Christ n'a refusé à personne son acte d'amour...

Et tandis qu'à l'intérieur de l'église, une chorale entonne le Kyrie, dehors où d'énormes haut-parleurs retransmettent le service funèbre, certains anonymes se recueillent et prient alors que d'autres reprochent au père Thorel d'avoir tant insisté sur le suicide de leur idole.

Ils sont plusieurs milliers maintenant à parler d'elle, à échanger des souvenirs de concerts auxquels ils ont assisté. Ils égrènent des textes de chansons. Mais ils se taisent soudain quand la voix du père Bolet, l'aumônier des artistes, s'élève. Ses paroles ravissent ces « fans » et touchent profondément la famille et les proches de Dalida qui, assis, écrasés de chagrin sur leurs chaises, écoutent le prêche.

– Chère Dalida, vous n'êtes pas ensevelie dans la nuit. Nous le voulons. Nous l'espérons et j'ose le dire en mon nom, nous le croyons. Il me semble toujours entendre votre voix d'arc-en-ciel sur l'autre rive où nous sommes tous attendus, dans une autre lumière, celle de l'amour divin, où il n'y a plus ni larmes, ni détresse. Car désormais, vous êtes. Dalida, au pays de l'amour. Vous êtes partie seule et vous nous avez laissés seuls. Mais sachons que l'amour est plus fort que la mort...

Enfin, après que le chanoine Thorel ait béni le cercueil, les grandes orgues entament de toute leur puissance, une improvisation sur « Ciao, ciao Bambina ».

Et cet adieu ultime noue les gorges et entraîne une

émotion poignante. Au revoir Bambina, au revoir petite fille, au revoir Yolanda, Dalida, Dali...

Enrico Macias, Guy Lux, ne peuvent retenir leurs larmes. Ils ne sont pas les seuls.

Au fond de l'église, parmi les centaines d'anonymes qu'on a bien voulu laisser entrer, deux sœurs et un frère pleurent à chaudes larmes. Ils ont trente ans peut-être. Qui sont-ils? Des amis de longue date? Des voisins de quartier? Ou seulement des admirateurs dont la jeunesse, l'adolescence et l'âge adulte ont été bercés par la voix de Dalida? Qu'importe! Ils souffrent et ne peuvent plus cacher leur chagrin. Une des deux femmes, en tailleur bleu sombre, vacille. Un jeune prêtre s'approche d'elle mais n'ose aller plus loin.

Quelles paroles de réconfort pourrait-il trouver, face à une si profonde tristesse? La jeune admiratrice, pour reprendre courage, tourne la tête vers une statue de la Vierge au fond à gauche de l'église, qu'éclaire aujourd'hui une centaine de cierges. Ils brûlent pour Dalida. Dali qui, tant de fois, a imploré la Madone.

Là-bas, aux pieds du grand autel, déjà on emporte les gerbes. Déjà, les employés des Pompes Funèbres se saisissent du cercueil et l'enlèvent.

A nouveau, la famille le suit. Le frère aîné de Dalida et ses deux fils, Luigi, le filleul de la chanteuse, et son frère Roberto, ouvrent la marche avec Orlando. Orlando qui, malgré sa douleur, malgré son immense désarroi, « tient le coup ». Pourtant, quand, sur le parvis de l'église, Alain Delon le prend dans ses bras et l'embrasse, Orlando éclate en sanglots.

– Courage, petit frère! lui dit l'acteur avant de s'en aller vite, très vite.

Le fourgon mortuaire emporte Dalida vers le cimetière Montmartre. Ses amis célèbres se congratulent, se disent des phrases qui restent en suspens.

Une colonne de voitures luxueuses, conduites par des chauffeurs, viennent chercher les stars de la chanson et du cinéma.

Gux Lux, le visage fermé, s'engouffre dans une Mercedes bleu nuit qui démarre aussitôt.

Un homme en pardessus bleu foncé s'écarte de la foule et, à pied, emprunte la rue Royale. Il est seul, il se sent terriblement seul aujourd'hui. Il paraît perdu. Il se retourne souvent vers l'église, comme s'il attendait quelqu'un... Quelqu'un qui ne viendra plus.

C'est Eddie Barclay, Eddie qui, trente et un ans plus tôt, a fait de Dalida une star. Trente et un ans de gloire et d'amitié...

Une jeune journaliste se précipite vers lui, un micro à la main.

– Pouvez-vous me dire quelques mots sur Dalida?

Il a un sourire triste et la repousse poliment.

– Non, je ne peux pas... Pas maintenant... C'est un moment trop dur...

Et Eddie s'engouffre chez Maxim's avec son chagrin, avec ses souvenirs.

Au même moment, le corbillard pénètre dans le joli cimetière de Montmartre où Dalida va reposer, non loin de bon nombre d'artistes. Elle dormira éternellement tout près de Stendhal, d'Offenbach, de Sacha Guitry et de François Truffaut.

Des centaines d'habitants du quartier se pressent autour du fourgon, d'humbles fleurs à la main. Ils veulent accompagner Dalida jusqu'à sa dernière demeure.

Autour de la tombe, alors que les employés descendent le cercueil d'acajou, les Petits Chanteurs à la Croix de Bois, de leurs voix cristallines, entonnent « Le chant des Adieux » :

Pourquoi nous quitter sans espoir,
Sans espoir de retour,
Pourquoi nous quitter sans l'espoir
De nous revoir un jour.
Ce n'est qu'un au revoir, Dali,
Ce n'est qu'un au revoir.
Oui, nous nous reverrons, Dali
Oui, nous nous reverrons...

Dalida dont le drame secret était de n'avoir pu être mère, s'en va, portée par ce chœur d'enfants. Un chœur frais et pur.

Au moment où les fossoyeurs vont faire disparaître la bière, Orlando fond en larmes et, d'un geste désespéré, tente de retenir le cercueil de sa sœur si aimée, en murmurant : « Dali, Dali... »

Puis, l'historien Claude Manceron, l'ami de toujours de Dalida, aujourd'hui chargé de missions à la présidence de la République, fait une brève et poignante allocution :

– Pour te dire adieu, dit-il, je ne déposerai pas une rose sur ton cercueil; parce que tu nous a quittés au printemps, je vais respecter un rite très ancien en jetant à tes pieds une branche de cerisier en fleurs. Yolanda, au revoir. Dalida, merci.

C'est fini! Rosy, la cousine chérie de Dalida, en larmes, embrasse Claude Manceron.

Des centaines de cœurs se serrent dans ce petit cimetière du XVIIIe arrondissement éclaboussé par le soleil printanier.

Pour tous, Dalida, tu ne seras jamais une « Étrangère au Paradis ». Les portes t'en sont ouvertes.

Ciao, ciao, Bambina!

15

HOMMAGES ET ADIEUX

François Mitterrand, président de la République :

Dalida laissera le souvenir d'une femme de cœur, généreuse et malheureuse... le souvenir d'une grande artiste qui a marqué la chanson française.

Jacques Chirac, Premier ministre :

Profondément ému par la disparition brutale de Dalida (...) c'est avec la plus grande tristesse que je mesure la solitude profonde qui était la sienne en dépit de son immense popularité. Émouvante et lumineuse, elle a toujours su toucher le cœur des Françaises et des Français avec justesse et chaleur.

Récemment, comme interprète d'un rôle difficile et grave, Dalida nous a prouvé qu'elle était aussi une comédienne de très grande dimension.

François Léotard, ministre de la Communication :

La mort brutale de Dalida nous la rappelle : la

solitude de l'artiste, ça existe vraiment. Au-delà des feux des projecteurs et des vivats du public, le bonheur – ce fragile équilibre qui revient si souvent au détour des refrains – n'est pas toujours au rendez-vous de la vie.

Conquise par la France, Dalida avait su conquérir le cœur de chacun d'entre nous. Elle n'était pas qu'une interprète. Elle était devenue aussi une amie. Venue d'un pays de soleil, Dalida s'était imposée par le rayonnement de sa personnalité et de son talent.

Jack Lang, ministre de la Culture :

Son œuvre était un hymne chaleureux à la vie.

Cette grande dame de la chanson française était aussi une amie qui, avec pudeur et délicatesse, savait apporter aux autres la tendresse et la générosité.

Dalida est enfin le symbole de la splendeur rayonnante, du métissage des cultures.

Originaire d'un autre pays de la Méditerranée, elle a enrichi la France de son exceptionnel talent.

Youssef Chahine, metteur en scène du film *Le Sixième jour :*

Dalida avait beaucoup souffert dans sa vie.

J'ai voulu refléter un tout petit peu cette vie à travers le rôle que j'ai pu lui offrir. Elle y a eu un triomphe vraiment merveilleux.

Guy Lux :

C'est dramatique. Je l'avais vue il y a une dizaine de jours. Elle était très seule... La solitude, c'est un peu le fait des grands artistes, mais c'était une solitude un peu exagérée bien qu'elle eût beaucoup d'amis. On devait faire une émission ensemble dans une dizaine de jours.

Henri Tisot :

C'est une femme très riche de cœur, qui avait plein de choses en elle. Dieu lui avait donné beaucoup de compréhension.

Cela m'étonne qu'elle n'ait pas tenu le coup, qu'elle ne se soit pas accrochée à la rampe de Dieu. Je suis en prière dans son souvenir, je communie avec la solitude qui a dû la tuer. Il faut que les gens sachent bien que nous faisons un métier qui n'est vraiment que vanité.

Sheila :

Dalida est une femme qui a souffert énormément. La fatalité existe dans bien des métiers. Un artiste est une sensibilité exacerbée, ce qui est encore plus vrai pour une femme. Le show-bizz est un métier très inhumain. On a du mal à expliquer son geste, mais on peut le comprendre.

Eddie Barclay :

C'était une perfectionniste qui avait envie de travailler et de conquérir. Elle vivait à 95 % pour son métier et avait oublié beaucoup de pourcentage pour le cœur et l'affectif. La solitude est difficile à supporter pour chacun, elle l'est encore plus pour les stars. C'était une grande copine, je suis vraiment triste.

Maritie Carpentier, productrice de télévision :

Je l'avais rencontrée au Maroc, lors d'un tournage il y a trois mois. Dalida m'avait parlé longuement de sa solitude. Elle était dépressive. Dalida souffrait beaucoup de ne pas avoir eu d'enfants. Elle était très italienne au fond d'elle-même, c'était une mamma. Elle avait besoin de chaleur, de vie et de rire. Elle ne supportait pas de retrouver une maison solitaire. Elle était terrifiée de se retrouver seule à la fin de sa vie.

DISCOGRAPHIE ET FILMOGRAPHIE

Par millions on s'est arraché les disques de Dalida.

Star française, mais aussi internationale, dresser une discographie exhaustive de sa carrière représente un véritable travail de fourmi... Un travail que je n'ai pas eu le temps de compléter.

Mais, voici pour vous permettre de suivre Dali au fil des années, la liste de ses principaux succès.

De 1956 à 1970, Dalida a enregistré chez Barclay.

1956

45 t. : Madona – Mon cœur va – Guitare flamenco – Flamenco bleu.

45 t. : La violeterra – Le torrent – Gitane – Fado.

45 t. : Bambino – Por favor – Aime-moi – Eh ben.

1957

33 t. (25 cm) : Bambino – Fado – Aime-moi – Flamenco bleu – Le torrent – Madona – Guitare flamenco – Gitane – Mon cœur va – La violeterra.

45 t. : Miguel – Aïe mourir pour toi – Le petit chemin de pierre – Maman la plus belle du monde.

45 t. : Tu n'as pas très bon caractère – Le ranch de Maria – Tu peux tout faire de moi – Quand on a que l'amour.

33 t. (25 cm) : Miguel – Maman la plus belle du monde – Aïe mourir pour toi – Le petit chemin de pierre – Le ranch de Maria – Quand on a que l'amour – Tu n'as pas très bon caractère – Tu peux tout faire de moi.

45 t. : Calypso italiano – Tesoro mio – Histoire d'un amour – Pour garder.

1958

45 t. : Gondolier – Le jour où la pluie viendra – Pardon – J'écoute chanter la brise.

33 t. (25 cm) : Gondolier – Buenas noches mi amor – Histoire d'un amour – Le jour où la pluie viendra – Calypso italiano – Pour garder – Lazzarella – J'écoute chanter la brise – Pardon – Oh la la.

45 t. : Dans le bleu du ciel bleu – Dieu seul – La montagne – Les yeux de mon amour.

45 t. : Je pars – Inconnu mon amour – Timide sérénade – L'amour chante.

45 t. : Aïe mon cœur – Adieu monsieur mon amour – Héléna – Maintenant.

45 t. : Les Gitans – Mélodie perdue – Marchande de fruits – Rendez-vous au Lavandou.

33 t. (25 cm) : Les Gitans – Aïe mon cœur – Inconnu mon amour – Je pars – Adieu monsieur mon amour – Rendez-vous au Lavandou – Dans le bleu du ciel bleu – Timide sérénade – Dieu seul – Marchande de fruits.

45 t. : Come prima – Tu m'étais destiné – Piccolissima serenata – Si je pouvais revivre un jour ma vie.

45 t. : Guitare et tambourin – Hava naguila – Amstramgram – Des millions de larmes.

1959

45 t. : Ciao, ciao bambina – Ce serait dommage – Tout l'amour – La fille aux pieds nus.

45 t. : Love in Portofino – La chanson d'Orphée – Mes frères – Je te tendrai les bras.

45 t. : C'est ça l'amore – Marie Marie – Ne joue pas – Marina.

33 t. (25 cm) : Love in Portofino – C'est ça l'amore – Adonis – Ne joue pas – Pilou pilou hé – Marina – Luna caprese – J'ai rêvé – La chanson d'Orphée – Elle lui et l'autre.

45 t. : Luna caprese – J'ai rêvé – Adonis – Mélodie pour un amour.

1960

45 t. : T'aimer follement – Mon amour oublié – Va petite étoile – Elle lui et l'autre.

45 t. : L'Arlequin de Tolède – Vieni vieni si – Comme au premier jour – S'endormir comme d'habitude.

45 t. : Les enfants du Pirée – Le bonheur – Pilou pilou hé – C'est un jour à Naples.

45 t. : Romantica – Le petit clair de lune – De Grenade à Séville – Dans les rues de Bahia.

33 t. (25 cm) : Les enfants du Pirée – T'aimer follement – Dans les rues de Bahia – De Grenade à Séville – Romantica – Le petit clair de lune – Vieni vieni si – Le bonheur – S'endormir comme d'habitude – L'Arlequin de Tolède.

45 t. : Itsi bitsi petit bikini – Bras dessus bras dessous – O sole mio – Ni chaud ni froid.

45 t. : Petit papa Noël – Vive le vent – Noël blanc – Douce nuit sainte nuit.

1961

45 t. : Les marrons chauds – Garde-moi la dernière danse – La joie d'aimer – Ciao, ciao mon amour.

45 t. : 24 000 baisers – Pépé – Je me sens vivre – 10 000 bulles bleues.

33 t. (25 cm) : Garde-moi la dernière danse – 10 000 bulles bleues – Parlez-moi d'amour – Je me sens vivre – La joie d'aimer – Itsi bitsi petit bikini –

Pépé – 24 000 baisers – O sole mio – Les marrons chauds.

45 t. : Nuits d'Espagne – Reste encore avec moi – Parlez-moi d'amour – Aimez-vous Brahms (Quand tu dors près de moi).

45 t. : Tu peux le prendre – Comme une symphonie – Protégez-moi, Seigneur – Avec une poignée de terre.

45 t. : Cordoba – Tu ne sais pas – Loin de moi – Plus loin que la terre.

33 t. (25 cm) : Loin de moi – Plus loin que la terre – Comme une symphonie – Avec une poignée de terre – Nuits d'Espagne – Cordoba – Tu ne sais pas – Reste encore avec moi – Tu peux le prendre – Protégez-moi, Seigneur.

1962

45 t. : Achète-moi un juke-box – La leçon de twist – Le ciel bleu – T'aimerai toujours.

45 t. : Le petit Gonzalès – Toi tu me plais – A ma chance – Je ne peux pas me passer de toi.

45 t. : Que sont devenues les fleurs? – Le jour le plus long – Je l'attends – Petit éléphant twist.

33 t. (25 cm) : Le petit Gonzalès – Que sont devenues les fleurs? – Toutes les nuits – Petit éléphant twist – Je l'attends – T'aimerai toujours – Le leçon de twist – A ma chance – Je ne peux pas me passer de toi – Achète-moi un juke-box.

1963

45 t. : La partie de football – Le cha cha cha – Tu croiras – Bientôt.

45 t. : Loop de loop – Quand revient l'été – Le jour du retour – Chez moi.

45 t. : Eux – Que la vie était jolie – Sois heureux – Ah quelle merveille.

33 t. : Eux – Quand revient l'été – Que la vie était jolie – Ah quelle merveille – Sois heureux – Le jour du retour – Loop de loop – Chez moi.

1964

45 t. : Ce coin de terre – Ding Ding – Là elle a dit – Papa achète-moi un mari.

45 t. : Ils sont partis – Ne t'en fais pas pour ça – Je ne sais plus – Tant d'amours du printemps.

45 t. : Chaque instant de chaque jour – A chacun sa chanson – Je t'aime – Ne lis pas cette lettre.

45 t. : Amore scusami – La valse des vacances – Allô tu m'entends – Je n'ai jamais pu t'oublier.

33 t. (25 cm) : Amore scusami – La valse des vacances – Je n'ai jamais pu t'oublier – Allô tu m'entends - A chacun sa chance – Chaque instant de chaque jour – Je t'aime – Ne lis pas cette lettre.

1965

45 t. : La danse de Zorba – Tout se termine – Les nuits sans toi – Tu n'as pas mérité.

45 t. : Viva la pappa – Hene matov – Le printemps sur la colline – La sainte totoche.

45 t. : Le flamenco – Je ne dirai ni oui ni non – Il silenzio – Scandale dans la famille.

33 t. : Il silenzio – Tu me voles – Son chapeau – La vie en rose – Toi pardonne-moi – Le flamenco – Scandale dans la famille – Le soleil et la montagne – C'est irréparable – Un enfant – Je ne dirai ni oui ni non – La danse de Zorba.

1966

45 t. : Je crois mon cœur – El cordobes – Et... et... – Toi pardonne-moi.

45 t. : Parlez-moi de lui – Je t'appelle encore – Modesty – Baisse un peu la radio.

45 t. : Petit homme – Je préfère naturellement – Un tendre amour – Seule dans ma chambre.

1967

45 t. : Ciao amore ciao – Mamma – Mon cœur est fou – Ne reviens pas mon amour.

45 t. : Les grilles de ma maison – Les gens sont fous – Yohann – Pauvre cœur.

45 t. : Hava naguila – La chanson d'Orphée – Le bonheur – Les enfants du Pirée.

45 t. : Je reviens te chercher – A qui ? – Loin dans le temps – La banda.

33 t. : A qui ? – Je reviens te chercher – La banda –

Loin dans le temps – Toi mon amour – J'ai décidé de vivre – Entrez sans frapper – Mamma – Ciao amore ciao – Les grilles de ma maison – La chanson de Yohann – Petit homme.

1968

45 t. : Si j'avais des millions – Tzigane – Tout le monde sait – Tout le monde a sa chanson d'amour.

45 t. : La bambola – Dans la ville endormie – Pars – La petite maison bleue.

45 t. : Le temps des fleurs – Je m'endors dans tes bras – Je me repose – Le septième jour (ou le petit perroquet).

33 t. : Le temps des fleurs – Quelques larmes de pluie – Manuella – Dans la ville endormie – Le septième jour – La bambola – Les anges noirs – Je m'endors dans tes bras – Tire l'aiguille – Le petit perroquet – Je me repose – Tzigane.

1969

45 t. : L'anniversaire – Zoum zoum zoum – Sèche vite tes larmes – Dis-moi des mots.

45 t. : Les violons de mon pays – Le vent n'a pas de mémoire – Et pourtant j'ai froid – Le sable de l'amour.

45 t. : L'an 2005 – Ma mère me disait – Naké di naké dou – Les anges noirs.

45 t. : Le clan des Siciliens – Deux colombes – Les couleurs de l'amour – Ballade à temps perdu.

33 t. : Ma mère me disait – Deux colombes – Les violons de mon pays – L'anniversaire – La vie en rose – Le vent n'a pas de mémoire – Naké di naké dou – Les couleurs de l'amour – L'an 2005 – La ballade à temps perdu – Le sable de l'amour – Pars – Zoum zoum zoum.

1970

45 t. : Concerto pour une voix – Avant de te connaître – Hey love – Tipi tipiti.

1970

A partir de 1970 et jusqu'en 1977, Dalida enregistre pour International Shows Distribution Sonopresse.

45 t. : Darla dirladada – Diable de temps.
45 t. : Entre les lignes entre les mots – Pour qui pour quoi – Lady d'Arbanville – Si c'était à refaire.
45 t. : Ils ont changé ma chanson – Ram dam dam.
33 t. : Ils ont changé ma chanson – Si c'était à refaire – Mon frère le soleil – Les jardins de Marmara – Diable de temps – Darla dirladada – Lady d'Arbanville – Pour qui pour quoi – Entre les lignes entre les mots – Une jeunesse – Ram dam dam.

1971

45 t. : Comment faire pour oublier – La rose que j'aimais.

45 t. : Jésus bambino – Tout au plus.

45 t. : Mamy blue – La colpa e'tua.

45 t. : Monsieur l'Amour – Avec le temps.

33 t. : Une vie – Chanter les voix – Non – Toutes les femmes du monde – Mamy blue – Jésus bambino – Avec le temps – Le fermier – Les choses de l'amour – Monsieur l'Amour – Tout au plus – Comment faire pour oublier.

1972

33 t. : Olympia 1971 : Non – Chanter les voix – Hene matov – Tout au plus – Toutes les femmes du monde – Les choses de l'amour – Ils ont changé ma chanson – Une vie – Avec le temps – Ciao amore ciao.

45 t. : Les choses de l'amour – Chanter les voix.

45 t. : Les choses de l'amour – Mamina.

45 t. : Ma mélo-mélodie – Jésus kitsch.

45 t. : Le parrain – Il faut du temps.

33 t. : Il faut du temps – Ma mélo-mélodie – Le parrain – Avec le temps – Jésus kitsch – Pour ne pas vivre seul – Et puis... c'est toi – Que reste-t-il de nos amours – L'amour qui venait du froid – Mamina.

1973

45 t. : Paroles, paroles – Pour ne pas vivre seul.

45 t. : Mais il y a l'accordéon – Rien qu'un homme de plus.

45 t. : Vado via – Je suis malade.

45 t. : Julien – Non ce n'est pas pour moi.

33 t. : Julien – O Seigneur Dieu – Je suis malade – Vado via – Paroles, paroles – Non ce n'est pas pour moi – Il venait d'avoir 18 ans – Soleil d'un nouveau monde – Mais il y a l'accordéon – Le temps de mon père – Rien qu'un homme de plus.

1974

45 t. : Gigi l'amoroso – Il venait d'avoir 18 ans.

45 t. : Anima mia – Ta femme.

45 t. : Manuel – Des gens qu'on aimerait connaître.

33 t. : Olympia 1974 : Entrez sans frapper – Pour ne plus vivre seul – Nous sommes tous morts à 20 ans – Que sont devenues les fleurs – O Seigneur Dieu – Il venait d'avoir 18 ans – Avec le temps – Je suis malade – Gigi l'amoroso.

33 t. : Manuel – Seule avec moi – Justine – Ta femme – Anima mia – Nous sommes tous morts à 20 ans – Ma vie je la chante – La consultation – Comme tu dois avoir froid – Des gens qu'on aimerait connaître – Gigi l'amoroso.

1975

45 t. : Et de l'amour... de l'amour – Mon petit bonhomme.

45 t. : Mein lieber herr – Nous sommes tous morts à 20 ans.

45 t. : Mein lieber herr – C'est mieux comme ça.

45 t. : Ne lui dis pas – Justine.

33 t. : J'attendrai – L'amour à la une – C'est mieux comme ça – Il venait d'avoir 18 ans – Et de l'amour... de l'amour – Ta femme – Ne lui dis pas – Raphaël – Mein lieber herr – Gigi l'amoroso.

1976

45 t. : J'attendrai – L'amour à la une.

45 t. : Besame mucho – Parle-moi d'amour mon amour.

45 t. : Le petit bonheur – Tu m'as déclaré l'amour.

33 t. : Coup de chapeau au passé : la mer – La vie en rose – Maman – Parle-moi d'amour mon amour – Que reste-t-il de nos amours? – Besame mucho – Les feuilles mortes – J'attendrai – Le petit bonheur – Amor amor – Tico-tico.

33 t. : Femme est la nuit – Comme si tu revenais d'un long voyage – Il y a toujours une chanson – Les clefs de l'amour – Captain Sky – Amoureuse de la vie – Tables séparées – Comme si tu étais là – Voyages sans bagages – Et tous ces regards.

45 t. : Captain Sky – Les clefs de l'amour.

1977

45 t. : Femme est la nuit – Amoureuse de la vie.

33 t. : Olympia 1977 : Il y a toujours une chanson – Les clefs de l'amour – Le petit bonheur – Tables séparées – Comme si tu étais là – Amoureuse de la vie – Pot-pourri – Il venait d'avoir 18 ans – Je suis malade – J'attendrai – Femme est la nuit – Et tous ces regards.

45 t. : Remember – Comme si tu revenais d'un long voyage.

33 t. : Bande originale du film *Dalida pour toujours.*

33 t. : Salma ya Salama (français) – Notre façon de vivre – Histoire d'aimer – Tu m'as déclaré l'amour – Mon frère le soleil – Quand s'arrêtent les violons – Ti amo – Remember – A chaque fois j'y crois – Salma ya Salama (arabe).

45 t. : Salma ya Salama (arabe), Salma ya Salama (instrumental).

1978

Enfin, depuis 1978, Dali enregistrait chez Carrere.

45 t. : Génération 78 (face 1 : part. I; face 2 : part. II).

45 t. (maxi) : Génération 78 – Quand s'arrêtent les violons.

33 t. : Génération 78 – Voilà pourquoi je chante – Ça me fait rêver.

45 t. : Ça me fait rêver (extrait) – Voilà pourquoi je chante.

45 t. : Le lambeth walk – Il y a toujours une chanson.

1979

45 t. : Problemorama – Depuis qu'il vient chez nous.

45 t. : Monday, Tuesday – Comme toi.

45 t. (maxi) : Monday, Tuesday – Vedrai vedrai.

33 t. : Dédié à toi – The lambeth walk (anglais) – Va, va, va – Quand on a que l'amour – Helwa ya baladi – Vedrai vedrai – Comme disait Mistinguett – Problemorama – Monday, Tuesday – Depuis qu'il vient chez nous.

45 t. : Il faut danser reggae – Comme disait Mistinguett.

1980

33 t. : Gigi in Paradisco – Comme disait Mistinguett – Alabama song – Je suis toutes les femmes – Money money – Il faut danser reggae.

45 t. : Gigi in Paradisco (version courte) – Je suis toutes les femmes.

45 t. (maxi) : Gigi in Paradisco (1re partie).

45 t. : Rio do Brasil (version courte) – Quand s'arrêtent les violons.

45 t. (maxi) : Rio do Brasil (version longue) – Rio do Brasil (instrumental).

33 t. : Été 1980 : Rio do Brasil – Anima mia – Il faut danser reggae – Remember – Monday, Tuesday – Gigi in Paradisco – Vado via – Comme disait Mistinguett – Génération 78 – Helwa ya baladi.

33 t. : Le spectacle du palais des Sports 1980.

45 t. : Chanteur des années 80 – A ma manière.

1981

45 t. : Fini la comédie – Marjolaine.

33 t. : Olympia 81 : Une femme à quarante ans – Il pleut sur Bruxelles – L'amour et moi – Le slow de ma vie – Marjolaine – Fini la comédie – Et la vie continuera – La feria – J'm'appelle amnésie – Partir ou mourir – Chanteur des années 80 – A ma manière.

45 t. : Il pleut sur Bruxelles – Et la vie continuera.

45 t. : Américana – Une femme à quarante ans.

45 t. : Quand je n'aime plus je m'en vais – Nostalgie.

1982

33 t. : Spécial Dalida : Si la France – Jouez bouzouki – Ensemble – Quand je n'aime plus je m'en vais – Comment l'oublier – Le jour où la pluie viendra 82 – Danza – Nostalgie – Pour vous – J'aurais voulu danser – Pour toi Louis – Bye bye.

45 t. : Si la France – Jouez bouzouki.

45 t. (maxi) : La chanson du Mundial – Visa pour la France – Si la France – Jouez bouzouki.

45 t. : La chanson du Mundial – Visa pour la France.

33 t. : La chanson du mundial. – Danza (Italien). – Il pleut sur Bruxelles – Les clefs de l'amour – Depuis qu'il vient chez nous – Pour vous – Jouez Bouzouki – Ensemble (Dalida et Yolanda) – Rio do Brasil – Tony – Pour toi Louis – Comme disait Mistinguett.

33 t. : Confidences sur la fréquence – Si el amor se acaba me voy – Danza – The great Gigi – Aghani Aghani – Pour un homme – Am tag als der regen kam – Jouez Bouzouki.

45 t. : Confidences sur la fréquence – Pour un homme.

1983

33 t. : Les p'tits mots – Lucas – Téléphonez-moi – Marie Madeleine – Bravo – Mourir sur scène – Le restaurant italien – J'aime – S'aimer – Le premier amour du monde.

45 t. : Les pt'tis mots – Mourir sur scène.

45 t. : Femme – Le restaurant italien.

33 t. : Femme – Mourir sur scène – Téléphonez-moi – Confidences sur la fréquence – Ton prénom dans mon cœur – Les pt'tis mots – Lucas – Le restaurant italien.

1984

45 t. : L'innamorata – Soleil.

33 t. : Soleil, mi sol – Por telefono – Hay que bailar reggae – Las palabras corrientes – Io t'amero' – Morir cantando – El restaurante italiano – Dejame bailar – Tu nombre – Si el amor se acaba me voy.

45 t. : Sara' Sara' – Soleil.

45 t. : Kalimba de luna (versions anglaise et française).

45 t. : Pour te dire que je t'aime – Kalimba de luna.

33 t. : Pour te dire je t'aime – Là où je t'aime – Une vie d'homme – Toutes ces heures loin de toi – Kalimba de luna – La Pensione Bianca – C'était mon ami – Pour en arriver là – Mon Italie – Soleil.

1985

45 t. : Reviens-moi – La Pensione Bianca.

45 t. : Le temps d'aimer – Le vénitien de Levallois.

1986

33 t. : Parce que je ne t'aime plus – La danse de Zorba – Le visage de l'amour – Le vénitien de Levallois – Mama Caraibo – Les hommes de ma vie – Salut salaud – Semplicemente cosi – Le temps d'aimer – Mourir sur scène.

Disque compact : Génération 78 – Avec le temps – Parle plus bas – Ils ont changé ma chanson, ma – Paroles paroles – Une vie – Il venait d'avoir 18 ans – J'attendrai – Le lambeth walk – Salma ya salama – Fini la comédie – Il pleut sur Bruxelles – Il faut danser Reggae – Monday tuesday – Rio do Brasil – Comme disait Mistinguett – Mourir sur scène – Gigi l'amoroso.

45 t. : Parce que je ne t'aime plus – Salut salaud.

45 t. : Le sixième jour – Le sixième jour (instrumental).

33 t. : Le sixième jour – Fini, la comédie – J'attendrai – Paroles, paroles – Il venait d'avoir 18 ans – Salma ya salama – Pour te dire je t'aime – Ti amo – Kalimba de luna (en égyptien) – Parle plus bas – Gigi l'amoroso.

1987

Disque compact : Le sixième jour – Ti amo – Femme – La mer – Confidences sur la fréquence – Helwa ya baladi – Besame mucho – Chanteurs des années 80 – La vie en rose – Femme est la nuit – Les choses de l'amour – Darla dirladada – Gigi in paradisco.

Mais Dalida, c'était aussi les disques d'Or!

DISQUE D'OR, *(25 cm) – Barclay.*

Ciao ciao bambina – Come prima – Ce serait

dommage – Hava naguila – Tout l'amour – Si je pouvais revivre un jour ma vie – Du moment qu'on s'aime – Amstramgram – Guitare et tambourin – Tu m'étais destiné.

DE BAMBINO A IL SILENZIO – *Barclay.*

Bambino – Gondolier – Les Gitans – Come prima – Love in Portofino – Ciao ciao bambina – Les enfants du Pirée – T'aimer follement – Romantica – Itsi bitsi petit bikini – Garde-moi la dernière danse – Il silenzio – Le jour le plus long – La danse de Zorba.

DALIDA – *(2 albums 30 cm) – Barclay.*

Bambino – Gondolier – les Gitans – Come prima – Love in Portofino – Ciao ciao bambina – T'aimer follement – Les enfants du Pirée – Romantica – Itsi bitsi petit bikini – Garde-moi la dernière danse – Le jour le plus long – La danse de Zorba – Il silenzio.

Le temps des fleurs – Quelques larmes de pluie – Manuella – Le septième jour – Dans la ville endormie – La bambola – Les anges noirs – Je m'endors dans tes bras – Tire l'aiguille – Le petit perroquet – Je me repose – Tzigane.

LES PLUS GRANDS SUCCÈS DE DALIDA – *(2 albums 30 cm) – Barclay.*

Dans le bleu du ciel bleu – Le jour où la pluie viendra – Mélodie perdue – Buenas noches mi amor. – Tu n'as pas très bon caractère – Je pars – Rendez-vous au Lavandou – Piccolissima serenata – Lazzarella – Calypso italiano – Histoire d'un amour – Guitare et tambourin.

Vieni vieni si – L'arlequin de Tolède – Ce serait dommage – Luna caprese – Je te tendrai les bras – Ne joue pas - Le petit Gonzalès – Allô tu m'entends – Chaque instant de chaque jour – Le petit clair de lune – Viva la pappa – Manuel Benites « El Cordobes ».

LE DISQUE D'OR DE DALIDA – *Barclay.*

Bambino – Gondolier – Dans le bleu du ciel bleu – Ciao ciao bambina – Come prima – Itsi bitsi petit bikini – Le petit Gonzalès – Que sont devenues les fleurs? – Allô tu m'entends – Scandale dans la famille – Je reviens te chercher – Le temps des fleurs.

COFFRET VOLUME 1 – *(4 disques 30 cm) – Barclay.*

Madona – Flamenco bleu – Le torrent – Gitane – Fado – Bambino – Aime-moi – Ay mourir pour toi – Le petit chemin de pierre – Le ranch de Maria – Maman la plus belle du monde – Tu peux tout faire de moi – Lazzarella – Tu n'as pas très bon caractère – Buenas noches mi amor – Histoire d'un amour.

Gondolier – Pardon – Dieu seul – Les yeux de mon amour – Maintenant – Dans le bleu du ciel bleu – La montagne – Je pars – Adieu mon amour – Timide sérénade – Aïe mon cœur – Les Gitans – Mélodie perdue – Come prima – Rendez-vous au Lavandou – Guitare et tambourin.

Du moment qu'on s'aime – Si je pouvais revivre un jour ma vie – Des millions de larmes – Hava naguila – Ciao ciao bambina – Ce serait dommage – La fille aux pieds nus – Je te tendrai les bras – La chanson d'Orphée – Ça c'est l'amore – Mon amour oublié –

Marie, Marie – J'ai rêvé – Ne joue pas – Luna caprese – Mélodie pour un amour.

De Grenade à Séville – T'aimer follement – Va petite étoile – Romantica – Le petit clair de lune – L'arlequin de Tolède – Vieni vieni si – Le bonheur – S'endormir comme d'habitude – Comme au premier jour – Les enfants du Pirée – Itsi bitsi petit bikini – Bras dessus bras dessous – Parlez-moi d'amour – Garde-moi la dernière danse – La joie d'aimer.

COFFRET VOLUME 2 – *(4 disques 30 cm)* – *Barclay.*

Ciao ciao mon amour – Dix mille bulles bleues – Pépé – Nuits d'Espagne – Comme une symphonie – Achète-moi un juke-box – La leçon de twist – Mi Carinito – Le petit Gonzalès – Toutes les nuits – Le petit éléphant twist – Tu croiras – Que sont devenues les fleurs? – Chez moi – Quand revient l'été – Le jour du retour – Eux – Sois heureux – Ding Ding – Tant d'amours du printemps – Amore scusami – Chaque instant de chaque jour – La sainte totoche – La valse des vacances – Allô tu m'entends – Viva la pappa – Les nuits sans toi – Le flamenco – Je dirai ni oui ni non – Il silenzio – Scandale dans la famille – Manuel Benites « El Cordobes ».

Et... Et... – Parlez-moi de lui – Petit homme – Mama – Ciao amore ciao – Les grilles de ma maison – La chanson de Yohann – Loin dans le temps – Les gens sont fous – Je reviens te chercher – La banda – Tout le monde sait – Tout le monde a sa chanson d'amour – Tzigane – La bambola – Le temps des fleurs.

Je m'endors dans tes bras – Le septième jour – Le

petit perroquet – Les anges noirs – L'anniversaire – Zoum Zoum Zoum – Sèche vite tes larmes – Et pourtant j'ai froid – Le vent n'a pas de mémoire – Ma mère disait – L'an 2005 – La ballade à temps perdu – Les couleurs de l'amour – Hey love – Les deux colombes – Ti pi ti pi ti.

DALIDA SÉRIE DEUX DISQUES – *Barclay.*

Bambino – Gondolier – Les Gitans – Come prima – Love in Portofino – Ciao ciao bambina – T'aimer follement – Les enfants du Pirée – Romantica – Itsi bitsi petit bikini – Garde-moi la dernière danse – Le jour le plus long – La danse de Zorba – Il silenzio.

Le temps des fleurs – Quelques larmes de pluie – Manuella – Le septième jour – Dans la ville endormie – La bambola – Les anges noirs – Tire l'aiguille – Je m'endors dans tes bras – Le petit perroquet – Je me repose – Tzigane.

DALIDA SÉRIE DEUX DISQUES – *Barclay.*

Dans le bleu du ciel bleu – Le jour où la pluie viendra – Mélodie perdue – Buenas noches mi amor – Tu n'as pas très bon caractère – Je pars – Calypso italiano – Histoire d'un amour – Guitare et tambourin.

Vieni vieni si – L'arlequin de Tolède – Ce serait dommage – Luna caprese – Je te tendrai les bras – Ne joue pas – Le petit Gonzalès – Allô tu m'entends – Chaque instant de chaque jour – Le petit clair de lune – Viva la pappa – Manuel Benites « El Cordobes ».

COLLECTION RÉCITAL VOLUME 1 – *Barclay.*

Dans le bleu du ciel – Le jour où la pluie viendra – Mélodie perdue – Buenas noches mi amor – Tu n'as pas très bon caractère – Je pars – Rendez-vous au Lavandou – Piccolissima serenata – Lazzarella – Calypso italiano – Histoire d'un amour – Guitare et tambourin.

COLLECTION RÉCITAL VOLUME 2 – *Barclay.*

Vieni vieni si – L'arlequin de Tolède – Ce serait dommage – Je te tendrai les bras – Luna caprese – Ne joue pas – Le petit Gonzalès – Chaque instant de chaque jour – Allô tu m'entends – Le petit clair de lune – Manuel Benites « El Cordobes » – Viva la pappa.

DALIDA – *Barclay.*

Bambino – Gondolier – Les Gitans – Come prima – Love in Portofino – Romantica – Ciao ciao bambina – T'aimer follement – Les enfants du Pirée – Il silenzio – Itsi bitsi petit bikini – Garde-moi la dernière danse – Le jour le plus long – La danse de Zorba.

DALIDA – *Barclay*

Le temps des fleurs – Quelques larmes de pluie – Manuella – Le septième jour – Dans la ville endormie – La bambola – Les anges noirs – Je m'endors dans tes bras – Tire l'aiguille – Le petit perroquet – Je me repose – Tzigane.

LES PLUS GRANDS SUCCÈS DE DALIDA – *Barclay.*

Dans le bleu du ciel bleu – Le jour où la pluie viendra – Mélodie perdue – Buenas noches mi amor – Tu n'as pas très bon caractère – Je pars – Rendez-vous au Lavandou – Piccollissima serenata – Lazzarella – Calypso italiano – Histoire d'un amour – Guitare et tambourin.

DALIDA DOUBLE ALBUM DE LUXE – *IS.*

Il venait d'avoir 18 ans – Mon frère le soleil – Je suis malade – La colpa e'tua – Les choses de l'amour – Mais il y a l'accordéon – Pour ne pas vivre seul – Le parrain – Si c'était à refaire – Tout au plus – Non ce n'est pas pour moi – Ma mélo-mélodie.

Mamina – Pour qui pour quoi – Une vie – Mamy blue – Il faut du temps – Julien – Paroles paroles – Vado via – Que reste-t-il de nos amours? – Ils ont changé ma chanson – Lady d'Arbanville – Darla dirladada.

RÉCITALS OLYMPIAS 1971 et 1974 – *IS.*

Non – Chanter les voix – Hene matov – Tout au plus – Toutes les femmes du monde – Les choses de l'amour – Ils ont changé ma chanson – Une vie – Avec le temps – Ciao amore ciao.

Entrez sans frapper – Pour ne pas vivre seul – Nous sommes tous morts à 20 ans – Que sont devenues les fleurs? – Oh Seigneur Dieu – Il venait d'avoir 18 ans – Avec le temps – Je suis malade – Julien – Gigi l'amoroso.

LES GRANDS SUCCÈS DE DALIDA – *Sonopresse.*

Il faut du temps – Ma mélo-mélodie – Le parrain – Avec le temps – Jésus kitsch – Pour ne pas vivre seul – Que reste-t-il de nos amours? – Et puis... c'est toi Mamina – L'amour qui venait du froid.

LES GRANDS SUCCÈS DE DALIDA – *Sonopresse.*

Et de l'amour... de l'amour – Ta femme – Seule avec moi – Vado via – Manuel – Pour ne plus vivre seul – Anima mia – Il venait d'avoir 18 ans – Justine – La consultation – Mon petit bonhomme – Des gens qu'on aimerait connaître.

DALIDA ALBUM 2 DISQUES – *Sonopresse.*

Julien – Seigneur Dieu – Je suis malade – Vado via – Paroles paroles – Non ce n'est pas pour moi – Il venait d'avoir 18 ans – Mais il y a l'accordéon – Soleil d'un nouveau monde – Le temps de mon père – Rien qu'un homme de plus.

Une vie – Chanter les voix – Non – Toutes les femmes du monde – Mamy blue – Jésus bambino – Avec le temps – Les choses de l'amour. – Monsieur l'amour – Le fermier – Tout au plus – Comment faire pour oublier.

45e DISQUE D'OR POUR UNE SUPER-STAR – *IS Records*

Remember – J'attendrai – Il venait d'avoir 18 ans – Le petit bonheur – Paroles, paroles – Le parrain – Besame mucho – Femme est la nuit – Anima mia – Captain Sky – Gigi l'amoroso.

DALIDA VOLUME 2 – *Barclay Distrib. – Impact.*

Je reviens te chercher – Viva la pappa – La banda – Tant d'amours du printemps – Loin dans le temps – Chaque instant de chaque jour – Zoum zoum zoum – La sainte totoche – Ciao amore ciao – Il silenzio – Le flamenco – Petit homme.

DALIDA VOLUME 3 – *Barclay Distrib. – Impact.*

Les enfants du Pirée – Chez moi – Quand revient l'été – Comme au premier jour – La leçon de twist – Loop de loop – T'aimerai toujours – Vieni vieni si – C'est un jour à Naples – Le ciel bleu – Mon amour oublié – T'aimer follement.

DALIDA – *Record Distrib. – Impact IS.*

Il venait d'avoir 18 ans – L'amour qui venait du froid – Ta femme – Mamy blue – Pour qui pour quoi – Darla dirladada – Paroles, paroles – Ils ont changé ma chanson – Mamina – Ma mélo-mélodie – Le temps de mon père – Pour ne pas vivre seul.

DALIDA *(coffret 3 disques) – Impact.*

Paroles, paroles – Ils ont changé ma chanson – Mamina – Ma mélo-mélodie – Le temps de mon père – Pour ne pas vivre seul – Il venait d'avoir 18 ans – L'amour qui venait du froid – Ta femme – Mamy blue – Pour qui pour quoi – Darla dirladada.

Zoum zoum zoum – La sainte totoche – Ciao amore ciao – Il silenzio – Le flamenco – Petit homme –

Je reviens te chercher – Viva la pappa – La banda – Tant d'amours du printemps – Loin dans le temps – Chaque instant de chaque jour.

Les enfants du Pirée – Chez moi – Quand revient l'été – Comme au premier jour – La leçon de twist – Loop de loop – T'aimerai toujours – Vieni vieni si – C'est un jour à Naples – Le ciel bleu – Mon amour oublié – T'aimer follement.

DALIDA ALBUM DEUX DISQUES – *Barclay Distrib. Impact.*

Zoum zoum zoum – La sainte totoche – Ciao amore ciao – Il silenzio – Le flamenco – Petit homme – Je reviens te chercher – Viva la pappa – La banda – Tant d'amours du printemps – Loin dans le temps – Chaque instant de chaque jour.

Les enfants du Pirée – Chez moi – Quand revient l'été – Comme au premier jour – La leçon de twist – Loop de loop – T'aimerai toujours – Vieni vieni si – C'est un jour à Naples – Le ciel bleu – Mon amour oublié – T'aimer follement.

ET DIEU CRÉA DALIDA *(2 disques) IS Records.*

Salma ya salama – Amoureuse de la vie – Il venait d'avoir 18 ans – Paroles, paroles – Pour ne pas vivre seul – Remember – Ti amo – Je suis malade – Femme est la nuit – Les clefs de l'amour – Gigi l'amoroso.

La mer – La vie en rose – Parle-moi d'amour mon amour – Maman – J'attendrai – Que reste-t-il de nos amours? – Besame mucho – Les feuilles mortes – Le petit bonheur – Amor amor – Tico-tico – Tu m'as déclaré l'amour.

DALIDA VOLUME 1 COLLECTION OR – *Musidisc.*

Ils ont changé ma chanson – Quand s'arrêtent les violons – Vado via – Le parrain – Anima mia – Jésus bambino – Manuel – Et de l'amour de l'amour – Mamy blue – Ta femme – Tout au plus – La rose que j'aimais.

DALIDA VOLUME 2 COLLECTION OR – *Musidisc.*

Ne lui dis pas – Darla dirladada – Ma mélo-mélodie – Histoire d'aimer – Mais il y a l'accordéon – Mein Lieber herr – Captain Sky – Pour qui pour quoi – Julien – Les clefs de l'amour – C'est mieux comme ça – Comme si tu revenais d'un long voyage.

DALIDA COFFRET COLLECTION OR – *(3 disques) – Musidisc.*

Ils ont changé ma chanson – Quand s'arrêtent les violons – Vado via – Le parrain – – Anima mia – Jésus bambino – Manuel – Et de l'amour de l'amour – Mamy blue – Ta femme – Tout au plus – La rose que j'aimais.

Ne lui dis pas – Darla dirladada – Ma mélo-mélodie – Histoire d'aimer – Mais il y a l'accordéon – Mein lieber herr – Captain Sky – Pour qui pour quoi – Julien – Les clefs de l'amour – C'est mieux comme ça – Comme si tu revenais d'un long voyage.

J'attendrai – La mer – La vie en rose – Parle-moi

d'amour mon amour – Maman – Que reste-t-il de nos amours? – Besame mucho – Les feuilles mortes – Le petit bonheur – Amor amor – Tico-tico – Tu m'as déclaré l'amour.

DALIDA COUP DE CHAPEAU AU PASSÉ – *Dist. Musidisc – Bel Air.*

J'attendrai – La mer – La vie en rose – Parle-moi d'amour mon amour – Maman – Que reste-t-il de nos amours? – Besame mucho – Les feuilles mortes – Le petit bonheur – Amor amor – Tico-tico – Tu m'as déclaré l'amour.

DALIDA – *Dist. Musidisc – Festival Alb.*

Ils ont changé ma chanson – Quand s'arrêtent les violons – Vado via – Le parrain – Anima mia – Jésus bambino – Manuel – Et de l'amour de l'amour – Mamy blue – Ta femme – Tout au plus – La rose que j'aimais.

Ne lui dis pas – Darla dirladada – Ma mélo-mélodie – Histoire d'aimer – Mais il y a l'accordéon – Mein lieber herr – Captain Sky – Pour qui pour quoi – Les clefs de l'amour – C'est mieux comme ça – Comme si tu revenais d'un long voyage.

DALIDA M.F.P. – *E.I.M.*

Le parrain – Voyage sans bagages – Lady d'Arbanville – Si c'était à refaire – Mon frère le soleil – Une vie – Il venait d'avoir 18 ans – Manuel – Non ce n'est pas pour moi – Comme si tu revenais d'un long voyage – Les choses de l'amour – Pour ne pas vivre seul.

DALIDA – *Dist. Musidisc Europe.*

J'attendrai – La mer – La vie en rose – Parle-moi d'amour mon amour – Maman – Que reste-t-il de nos amours? – Besame mucho – Les feuilles mortes – Le petit bonheur – Amor amor – Tico tico – Tu m'as déclaré l'amour.

DALIDA *Collection double album – I.S. ORLANDO.*

Ti Amo – Lady d'arbanville – Mamina – Il faut du temps – Histoire d'aimer – Darla dirladada – Le parrain – Ils ont changé ma chanson – Vedrai vedrai – Ta femme – Quand s'arrêtent les violons – Ma mélo-mélodie.

Salma ya salama – Les choses de l'amour – Mamy blue – Ne lui dis pas – Les clefs de l'amour – Une vie – Problemorama – Julien – Non ce n'est pas pour moi – Tout au plus – Si c'était à refaire – Mein lieber herr.

DALIDA 13 + 3/16 chansons, 16 succès *I.S. ORLANDO.*

Monday Tuesday – Remember – Je suis toutes les femmes – Comme disait Mistinguett – Paroles paroles – Il faut danser reggae – Il venait d'avoir 18 ans – The lambeth walk – Gigi l'amoroso – Vedrai vedrai – Problemorama – Alabama song – Ti Amo – Rio do Brasil – Depuis qu'il vient chez nous – Salma ya salama.

DALIDA DISQUE D'OR *I.S. ORLANDO.*

Quand je n'aime plus je m'en vais – Il pleut sur Bruxelles – Rio do Brasil – Comme disait Mistinguett – Monday Tuesday – Il faut danser reggae – Nostalgie – Americana – Chanteur des années 80 – Fini la comédie – Gigi in paradisco – Le lambeth walk.

DALIDA DISQUE D'OR DU MUNDIAL *I.S. ORLANDO.*

La chanson du Mundial – Danza – Il pleut sur Bruxelles – Les clefs de l'amour – Depuis qu'il vient chez nous – Pour vous – Ensemble – Jouez bouzouki – Rio do Brasil – Tony – Pour toi Louis – Comme disait Mistinguett.

Dalida et le cinéma.

1954 : *Le Masque de Toutankhamon,* de Marc de Gastyne, avec Gil vidal.
1954 : *Sigara wa kass* (un verre et une cigarette), de Niazi Mustapha.
1957 : *Brigade des mœurs,* avec Eddie Barclay.
1958 : *Rapt au 2e Bureau,* de Jean Stelli, avec Franck Villard.
1960 : *Parlez-moi d'amour,* de Georges Simonelli, avec Jacques Sernas.
1963 : *L'Inconnue de Hong-Kong,* de Jacques Poitrenaud, avec Philippe Nicaud.
1965 : *Ménage à l'italienne,* de Franco Indovina, avec Ugo Tognazzi.
1968 : *Io ti amo,* d'Antonio Margheriti, avec Alberto Lupo.
1977 : *Comme sur des roulettes,* de Nina Campanez, avec Guy Lux et Michel Drucker.
1977 : *Dalida pour toujours,* de Michel Dumoulin.

Et enfin, en 1986, son premier grand vrai rôle qui révélait la Dalida tragédienne : « Le sixième jour » de Youssef Chahine.

Table des matières

Cet ouvrage a été réalisé sur
Système Cameron
par la SOCIÉTÉ NOUVELLE FIRMIN-DIDOT
Mesnil-sur-l'Estrée
pour le compte des Éditions Carrere - Michel LAFON
le 18 mai 1987

Les illustrations contenues dans cet ouvrage sont dues : *Stills, Giovanni Coruzzi, D. Angeli, B. Laforet*

Photos de couverture : *SYGMA (Tony Frank) et GAMMA*

Direction technique : *Claude Fagnet*
Direction artistique : *Dominique Jéhanne*
Attachée de presse : *Nathalie Ladurantie*
Assisté de : *Jean-Philippe Bertrand*

Imprimé en France
Dépôt légal : mai 1987
N° d'édition : 6313 – N° d'impression : 6935
ISBN : 2-86804-406-9

Christina

–

tweeling als licht geboren

www.christinavondreien.ch

De *Christina*-boekenreeks bestaat tot nu toe uit de volgende delen:

Deel 1: Christina – tweeling als licht geboren
Deel 2: Christina – het visioen over het goede
Deel 3: Christina – bewustzijn schept vrede

Bernadette von Dreien

Christina
tweeling
als licht geboren

Deel 1

Uitgeverij Akasha

Uitgeverij Akasha
Brammershoopstraat 12/16
7858 TC Eeserveen
0599-28 72 45
info@uitgeverijakasha.nl
www.uitgeverijakasha.nl

Vertegenwoordiging in België
Agora NV, Aalst

Vertaling
Anita Elke Kuiper

Redactie
Vitataal tekst & redactie, Feerwerd

Foto's binnenwerk
Bernadette von Dreien

Auteursfoto's en logo
Narada Demian Zürrer

Omslagontwerp
Ronald Zürrer
Narada Demian Zürrer
Studio Nico Swanink, Haarlem

Opmaak en vormgeving
Cathy Gerver, Studio Nico Swanink, Haarlem

Druk- en bindwerk
Wilco, Meppel

Vijfde druk 2020

Original title: *CHRISTINA, Band 1: Zwillinge als Licht geboren*

ISBN 978 94 6015 185 9
NUR 720

Inhoud

'Ik ben niet op deze wereld om wonderen te verrichten. Ik wil de vrede en het goddelijk bewustzijn in ieder mens, ieder individu terugbrengen. Pas dan zullen de mensen beseffen dat ze zichzelf kunnen helen.'

'Veel mensen zijn vergeten dat ieder van ons een goddelijk wezen is. Iedereen is een licht en alleen wij allen met elkaar vormen samen een groot licht. Ieder levend wezen draagt de goddelijke vonk in zich en ieder van ons is zogezegd één stukje van dit heel grote licht. De schepping zou niet volmaakt zijn als er ook maar een van deze lichtjes zou ontbreken. Dit wil ik de mensen graag laten weten.'

'Zoals ik het zie, is er maar één enkele liefde. Liefde is liefde en ze is grenzeloos, onvoorwaardelijk, oneindig en kent geen onderscheid. Liefde is dat wat onbegrensd voorhanden is, een oersubstantie die de basis vormt voor al wat is.'

– Christina von Dreien

1 Inleiding: een heel gewoon meisje

Een groot deel van de mensheid ervaart het leven min of meer als een willekeurige opeenvolging van gelukkige en minder gelukkige toevalligheden. Eerlijk gezegd hoorde ik ook bij deze mensen. Behept met een positieve levensinstelling, een goed stel hersens en het hart op de juiste plek probeerde ik naar eer en geweten te leven. Net als bij de meeste mensen is mijn persoonlijke en professionele levenswandel gevormd door opvoeding en omgeving, culturele en religieuze normen en waarden, dogma's en ingesleten gedachten en overtuigingen.

Er hebben in mijn leven al heel wat mensen mijn pad gekruist – mensen van allerlei leeftijden, uit diverse milieus, met verschillende denk- en handelswijzen. Ik merkte dat ik een zekere fascinatie voor deze verschillen had en vroeg me af: waarom ontwikkelt de een zich tot een goed, vredelievend mens terwijl bij een ander haat en geweld aan de orde van de dag zijn? Waarom zijn zoveel mensen op zoveel verschillende manieren op zoek naar geluk, en wat mag dit nagejaagde geluk dan wel zijn?

Ik had al snel door dat dit recept voor geluk niet alleen zit in een goede opleiding, succesvol werk of materiële welvaart. De sleutel tot persoonlijk geluk en innerlijke tevredenheid kun je alleen maar in jezelf vinden. Geluk ontstaat wanneer het lukt om je negatieve gedachten en ondermijnende patronen los te laten en je werkelijke, innerlijke potentieel, je werkelijke zijn, je bestemming te ontplooien. We hebben echter niet geleerd de blik naar binnen te keren en wie zijn innerlijke zelf zoekt, ziet vaak een diepe afgrond, een innerlijke chaos.

Waar we ons als baby nog automatisch door onze innerlijke gids laten leiden en nog verbonden zijn met andere realiteitsniveaus, worden we in de loop van ons leven steeds meer gevormd, geconditioneerd en bepaald door de buitenwereld, waardoor we als volwassenen vooral leven volgens patronen en overtuigingen die door andere mensen en de maatschappij op ons zijn overgebracht. Er wordt ons geleerd de blik naar buiten te richten, niet naar binnen. En zo ontstaat het onvermijdelijke ego, een kunstmatig ik, dat niet in overeenstemming is met ons ware zelf. Het inzicht dat geluk en vervulling niet in het kopiëren van anderen en het najagen van materiële dingen zitten, is voor velen een hard gelag. Het lijkt alsof ze de balans tussen geest, lichaam en ziel, en de aangeboren connectie met de innerlijke stem zijn kwijtgeraakt, waardoor ze verward en angstig door hun bestaan dolen.

Ik kreeg steeds meer de indruk dat de mens als het gaat om geluk en persoonlijke vervulling niet verder komt, ook niet op wereldniveau als je kijkt hoe het gesteld is met de wereldvrede en rechtvaardigheid. De mensheid kan dan wel in wetenschappelijk en technisch opzicht competenter en bedrevener zijn dan ooit tevoren, als het op ware wijsheid en vredelievendheid aankomt, lijkt ze niet veel te hebben bijgeleerd. De groeiende economisering in de sociale structuren vereist een eenzijdige, rationele, materialistische denkwijze die al meer dan twee eeuwen ons totale bestaan beheerst. Het droevige resultaat is de uitbuiting en vernieling van onze Aarde en met de gevolgen worden we dagelijks geconfronteerd. Het resultaat is dat wij vandaag de dag op menig gebied in ons leven op een door onszelf gecreëerde puinhoop staan.

Wat is er de afgelopen twee eeuwen gebeurd met de spirituele en zielsontwikkeling van de mens? Waarom komen zoveel tijdgenoten tegen hun lot in opstand? Hoe kan het toch dat onze maatschappij zich heeft ontwikkeld tot zo'n bruut systeem van wedijver, hebzucht, afgunst en het najagen van macht en roem? Doorgaans leven we in een onbevredigende, gekunstelde werkelijkheid die het ego vereert en verruiming van je bewustzijn en dus ook de ontplooiing van ons daadwerkelijke potentieel tegenwerkt. Het overgrote deel van de mensheid volhardt als altijd in oude collectieve denk- en handelswijzen, wat hun persoonlijke ontwikkeling in de weg staat.

Het is dan ook geen wonder dat vandaag de dag zoveel mensen bezwijken onder de werkdruk en zeer ontevreden zijn met hun leven. Hoe kun je ook tevreden zijn wanneer je niet volgens je eigen persoonlijke bestemming kunt leven, maar enkel en alleen naar de pijpen van andermans opgelegde structuren kunt dansen? Zijn we daartoe op Aarde? Dacht het niet! Zo beschouwd is het dan ook geen wonder dat zoveel mensen psychische problemen hebben en ondanks een hoogstaande medische zorg, worden het er alleen maar meer.

Nooit eerder zag de mensheid zich wereldwijd geconfronteerd met zoveel problemen en uitdagingen als in deze tijd: talloze conflicten en oorlogen, grote armoede en ellende overal in de wereld, menselijk leed en vluchtelingenstromen, een instabiele financiële markt, monetaire crises en recessies, fatale ecologische rampen, innerlijke verscheurdheid en doelloosheid. En dan heb ik het nog niet eens gehad over al die misstanden in veel regeringen in allerlei landen – dit lijken allemaal voorbodes van een ophanden zijnde ondergang of van een omwenteling en ingrijpende verandering.

In dit boek gaan we ervan uit dat het om een grote verandering gaat. Sterker nog, dit proces van evolutionaire transformatie van de mensheid is al gaande en we zitten ermiddenin. Deze verandering geldt voor ieder individu en begint bij die personen die op Aarde zijn geboren om juist deze verandering in gang te zetten en te ondersteunen. Christina, haar verhaal wordt in dit boek verteld, hoort bij deze pioniers van een nieuw mens-zijn.

Wat mijzelf betreft, ik was er lang van overtuigd dat ik met mijn denken en handelen maar heel weinig invloed had op de gebeurtenissen op onze planeet. Ik dacht dat een wereldwijde verandering naar een rechtvaardiger en vreedzamere wereld vooral door hogere instanties en regeringen moest worden gereguleerd. Maar de meeste politieke, economische en sociale structuren lijken in hun complexiteit inmiddels niet meer in staat zich te ontwikkelen en dreigen door hun destructieve basis binnenkort in elkaar te storten. Het lijkt erop dat er al te veel uit de hand is gelopen en de mensen niet meer in staat zijn deze zeer ingewikkelde handelswijzen te begrijpen, laat staan dat ze de ophanden zijnde wereldwijde chaos kunnen keren.

Ook ik had me deze wijdverspreide overtuiging eigen gemaakt – tot 2015. Het leven van mijn dochter Christina was tot dan toe al heel bijzonder, maar aan het begin van dat jaar maakte haar ontwikkeling een onverwachte groei door. Bijna veertien was ze, toen ze mij op wonderbaarlijke wijze helderheid verschafte over de verwarrende gebeurtenissen van deze tijd, door vanuit een voor mij totaal nieuw perspectief de gebeurtenissen op onze planeet te beschrijven. Christina heeft mij geleerd dat ieder individu wel degelijk invloed heeft op het wereldgebeuren. Ieder mens draagt door de richting van zijn bewustzijn en zijn persoonlijke energieniveau bij aan hoe de dingen in zijn eigen binnenwereld en directe omgeving, en daardoor ook wereldwijd, zich zullen ontwikkelen. Dit is een interessant voorbeeld van het feit dat de kracht van het bewustzijn en van innerlijke wijsheid en helderheid het eenzijdig rationele verstand veruit de baas is.

Ik ervaar mijn dochter Christina als een jonge, authentieke persoon, voor wie leven en liefhebben even belangrijk zijn. Voor mij is ze een meisje met een uitzonderlijk energetisch vermogen en met talenten en inzichten die met rationeel denken niet te vatten zijn. Zij is iemand bij wie de omgang met hogere, multidimensionale werkelijkheidsniveaus net zo normaal is als een permanent gevoel van zich verbonden voelen met al wat leeft. Ze leeft in een bewustzijn van eenheidsrealiteit en heeft te allen tijde een respectvolle, liefdevolle omgang met elk wezen waar ze mee in aanraking komt, zonder oordeel. Het lukt haar niet alleen om rampspoed op bewonderenswaardige wijze met kalmte onder de loep te nemen, ze bekoort ook met haar verbluffende filosofische wijsheid en diepte.

Christina is een voorbeeld van een nieuwe generatie jonge evolutionaire denkers die het bestaan van de mens als een complexiteit van kwantumfysica, neuropsychologie en spiritualiteit beschouwen, beschrijven en leven. Ze heeft een grote interesse in het huidige wereldgebeuren en laat daarbij steeds weer een opmerkelijke visie zien. Zo zei ze ooit: ***'Zolang de mensheid meer angst dan liefde in zich draagt, zal de democratie, ongeacht hoe fair en goed die ook lijkt, altijd alleen maar gebruikt worden om de massa te hypnotiseren.'***

Christina houdt zich graag bezig met complexe vraagstukken op het gebied van filosofie, kosmologie, kwantumfysica, antropologie, astronomie en astrobiologie, mythologie en economie, evenals sociologie, evolutiebiologie, neurobiologie, neuropsychologie en nog heel veel andere wetenschappen.

Het kost haar geen moeite om natuurwetenschappelijke en metafysische aspecten met elkaar te verbinden. Met haar multidimensionale begrip van het universum – van zijn desorganiserende intelligentie en goddelijke geometrie tot het menselijke DNA – legt het meisje een inzicht en een kennis aan de dag die ze zich onmogelijk in haar korte huidige bestaan eigen heeft kunnen maken. Ze lijkt heel vertrouwd met deze ingewikkelde materie en wetenschappen – ook met de terminologie als het moet. Haar manier van duiding en uitleg overstijgt meestal het niveau van de huidige wetenschap. Vaak komt ze tot de conclusie dat er voor veel dingen die zij buiten de driedimensionale werkelijkheid waarneemt, nog geen aardse woorden zijn.

Met dit alles hoort Christina tot een nieuwe, jonge generatie wereldburgers die de roeping voelt de mensen een alternatief te laten zien voor de huidige driedimensionale denkmodellen en levensstructuren zoals we die tot nu toe kennen. Want door het verruimen van je bewustzijn is ieder mens in staat een hoger cognitief vermogen aan te boren, dat ervoor zorgt dat we onszelf en onze planeet Aarde de heling kunnen geven die zo noodzakelijk is. In de maatschappij van de toekomst zullen angst en vrees, dwaling en destructie niet langer op de voorgrond staan, maar juist innerlijke wijsheid en wederzijdse, liefdevolle erkenning en zullen we met elkaar vrede scheppen.

Christina's boodschap onderstreept in welke snel trillende tijd we leven: midden in een bewustzijnsevolutie die zal leiden tot ingrijpende veranderingen op alle levensgebieden. Via de verouderde denkwijzen, ideeën, theorieën en oplossingsstrategieën van het eenzijdig rationele verstand zal de mens geen nieuwe wegen ontdekken. Dit lukt alleen door een verruimde bewustwording op geest- en zielniveau. Echter, doordat onze wetenschap is georiënteerd op het driedimensionale en materialistische, heeft bijna iedereen verleerd om een natuurlijke toegang tot zijn eigen innerlijk te vinden en een spirituele verbinding te maken met het transcendente. Hierdoor zien de mensen de grotere samenhang en de diepere betekenis van de dingen niet meer en verzanden ze gemakkelijk in een realiteit van angst en twijfel. Ze leven afgescheiden van het grote geheel en laten zich niet leiden door hun innerlijke stem, maar door een gekunsteld ego en van buitenaf opgelegde regels en structuren.

Christina's boodschap is helder: angsten, twijfel, schuldgevoel, afgunst, haat, destructieve of andere negatieve gevoelens zijn geen onderdeel van het scheppingsplan. Ze zijn allemaal door mensen gecreëerd, dus kan de mens ze ook weer oplossen. Veel van wat het merendeel als pijn en leed ziet, zijn simpelweg innerlijke leerprocessen die we – ongeacht hoe moeilijk ze ook zijn – met welwillendheid en liefde tegemoet kunnen treden om ze zo te transformeren. Christina zegt: ***'Liefde is onbegrensd aanwezig in het universum, een oersubstantie die de basis vormt van al wat is.'***

Dit boek vertelt het ware verhaal van een meisje van deze tijd dat met een sterk verruimd bewustzijn is geboren. Ze is gezegend met een multidimensionale waarneming en met andere paranormale talenten die voor haar de normaalste zaak van de wereld zijn. Want deze talenten zijn slechts uitingen van haar ware wezen. Ze is een meisje van deze tijd dat in haar diepste wezen van plan en bereid is haar leven op positieve en constructieve wijze in dienst te stellen van een wereldwijde omwenteling.

Daarmee is Christina niet de enige. De laatste jaren zijn er steeds meer hoogtrillende en spiritueel hoogbegaafde kinderen geboren die allen met hun aanwezigheid en hun woorden in de meest concrete zin licht uitstralen. Deze nieuwe generatie mensen geeft ons op heel natuurlijke wijze het goede voorbeeld van wat authenticiteit, levensvreugde, eigen verantwoordelijkheid, toewijding, liefde, wijsheid en vrede betekenen – zonder angst of stress.

Op het eerste oog lijkt Christina een heel gewoon meisje, sterker nog, een meisje dat je gemakkelijk over het hoofd ziet. Pas als je beter kijkt, zie je haar buitengewone energieniveau. Voor Christina is het zich vertrouwd voelen met kosmische wetmatigheden niet meer dan vanzelfsprekend. Met het grootste gemak geeft ze ons op een begrijpelijke, humorvolle en lichtvoetige manier een inkijk in andere sferen en bestaansniveaus, zodat wij de huidige gebeurtenissen op onze planeet en in ons leven beter begrijpen. Zelfs de meest ingewikkelde wetenschappelijke en wereldpolitieke thema's beziet ze vanuit een multidimensionale zienswijze en ze verrast steeds weer met originele analyses en gelijkenissen.

Tegenwoordig zijn veel mensen zich er al bewust van dat we in archaïsche driedimensionale systemen leven die niet meer in staat zijn om de toenemende complexe uitdagingen van de huidige tijd het hoofd te bieden. Nooit eerder verlangden mensen zo naar onthaasten en harmonie, naar nieuwe manieren van denken, nieuwe menselijke omgangsvormen en levensstructuren. Echter, velen hebben nu nog niet de overtuiging dat zo'n totale omwenteling überhaupt mogelijk is. Door haar eigen verhaal biedt Christina hoop en vertrouwen aan deze mensen, doordat ze feitelijk laat zien dat we al midden in dit veranderingsproces zitten. Het licht is er al, maar velen zijn nog niet bij machte om het te onderkennen. Christina zegt: ***'Alle mensen zijn licht, ze zijn het alleen vergeten.'***

Haar helderheid van geest en inzicht maken dat ze onze horizon kan verbreden en op een aangename wijze een paar van onze grootste vragen uit de wereld kan helpen – en dit allemaal zonder dat ze hiervoor de gebruikelijke studies heeft gevolgd. Zij is het levende bewijs over welk ontwikkelingspotentieel ieder mens in principe beschikt.

Gelukkig zijn mijn wereldbeeld, mijn begrip van de wereld en mijn denkwijze in de afgelopen twee jaar fundamenteel veranderd. Ik snap nu: als ik iets wil veranderen, moet ik bij mezelf beginnen. Ik deed de bevrijdende ervaring op dat werkelijk alles wat ik in mijn leven tegenkom – ook het vermeende 'negatieve' en beperkende - het vermogen tot positieve transformatie bevat. Dit is een proces dat weliswaar niet altijd gemakkelijk en zeker niet altijd prettig was, maar dat ik toch wilde ondergaan en hoe dan ook wilde doorzetten. Een voor een lukte het me mijn achterhaalde denkwijzen te veranderen en mijn persoonlijke realiteit te vergroten, zodat ik ons aardse bestaan en onze goddelijke oorsprong nu beter doorzie dan een paar jaar geleden. Ik blijf ermee bezig om mijn beperkende denk- en gedragspatronen los te laten, vrijer van oordelen te leven en mijn bewustzijn open te stellen voor een grotere werkelijkheid, ook wanneer mijn rationele verstand denkt dat dit niet mogelijk is.

Inmiddels zie ik de zogenaamde problemen en weerstand die ik in mijn leven tegenkom als leerprocessen en de vermeende beproevingen als ervaringen die helpen bij mijn innerlijke groei. Het resultaat van deze bewustzijnsverruiming en transformatie is zeer aangenaam: balans, tevredenheid, voldoening, innerlijke vrijheid, levensvreugde en last but not least heling en gezondheid.

Christina's wezen en haar boodschap doen vermoeden welke richting de menselijke ontwikkeling op gaat en hoe belangrijk deze geestelijke ontwikkeling voor ieder individu is. Het blijft indrukwekkend om haar onbevooroordeelde wereldopinie, liefde en vriendelijke omgang, zelfs met de moeilijkste mensen en omstandigheden, te zien. Tegelijkertijd benadrukt ze dat wij allemaal over dit hogere potentieel beschikken. Ze zegt: 'Met het toenemende bewustzijn zal de kracht van de geest steeds meer de fysieke talenten vervangen. Dit proces zal sneller gaan als het merendeel van de mensheid zich hier een beeld van kan vormen. Er liggen opwindende tijden in het verschiet.'

Als natuurgeneeskundige heb ik vooralsnog jammerlijk gefaald in mijn pogingen Christina's uitspraken en de door haar beschreven verschijnselen met de traditionele wetenschappelijke modellen en methoden te verklaren. Maar als ik ze nauwkeuriger bestudeer, moet ik vaststellen dat er duidelijke overeenkomsten zijn met de nieuwste onderzoeken op het gebied van kwantumfysica, astronomie, neurobiologie, neuropsychologie en bewustzijnsonderzoek. En toch heb ik sterk de indruk dat Christina's inzichten heel wat verder gaan en diepgaander zijn en het daarom een stuk lastiger is ze op bestaande theorieën terug te voeren aangezien ze noch zichtbaar, noch bewijsbaar zijn op driedimensionaal niveau.

Christina stelt ons wat dit betreft gerust. Ze zegt: ***'In het universum is niets ingewikkeld. De mensen maken het ingewikkeld. De Aarde is de basisschool, het universum de universiteit.'***

Het lukt Christina om dit ongecompliceerde en natuurlijke wezen van het hoogdimensionale en goddelijke dichter bij ons te brengen. Op invoelende wijze raakt en beweegt ze anderen met haar gedachten en woorden. In elk gesprek en bij alles wat ze doet, valt steeds haar grote waardering voor de totale schepping op. Ze zegt: 'Goddelijke intelligentie en voelend bewustzijn bestonden al ver voordat de Aarde is ontstaan. Bewustzijn is de motor, de stuwende kracht van alles wat is geschapen. Het heeft ervoor gezorgd dat er materie, antimaterie en talloze universa zijn ontstaan. De planeten in ons zonnestelsel, de sterren en zelfs de lege ruimte ertussen – alles is vervuld van leven en bewustzijn. Driedimensionaal leven is universeel gezien een uitzondering en geen regel.'

Hogere realiteiten zijn per definitie niet terug te brengen tot menselijke concepten en begrippen en daardoor niet met woorden en argumenten te bewijzen noch te weerleggen. Met een verruimde waarneming kun je er echter al veel meer van ervaren. Dit gebeurt door een innerlijke bereidheid en openheid, door de grenzen van je ervaringen tot nu toe over te gaan en door te dringen in die delen van je bewustzijn die je met het driedimensionale verstand niet kunt bereiken en die ook niet meetbaar zijn.

Mensen die bijvoorbeeld een bijna-doodervaring hebben gehad of die door meditatie en dergelijke al met hogere sferen in contact zijn geweest, zullen minder moeite hebben om de uitspraken in dit boek aan te nemen en een plek te geven. Maar ook twijfelaars en sceptici zijn van harte welkom het hierna komende zonder oordeel en zonder vooringenomenheid te bestuderen en met ons hierover van gedachten te wisselen.

Christina beschrijft de ophanden zijnde evolutionaire verandering van de mensheid zeer veelzijdig en motiveert ons om filosofische, wetenschappelijke en maatschappij-politieke onderwerpen met een multidimensionale blik te bezien. Op heldere wijze vertelt ze welke revolutionaire omvang de positieve veranderingen zullen hebben voor iedereen die hier voor openstaat en eraan toe is. Ze is heel duidelijk: 'Ik ben niet op deze wereld om andermans fouten op te sporen en deze te veroordelen. Ik wil simpelweg het licht en de vrede terugbrengen. Dan zal het "onlicht" vanzelf verdwijnen.'

Christina's levensloop tot nu, die je in dit boek kunt lezen, begint al met een buitengewone geboorte en haar eerste, uiterst zware jaren, en in 2015 en 2016 maakt ze opnieuw een ontwikkelingsfase door. We gaan ervan uit dat dit pas het begin is en dat Christina's bestemming en boodschap zich de komende jaren steeds meer zullen openbaren.

Ik schrijf dit boek vanuit het perspectief van de moeder van drie kinderen, van wie Christina de middelste is. Haar twee minuten oudere tweelingzus Elena overleed twee maanden na de geboorte en begeleidt Christina sindsdien op buitengewone wijze vanuit een geestelijke sfeer. Haar tweeënhalf jaar jongere broertje Mario verrijkt ons leven op zijn eigen, maar net zo belangrijke wijze met zijn zonnige, energieke aanwezigheid, hoewel we in dit boek de focus om te beginnen op de tweeling leggen.

Beste lezer, om de verbanden in dit boek beter te kunnen begrijpen, vertel ik in het volgende hoofdstuk nog even kort wie ik ben. Want in mijn eigen leven schijn ik – zonder dat ik het in de gaten had – ettelijke ervaringen en beproevingen te hebben doorgemaakt die me nu helpen Christina op een juiste manier te begeleiden en daarnaast steeds meer mijn eigen pad te volgen.

2
Mijn biografie in vogelvlucht

Ik ben in 1972 geboren in het Zwitserse Toggenburg als zevende van acht kinderen. Ik had een liefdevolle, natuurgebonden kindertijd in een eenvoudig, hardwerkend boerengezin. Die kindertijd bestond uitsluitend uit school en thuis. Destijds hadden we nog geen auto en op vakantie gaan kenden we niet, want we moesten allemaal ons steentje bijdragen in het boerenbedrijf.

Toen ik zestien was mocht ik – net als drie van mijn oudere broers en zussen – een jaar naar Tessin om een vreemde taal te leren. Ik ging werken in een particulier verzorgingstehuis en het leven daar beviel me erg goed, vooral de vrijheid en zelfstandigheid in combinatie met de Italiaanse taal, het mediterrane klimaat en de mensen met hun zuidelijke mentaliteit.

Daarna liep ik stage in een ziekenhuis in het Duitstalige deel van Zwitserland en aansluitend deed ik de opleiding tot medisch praktijkondersteuner (doktersassistent, MFA). Het ging me heel gemakkelijk af, wat maakte dat ik na de studie mijn baan in een dorpspraktijk niet meer uitdagend genoeg vond. Toen ik twintig was, was het mijn droom om naar het Amazonegebied in Zuid-Amerika te gaan om daar in een oerwoudkliniek te werken. Toen ik hoorde dat je dan een contract voor twee jaar moest aangaan bij het Rode Kruis, heb ik dat plan laten varen.

Dus zocht ik andere uitdagingen; ik begon met joggen en ging bij een hardloopvereniging waarvan ik een fanatiek lid werd. Het lopen in de vrije natuur vormde voor mij een uiterst bevredigende fysieke balans met mijn fijne werk in de dokterspraktijk.

Niet veel later trokken mijn man en ik in onze nieuwe koopwoning en in 1994, op mijn 22e, trouwden we. Van 1994 tot 1998 werkte ik bij een hectische dokterspraktijk waar ik veel voldoening uit haalde. In deze periode bouwden we een huis (1996), en een halfjaar later (1997) ging de wens van mijn man om een eigen bedrijf te hebben in vervulling door een houtbouwbedrijf op te zetten. Met frisse moed nam ik de administratieve werkzaamheden voor mijn rekening, wat me eerlijk gezegd niet zoveel voldoening gaf. Desondanks leerde ik veel nieuwe dingen en ik vond het een prettig idee om later, als we kinderen zouden hebben, dit werk ernaast te kunnen blijven doen.

Nog in datzelfde jaar, ik was 25 ondertussen, zocht ik op sportief gebied nieuwe uitdagingen. Als enthousiaste langeafstandloper liep ik tegen het advies van mijn trainer in in november 1997 mijn eerste marathon. Diep vanbinnen wist ik heel zeker dat ik gemaakt was voor deze afstand. Ik keek er dan ook enorm naar uit, hoewel ik besefte dat ik met mijn voorbereiding van 75 kilometer per week hardlopen niet voldoende had getraind. Desondanks mocht ik in de stromende regen mijn eerste Zwitserse marathonlandstitel vieren – niet bepaald in een wereldtijd, maar toch in 2.44 uur, wat voor mij als debutante genoeg was voor de nationale titel. Dat ik potentie had, was onmiskenbaar en mijn fascinatie voor langeafstandwedstrijden was gewekt.

Met dit eerste sportieve succes stond ik ineens, totaal onvoorbereid, volop in de schijnwerpers die onlosmakelijk verbonden zijn met talloze reacties uit de sportwereld en de maatschappij. Hiermee stegen de verwachtingen en prestatiedruk buitenproportioneel. Ik voelde me nog altijd dezelfde persoon – ofschoon nu wel met het stempel: Zwitsers marathonkampioen –, maar de vele mooie en soms surrealistische nieuwe omstandigheden in mijn leven zetten me aan het denken. Ineens zag ik mezelf terug in kranten en tijdschriften – met foto's waarvoor ik geen toestemming had gegeven, en zelfs uitspraken die ik nooit heb gezegd. De respons die ik op mijn succes kreeg, vond ik ergens wel prachtig, maar in ons toch al drukbezette leven was er naast werk, training en wedstrijden nog amper tijd voor nieuwe aanbiedingen en verplichtingen. De verwachtings- en prestatiedruk vanuit de sportbond, sponsoren en de media werd alsmaar groter en de negatieve gevolgen hiervan manifesteerden zich een jaar later.

Dus ging ik in 1998 minder werken in de dokterspraktijk om meer tijd voor de sport te hebben. Maar omdat het met ons eigen bedrijf steeds beter ging, gaf het minder werken niet meer lucht. Mijn dag begon al om vijf uur met een training of met administratief werk, waarna mijn werk in de dokterspraktijk begon.

Door de druk van de buitenwereld plus de omgang met mijn concurrenten had ik er in die tijd niet altijd meer plezier in. Er volgden meerdere tegenslagen dan wel leerprocessen in de buitenwereld: toen ik in 1998 mijn titel verdedigde, moest ik zo braken dat ik niet anders kon dan opgeven, net als bij het Zwitsers kampioenschap over 5000 meter. De kwalificatie voor het wereldkampioenschap halve marathon miste ik net omdat ik me op sportief gebied in allerlei opzichten door anderen liet sturen.

Dit alles strookte niet met mijn innerlijk en zo werd ik voortdurend met mijn eigen zwaktes en niet-helpende gedachtepatronen geconfronteerd. En of het nog niet genoeg was, werd ik ook nog door verschillende mensen benaderd met allerlei goedbedoelde oplossingen hoe ik weer grip kon krijgen op deze in de topsport dikwijls voorkomende problematiek. Veel ervaren atleten en trainers deden hun best voor me, en ik kreeg veel tips, werkaanbiedingen enzovoort.

Gelukkig merkte ik al snel dat het me niet alleen ging om mijn werk en training te veranderen of te optimaliseren. Het was eerder een uitdaging om weer naar mijn innerlijke stem te luisteren als ik succesvol wilde blijven in de sport. Het kon toch niet zo zijn dat ik als enthousiaste hardloopster fysiek weliswaar in vorm was, maar door allerlei invloeden van buitenaf – vereniging, trainer, afspraken, de media en noem maar op – op het moment suprême niet goed kon presteren. Doordat mijn ego veel te veel gefocust was op de buitenwereld, saboteerde dit mijn innerlijke intuïtie en daarmee ook mijn succes.

Ik zag in: het lopen moet ik nog steeds zelf doen, dat kan niemand me afnemen. Dat geldt eveneens voor het enthousiasme voor het lopen, ook dat zit in mezelf. Om dit te behouden moest ik leren me op mezelf te concentreren en naar mijn eigen innerlijke stem te luisteren. Juist in duursporten voel je heel sterk hoe heftig het lichaam direct reageert als je met negatieve emoties aan iets begint.

Door deze andere instelling lukte het me langzaam maar zeker zowel successen als mislukkingen simpelweg als neutrale ervaringen en leerprocessen te zien. Het voornemen om me vooral in deze mentale aspecten verder te ontwikkelen, was sterk en de resultaten waren zeer bevredigend: ik ontwikkelde vriendschappen met mijn concurrenten, de trainingskampen voelden als vakantie, wedstrijden als welkome belevenissen die me op mijn levenspad en persoonlijke ontwikkeling verder brachten.

Begin 1999 had ik voor een groot deel weer de regie over mijn leven en werkte ik voor 50 procent in een cardiologiepraktijk. De verwachtingen qua sport waren onveranderd hoog, maar ik ging er heel anders mee om.

En kijk aan, het succes kwam snel terug. In de eerste zes maanden liep ik weliswaar slechts drie wedstrijden – drie belangrijke kampioenschappen, wat de druk nog eens extra groot maakte –, maar het resultaat wat uiterst succesvol. Goud op de marathon, zilver op de halve marathon en brons op de crosscountry. Mijn persoonlijke records kon ik weer met een paar seconden verbeteren. In de herfst van 1999 liep ik in het eliteveld ter gelegenheid van de Marathon van Amsterdam op plaats vijf en er bleek nog heel wat meer op sportief gebied te zijn dat ik graag op mijn conto wilde schrijven.

Maar het lot had andere plannen met mij – gelukkig maar! In november van hetzelfde jaar kregen we een ernstig auto-ongeluk, veroorzaakt door een dronken bestuurder, waarbij meerdere voertuigen betrokken waren. Door de verwondingen die ik opliep, volgden meerdere ziekenhuisopnames en ik heb nog maandenlang last gehad van de gevolgen. Wedstrijden in het olympisch jaar 2000 kon ik wel vergeten, ik trok een streep door het wedstrijdseizoen en nam bewust afstand van het hele sportgebeuren.

Kennelijk werd ik gedwongen mijn leven nog andere kleuren te geven. Zo ontstond er bij mij een kinderwens, die al gauw in vervulling ging. In de herfst van 2000 werd ik zwanger, waarna mijn leven compleet veranderde – dit proces beschrijf ik in dit boek.

Sindsdien is het, voor zover het mijn eigen ervaring betreft, klip en klaar: je wordt geen topatleet enkel door professionele, fysieke training maar vooral door innerlijke ontwikkelingsprocessen – voor zover je bereid bent hier echt naar te kijken en naar te leven. Een van de belangrijkste inzichten voor mij was dat je je heel vaak laat begrenzen door goedbedoelde tips en adviezen van anderen. Anderen kunnen echter alleen maar vanuit hun eigen ervaring spreken, en niemand is in staat onze persoonlijke leerprocessen van ons af te nemen.

Wie daarentegen vanuit persoonlijke verantwoordelijkheid en zelfvertrouwen en vanuit intuïtieve intelligentie handelt, wie de moed vat om nieuwe wegen in te slaan, zal de meest extreme situaties het hoofd kunnen bieden. In sportief opzicht zul je jarenlang in staat zijn topprestaties te leveren zonder over lijken te gaan of je gezondheid en het plezier in de sport in de waagschaal te leggen. Als we werkelijk iets opsteken van onze leerprocessen, worden ook onze veerkracht, vreugde, kalmte, integriteit en authenticiteit sterker.

Hoewel er in 2001 en ook in 2003 een 'babypauze' was, bleef hardlopen mijn grootste hobby. Na de eerste fase tussen 1996 en 2000 mocht ik tussen 2007 en 2015 voor de tweede keer als topatleet deel uitmaken van het Zwitsers team.

In deze jaren won ik achttien medailles op verschillende afstanden (marathon, halve marathon, 10 kilometer, bergloop en crosscountry). Door zware privéomstandigheden en het bedrijf zat het marathonlopen er daarna niet meer in voor mij, dus richtte ik me in die jaren op de internationale bergloopwedstrijden en deed ik in totaal mee aan elf Europese en wereldkampioenschappen, waarbij ik acht keer de top tien haalde. Tegelijkertijd behaalden we mooie resultaten met het nationale bergloopteam (in trio) en in totaal zeven Europese en wereldmedailles voor Team Suisse, waaronder de Europese titel in 2007. Met name de successen met het nationale team waren voor mij geweldig waardevolle ervaringen.

De sport was echter slechts een onderdeel van mijn leven. Zowel privé als zakelijk was er in die tijd van alles gaande. Omdat mijn zelfwaarneming veranderde en ik me innerlijk verder ontwikkelde, veranderden ook mijn prioriteiten en levensdoelen, wat het nodige effect had op mijn twintigjarige huwelijk. In goed overleg gingen we in 2012 uit elkaar en scheidden onze wegen. Ik bleef met beide kinderen in het huis wonen en nam de opvoeding voor mijn rekening. Zo hadden we het van tevoren afgesproken en zo klopt het voor ons tot op de dag van vandaag.

Toen we uit elkaar gingen, waren Christina en Mario respectievelijk elf en negen jaar en zaten nog op de basisschool.

Ze wendden snel aan de nieuwe situatie en bleven na de scheiding goed contact met hun vader houden, die in de buurt was blijven wonen.

Met zijn drieën vormden we al snel een harmonieus gezin. Een paar maanden na de scheiding stopte ik na vijftien jaar met mijn werk in het eigen bedrijf, waarna ik een halfjaar de tijd nam om alles te verwerken en de nieuwe situatie zo stressvrij mogelijk op ons af te laten komen. Ik besloot om zolang geen baan te zoeken, maar wist wel dat ik later weer graag in de zorg wilde werken. Wel trainde ik als topatleet nog zes keer per week, wat zoals vanouds prima paste in het dagelijks leven. Ik stond dus als altijd in de wedstrijdmodus, weliswaar in de wetenschap dat ik op niet al te lange termijn met de topsport zou stoppen.

Al snel verzoende ik mij met mijn verleden en schreef me in februari 2013 in voor de beroepsopleiding voor alternatieve geneeskunde en complementaire therapie. Een voortgezette vierjarige opleiding die ik afrondde met het diploma natuurgeneeskundige dat ik zo graag wilde hebben. Deze nieuwe opleiding was bovendien goed te combineren met de schooltijden van de kinderen en de sport.

3

Januari 2015: veranderingen zijn op komst

Januari 2015. Het loopt lekker in ons gezin en we zitten eigenlijk niet te wachten op een verstoring of uitdaging. Maar gelukkig staan de toekomst en ons lot in de letterlijkste zin van het woord in de sterren geschreven. Aangezien ik nog niet weet hoe ik dit moet duiden, heb ik geen idee welke turbulente tijden ons nog te wachten staan. Al snel zal ik op wonderlijke wijze ervaren dat toeval niet bestaat en dat er nog de nodige dingen gepland staan op mijn levenspad waar ik op dat moment nog geen flauw benul van of enige invloed op heb.

We wonen nog steeds met zijn drieën in hetzelfde dorpje in de landelijke omgeving van het Zwitserse Toggenburg. Ons huis met een grote lap grond eromheen biedt genoeg ruimte voor ons allemaal om lekker te leven. We hebben drie alpaca's, twee konijnen en twee schildpadden, waar we veel plezier aan beleven, maar die tegelijkertijd veel aandacht vragen.

In die periode verloopt ons leven heel normaal – hoewel de term 'normaal' in feite nietszeggend is, want alle mensen en gezinnen zijn uniek, met hun eigen karakter en talenten. Mijn belangrijkste taak was destijds mijn kinderen een zo optimaal mogelijke omgeving te bieden, een waarin ze hun persoonlijke ontwikkeling zo goed mogelijk konden ontplooien, zonder mezelf daarbij weg te cijferen. Mijn dochter Christina was voor mij al sinds haar geboorte een prachtig voorbeeld van het feit hoeveel er in ons leven niet gepland kan worden. Haar bijzondere levensverhaal heeft me sinds haar verwekking al een paar keer aan het denken gezet, wat maakt dat ik vraagtekens bij de gangbare opinies en structuren in onze maatschappij zet. Door de vele extreme situaties zowel in gezin en werk als in de topsport heb ik geleerd intuïtief te handelen en ideeën, zaken en mensen los te laten zonder angst voor verlies. Ik was me er steeds van bewust dat ik niet op deze planeet ben om me willoos te schikken in welke vreemde, twijfelachtige structuur en denkwijze dan ook die niet strookt met mijn diepste innerlijk en me vanbinnen geen voldoening geeft.

Deze helderheid en flexibiliteit zijn beslist te danken aan mijn twee, of eigenlijk drie kinderen, en dan vooral de bijna veertienjarige Christina. Al vanaf haar eerste ademteug is haar leven ongewoon en wonderlijk. Wat er echter op dat moment in ons leven staat te gebeuren, zou nog veel opmerkelijker worden – opmerkelijker dan ik me ooit had kunnen voorstellen.

4
Hoe het begon: het eerste levensjaar

Beste lezer, om Christina's verhaal beter te kunnen begrijpen is het van belang dat ik hier kort haar geboorte en vroege kinderjaren beschrijf omdat deze periode indrukwekkend en nogal raadselachtig verliep.

Toen ze zeven was, had ik al het plan om een boek over haar te schrijven, maar ik liet het weer varen. Het is niet zo gebruikelijk om een boek te schrijven over een kind van zeven, maar toch had Christina in haar eerste levensjaren al zo'n intensief leven achter te rug dat dit moeiteloos een spannend boek had opgeleverd. Met veel wijze uitspraken die je normaal niet van een kind verwacht. Maar het juiste moment is gekomen, en Christina en ik doen dit project nu zelfs samen. Haar bijzondere kindertijd zal in dit boek maar deels aan de orde komen, want er zijn ondertussen veel spannender en bijzonderder zaken te vermelden.

Tot januari 2015 had ik nog niet in de gaten wat voor uitzonderlijk energieniveau ze heeft en over welke waarnemingscapaciteiten en kennis ze beschikt die bij zo'n energieniveau horen. Haar wonderbaarlijke helderheid in combinatie met haar rustige inborst sprong al op jonge leeftijd in het oog. Ik had echter niet in de gaten dat Christina voortdurend in contact stond met verschillende hogere sferen en wezens, onder andere met haar overleden tweelingzusje Elena. Voor haar was en is de aanwezigheid van en de communicatie met parallelle, geestelijke werelden en goddelijke dimensies de normaalste zaak van de wereld, wat je in dit boek op indrukwekkende wijze zult merken.

Vanaf het moment dat de tweelingzusjes Christina en Elena in 2001 in ons gezin incarneerden, begon voor mij een continu leerproces op allerlei niveaus, dat in 2015 en 2016 naar een voorlopig hoogtepunt leidde. Maar sta me toe het verhaal vanaf het begin te vertellen.

Het leven van Christina von Dreien had bijna niet dramatischer kunnen beginnen. Al aan het begin van mijn tweelingzwangerschap in de herfst van 2000 werd duidelijk dat het risicovol was en het ging niet bepaald goed met me. Zo had ik erg veel last van misselijkheid, een ongewenste gast die tot aan de vijfde maand bleef. Desondanks zag ik erg uit naar de tweeling en mijn totaal nieuwe rol als moeder. Pas jaren later ontdekte ik dat zulke hoogtrillende kinderen vaak startproblemen uitkiezen om houvast te vinden in hun aardse leven. Mijn tweeling vormde daar kennelijk geen uitzondering op.

In die tijd was ik net 29 en naast mijn werk in de dokterspraktijk deed ik aan topsport en verzorgde ik de administratie van ons eigen bedrijf, dat we in 1997 hadden opgezet. De zwangerschap dwong me ertoe veel meer rust te nemen. Meestal ging ik liggen omdat ik me dan het beste voelde. Zodoende sportte ik vanaf de tweede week van mijn zwangerschap niet meer – een grote fysieke en mentale ommezwaai van dagelijks trainen naar nul komma nul sporten. Toch was het slechts, zoals bijna alles in het leven, een kwestie van instelling. Ik werkte nog maar voor 5 procent in de praktijk en ging ook minder werken in ons eigen bedrijf.

Het was een zeldzame zwangerschap, niks geen roze wolk. Naast de hevige misselijkheid leek het een continu gevecht te zijn om de baby's niet te verliezen. Al in de eerste maanden moest ik in het ziekenhuis worden opgenomen. Van meet af aan was duidelijk dat ik heel goed naar mijn eigen lichaam moest luisteren, wilde ik deze baby's nog enige kans geven om geboren te worden.

De beslissing met hardlopen te stoppen om een kind te krijgen, voelde destijds goed, ook al snapten de meesten in het sportwereldje er niets van. Dat kon me niet zoveel schelen, want het gevoel dat er nog wel eens andere, veel belangrijkere en moeilijkere taken op me wachtten werd steeds sterker. Ik vond de zwangerschap belangrijker dan mijn toenmalige sportieve successen. Ik was net voor de tweede keer Zwitsers kampioen geworden op de marathon en sportief gezien stonden de deuren voor me open. Maar het ongeluk in november 1999 veranderde alles. Vanbinnen leek dit vooral op werk en sport gerichte levensplan toch enigszins aan me te knagen. Ook het idee om later de topsport weer op te pakken, was op dat moment niet aan de orde. Ik wilde met open vizier naar de toekomst kijken.

Aan het eind van de 25e week werd ik 's ochtends wakker met hevige weeën. In het streekziekenhuis kreeg ik de hoogst mogelijke dosis weeënremmers toegediend en werd ik onmiddellijk overgebracht naar de intensive care van het streekziekenhuis St. Gallen. De artsen daar maakten me duidelijk dat de tweeling voortijdig ter wereld zou komen als het ze niet lukte om mijn toestand te stabiliseren. De situatie was uiterst kritiek en na 36 uur loodzware fysieke inspanning in combinatie met hoge doseringen cortison, weeënremmers en antibiotica wilde mijn lichaam niet meer. Toen kwam alles in een stroomversnelling: beide meisjes kwamen 's nachts via een keizersnee ter wereld – in de 26e week, bijna drieënhalve maand te vroeg.

Hier begon voor mij de allerzwaarste tijd van mijn leven, die me in één klap uit mijn dagelijks leven scheurde en me met dingen confronteerde die me bijna geen eigen speelruimte meer lieten. In mijn rollen als echtgenote, doktersassistent, zakenvrouw en topsporter was ik gewend zelf keuzes te maken, zelf te handelen en zelf mijn leven vorm te geven. Toen had ik mijn lot en dat van de tweeling niet meer in eigen hand. Het leek erop dat iemand heel andere plannen had.

Pas later hoorde ik, net nadat ik naar de operatiekamer was gebracht, dat een oudere arts peinzend tegen mijn man had gezegd: 'Soms gebeurt er wel eens een wonder.' Wat betreft de overlevingskans van de tweeling was hiermee alles wel gezegd.

Het is paasavond 15 april 2001. Dat de tweeling uitgerekend de opstandingsnacht heeft uitgekozen om geboren te worden, is vast geen toeval. Toch zou het nog dertien jaar duren voor ik de diepere betekenis hiervan zou horen.

Over de betekenis van beide namen voor mijn dochters had ik van tevoren niet nagedacht. Elena en Christina waren gewoon favoriet en stonden al ver voor alle gebeurtenissen vast. Op de een of andere manier klopten ze gewoon. Pas jaren later zou duidelijk worden hoe passend de namen eigenlijk waren. Elena betekent 'de lichtvolle' en Christina 'volgelinge van Christus'.

Elena zag als eerste in deze paasnacht het felle tl-licht om 00.25 uur, Christina volgde haar zusje om 00.27 uur. Ik kreeg de baby's uiteraard niet meteen te zien. Ik zag wazig de haag van artsen om me heen en vroeg me af waarom er zoveel artsen midden in de nacht bezig waren om de pasgeboren tweeling en mij te verzorgen. Te midden van deze dramatiek voelde ik vreemd genoeg een diep gevoel van rust over me heen komen dat de tweeling in goede handen was en zo zeilde ik vol vertrouwen weer terug in het donker.

Het spande erom of de meisjes voldoende levenskans hadden om ze naar de IC te brengen. Niet het schrikbarend lage gewicht was doorslaggevend, maar het vrouwelijke geslacht en de volbrachte 25e zwangerschapsweek. Gelukkig lieten beide vroeggeborenen voldoende tekens van leven zien om aan de noodzakelijke apparatuur aangesloten te worden. Christina had een apgarscore van 1'5/5'5/10'6, die beduidend lager was dan die van Elena. De baby's werden meteen van het streekziekenhuis St. Gallen naar de IC van het dichtstbijzijnde kinderziekenhuis gebracht, waar men gespecialiseerd is in de zorg voor vroeggeborenen met een gewicht lager dan duizend gram. In St. Gallen sneeuwde het hevig die nacht – ongewoon voor midden april.

’s Middags, op paaszondag, mocht ik voor het eerst in een rolstoel naar de tweeling. Hoewel ik veel in ziekenhuizen heb gewerkt, was de eerste indruk op de kinder-IC zelfs voor mij buitengewoon heftig. Er stonden twaalf couveuses die alle op bewakingsmonitoren waren aangesloten en met tussenpozen alarm sloegen, en daartussen liepen artsen en verpleegkundigen rond. Het was er erg rumoerig, maar dat wende snel.

De couveuses van Elena en Christina stonden vlak naast elkaar. In hun veertig graden warme incubator lagen beide piepkleine kindjes volledig toegedekt met beschermende folie om niet onderkoeld te raken. Ik herkende ze eerst helemaal niet, pas toen de folie verwijderd was. Om zo voor de allereerste keer mijn kinderen te zien was zowel schokkend als enorm ontroerend. Iedere moeder weet hoe klein en licht een pasgeboren kindje is. Maar deze twee waren nog vijf- tot zesmaal kleiner dan normaal! Hun oogjes waren nog niet open, maar geen enkele huidplooi ontbrak. De voetjes waren niet langer dan een centimeter, net als de handjes.

Voor emoties was op dat moment geen tijd, want ik werd meteen met getallen om de oren geslagen. Elena woog 600 gram, was in uitgestrekte toestand 31 centimeter en had een schedelomvang van 23 centimeter. Christina woog nipt 570 gram, was 28 centimeter lang en had een schedelomvang van 22 centimeter. Wanneer ze de armpjes en beentjes opgetrokken hadden, pasten ze in je hand, ongeveer de grootte van een barbiepop.

Bij zulke kleine baby’s kun je geen infuus inbrengen omdat je geen bloedvaten kunt zien. In de eerste dagen vormden spontane bloedingen het grootste risico, vooral een hersenbloeding kon fataal zijn en zou een reden kunnen zijn om verdere levensverlengende maatregelen te stoppen. Drinken lukte ook niet en zo was een maagsonde de enige manier om vocht in de sterk onderontwikkelde lichaampjes te krijgen. Christina had problemen met de spijsvertering, waardoor ze voeding noch medicatie via het maag-darmkanaal toegediend kon krijgen. Daarom werd de dag na de geboorte een haast onzichtbare hartkatheter aangebracht die de infuusoplossing direct in de grote bloedvaten naar het hart voerde – een medisch huzarenstuk van de huidige geneeskunde. Voor deze uiterst gespecialiseerde interventie werd een externe specialist ingevlogen.

Het extreem lage geboortegewicht van 570 en 600 gram was een duidelijke indicatie dat beide vroeggeborenen maandenlang op de kinder-IC moesten blijven. Of ze de weg naar een zelfstandig mensenbestaan ooit zouden halen, en zo ja, met welke gevolgen, kon niemand voorspellen. Wat we wel wisten, was dat ze eerst nog een aantal zware maanden voor de boeg hadden waarin ze dichter bij de dood dan bij het leven stonden.

Ook ik kwam er niet zonder kleerscheuren af. Een week na de bevalling kreeg ik een acute bloedvergiftiging die gepaard ging met hoge koorts, waardoor ik opnieuw in het ziekenhuis belandde. Maar alle tegenslagen ten spijt raakte ik op de een of andere manier gewend aan de dagelijkse turbulentie op de intensive care, met twee baby's die talloze onderzoeken ondergingen terwijl er voortdurend met de artsen werd overlegd. De toestand van de tweeling wisselde vaak van uur tot uur, van min of meer stabiel tot zeer kritiek. Ik wist dat alles stond of viel met mijn eigen mentale instelling ten opzichte van deze situatie, of ik al binnen een paar dagen aan deze beproeving ten onder zou gaan of dat ik ermee kon leren leven en de situatie elke dag kon nemen zoals die was. Want met de beste wil van de wereld: veranderen kon ik het toch niet. Het recept bestond uit genieten van de stabiele momenten en de moeilijke kalm doorstaan.

Ik had als marathonloper en praktijkondersteuner geleerd met hectische omstandigheden om te gaan, wat in deze totaal nieuwe situatie heel goed van pas kwam. Ik werd geconfronteerd met angsten en onzekerheden en moest leren dit langere tijd vol te houden. Hierdoor kon ik een en ander in mijn leven tot nu toe relativeren. In dergelijke situaties houd je het niet vol als je alles enkel vanuit je verstand benadert. En dus leerde ik te vertrouwen en het lot op zijn beloop te laten, wat een opgewekt en positief gevoel in me losmaakte. Hoe dit zou aflopen, had ik niet in de hand.

We besloten dat ik voorlopig in een huisje zou gaan wonen dat we via het ziekenhuis aangeboden kregen en hemelsbreed 150 meter van de intensive care lag. Dan kon ik dag en nacht bij mijn meisjes zijn. Omdat de kinderen eerst via een maagsonde werden gevoed, werd mijn moedermelk dagelijks op ziektekiemen onderzocht en daarna ingevroren voor later. De hoeveelheid die de tweeling aanvankelijk tot zich nam, bedroeg een paar milliliter per dag.

Het ziekenhuispersoneel maakte me erop attent dat zulke extreem vroeggeborenen in staat zijn de fijnste energieën waar te nemen en dat elke vorm van negatieve energie van mij – zoals angst, stress, overbelasting, vermoeidheid, terugtrekken enzovoort – directe invloed had op de kinderen. Mocht ik me een dag niet zo goed voelen, dan raadden ze me aan het ziekenhuis te mijden zonder me schuldig te voelen. Andersom werkt het op dezelfde manier en nemen kinderen de positieve emoties en energieën waar en herkennen ze mama's stem en voetstappen duidelijk. Deze positieve stimuli zijn van groot belang voor de neurale ontwikkeling van vroeggeborenen, legden de verpleegkundigen uit.

Dit was een heldere boodschap die ik nog altijd ter harte neem. Het komt niet in me op om negatieve energie op mijn kinderen of mensen in het algemeen te projecteren. Het beste wat ik in die tijd voor mijn kinderen kon doen, was letten op mijn innerlijke balans en op een positieve, vertrouwensvolle houding. Al het andere lag buiten mijn macht.

In korte tijd veranderde mijn leven. Ik was weg van huis, weg uit mijn vertrouwde omgeving, weg van de dokterspraktijk en ons eigen bedrijf, weg van Engelse les en van alles wat ik voorheen belangrijk vond. Al deze zaken kwamen in een compleet ander daglicht te staan door de nieuwe gebeurtenissen en hadden geen prioriteit meer. Maandenlang speelde mijn leven zich op de intensive care af, waardoor het me duidelijk werd hoe snel je in staat bent je aan nieuwe omstandigheden aan te passen en hoeveel er in je leven volledig anders geregeld kan worden, ook al dacht je dat dit nooit mogelijk zou zijn.

Ik was er vast van overtuigd dat de tweeling de strijd uiteindelijk zou winnen en dit hield me staande, ofschoon ik om me heen zag dat af en toe een kindje het niet redde. Ook Elena en Christina vochten, niet alleen tegen hun algemene onderontwikkeling, maar ook tegen allerlei complicaties, waarvan de behandeling zelf ook weer de nodige risico's met zich meebracht. En zo waren die eerste weken uiterst turbulent.

Vooral Christina kampte met bloedsomloop- en spijsverteringsproblemen, waardoor ze geen grammetje aankwam, sterker nog, het aanvankelijk toegestane gewichtsverlies van 10 procent werd ver overschreden. De eerste weken daalde haar lichaamsgewicht van 570 naar 475 gram. Ik durfde deze getallen aan niemand te vertellen.

Daarnaast moesten ze een paar bloedtransfusies hebben. Het lawaai op de intensive care, de bloedafname ieder kwartier via de hiel en het leegzuigen van de longen zorgden er samen voor dat de piepkleine meisjes niet aan hun rust toekwamen en het slorpte ook nog eens waardevolle energie op. Christina's onvolgroeide longen en maag-darmkanaal waren haar grootste probleem. Zij zat langer dan Elena aan de longmachine en had daarna nog maandenlang ademondersteuning nodig. Om een normale hoeveelheid zuurstof in het bloed te krijgen kreeg ze vaak sterk geconcentreerde zuurstof toegediend in het toxisch bereik van 70 procent, wat leidde tot schade aan het netvlies. Maar minder zuurstof zou fataal voor haar lichaam zijn geweest. Dus was de kans groot dat ze later oogproblemen zou krijgen.

Aan het eind van de dag was het tijd voor het zogeheten kangoeroeën: voor zover hun gezondheidstoestand het toeliet, werden beide meisjes om de beurt een of twee uur op mijn blote borst gelegd om de geur van mama te ruiken en direct huidcontact te voelen. Dit was in de regel een nogal omslachtige aangelegenheid. Moeder, soms vader, lag dan in een ligstoel op de IC-afdeling en Elena of Christina lag dan op de buik op de borst, warm toegedekt en met allerlei bewakingsapparatuur inclusief de daarbij horende kabelspaghetti. Meestal werden ze dan heel kalm en werd hun hartslag rustig. Voor mij was dit steeds weer een heel weldadig en intens moment. Het meeste directe fysieke contact ging via mijn handen, die door de kleine opening van de couveuse pasten. Ik had aan één hand genoeg om het hele kindje te bedekken, wat ik meestal urenlang deed.

Na zeven weken waren beide meisjes enigszins stabiel. Nu stond een voortdurende worsteling om elke gram lichaamsgewicht op de voorgrond. Dit was van essentieel belang voor de fysieke ontwikkeling en het overleven. Elena had de beste kansen. Haar longen leken goed te werken en na zeven weken woog ze al zo'n 1500 gram. Christina daarentegen worstelde met zichtbaar meer complicaties en woog op datzelfde moment nog maar duizend gram, een groot verschil tussen beide meisjes.

Elena had duidelijk de beste overlevingskansen, hoewel ook zij nog steeds op de intensive care lag en zodoende dichter bij de dood dan bij het leven stond.

Hoe dun de lijn is tussen leven en dood werd duidelijk toen Elena een bacterie opliep die een hersenvliesontsteking veroorzaakte en uitmondde in een hersenontsteking (encefalitis). Deze ernstige complicatie kwam na zoveel weken ook voor de

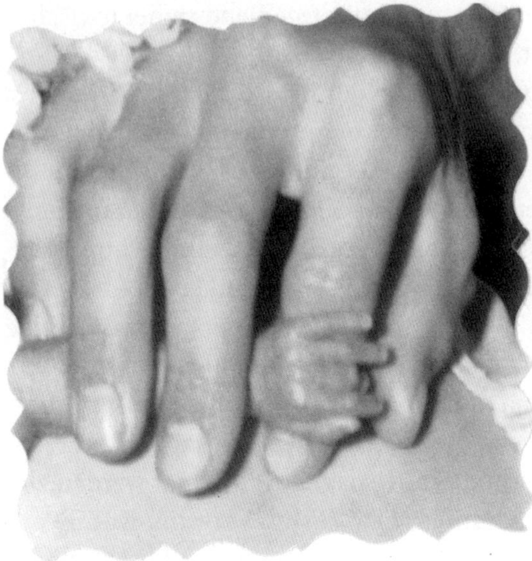

Mei 2001: Elena's armpje, drie weken oud.

behandelend artsen als een verrassing. Er werden andere artsen bij gehaald om Elena's toestand te beoordelen. In deze periode droomde ik van een overlijdensadvertentie van Elena en wist ik diep vanbinnen al dat we haar kwijt zouden raken.

Mijn rotsvaste hoop die ik tot dat moment had dat Elena ook deze complicatie weer te boven zou komen, maakte plaats voor een onvoorstelbaar verdrietige realiteit. De gedachte om je eigen kind naar de dood te moeten – of te mogen – begeleiden, moet wel het ergste schrikbeeld van iedere moeder zijn, en voor mij was dat niet anders. Tegelijkertijd besefte ik dat deze stap een bevrijding voor Elena zou betekenen. Ergens was het haar lot of zelfs haar bestemming om maar korte tijd in haar kleine mensenlichaam te vertoeven. Dat voelde ik destijds al duidelijk aan, hoewel ik pas vele jaren later zou ontdekken waarom. Ondanks het verdriet voelde de hele situatie ergens ook goed aan, en in mijn hart accepteerde ik dat Elena nu haar eigen weg zou gaan.

De artsen probeerden ons voorzichtig te vertellen dat een tweeling normaal gesproken een heel sterke band heeft en dat de kans bestond dat Elena's dood tot tegenslagen bij Christina kon leiden. Dit leidde bij mij weer tot een bijna ondraaglijk angstscenario. Maar het leven blijft ondoorgrondelijk, want wat er daarna gebeurde, verbaasde ons allemaal.

De laatste acht uren van Elena's leven waren heel vredig. Te midden van mijn verdriet voelde ik een diepe innerlijke kalmte en een zeldzaam gevoel van acceptatie. Ik stond er zelf verbaasd over waar deze kracht vandaan kwam. Zou het kunnen dat sterven iets moois in zich had? Er hing een voor mij onverklaarbaar gevoel van kalmte dat ik nog nooit eerder had ervaren, een energie die ik niet met woorden kan beschrijven. Het leek of de hele kamer gevuld was met een sterke, lichtvolle energie die geen enkele negatieve emotie toeliet. In deze laatste uren gleed er een heel tevreden uitdrukking over Elena's gezicht. Sterker nog, het leek wel of ze glimlachte terwijl ze in onze armen lag. Ik verbeeldde het me niet, want ook het medisch personeel zag en benoemde het. Tijdens het glimlachen werd Elena's hartslag steeds langzamer, tot er op de vroege ochtend van 13 juni 2001 nog slechts een horizontale lijn op de monitor was te zien.

Tegen de prognose van de artsen in zorgde Elena's dood niet voor een verslechtering in Christina's toestand. Integendeel, haar toestand verbeterde en ze werd zichtbaar sterker. Het leek wel of Christina door de dood van haar zusje in zekere zin opnieuw geboren werd. De verpleegkundigen hadden hetzelfde idee. Ondanks het verdriet had het voor mij nog een verborgen betekenis waarvan de betekenis en uitwerking ons pas jaren later duidelijk zouden worden. Want ditzelfde, onbeschrijflijke, diepe gevoel van vrede zou ik vijftien jaar later weer op indrukwekkende wijze meemaken.

Maar eerst moesten we het hoofd bieden aan de gebruikelijke formaliteiten die bij een overlijden horen, zoals de minder gangbare regels bij zo'n klein mensje met een lichaampje van amper 1500 gram. Om te beginnen maakten de artsen ons erop attent dat we konden kiezen wat er met de stoffelijke resten van Elena moest gebeuren. We hadden geen idee dat er bij zo'n gebeurtenis überhaupt iets te kiezen viel, maar er waren inderdaad vier varianten. De eerste mogelijkheid was het lichaam van Elena ter beschikking te stellen aan de wetenschap; de tweede was om het simpelweg te 'verwijderen'; de derde was een crematie en de as bijzetten in een urn; de vierde was een begrafenis. We wisten het direct: een begrafenis, de andere drie waren geen optie.

We zochten een kleine, witte kist uit. Omdat er geen kleertjes waren voor zo'n klein lichaampje, ging ik op de speelgoedafdeling op zoek naar een wit jurkje en vond ik uiteindelijk een eenvoudig wit barbiepopjurkje. Wat een surrealistische werkelijkheid!

De rouwadvertentie voor in de krant schreef ik net zoals ik een paar dagen daarvoor had gedroomd: 'We geven een klein groot wonder in Gods handen. We zijn dankbaar voor de vreugde die ze ons heeft gegeven. Elena zal als beschermengel van Christina altijd in onze herinnering blijven.'

Deze woorden hadden, zoals ik dertien jaar later zou merken, niet treffender gekozen kunnen worden, want ze zouden op zeer indrukwekkende wijze uitkomen. Ook Elena's graf is gemaakt van wit marmer met een ingegraveerde engel.

De dagen daarna waren verscheurend. Mijn aanvankelijke vreugde dat Christina er nog was en met de dag sterker werd, veranderde langzaam maar zeker in een groot verdriet om het verlies van Elena. Het leven ging gewoon door. Net als altijd ging ik dagelijks naar de intensive care, waar de lege couveuse van Elena bijna demonstratief nog dagenlang naast die van Christina stond. Het liet het keiharde proces van rouw en verwerking zien. Maar voor mij werkte het en stap voor stap vond ik weer de weg naar het licht. Al gauw kregen de vreugde en dankbaarheid dat Christina nog bij ons was weer de overhand.

Over het afscheid nemen van mijn kinderen op de intensive care had ik, gezien hun gezondheidstoestand, al veel eerder nagedacht. Ik stelde me voor hoe het zou zijn om een kind op zo'n manier te verliezen – na een ongelooflijk intensief, lang ziekbed dat het totale leven van de betrokken families op de kop had gezet. Terugkijkend ben ik nu oneindig dankbaar dat Christina nog leeft. Haar strijd om te overleven was echter nog lang niet voorbij.

Later vertelde mijn man dat hij in de dagen na Elena's overlijden een korte maar bijzondere ontmoeting had met een voor hem onbekende, oudere arts. Die had met betrekking tot Christina de volgende profetische woorden tegen hem gezegd: 'Bij dit kind zal niet alles onmiddellijk te verklaren zijn.' Destijds dachten we verder niet zo na over deze raadselachtige opmerking en zochten er geen diepere betekenis achter. We wisten niet dat dit lang niet de enige wonderlijke uitspraak van derden zou zijn met betrekking tot Christina.

Christina moest daarna nog meer afmattende weken op de intensive care doorbrengen, tot we haar met krap 2500 gram na ruim vier maanden eindelijk mee naar huis mochten nemen en ik het kleine huis bij het ziekenhuis verliet. Tot dan was dit ongetwijfeld het gelukkigste moment uit mijn leven.

Christina was een heel rustig en lief baby'tje, maar nog altijd erg klein. Ze kreeg nog steeds sondevoeding en stond onder strikte controle vanwege haar sensorische en motorische ontwikkeling. Zelf was ik er al vrij snel van overtuigd dat dit meisje geen oog- of gehoorbeschadiging had opgelopen, want ze leek een uiterst wakker wezentje. Hoe haar fijne en grove motoriek zich zouden ontwikkelen, was lastig te voorspellen en hetzelfde gold voor haar cognitieve ontwikkeling. Dit kind paste al vanaf de geboorte niet in een hokje, want er was te veel bij Christina wat simpelweg bijzonder was. Haar medisch vergelijken met andere kinderen was zodoende zinloos, want ook voor de artsen was ze vaak een groot medisch raadsel.

Hoezeer ze afweek van de gebruikelijke medische norm viel me vooral op als ik even oude kinderen zag, vooral de baby's van mijn beide broers, die rond dezelfde tijd zijn geboren. Het verschil was enorm en af en toe best wel frustrerend. Christina had kennelijk haar eigen levensplan, dat ik simpelweg te accepteren had.

Ze kon op dat moment nog niet drinken, maar de artsen waren optimistisch dat dit na een paar maanden wel zou lukken. Ze kreeg via een neussonde druppelsgewijs moedermelk toegediend, dag en nacht en met onvoorstelbaar kleine hoeveelheden van slechts enkele milliliters. Thuis bleef dit mijn belangrijkste zorgtaak, zeer vermoeiend, maar tegelijkertijd maakte het me heel gelukkig doordat ik besefte dat ik zo actief aan Christina's overleven kon bijdragen. Maar waarom ze maanden later nog steeds aan de sonde zat, kon men niet verklaren. Zowel de artsen als wij hoopten dat ze op een dag gewoon de 'klik' zou maken en dat Christina zo de drinkreflex eindelijk op gang zou brengen. Maar het zou nog een paar jaar duren voor Christina daadwerkelijk in onze werkelijkheid zou aankomen. Gelukkig wist ik toen nog niet hoe zwaar de jaren zouden worden die nog gingen komen.

Na zes maanden moesten we kijken welke voedzame melk voor prematuren Christina na de moedermelk zou moeten krijgen. Op alle voeding reageerde ze met ernstige neurodermitis. Er waren dagen bij dat ze alleen maar thee kreeg toegediend. In het ziekenhuis raadden ze destijds donormoedermelk af of beter gezegd: het ziekenhuis wilde daar niet de verantwoordelijkheid voor nemen. Want het geven van moedermelk was vergelijkbaar met een bloedtransfusie, wat niet zonder risico's is. Maar ik had geen keus. Een vertrouwde kennis van me, die eveneens met een te vroeg geboren kindje een aantal weken op de intensive care had doorgebracht, had nog wat ingevroren moedermelk over en hiermee konden we een aantal weken overbruggen. Dit was voor Christina van levensbelang.

Op nieuwjaarsdag 2002 was Christina ruim acht maanden en woog ze net 4000 gram. Maar in plaats van vooruitgang volgden ook in het nieuwe jaar nieuwe problemen.

Met één jaar was Christina een stralend en levendig meisje van 4800 gram dat maar al te graag de sonde uit haar neus trok omdat zo'n slangetje in de neus vervelend voelde. Ze kon het zelf via de neus weer inbrengen, maar het werd steeds lastiger om de levensbelangrijke sonde drie- tot viermaal per dag in te brengen. De situatie was op den duur niet meer doenlijk. De artsen in het kinderziekenhuis adviseerden een zogeheten PEG-sonde, een kunstmatige katheteringang die via de buik direct naar de maag gaat en niet via de neus en de slokdarm. Via dit systeem kun je weliswaar gemakkelijk vloeibaar voedsel toedienen, maar er waren risico's aan verbonden. Het gevaar bestond dat Christina misschien nooit normaal zou leren eten en drinken en haar hele leven op dit kunstmatige systeem zou zijn aangewezen.

Het was dan ook geen gemakkelijke keuze voor ons. Ik voelde sterk de behoefte aan een second opinion, want ik was er niet van overtuigd dat deze ingreep goed zou zijn. 'Toevallig' kwam een lieve vriendin een paar dagen bij ons op bezoek en van haar kreeg ik het adres van een astrologe die ons wellicht verder kon helpen. Ik ben altijd sceptisch geweest over dit soort raadplegingen. Al vanaf de geboorte van de tweeling heb ik van alle kanten goedbedoelde adviezen en adressen van coaches en therapeuten gekregen. Ondertussen had ik al zo veel therapeuten meegemaakt dat ik wel wist wat voor vlees ik in de kuip had. Dit keer besloot ik de aanbevolen astrologe een bezoek te brengen.

Het bleek een schot in de roos. Ik had me voorgenomen twee dingen te vragen: ten eerste of deze PEG-sonde inderdaad de beste oplossing was voor Christina en ten tweede hoe ik

Christina voeding moest toedienen als ik geen donormelk meer had. Want Christina's lichaam verdroeg geen enkele andere sondevoeding.

Ik had Christina's geboortedatum van tevoren al doorgegeven, zodat ze de astrologische berekeningen en Christina's kosmogram al eerder kon maken. Een paar dagen later reed ik met gemengde gevoelens naar de astrologe aan het Meer van Zürich. Ik had meteen een goed gevoel bij haar en mijn vertrouwen was gewekt. De astrologe keek naar mijn eenjarige, met 4,8 kilo nog steeds veel te kleine dochter en zei na een korte pauze met een vrolijke glimlach en uitzonderlijk rustige stem: 'Dit kind gaat de wereld veranderen.'

Waarom deze onbekende vrouw zo'n uitspraak deed en wat ze er precies mee bedoelde, begreep ik toen niet. Ik hechtte niet te veel waarde aan haar woorden; toch bleven ze in mijn achterhoofd hangen. Ik zag ze meer als iets symbolisch. Misschien dat Christina ooit iets op het sociaal vlak zou gaan doen, ontwikkelingswerk of zoiets. Haar toekomst lag nog zo ver weg, dat boeide me op dat moment niet zo, want we hadden voor nu genoeg aan ons hoofd.

Het bezoek aan deze astrologe in 2002 is voor ons allemaal cruciaal geweest. Zij bevestigde dat ons kind een sterke wil om te leven heeft en legde uit onder welke geweldige planetenconstellatie ze was geboren. Ze was voor de bewuste operatie, en wat de voeding betrof, verwees ze me naar de natuur. Ze heeft nog veel meer gezegd, maar ik begreep er niet zoveel van. Ik had immers wat ik wilde: antwoord op mijn twee vragen. Allereerst kreeg Christina een PEG-sonde in haar buik. Het was een grote opluchting dat de neussonde er eindelijk uit mocht. Bovendien stopte hierdoor de constante prikkeling van de slokdarm en de irritatie van de kringspier bij de maagingang. En wat de sondevoeding betrof, koos ik op advies van de astrologe voor natuurlijke producten, wat de voedingsdeskundige nogal raar vond. Christina verdroeg geen schapen- en geitenmelk, daarom gaven we haar thee, vruchtensap, gepureerde aardappel-groentecocktails verrijkt met ei en hoogwaardige olie. Later kwamen hier appelmoes en gepureerde dunne havermout bij, soms een zoete crème, zodat het aantal calorieën iets hoger werd. Nadeel was dat het klaarmaken van de voeding en het toedienen ervan behoorlijk bewerkelijk waren en veel tijd kostten. Maar het was de moeite waard en stukje bij beetje ging ons meisje vooruit.

Toch volgden in de jaren daarna nog de nodige moeilijkheden, hoe zorgvuldig we de voeding ook uitkozen. Christina had dan wel geen last meer van neurodermitis, maar normaliter begint de vertering in de mond – door speeksel en enzymen – en Christina miste dit deel. Hierdoor had ze een slechte vertering, waardoor ze erge last kreeg van krampen, verstopping en braken. Desondanks groeide ze goed met deze natuurlijke voeding – tot grote verbazing van de voedingsdeskundigen, voor wie deze voedingswijze nieuw en onconventioneel was.

Ondanks al deze fysieke problemen was onze dochter nooit huilerig, jengelig of dwars. Wat op zich een wonder mag heten.

5
Christina's kindertijd

Christina's tweede levensjaar kenmerkte zich door allerlei kwaaltjes en ze had last van hevige darmproblemen. Opvallend was dat het in de winter duidelijk slechter met haar ging dan in de zomer – weer zo'n fenomeen waarvan de reden pas jaren later duidelijk zou worden. Ook later had ze in de koude seizoenen meer last van ontstekingen en andere ongemakken.

Naast de jarenlange intensieve behandelingen in Christina's kinderjaren kreeg ze nog regelmatig medische controles. Vergeleken met leeftijdgenootjes lag haar motorische ontwikkeling achter, maar toen ze 18 maanden was kon ze volledig zelfstandig lopen en praatte ze als ieder ander kind. Eten en drinken kon ze ondanks de dagelijkse inspanningen nog altijd niet zelfstandig. Nog steeds kreeg ze de klok rond kleine porties per sonde toegediend.

De situatie was erg zwaar en onzeker voor ons allemaal, nou niet bepaald omstandigheden waarin je direct nog een kind wilt. Toch wilde ik niet dat Christina als enig kind zou opgroeien. Hoewel ik niet de ervaring kende van een 'normale' zwangerschap, hoopte ik dat ik die nog wel zou meemaken. En zo werd ik opnieuw zwanger en tot mijn grote vreugde had ik een mooie, ongecompliceerde tweede zwangerschap. In de warme zomer van 2003 kwam ik negentien kilo aan, toch voelde ik me goed en ik jogde zelfs nog tot aan de zesde maand. Het was een compleet andere zwangerschap dan de eerste en ik was dankbaar voor beide ervaringen.

Op 28 november 2002 werd onze zoon Mario geboren, tweeënhalf jaar na de tweeling. Hiermee was ons gezin compleet.

Ook nu waren de eerste maanden zeer vermoeiend. Ik moest niet alleen Christina om de twee uur sondevoeding geven, maar ik moest ook Mario voeden. Zo waren mijn man en ik elke nacht in de weer. Gelukkig was Mario een heel tevreden baby die al snel 's nachts doorsliep. Christina lag meestal lang wakker, maar huilde zelden, was altijd tevreden en leek gezien de omstandigheden topfit te zijn. Het was me een raadsel waar ze haar levensenergie vandaan haalde, want elke morgen stond ze stralend in haar ledikant alsof er niets aan de hand was.

Iedere moeder weet hoe onredelijk kleine kinderen kunnen zijn als ze honger hebben of niet voldoende hebben geslapen of ziek zijn. Je kunt je voorstellen hoe moeilijk het is als een kind een constant hongergevoel heeft en voortdurend worstelt met tegenslagen wat gezondheid betreft. Christina kon door de honger vaak niet langer dan twee uur aan één stuk slapen. Of ze kreeg last van buikkrampjes. Haar hartverscheurende pijnkreten die het gevolg waren van deze buikkrampen en die we jarenlang elke nacht hoorden, gingen door merg en been. Het was dan ook verbazingwekkend en vanuit medisch oogpunt niet te verklaren dat ze overdag nooit klaagde of vervelend was.

Overdag was ze altijd heel tevreden en had ze geen extra slaap nodig. Ze klaagde niet, was niet ongeduldig, jengelde en jammerde niet en had nooit negatieve energie. Ondanks haar zeer moeilijke situatie was ze meestal rustig en kalm, ofschoon de kwelling soms op haar gezicht was af te lezen – de ene keer meer dan de andere. Toen had ik nog geen idee dat ze voortdurend in contact stond met lichtvolle hogere sferen. Haar diepe innerlijke tevredenheid en haar stralende lach gaven mij elke dag een ongelooflijke energie. Ze betoverde de mensen gewoon. Zo lukte het me om niet te klagen of te wanhopen. Ik was me er terdege van bewust dat alles nog veel erger had kunnen zijn. Als je de cijfers erop naslaat, had Christina een kans van 12 procent dat ze de moeilijkheden en de extreem vroege geboorte zou doorkomen zonder restschade. Bovendien heb ik destijds zo veel doodzieke kinderen in het ziekenhuis voorbij zien komen dat ik Christina's leven simpelweg als een groot geschenk zag, hoewel je het eerder een 'wonder' kunt noemen.

Hoe verbazingwekkend een leven zich door eigen wilskracht en scheppende energie kan voortzetten, beschreef Christina jaren later als volgt: 'Biologische berekeningen kunnen zo perfect zijn dat ze zich tegen de wiskundige berekeningen keren. Als je wil gericht is op leven, komt er een kracht in je los die zo onstuitbaar en sterk is dat de krachten van het universum respectvol buigen. Zelfs de meest tegenwerkende krachten hebben niets in te brengen als het gaat om de duidelijke bedoelingen die het leven heeft. Want een leven kan elk multiversum tot in de kern aan het wankelen brengen. Ieder mens, elk wezen heeft een instinct om te overleven. Kijk maar eens naar een bloem: haar leven is pure spontaniteit. Als een leven alleen maar zou besluiten dat het wil leven als de omstandigheden rondom dat leven goed zijn, zou dat belachelijk zijn. Dat zou net zoiets zijn als dat je alleen maar iets doet als iemand je dat opdraagt of dat je alleen maar van iemand kunt houden als die persoon dit van je verlangt. Of een leven zich ontwikkelt, hangt niet af van uiterlijke omstandigheden. Leven ontstaat evengoed op plekken waar niet zulke goede levensomstandigheden zijn. De natuur laat zich niet commanderen.'

Terwijl Christina's weg geplaveid was met hobbels, ontwikkelde Mario zich gelukkig heel snel. Met elf maanden begon hij al op eigen beentjes de wereld te verkennen. Hij was een mollig kereltje. Christina moest nog steeds allerlei uitdagingen het hoofd bieden: maagzweren, verstoppingen, abcessen in de slokdarm veroorzaakt door brandend maagzuur die tegelijk met de amandelen operatief zijn verwijderd. Deze aandoeningen leidden naar een terugval van enkele maanden, en dat terwijl haar ontwikkeling al veel trager verliep dan normaal.

Naar aanleiding van een van de vele ziekenhuisopnames gebeurde er iets bijzonders. Ik was de hele week bij Christina in het ziekenhuis en zorgde dag en nacht voor haar. Omdat het sonderen zo moeilijk ging, wilde ik het personeel daar niet mee opzadelen. Op een avond was ik zo moe dat ik simpelweg een paar uur móést slapen. Ik legde de jonge nachtverpleegkundige uit hoe laat, wat en hoeveel ze moest toedienen en benadrukte dat ze echt geen druppel meer mocht geven omdat Christina deze gangbare sondevoeding niet kon verdragen en al helemaal niet in grote hoeveelheden. Daarna ging ik tegen middernacht uitgeput naar bed in een naastgelegen kamer.

En toen gebeurde er iets opmerkelijks. Het liep tegen vier uur 's ochtends en ik voelde duidelijk dat iemand me aanraakte, hoewel er niemand in de kamer was. Het zou logisch zijn als ik me had omgedraaid om verder te slapen. Maar ik wist duidelijk dat Christina in gevaar was – een sterk gevoel dat ik nog nooit eerder had gehad. Bijna paniekerig verliet ik de kamer en haastte me naar Christina. Wat ik toen zag bevestigde nog meer dat ik op mijn instinct, op mijn innerlijke leiding kan vertrouwen.

De nachtdienst had tegen mijn uitdrukkelijke aanwijzingen in een hele liter vloeibare voeding opgehangen. Deze hoeveelheid kwam weliswaar overeen met de normale hoeveelheid die ze sinds een paar dagen kreeg toegediend, maar dan wel milliliter voor milliliter, met tussenpozen verdeeld over de dag. Christina lag plat op de rug in haar bedje, gefixeerd in een bedovertrek dat vastzat aan het matras, zodat ze er niet uit kon. Christina was klaarwakker en keek me met grote ogen hulpeloos aan, maar huilde niet. Ze hapte naar lucht, hoestte en ik hoorde een klokkend geluid. De sondevoeding liep via de slang door de PEG-sonde direct haar maag in. Omdat haar darmen echter geen grote hoeveelheden konden verwerken, liep alle voeding in omgekeerde richting via de slokdarm weer terug via haar mond en neus. Als ik niet naar haar toe was gegaan, was ze misschien wel gestikt zonder dat iemand het had gemerkt.

Dit voorval op de neonatologieafdeling was een grote schok. Toch wilde ik er geen drama van maken, want ik was het verpleegkundig personeel nog steeds erg dankbaar dat het al die maanden zo zijn best had gedaan voor de tweeling. Ik wist zeker dat een hogere macht de hand had gehad in dit voorval. Gelukkig heb ik naar mijn innerlijke stem geluisterd.

In de jaren daarna deden zich nog meer van dit soort wonderlijke voorvallen voor. Heel wat zouden in de vergetelheid zijn geraakt als ik bij het schrijven van dit boek niet zoveel moeite had gedaan ze weer uit mijn herinnering op te duikelen.

Toen Christina ongeveer drieënhalf was, gaven de artsen de hoop op dat ze ooit normaal zou kunnen eten en drinken. Mario werkte echter als een magneet op zijn zus. Als Christina zag hoe genoeglijk hij zat te eten, probeerde ze dit na te doen, maar al haar vertwijfelde pogingen om zelfs maar een ietsepietsie naar binnen te krijgen mislukten. Het was duidelijk: de wil om te eten en te drinken was er, maar haar lichaam leek het niet te kunnen.

Wij waren er nog niet aan toe om ons erbij neer te leggen. Ik was er nog steeds vast van overtuigd dat dit kind, dat zo'n heldere geest in zich droeg, op enig moment zelfstandig zou kunnen eten en drinken. Ik was bijna de enige die deze hoop koesterde. Keer op keer drong ik er bij de artsen op aan Christina's geval nogmaals grondig onder de loep te nemen. Uiteindelijk besloten ze om een omvangrijk, multidisciplinair onderzoek te doen met een maag-darmspecialist, een psychotherapeut, een paar internisten, een logopedist en een kinderpsycholoog. Via verschillende onderzoeken en talloze testen stelden ze met elkaar een uitvoerig beeld op van Christina's situatie. Ze werd hiervoor zowel thuis als in het ziekenhuis urenlang gefilmd, zodat de specialisten haar gedrag konden analyseren en beoordelen.

Vanuit psychologisch oogpunt zou ze ook een eetstoornis kunnen hebben door een onverwerkt trauma. In haar prille leventje had Christina immers ingrijpende technische ingrepen in mond en keel moeten ondergaan. Of zou ze haar tweelingzusje missen? (Zelf heb ik nooit de indruk gehad dat ze Elena miste. Ergens voelde ik dat.) Of lag het probleem bij mij? Na een paar sessies kwam de psycholoog tot de conclusie dat zowel bij Christina als mij psychische problemen geen rol speelden.

Het was de logopediste die met een afdoend antwoord kwam. Het viel haar op dat Christina bijna nooit iets met haar handen pakte en al helemaal niets in de mond stak, wat de meeste kleine kinderen juist wel doen. Hierdoor waren haar mondmotoriek en slikreflex niet ontwikkeld. Omdat Christina mijn eerste kind was, was me dat niet opgevallen. Ik had niet de gewoonte om haar met andere kinderen te vergelijken en koppelde haar heldere waarneming van de omgeving nooit aan een of ander gebrek. Ik kreeg nooit de indruk dat het gebrek aan kennis was waardoor ze niet wist hoe ze met een voorwerp of met andere levende wezens om moest gaan. Integendeel, ze leek elke situatie juist heel goed en intelligent in te schatten en kwam nooit onzeker, onbeholpen of onhandig over. Ze ging met alles zorgvuldig om, inclusief zichzelf, waardoor zich nooit gevaarlijke situaties voordeden zoals vallen of zich branden. Door de bank genomen was 'opvoeden' niet eens nodig bij Christina, want op een of andere wonderlijke manier leefde ze volledig vanuit zichzelf een harmonieus leven. Heel uitzonderlijk eigenlijk, maar het viel me pas nu, na deze analyse, op.

Op advies van de logopediste startte Christina met een jarenlange behandeling op de logopedie-afdeling van het kinderziekenhuis. Ze moest als driejarige eerst leren om met de handen voorwerpen op te pakken en te voelen. Vervolgens leerde ze door ingewikkeld priegelwerk welke voorwerpen warm of koud, droog of nat, hard of zacht, groot of klein, licht of zwaar aanvoelden.

Zo'n tien jaar later vroeg Christina me naar deze therapie: 'Mama, waarom moest ik toen zo lang naar logopedie? Ik weet het nog heel goed. Ik wist van tevoren al op meters afstand of een ding koud of droog of zacht aanvoelde. Daarvoor hoefde ik ze niet aan te raken. Ik zag het al aan hun energieveld.' Glimlachend zei ze daarna dat die hele behandeling wat haar betreft nogal onlogisch was.

Toch leek ze er niet met tegenzin heen te gaan en ze doorliep jarenlang netjes de wekelijkse sessies in het kinderziekenhuis. Nu snap ik wat ze bedoelde, maar toen kwam niemand op het idee dat de kleine Christina een verruimde waarneming had en voorwerpen en levende wezens al aan hun energieveld herkende zonder ze aan te raken.

Toen ze vier was moest Christina op advies van de oogarts een bril omdat er een aandoening aan het netvlies was vastgesteld (retinopathie stadium 1) en slechtziendheid aan beide ogen, die al eerder was vastgesteld. Maar de doorgaans zo gehoorzame Christina weigerde pertinent elke bril en de hele onderneming werd een jaar uitgesteld. Toen ze vijf was, liet ik het voor wat het was, want haar gezichtsvermogen voor zowel dichtbij als veraf leek sterk genoeg te zijn.

Een paar jaar later had ze het wel eens over kleurige strepen en lijnen in de lucht en vroeg me wat dat was. Ik snapte het niet en dacht opnieuw dat er iets met haar gezichtsvermogen aan de hand was. Maar onderzoek toonde aan dat er geen sprake meer was van retinopathie of slechtziendheid. Ook de oogarts kon niet verklaren wat Christina had gezien. Medisch gezien was alles prima in orde, wat bijna een wonder is bij zo'n extreme vroeggeboorte.

Ik maakte me er verder niet meer druk over. Hoe kon ik weten dat Christina met haar verruimde waarneming 'energie-handtekeningen' kon zien die ik met mijn driedimensionale zicht niet kon waarnemen?

Eind 2005, vierenhalf was ze toen, kreeg Christina nogmaals een levensbedreigende darmverstopping, die ik aanvankelijke onderschatte. Alle eten kwam er weer uit, maar ze huilde en schreeuwde niet. Dat ze niet schreeuwde was niet ongewoon. Haar fysieke pijngrens was altijd al ongelooflijk hoog, waardoor ik me gedurende haar hele ziektegeschiedenis telkens weer op het verkeerde been liet zetten. Met de jaren had ik geleerd dat niet de mate van pijn doorslaggevend was om een afspraak te maken bij de dokter of ziekenhuis, maar haar gezichtsuitdrukking of lichaamstaal. Ook nu zag ik aan haar bleke gezichtje hoe belabberd ze zich voelde, maar ze huilde of klaagde niet. Toen er echter al langere tijd geen druppel vloeibare voeding meer verder door de maag kwam, ging ik weer met haar naar het kinderziekenhuis, waar het inderdaad een darmverstopping bleek te zijn en ze de juiste hulp kreeg.

Dit was gelukkig de laatste grote geneeskundige hobbel die Christina tijdens haar kindertijd nog had te nemen. In de jaren daarna zijn er geen noemenswaardige tegenslagen meer geweest.

Alleen eten en drinken lukte nog niet. Door jarenlange logopedie leerde ze langzaam maar zeker controle te krijgen over wat ze in de mond had en druppel voor druppel iets te drinken. Dit betekende een doorbraak en elke dag oefenden we dit urenlang en probeerden het als de gewoonste zaak van de wereld te beschouwen. We hadden het geluk dat Mario een heel gemakkelijk kind was met een levendig, zonnig en spontaan karakter. Met zijn vier jaar was hij qua ontwikkeling net zover als zijn zus, die zesenhalf was. Door zijn aanwezigheid en voorbeeld was hij een grote steun in Christina's proces om eindelijk te leren eten en drinken. Ze had nog steeds de

PEG-sonde in de buik, maar het was slechts een kwestie van tijd en geduld voordat ze daar zonder zou kunnen.

Gemakkelijk ging het niet. Volgens de artsen was het hoogst onwaarschijnlijk dat een sondekind na zoveel jaar nog van de sonde af kon komen, vooral als het als baby niet heeft geleerd hoe je moet eten en drinken. Ze raadden ons dan ook af om haar in een specialistisch ziekenhuis in Graz voorgoed van de sonde af proberen te krijgen. Christina was hier met zes jaar al te oud voor en ze liep het risico er een trauma aan over te houden. De enige mogelijkheid was om dit thuis zelf te doen en we besloten het te proberen.

De eerste twee ontwenningspogingen moesten we al na een paar dagen staken. Het lukte Christina's lichaam niet om zonder kunstmatige voeding en alleen door een hongergevoel een normale eetreflex op te roepen. Nog steeds lijkt het op de een of andere manier onnatuurlijk voor haar om eten en drinken via de mond binnen te krijgen.

Maanden later zag ik 'toevallig' een filmfragment van een elfjarig meisje in Amerika dat het tegen alle wetenschappelijk onderzoek in was gelukt om van de sonde af te komen. Ik besloot nogmaals een poging te wagen.

Deze derde ontwenningspoging in juni 2007, toen Christina al naar groep 1 ging, was uiteindelijk succesvol. Net als de twee vorige keren kreeg Christina dagenlang geen kunstmatige voeding. Dat was voor mij net zo moeilijk als voor Christina zelf, want welke moeder kan aanzien dat haar kind honger – en dan bedoel ik echte honger – lijdt? De artsen hadden me op het hart gedrukt de poging meteen te staken als ze meer dan 10 procent van haar lichaamsgewicht afviel. Ze lag 's nachts urenlang wakker en voor een handjevol eten had ze zo ongeveer veertig minuten nodig omdat ze ongelooflijk lang moest kauwen, en aanvankelijk lukte het alleen met wat water om iets door te slikken. Ze was bijna de hele dag bezig met kleine porties eten en drinken. Toch ging ze gewoon elke dag naar school.

September 2007: toen Christina zesenhalf was mocht ze van de PEG-sonde af. Mario is op dat moment bijna vier en beide kinderen zijn even lang en in hun fysieke ontwikkeling even ver.

Tien dagen later dreigde echter ook deze derde poging te mislukken en ik merkte dat mijn pijngrens bereikt was. Door de honger had Christina de hele nacht wakker gelegen en toen ze 's ochtends naar school zou gaan, bleek ze volledig uitgedroogd. Ik wist zeker: als ik haar nu laat gaan, zal de school me meteen bezorgd bellen dat Christina bleek en verzwakt in een hoekje zit. Ik kende haar situatie ondertussen wel. En dus gooide ik alle goede voornemens overboord en besloot haar weer drie à vier keer sondevoeding toe te dienen voor ze naar school ging.

Dit was niet alleen het einde van de derde poging de sondevoeding af te bouwen, maar tegelijkertijd de laatste strohalm dat Christina ooit normaal zou kunnen eten en drinken. Hadden de artsen het dan toch bij het rechte eind en was alles alleen maar ijdele hoop geweest?

Op dat moment besefte ik dat ik geen nieuwe pogingen meer zou doen, want elke poging trok op zowel Christina als mij een enorme wissel. Christina zou goed- dan wel kwaadschiks de rest van haar leven met deze maagsonde moeten leven en leren zich via een spuit en een slang eten toe te dienen.

Maar weer gebeurde er een wonder, op de morgen van 13 juni 2007, wat precies de zesde sterfdag van Elena was, hoewel ik er op dat moment niet bij stilstond. Juist toen ik teleurgesteld en met lichte tegenzin de spuit aan de sondeslang bevestigde om de afbouwpoging definitief te staken, begon de zesjarige te praten. Alsof ze mijn verdrietige gedachten kon lezen, richtte ze zich met heldere, vastbesloten stem tot mij: 'Je moet me geen sondevoeding meer geven, mama!'

Mijn 'maar...' volgde snel.

Christina ging echter rustig doch beslist verder: 'Nee, mama, je moet me niets geven. Sterker nog, dat hoef je nooit meer te doen.'

De boodschap was klip en klaar en haar stem klonk ernstig. De hele situatie was hoogst ongebruikelijk. Hoe kon een kind van zes zulke verstrekkende dingen zeggen, en dan ook nog in zo'n uitgehongerde en zwakke toestand waarin ieder ander kind alleen maar zou huilen en dwars en boos zou zijn? Zo'n duidelijke boodschap nadat ze jarenlang op moeizame wijze voeding via een slang toegediend had gekregen – hoe kon dit?

Omdat Christina me nog nooit had voorgelogen of een situatie verkeerd ingeschat, geloofde ik haar ook nu en liet ik haar, zoals ze zelf wilde, zonder voeding de 150 meter lopen naar de plek waar de schoolbus haar oppikte en naar school bracht. Een buitenstaander had vast gezegd dat ik volledig onverantwoord bezig was, maar ergens vertrouwde ik mijn kleine meid.

Christina kreeg gelijk. Achteraf zou je kunnen zeggen dat 13 juni 2007 niet alleen Elena's zesde sterfdag was, maar ook de dag waarop Christina's ziel eindelijk volledig in haar lichaam aankwam. Tenminste, dat is wat Christina me jaren later vertelde.

De PEG-sonde bleef nog drie maanden zitten, tot men zeker wist dat er geen gevaar voor een terugval meer bestond. Toen werd de sonde eindelijk verwijderd. Het duurde weliswaar nog een paar jaar voor ze zonder problemen kon eten en drinken, maar op haar tiende was alles normaal en sindsdien heeft ze een gezonde, natuurlijke eetlust. Alleen een klein litteken ter hoogte van de maag – net een tweede navel – herinnert nog aan deze moeilijke fase in Christina's eerste levensjaren.

6
Christina's schooltijd

In het kinderziekenhuis had Christina testen gemaakt om te bepalen naar welke school ze zou gaan. Ze had ze niet zo goed gemaakt en wij kregen te horen dat de kans klein was dat ze op de reguliere basisschool mee zou kunnen komen. Ik liet me niet ontmoedigen, want ik ken mijn dochter. Tegenover vreemden was ze vaak wat terughoudend en dit heeft zeker invloed op de testresultaten gehad. Waar ze onderpresteerde op het gebied van rekenen, scoorde ze bovengemiddeld hoog als het om mensenkennis ging. Maar in ons land is mensenkennis geen onderdeel van de schoolvakken.

Een aantal resultaten leek raadselachtig en onlogisch. Niemand had toen in de gaten dat Christina over buitengewone waarnemingen en talenten beschikte. Zelfs ik niet.

We besloten dat ze naar de eerste klas ging van een reguliere school met de mogelijkheid dat ze hier twee jaar over kon doen, mocht dit nodig zijn. Zover kwam het niet. Zonder problemen doorliep ze de klassen van het basisonderwijs.

Volgens de leerkrachten was Christina een opvallend rustige, bijna schuchtere leerling, maar wel met een grote leergierigheid; ze was een doorzetter en beschikte over een uitstekend concentratievermogen. Haar medeleerlingen waardeerden haar vriendelijke en behulpzame inborst. Fysiek was ze weliswaar nog achter in haar ontwikkeling, maar ze voelde zich daardoor nooit benadeeld of buitengesloten.

De meest in het oog springende eigenschap was wel dat ze altijd authentiek, zichzelf was en dat ze geen enkele intrige, onrechtvaardigheid of leugen ondersteunde. Thuis vertelde ze vaak over school, en haar observaties van het doen en laten van zowel medeleerlingen als leerkrachten waren indrukwekkend maar nooit veroordelend. Zo vroeg ze bijvoorbeeld: 'Mama, waarom heeft de meester niet door dat sommige leerlingen tegen hem liegen?'

Ze beschreef vaak gedetailleerd bepaalde emoties van mensen, wat me keer op keer verbaasde. Hoe was het mogelijk dat zo'n jong meisje zoveel bij andere mensen kon aanvoelen en waarnemen?

Hoewel Christina graag met andere kinderen speelde, kon ze ook urenlang in haar eentje spelen. Ze vond het heerlijk om bij onze bron met water te experimenteren, met stenen te spelen en vooral met dieren en planten. Ik snapte hier heel lang niets van, maar omdat het heel natuurlijk overkwam, maakte ik me geen zorgen. Christina was een vrolijk, met de natuur verbonden meisje dat veel lachte en altijd tevredenheid uitstraalde, maar op buitenstaanders meestal een bijzonder rustige indruk maakte. Tegen vreemden zei ze vaak helemaal niets.

'Al tien jaar hier'

Op haar tiende verjaardag verkondigde Christina tot verbazing van de hele familie, onder wie opa's en oma's, peetooms, vrienden en nog wat kinderen uit de buurt, tijdens het taart eten ineens: 'Mama, nu ben ik al tien jaar op deze wereld en er is nog helemaal niets gebeurd!' Alsof haar plotseling te binnen schoot dat ze hier op Aarde was om een belangrijke taak te vervullen en daar nog steeds niets van terecht was gekomen.

Eventjes was ik met stomheid geslagen door wat ze zei. Weer zo'n raadselachtige opmerking waar ik niets van snapte. Ik vond namelijk dat er in de afgelopen tien jaar heel veel was gebeurd en dat die jaren allesbehalve gemakkelijk waren geweest. Kennelijk hechtte Christina niet al te veel waarde aan haar omvangrijke ziektegeschiedenis. Het leek eerder of ze zich verveelde en eindelijk wel eens toe was aan een boeiende uitdaging. Destijds begrepen we de achterliggende betekenis nog niet van deze wonderlijke uitspraak. Het zou nog een paar jaar duren voor we dat wel deden.

Van meet af aan waren Christina en Mario aan elkaar verknocht en dat is nog steeds het geval. Al gauw zagen we dat Mario meer talent voor techniek had en zijn zus meer een denker was. Met de handen werken was niet echt Christina's ding, waardoor ze vaak de hulp van haar broer inriep, zonder dat ze zich hierdoor incompetent voelde. Het verbaasde me dat dit haar niet frustreerde, maar nee, ze vond Mario's praktische vaardigheden simpelweg tof. Ze vulden elkaar op deze manier in allerlei opzichten aan, vaak op een amusante manier. Onderlinge afgunst, ruzie of zelfs elkaar wat aandoen, was hun volslagen vreemd. Integendeel, ze waren duidelijk zorgzaam naar elkaar toe. Dit viel me pas op toen ik andere kinderen zag samenspelen die heel anders met elkaar omgingen. Ik was op stille wijze dankbaar dat het lot me gunstig gezind was en me zulke kinderen had geschonken.

Op een dag, toen hij ongeveer zes was, stelde Mario een vreemde vraag. We waren met de auto onderweg en hij zat op de achterbank. Hij kwam dicht naar me toe en vroeg met zijn kinderlijke stemmetje: 'Mama, wat is een heilige?' Hoewel we hem katholiek opvoedden, wist de eersteklasser nog niet zoveel over religie, waardoor ik de vraag tamelijk verrassend vond. Hoezo wilde hij ineens weten wat een heilige is?

Ik antwoordde: 'Kort gezegd waren heiligen vaak mensen die zich opofferden, zich inzetten voor vrede en rechtvaardigheid in de wereld. Sommigen hadden helende krachten en konden wonderen verrichten.' Ik noemde een paar voorbeelden, zoals de heilige Bernadette Soubirous uit Lourdes, wier lichaam na haar dood niet verteerde en er ook nu nog verbazend levendig uitziet.

Ik was sprakeloos toen ik Mario's reactie hoorde. 'Aha, dan is Christina dus een heilige.' Zijn duidelijke conclusie, waar geen spatje twijfel in doorklonk, liet ik maar voor wat die was, zonder te vragen waarom hij dacht dat zijn zus een heilige was.

Volgens mij is het niet gebruikelijk dat kinderen hun eigen broer of zus als een heilige bestempelen en al helemaal niet als ze zelf nog niet eens weten wat een heilige eigenlijk is. Mario moest iets aan zijn zuster hebben gemerkt. Maar wat? Haar vredelievende karakter alleen kon toch niet de reden zijn voor een dergelijke opmerking. De verklaring voor dit wonderlijke moment zou pas jaren later volgen.

Er viel nog meer op tijdens Christina's schoolperiode, zoals bij het vak wiskunde, dat een grote uitdaging was voor haar. De prestaties voor wiskunde stonden in geen verhouding tot die van de talen of natuurwetenschappen. Als klein meisje al viel bij de ontwikkelingscontroles in het ziekenhuis op dat haar gevoel voor rekenen ver onder de norm lag en ook later op school bleef rekenen een groot struikelblok. De rekensommen maakte ze samen met mij en daarnaast had ze bijles.

In de vijfde klas kreeg ze de opdracht om een dobbelsteen te beschrijven. De simpele vraag luidde: hoeveel zijden heeft een dobbelsteen? Meteen kwam Christina's antwoord met een zelfverzekerde glimlach: 'Zestig!'

Mijn geduld raakte langzaam maar zeker op. 'Een kubus kan toch geen zestig zijden hebben,' antwoordde ik wat geïrriteerd, en ik pakte een kleine dobbelsteen uit de speelkist en legde hem voor haar neer.

Het goede antwoord volgde subiet: 'Hij heeft zes kanten.'

Ik had nog geen flauw idee dat Christina op dat moment al in staat was multidimensionaal te zien en soms simpelweg vergat om de vragen vanuit driedimensionale blik te beantwoorden. Ook dit voorval snapte ik pas jaren later, toen Christina me uitlegde dat ze destijds al eendimensionaal kon zien. Toen ik vroeg hoe zo'n eendimensionale dobbelsteen met zestig zijden er dan uitziet, zei ze lachend: 'Nou ja, in elk geval niet als een dobbelsteen uit onze dimensie.'

Christina's voorliefdes

Tijdens haar schoolperiode was lezen Christina's liefste bezigheid. Met veel andere meidendingen – zoals make-up, sieraden, horloges, mobieltjes, social media, televisie enzovoort – kon ze als vanouds niet zoveel. Ze speelde veel liever buiten, met de dieren in de vrije natuur of met de kinderen uit de buurt.

Ze had nooit een wensenlijstje met kerst of met haar verjaardag. Als je vroeg wat ze graag wilde hebben, kreeg je meestal te horen: 'Ik heb niets nodig, ik heb alles wat ik nodig heb.' Dit was best wel lastig voor de familie en leidde meestal tot opmerkingen zoals: 'Deze bescheidenheid is toch niet normaal!'

Meestal kreeg ze dan boeken, want ze werd nergens enthousiaster van dan boeken. In het begin was ze vooral geïnteresseerd in boeken met mooie illustraties van de natuur. Vooral plekken die op de Werelderfgoedlijst staan, spraken haar aan, maar ook de sterren en het heelal. In de onderbouw verzamelde ze kleine engeltjes, die nog steeds haar muren en stellingkast sieren. Verder was ze van kindsbeen af gefascineerd door stenen.

Over dat gedoe met cadeautjes geven met kerst bleef ze zich verbazen. Een paar jaar later merkte ze over dit 'feest van de liefde' eens op: 'Ik snap niet waarom mensen juist op deze dag elkaar iets geven of de tijd voor elkaar nemen. Voor mij is het altijd kerst, daar heb ik geen kerstboom of cadeautjes voor nodig.'

Christina had en heeft een grote voorliefde voor dieren. Als kind redde ze graag en in alle ernst allerlei slakken, kevers en andere kleine dieren het leven Als het regende, checkte ze vaak

Als klein meisje hield Christina al van engelen en kende ze hun betekenis. Ook nu staan er nog meer dan dertig engelfiguren in haar kamer (foto is van november 2004).

de straten om zeker te weten dat er geen slakken overreden zouden worden. Dat doet ze nu nog steeds trouwens. Ook vliegen, wespen of bijen die per ongeluk in een glas drinken vallen, vist ze eruit en laat ze weer vliegen. Hoe het komt dat ze nog nooit is gestoken, legt ze uit: 'Misschien voelen de bijen zich niet bedreigd door mij.'

Christina durfde alle dieren aan te raken of op te pakken – of het nu om een spin, slang of groot roofdier ging. Daarom vond ze het heerlijk om naar een dierentuin te gaan en de dieren te bekijken. Ze was trouwens op geen enkel vlak bang. Aan blaffende honden en lawaai in het algemeen had ze een hekel – niet omdat ze bang was voor honden, maar omdat ze het geluid van het geblaf niet goed aan de oren kon verdragen.

Toen ze zeven was, kreeg ze een konijn en op haar negende een witte alpacamerrie, die ondertussen al drie jongen heeft

Oktober 2012: de elfjarige Christina samen met haar alpacamerrie Daisy.

gebaard. Mario heeft eveneens een konijn en een alpacahengst. Christina ging altijd heel liefdevol met de dieren om en het leek of ze ermee kon praten. Ik had geen verklaring voor deze wonderlijke communicatie, maar het kwam altijd heel vanzelfsprekend en natuurlijk over.

Christina kon letterlijk versmelten met de natuur. Een indrukwekkend voorbeeld deed zich voor op een mooie dag in oktober, toen ze negen jaar was. Het was herfstvakantie en de kinderen waren overdag vooral buiten te vinden. We brachten de konijnen nog een keer naar hun buitenverblijf. Toen ik vanuit huis mijn blik naar buiten liet dwalen, zag ik Christina, die met een boek midden in het grote buitenverblijf zat en beide konijnen een verhaaltje voorlas – zonder woorden uiteraard. De twee alpaca's, hun onderkomen grenst aan dat van de konijnen, gingen eveneens bij het hek staan en luisterden naar het stille verhaal. Het leek of alle dieren aandachtig naar het geluidloze verhaal luisterden. Achteraf gezien was dat ook zo, want toen al had Christina de gave om met dieren, planten en stenen te communiceren.

Van de derde tot de zesde klas heeft Christina een tijdlang keyboard gespeeld. Ze gaf geen blijk van uitzonderlijk talent, maar ze genoot wel van het muziek maken en ging graag naar de lessen. Therapeutisch gezien was ik hier heel blij mee, omdat ze verder bar weinig met haar handen deed en motorisch nogal onbeholpen was.

Ze had weinig met de televisie. Als 's avonds het kinderuurtje op tv was, pakte ze meestal een boek of schreef ze wat, waarbij ze geen last had van ons of van de televisie.

Lezen bleef Christina's favoriete bezigheid. Ze kon zo snel lezen dat ik het bijna niet kon geloven. Toen ze tien jaar was, las ze minstens vijf dikke boeken per week. In een mum van tijd las ze driehonderd bladzijden en ze wist daarna heel goed wat ze had gelezen, wat met het leescontrolesysteem 'Antolin' daadwerkelijk werd aangetoond. In die tijd hadden we nog geen flauw idee dat ze over synesthetische vaardigheden beschikt en dus op een compleet andere manier neurale hersenstructuren aanlegt, waardoor ze onder meer in staat is zeer snel te lezen en teksten te begrijpen.

Haar leesdrang richtte zich aanvankelijk vooral op avonturen- en fantasieverhalen, later steeds meer op vakliteratuur op het gebied van natuurwetenschap en mystiek. Rond haar tiende ontdekte ze haar grote enthousiasme voor kosmologie en astrologie, een voorliefde die jaren eerder al was begonnen.

Want al als klein meisje van twee, drie jaar schoof ze 's avonds als het donker was vaak een stoel voor het raam en keek ze stil naar buiten de donkere nacht in. Soms zat ze voor de balkondeuren, maar meestal ging ze op verschillende plekken zitten alsof er overal wat anders te zien was. Ik vroeg me vaak af wat haar zo fascineerde, want de sterren waren vaak niet te

2003: hier is Christina ongeveer twee jaar oud en staat ze bij het raam om gefascineerd de nacht in te kunnen kijken.

zien door de wolken. Er moest dus een andere reden zijn, die ik wederom pas jaren later te horen kreeg. Hoe dan ook, de ramen en balkondeuren waren vaak beduimeld – of beter gezegd: ronduit smerig – door haar handjes en mondje, vooral in haar eigen kamer. Maar ik liet Christina haar gang gaan, want om een of andere reden vond ze het duidelijk spannender om naar de nachtelijke hemel te kijken dan naar de tv.

De eerste 'voordrachten'

Vanaf haar tiende hield Christina lange betogen voor de familie over natuurwetenschappelijke onderwerpen. Vol enthousiasme vertelde ze dan over de kosmos, onbekende planeten in het universum, hoe ze zijn ontstaan en welke structuur ze hebben en bovendien lichtte ze toe wat voor klimaat en welke natuurwetten er daar heersen. Waar haalde dit meisje zulke gedetailleerde kennis vandaan over verre planeten en sterrenstelsels, sterrenpoorten, wormgaten en multiversum? Die kon ze onmogelijk alleen maar uit boeken of van het internet hebben gehaald, en ze zoog het vast niet uit haar duim.

Moeiteloos vertelde ze zo een uur lang en zelfs langer zonder hapering over deze onderwerpen en legde ze verbanden met andere gebieden zoals fysica of de geschiedenis van de evolutie. Ook maakte ze vergelijkingen met de ontwikkeling van de Aarde en de mensheid, waar ze eveneens veel over leek te weten. Ze kon dit onmogelijk simpelweg ergens hebben gelezen en uit het hoofd hebben geleerd, want eerder al kwam ze met feiten aan die tot dan toe nog niet door de huidige wetenschap waren aangetoond.

Het was steeds weer een belevenis om naar haar enthousiaste betogen te luisteren, en de toehoorders werd op het hart gedrukt haar niet in de rede te vallen. Ze vertelde zo levendig, overtuigend en geloofwaardig dat er geen ruimte voor twijfel was. Wanneer ze bijvoorbeeld over andere werelden sprak, had ik vaak de indruk dat ze daar net nog was geweest en niets anders deed dan kort beschrijven wat ze daar zojuist had meegemaakt. Tijdens deze voordrachten, die voor Christina kennelijk volledig normaal waren, hoorde je vaak opmerkingen als: '... maar dat kun jij niet zien' of '... dat is ondenkbaar voor de mensen hier' of '... dat kun je je met het driedimensionale verstand niet voorstellen'.

Stiekem hoopte ik dat ze op school af en toe zulke voordrachten zou houden. De meester zou haar amper nog herkennen. Maar op school was ze altijd zeer terughoudend – zozeer zelfs dat men haar de meeste tijd niet opmerkte. Nooit stak ze uit zichzelf de vinger op om een vraag te beantwoorden, ze volgde echter aandachtig en geconcentreerd de lessen en mat zich de rol van stille luisteraar aan.

Er kwamen steeds meer natuurwetenschappelijke 'voordrachten' en er volgden thuis steeds meer gesprekken over.

En meer en meer. Naast astronomie, geologie en de evolutietheorie volgden nieuwe vakgebieden zoals kwantumfysica, zoölogie, archeologie, klimaatonderzoek, neuropsychologie en theologie. Ook als het ging om wetenschappelijke ontdekkingen en historische gebeurtenissen op onze planeet plaatste ze soms subtiele kritische noten. En keer op keer waren haar analyses van het actuele wereldgebeuren verbluffend.

Ik mocht altijd kritische vragen stellen over al deze onderwerpen. Dat vond ze juist fijn en ze had altijd een intelligent antwoord. Vaak daagde ze me meteen uit om een vraag te stellen, zodat ze nog meer kon uitweiden en nog grondiger kon uitleggen. Meestal waren de onderwerpen zo ingewikkeld dat ik al snel geen vaktechnische vragen meer kon bedenken en me alleen nog maar kon verbazen over mijn dochter. Alles waar ze over vertelde, kwam nooit speculatief of ongeloofwaardig op me over. Het viel me op dat Christina bij onderwerpen als zwaartekrachtvelden, de omdraaiing van de wereldas of een voorval van eeuwen geleden op indrukwekkende wijze met getallen omging, hoewel ze bij wiskunde op school nog steeds niet goed presteerde. Ook hier had ik geen verklaring voor.

Ook haar persoonlijke vragen waren opmerkelijk. Zo vroeg ze me bijvoorbeeld eens: 'Mama, geloof jij dat iemand van het licht kan leven?' of 'Denk jij dat iemand geboren kan worden met een röntgenblik?' of 'Ken jij iemand die zich onzichtbaar kan maken?'

Mijn standaardantwoord luidde dan meestal: 'Ik denk wel dat er zulke fenomenen bestaan, maar dat het dan om zeldzame talenten gaat.' Dit antwoord was voor dat moment afdoende – tot de volgende vraag zich aandiende, die niet lang op zich liet wachten.

In die periode vormde de manier waarop Christina zich gedroeg en zich uitte nog steeds een groot raadsel dat ik niet kon doorgronden. Het beeld dat ik van haar had, leek onvolledig en vol leemten, alsof ik geen flauwe notie had van wie mijn dochter was.

Christina's talenten lagen echter niet alleen op natuurwetenschappelijk en rationeel vlak. Van nature was ze ook buitengewoon attent, begripvol en liefdevol in de omgang met andere levende wezens. Mocht er in haar omgeving iets van onvrede of teleurstelling zijn, dan probeerde ze direct te kalmeren en troost te bieden – soms zelfs bij mij, zoals in het volgende voorbeeld.

Op een avond, Christina was ongeveer acht, was er iets voorgevallen waar ik nogal terneergeslagen van was. Ik was opvallend kortaf toen ik de kinderen naar bed bracht. Nadat ik eerst Mario naar bed had gebracht, sloeg ik als altijd bij ons avondritueel bij Christina drie kruizen met wijwater en wenste haar welterusten. Ze voelde echter, zonder een vraag te stellen, duidelijk aan wat er met me aan de hand was. Zonder iets te zeggen stapte ze uit bed en trippelde op blote voetjes over het laminaat, zo stil dat je bijna niets hoorde, naar het wijwaterbakje dat aan de muur was vastgemaakt. Ze stond op het puntje van haar tenen, strekte zich uit, kon met moeite net haar vingertjes in het wijwater dopen, liep terug naar mij aan het bed en sloeg toen ook bij mij drie kruizen. Vervolgens keek ze me zonder een woord stralend aan. Alsof ze gedachten en gevoelens kon lezen, begreep ze precies wat er met mij aan de hand was en reageerde er liefdevol op.

En zo waren er dagelijks meer van deze kleine, liefdevolle gebaren die voor mij de normaalste zaak van de wereld waren maar anderen altijd positief verrasten. Vooral haar opvallend vreedzame karakter wekte verwondering bij velen. Voor mij waren Christina's aard en gedrag niet meer dan de dagelijkse gang van zaken – weliswaar een heel fijne gang van zaken, misschien zelfs een leidraad in mijn leven, die mij als een fijne lichtstraal de juiste weg in het leven toonde. Vaak was ik verrast door haar bondige maar treffende en wijze antwoorden. Ze had het over onderwerpen waar andere kinderen van haar leeftijd geen enkele weet van hadden, of als ze er wel iets van wisten in elk geval over veel minder inzicht en onderscheidingskracht beschikten. Zo kwam Christina bij een van mijn moeilijkste beslissingen in jaren uit eigen beweging bij me met een kort maar krachtig antwoord: 'Mama, een betere keuze kon je niet maken!'

Vrienden en kennissen verklaarden deze diepzinnigheid en inzichten met het feit dat Christina in haar eerste levensjaren veel tijd met volwassen had doorgebracht vanwege de jarenlange therapieën die ze volgde. Hierdoor zou ze zich als kind een ongewoon hoog ontwikkelde taalvaardigheid en uitzonderlijke mensenkennis hebben eigen gemaakt. Dat dit heel andere oorzaken had, zou al snel aan het licht komen.

Tot zover de eerste dertien jaren van Christina's leven. We gaan verder in het heden, dat nog veel opwindender en inzichtrijker is. Niet alleen omdat er voortdurend nieuwe onderwerpen opduiken, maar ook omdat de vele raadselachtige vraagtekens uit haar kindertijd stukje bij beetje worden opgehelderd. Ze vormen met elkaar eindelijk een sluitend geheel.

Het is net of ik al die jaren tot nu bewust met een 'sluier van vergetelheid' ben bedekt om het dit kind – of beter gezegd: alle drie mijn kinderen – zonder beperkingen en onvoorwaardelijk mogelijk te kunnen maken zichzelf te ontwikkelen. Het is net alsof ik zonder het te beseffen steeds weer diverse testen heb doorlopen. En er komen nog steeds nieuwe bij.

Sinds 1 januari 2015 is in mijn leven niets meer zoals daarvoor. Wat ik vanaf dat moment meemaak, is fascinerender en ongelooflijker dan alles wat ik ooit eerder heb gehoord en meegemaakt. In het begin was ik vooral bezig met Christina's buitengewone waarnemingen en talenten, maar die waren slechts neveneffecten van wie ze echt is en wat ze kan. Wat heel indrukwekkend is, zijn haar staat van bewustzijn, haar spirituele hoogbegaafdheid en haar inzicht in ons universum en ons bestaan op de planeet Aarde.

Zoals ik al zei, verbindt Christina met speelse luchtigheid en verfijning de meest uiteenlopende terreinen tot een kloppend geheel: filosofie, mystiek en spiritualiteit; astronomie, kwantumfysica en neuropsychologie; scheppingsverhalen, evolutie en het huidige wereldgebeuren – op al deze vakgebieden weet ze een opvallende bijdrage te leveren die je horizon verbreedt. Al deze dingen bij elkaar vormen Christina's dagelijkse werkelijkheid, waarvan ze ons duidelijk deelgenoot wil maken. Ze benadrukt steeds weer dat wij allemaal het vermogen hebben ons bewustzijn op deze manier te verruimen en dat we allemaal het universum en onze rol daarin kunnen waarnemen.

Voor mij is Christina's persoonlijke inborst het indrukwekkendst. Haar levensvreugde en levenskracht, haar toewijding, wijsheid, diepe innerlijke kalmte en allesomvattende liefde voor de hele schepping geven blijk van een totaal nieuwe dimensie van mens-zijn. Ze laat zien dat het mogelijk is deze hoogstaande waarden daadwerkelijk consequent in het hier en nu te leven.

7
22 februari 2017: een inkijk aan gene zijde

Zondag 22 februari 2015. Christina is bijna veertien, nog steeds heel tenger en met haar 1,42 meter beduidend kleiner dan leeftijdgenoten. Ze zit nu in de eerste klas van het voortgezet onderwijs, en al met al gaat ze nu zeven jaar naar school. Als altijd straalt ze een weldadige rust en tevredenheid uit.

Vandaag hebben we het over een paar akkefietjes die op school spelen, ook over ruzies en onrechtvaardigheden tussen de andere meisjes. Ik vraag hoe ze omgaat met zulke situaties en als altijd antwoordt ze met heldere stem: 'Ik ga gewoon naast de ruziezoekers staan en beeld me krachtig in dat hun aura door mijn aanwezigheid positief verandert. Daarna zijn de meisjes vaak weer kalm.'

Ik ben even met stomheid geslagen door wat ze zegt. Ik heb met Christina nog nooit over zaken als aura's gesproken, omdat ik me daar tot nu toe nooit mee heb beziggehouden, laat staan dat ik ervaringen op dit gebied heb. Voor Christina lijkt dit echter de normaalste zaak van de wereld te zijn.

Ze maakt van de gelegenheid gebruik om mij op deze zondag urenlang te vertellen over haar persoonlijke waarnemingen: dat ze bij haar medeleerlingen, leraren en andere mensen emotionele trillingen ziet, dat ze aura's van anderen in de vorm van verschillende kleuren ziet, dat ze de gedachten van anderen hoort en nog veel meer. Dit was, vertelt ze, haar hele leven al het geval maar niet zo bewust als nu.

Zo'n drie jaar geleden merkte ze dat ze blijkbaar veel meer kon zien dan andere mensen.

Omdat ik net midden in mijn opleiding alternatieve en complementaire geneeskunde zit, schieten me spontaan een paar ziektebeelden te binnen en ik stel mijn dochter een paar gerichte vragen. Al snel kom ik tot de geruststellende slotsom dat het hier niet om iets afwijkends gaat. Op hetzelfde moment helpt Christina het misverstand lachend de wereld uit: 'Wees niet bang, mama, ik ben niet gek.'

Er gaat een vaag belletje bij me rinkelen en ik herinner me dat ik wel eens iets heb gelezen over dit fenomeen. Wat Christina zojuist heeft beschreven, is weliswaar geen veelvoorkomend maar zeker geen onbekend verschijnsel. Vermoedelijk zijn er veel meer mensen, met name kinderen en jongeren, die van nature over een verruimd bewustzijn en verruimde waarneming beschikken, zonder hier moeite voor te hoeven doen. Dit lijkt ook zo bij mijn meisje te zijn. Maar waarom?

Zo brak er deze zondag voor ons allen een heel spannende periode aan. Ik werd keer op keer met totaal nieuwe vakgebieden geconfronteerd en uitgedaagd om me met bewustzijnstoestanden en realiteitssferen bezig te houden waarvan ik tot dan toe geen flauw idee had. Maar goed, ik wil graag flexibel en onbevooroordeeld tegenover nieuwe dingen staan, houd ik mezelf voor. Ik zie toch niets verontrustends of destructiefs bij Christina.

Tijdens ons gesprek vertelt Christina me onder andere dat ze overleden mensen ziet en al heel lang verbonden is met het zogenaamde hiernamaals, dus met andere sferen en gecomprimeerde sferen. Ze vertelt hier heel onbevangen over, zonder een zweempje onbehagen of angst. Vanuit haar perspectief is dit allemaal heel natuurlijk en gewoon.

Oké, mijn dochter ziet dus geesten, en dat al haar hele leven, bedenk ik ineens en nu toch ook wel een beetje bezorgd. (Later legt Christina me uit dat ze de term 'geesten' in dit verband liever niet gebruikt. Zij spreekt liever van 'fijnstoffelijke mensen' of 'overledenen'.)

Dan neemt de moeder in mij het over: hoe is het in vredesnaam mogelijk dat zo'n jong meisje haar weg kan vinden in de reusachtige wereld van de overledenen zonder dat ze hier ooit iets over heeft gehoord of geleerd? Het kan toch bijna niet dat ze al die jaren alleen maar goede ervaringen heeft gehad? Is ze dan echt nooit bang? Ze stelt me gerust, ik hoef me geen zorgen te maken, want het kost haar moeite noch angst om met fijnstoffelijke wezens zoals overledenen om te gaan.

Ik reis in mijn gedachten naar het verleden. Heb ik in haar vroege kindertijd iets over het hoofd gezien? Was ze wel eens angstig of verward zonder dat ik er een verklaring voor had? Nee! Haar ontwikkeling was nou niet bepaald alledaags te noemen, soms zelfs uitzonderlijk en raadselachtig, maar behalve haar reactie op het harde geblaf van een hond heb ik nooit iets van onbehagen bij haar gezien.

Christina legt me uit: 'Weet je, mama, voor mij waren die sferen altijd al zichtbaar, ze horen gewoon bij mijn realiteit. Net zoals jij met jouw waarneming jouw driedimensionale realiteit ziet, zo zie ik die van mij, behalve dan dat deze, simpel gezegd, nog extra sferen omvat. Waarom vind je dat dan zo vreemd?'

Mijn eerste reactie is: nou, gewoon omdat het uitzonderlijk en niet normaal is voor iemand van dertien! Meteen besef ik dat dit 'normaal-denken' sowieso een ingewikkeld iets is. Wie bepaalt wat normaal of abnormaal is? Wij kennen en geloven in de regel alleen datgene wat we ooit hebben gehoord of gelezen of in het gunstigste geval zelf hebben meegemaakt Op deze manier is onze kijk op de realiteit automatisch sterk begrensd en incompleet. Het menselijke brein is in beginsel zo geprogrammeerd dat het het onbekende afwijst en moeite heeft iets nieuws aan te nemen, vooral als het gaat om iets wat we niet kunnen zien met onze vijf gebruikelijke zintuigen of om iets wat niet strookt met ons vertrouwde wereldbeeld.

Dus, Christina ziet overleden mensen die in een andere sfeer verder leven. Helder! In mijn realiteit is de wereld van de overledenen simpelweg niet voorhanden, net als voor het overgrote deel van de mensheid het geval is. In de realiteit van Christina lijkt echter nog wel meer aanwezig te zijn dan alleen overledenen.

Ze vertelt vol enthousiasme verder: 'Als een mens sterft, laat hij zijn omhulsel, het lichaam, achter, maar zijn ziel en geest gaan over naar een andere sfeer – vaak een sfeer die nog heel dicht bij de Aarde ligt, maar toch zijn eigen wetmatigheden kent. Levende wezens die daar verblijven, in een fysiek minder verdichte vorm van materie, kan ik fijnstoffelijk waarnemen. Weet je, deze wereld van overledenen bevindt zich niet echt in een hogere dimensie, maar in een wat minder verdichte sfeer die dichter bij de Aarde ligt, echter onzichtbaar voor de meeste mensen. Kleine kinderen zien deze sfeer nog, maar verleren doorgaans dit fijnstoffelijke waarnemen als ze ouder worden doordat de fijnstoffelijke wereld voor het gros van de volwassenen in onze maatschappij geen onderwerp is. Met als gevolg dat ook de kinderen zich hier onbewust voor afsluiten en daardoor ook voor het vermogen contact te leggen met deze sfeer. Je zou het "talenten" kunnen noemen die voor de rest van hun leven onbenut blijven. Zou je er echt aan gaan werken, dan zouden vandaag de dag veel mensen in staat zijn deze fijnstoffelijke sferen te zien – jij ook mama.'

Christina gaat door: 'De mensheid en de Aarde bevinden zich in de derde dimensie. Dit verklaart waarom de mensen met hun vijf zintuigen alleen maar driedimensionaal kunnen waarnemen. Bij mij is dat een beetje anders. Ik kan andere soortelijke massa's en trillingen waarnemen, net als heel veel andere kinderen van mijn generatie.'

Op die 'andere soortelijke massa's' ga ik nu nog maar even niet dieper in, want ik heb op dit moment nog veel te veel vragen over de wereld van de overledenen. 'Ben je echt nooit bang wanneer je fijnstoffelijke mensen tegenkomt?' vraag ik nog een keer.

Het antwoord is helder: 'Nee, mama, voor mij is het de normaalste zaak van de wereld, ik zag ze altijd al. Toen ik klein was, zag ik allerlei verschillende vormen van mensen en wezens, vast- en fijnstoffelijk en ook nog andere wezens. Dat heb ik je pas later verteld. Ik had al snel door dat deze fijnstoffelijke mensen overleden waren en dat de levende mensen veel vaster in de materie zitten. Ik kan met al die mensen praten, ook al is het niet altijd letterlijk praten. Het is niet zo dat ik voortdurend en overal massa's overledenen zie. Ze horen simpelweg bij mijn manier van zien, net zoals jij een voetganger op straat kunt zien. Dat brengt jou toch ook niet van je stuk?'

Kalm gaat ze verder. 'Wanneer ik een overledene zie, komt dat alleen doordat diegene zich wil laten zien. En als ik een bepaald iemand in deze sfeer zoek, laat hij zich alleen zien als ik betrouwbaar genoeg voor hem ben. Weet je, mama, deze fijnstoffelijke mensen hebben – net zoals de levende mensen op Aarde – soms wonderlijke maar ook hun mooie kanten. Ik luister af en toe graag naar hun levensverhaal.'

Ik geloof haar meteen. Christina kan heel goed luisteren en ze snapt hoe ze empathisch en fijngevoelig met de problemen van anderen om moet gaan. Soms lijkt het wel of ze de ander zonder woorden aanvoelt. Ze lijkt wel een magneet als ik zie hoeveel kinderen maar ook volwassen naar haar toe komen met hun sores, waarna ze spontaan met hen in gesprek gaat. Tot voor kort begreep ik niet waarom dat zo is. Nu begin ik het langzaam maar zeker te snappen.

Mijn dochter communiceert dus met fijnstoffelijke mensen aan gene zijde. Met mijn katholieke opvoeding is het me met de paplepel ingegoten te geloven dat de mensen na hun dood verder leven ergens aan gene zijde. Hoe dit er dan precies uitziet, bleef altijd onduidelijk. En toch heb ik altijd geweten dat we ooit moeten instaan voor de gevolgen van ons doen en denken in dit leven – op welke manier dan ook. Tenminste, dat dacht ik altijd. Nu hoor ik heel andere details.

Christina lijkt goed op de hoogte te zijn van de hele cyclus van leven en dood, zonder dat ze ooit iets over de zielsverhuizing heeft gehoord of gelezen. Ik vraag of ze een bepaald ritueel heeft om in te loggen in deze fijnstoffelijke werelden. Nee, is het antwoord, ze is er voortdurend mee verbonden en tegelijkertijd ook met een paar andere dimensies. De term 'een paar andere dimensies' negeer ik, want eerst wil ik wennen aan het idee dat er een sfeer met overleden mensen bestaat.

Christina is slim genoeg om mijn twijfel op te merken en vervolgt: 'De wereld van de overledenen heeft haar eigen wetmatigheden en factoren, die verschillen van onze driedimensionale wereld. Jij kunt bijvoorbeeld moeiteloos trillingsfrequenties van de eerste, tweede en derde dimensie waarnemen. Zo zie je ook dieren van de tweede dimensie die een ander bewustzijn hebben dan wij en in hun realiteit onderhevig zijn aan andere wetmatigheden dan de mens. Hetzelfde principe geldt voor de hogerdimensionale sferen.'

Urenlang vertelt Christina mij op deze zondag in februari fris en vrolijk over de fijnstoffelijke werelden en over haar contact met de bewoners aan gene zijde. Ik mag vragen wat ik wil en ze heeft overal een adequaat antwoord op. Op deze manier komen er tijdens ons gesprek steeds weer nieuwe vragen bij me op.

Ik heb tijd nodig om aan het idee te wennen dat er fijnstoffelijke werelden bestaan. Eerlijk gezegd heb ik daarna een paar slapeloze nachten gehad – uitgerekend nu ik mijn tentamens heb. Ergens voel ik duidelijk dat Christina nog heel wat meer te vertellen heeft en dat dit pas het begin is van nog meer buitengewone openbaringen en fenomenen. Dat besef is de echte reden van mijn onrust.

8
Elena

In de dagen daarna gaat Christina weer enthousiast verder over de fijnstoffelijke wereld van de overledenen en vertelt me genuanceerd over deze parallelle sferen die ik niet kan waarnemen.

Christina kan haar overleden tweelingzus Elena zien en ze hebben regelmatig contact. Ze legt uit: 'Elena is het enige fijnstoffelijke wezen dat altijd en overal bij me is, al sinds ze is overleden. Uiteraard heb ik, net als alle andere mensen, ook spirituele gidsen, lichthelers en beschermengelen bij me. In mijn geval zijn het overigens drie gidsen die me steunen en raad geven. Elena schijnt een bijzondere taak toebedeeld te hebben gekregen. Ik weet alleen nog niet welke.'

Christina vertelt dit allemaal alsof het de gewoonste zaak van de wereld is en ze klinkt zo overtuigend dat ook ik er niets ongeloofwaardigs aan vind. Sterker nog, ik vind het een fijne gedachte dat Christina voortdurend door haar tweelingzusje wordt vergezeld en op die manier altijd met haar verbonden is. Er zijn talloze voorbeelden van, hoor ik nu.

Hierdoor schieten me kleine dingetjes uit Christina's vroegste kindertijd te binnen. Als we bijvoorbeeld in de auto zaten en ik haar gordel vastmaakte, maakte ze zonder iets te zeggen de plek naast haar vrij door de speeltjes en boeken die er lagen aan de kant te schuiven – voor Elena. Af en toe noemde ze dit expliciet, wat ik toen apart en tegelijkertijd ook ergens heel gewoon vond. Christina had kennelijk al snel in de gaten dat wij, in tegenstelling tot haar, Elena niet konden zien. Want we zijn, hoor ik nu, vaak dwars door Elena heen gelopen zonder haar te zien.

Zoals ik al vertelde, was Christina's kindertijd vaak vreemd en wonderlijk, maar als moeder wen je aan veel. Ik wilde niet steeds vragen stellen bij elke vreemde handeling of rare uiting van mijn dochter, vooral omdat het nooit destructieve gevolgen had. Hoewel ik vanwege haar voorgeschiedenis als premature baby altijd goed heb opgelet of ze eventueel achterbleef in haar neuronale ontwikkeling, schijn ik toch een en ander over het hoofd te hebben gezien. Het gaat hier niet zozeer om een gebrek in Christina's waarneming, het is eerder andersom. Als heel klein meisje verbaasde ze ons steeds weer met haar talent om op een individuele, holistische wijze met andere mensen om te gaan. Nog voor ze kon lopen, kon je al op een vrolijke manier verstoppertje met haar spelen.

Christina's beschrijvingen over Elena raken me enorm. Elena was immers mijn kind, ook al heb ik haar maar twee maanden als moeder mogen begeleiden. Ik ben hoogst verbaasd dat alles wat ik destijds in de overlijdensadvertentie heb gezet, waarheid is geworden. Ik had de woorden niet treffender kunnen kiezen: 'Elena zal als beschermengel van Christina altijd in onze herinnering blijven.'

Al die jaren was Elena dus fijnstoffelijk bij haar tweelingzus en deze nabijheid en verbondenheid maken Christina zichtbaar gelukkig. Geen wonder dat ze nooit verdriet of verlatingsangst liet zien!

Christina vertelt verder: 'Elena is een heel vrolijk meisje. Ze is ongeveer net zo groot als ik, want haar fijnstoffelijke lichaam groeit parallel aan dat van mij mee. We hebben veel lol samen. Toen ze nog klein was, speelden we vaak krijgertje. Elena bestaat uit een heel helder, gouden licht, anders dan de andere overledenen of de gidsen en beschermengelen. Waarom dit zo is, weet ik nu nog niet. Ook Elena's overal aanwezige lach bestaat uit puur gouden licht. Ik kan de contouren van haar kleren zien – ze lijken op die van de raad van Sirius – en ze heeft lang, net iets donkerder haar dan ik. Elena bestaat uit een heel hoge lichtfrequentie, waar ik tot nu toe nog geen verklaring voor heb. Mijn tweelingzus is altijd een grote steun en toeverlaat voor me, want ze is oneindig wijs en altijd aanwezig.'

Wat Christina precies bedoelt met de raad van Sirius laat ik nu even voor wat het is omdat ik haar verhaal niet wil onderbreken. Christina benoemt een schoolvriendin die ongeveer twee jaar geleden tegen haar had gezegd: 'Christina, waarom denk je eigenlijk dat je zus Elena dood is? Ze staat immers altijd naast je.'

Nu spits ik de oren. Betekent dit dat ook andere kinderen Elena kunnen zien? En zo ja, waarom? Dit fenomeen zal me later nog lang bezighouden en ik zal tot de hoopvolle conclusie komen dat er tegenwoordig al heel veel kinderen op de wereld rondlopen met een verruimde waarneming. Voor nu luister ik verder naar Christina's verhaal.

'Mama,' gaat ze verder, 'nu snap je misschien waarom ik het niet begrijp dat Elena een graf heeft. Het klopt dat jullie haar lichaam daar begraven hebben, maar voor mij is ze altijd hier, ook al kun jij haar niet zien.'

Nu snap ik waarom Christina al die jaren nooit naar Elena heeft gevraagd of waarom ze is overleden. Voor Christina was ze er gewoon, klopte alles gewoon.

Sinds deze openbaring bestaan de tweelingzusjes ook voor mij weer in het heden, hoewel ik Elena niet kan zien. Sindsdien vraag ik Christina waar Elena op dat moment zit of staat, als we bijvoorbeeld in het vliegtuig zitten en we met elkaar op vakantie gaan. Het zal nog wel een tijd duren voor Elena echt met me praat, want ik heb op dat terrein nog veel te leren.

Elena is dus altijd in Christina's buurt te vinden als een vaste begeleider. Maar waarom bestaat ze uit puur gouden licht? Dit is ook voor Christina nu nog een raadsel en het schijnt beslist niet gangbaar te zijn in deze sfeer. Maar hoe passend is het niet dat wij dit kind destijds Elena hebben genoemd, want haar naam betekent 'de lichtvolle'. Zat er al van meet af aan een hoger plan achter, waar wij als ouders geen flauwe notie van hadden?

Ik ben zo verrast door dit inzicht dat ik niet op het idee kom dat er wellicht ook achter de naam Christina een diepere betekenis zit. Ik realiseer me dit pas maanden later. Voor nu heb ik mijn handen vol aan al het nieuwe en ontroerende wat ik zojuist heb gehoord.

9
Zielen en zielsplannen

Christina's verhalen over de fijnstoffelijke wereld zijn indrukwekkend. Tegelijkertijd roepen ze vraag na vraag in me op. Is er een hemel en een hel? Bestaan er engelen? Wat is de ziel nu precies? Hoe moeten we ons God voorstellen? Bestaat er zoiets als een hogere goddelijke orde?

Als streng opgevoed katholiek heb ik hierover natuurlijk al het een en ander aan informatie opgedaan, zij het alleen in theorie. Mijn ouders vonden het wel belangrijk om in het dagelijks leven steeds het goede te doen, wat ze mij als voorbeeld hebben meegegeven. Als kind begreep ik al dat je niet per se een goed mens bent als je elke zondag vooraan in de kerk zit, maar dat het ook tot uiting komt in wat je doet. Wat later begreep ik dat je als echt goddelijk mens eigenlijk geen uiterlijke vorm van religie nodig hebt omdat je intuïtief wel aanvoelt wat goed of fout is.

Nu heb ik de kans om via Christina uit de eerste hand antwoorden op deze vragen te krijgen – niet alleen in theorie, maar door persoonlijke waarneming en beleving. Het schiet me nu te binnen dat ze al eerder wel eens iets liet vallen over religieuze onderwerpen, vooral over het verschil tussen de oorspronkelijke leer van Jezus Christus en het instituut Kerk.

Sinds afgelopen zondag wordt elke vrije minuut besteed aan gesprekken over de fijnstoffelijke wereld in het dagelijks leven.

Nu is het dinsdag en de vraag van vandaag luidt: 'Hoe moet ik mij een ziel voorstellen?'

Christina lacht fijntjes: 'Mensen moeten altijd een of ander beeld hebben om zich iets te kunnen voorstellen of iets te kunnen verklaren. Beseften ze maar dat ze zelf een goddelijk wezen zijn; als ze zichzelf zo konden zien, zou dat alles een stuk gemakkelijker maken.'

Toch krijg ik een antwoord: 'De ziel is niet in een simpele definitie te vangen. Je kunt de ziel niet als een "orgaan" of iets dergelijks omschrijven. Het is eerder zo dat zielsenergie in het hele lichaam aanwezig is en het volledig doordringt. Ik voel deze zielsenergie het sterkst tussen mijn hart en keel en ze wordt als geheel in de aura weerspiegeld. De ziel bevat een soort "oorsprongsenergie" en omvat naast een groot aantal dingen die niet met woorden zijn uit te leggen ook alle ervaringen uit vorige levens. Er is als het ware een soort "datachip" waarop je ervaringen zijn opgeslagen en die je in elke incarnatie met je meeneemt en met nieuwe data aanvult. Omdat we allemaal individuele goddelijke wezens zijn, streven we ernaar om allerlei ervaringen op te doen en zo op onze eigen persoonlijke wijze te leren en te groeien. Als je het zo bekijkt, kun je begrijpen dat niet alle mensen dezelfde taken hebben te volbrengen. Elke ziel heeft gewoon verschillende ervaringen opgedaan en moet wanneer ze voor een menselijk lichaam kiest ook verschillende moeilijke taken overwinnen.'

Na een korte pauze gaat ze verder: 'Voor je in dit leven bent geïncarneerd, heb je een zielsplan, een levensplan gekozen dat in de geestelijke wereld op basis van je ervaringen tot nu toe is samengesteld - met als doel je in het huidige leven verder te brengen, want dat is de intentie van elke ziel. Dat is de zin van jouw aardse leven: ervaringen opdoen en in deze derde dimensie bepaalde opdrachten volbrengen die jou in het kader van de natuurlijke wetmatigheden, dat wil zeggen: op de frequentie van deze dichtheid, zijn toebedeeld. Ook als we in dit leven allerlei problemen en slechte gewoonten hebben, dan nog hebben we meer dan genoeg deugden meegekregen om de negativiteit in ons bestaan op te lossen.

Voor de reïncarnatie heb je zelf je zielsplan gekozen met bepaalde kerntaken die je in dit leven wilt volbrengen. Om dit te laten slagen, heb je spirituele gidsen die je terzijde staan. Ieder mens heeft bovendien een beschermengel, die echter geen adviserende taak maar eerder een beschermfunctie heeft. En nu leef je hier als mens met dit zielsplan, waarbij je zowel een fysiek als een fijnstoffelijk lichaam hebt gekregen. Het zielsplan omvat je belangrijkste levenstaken opdat je leven hier zin heeft. Weet dat het zielsplan nooit aspecten bevat die voor de betrokkene niet te veranderen zijn. Vaardigheden, talenten en deugden helpen je om je kerntaken te vervullen. Daarom is het zo belangrijk je eigen vaardigheden en talenten te onderkennen en er gebruik van te maken.

Aangezien je voor je reïncarnatie de sluier van vergetelheid hebt gekregen, herinner je je niets meer van je vorige levens. Deze sluier zorgt ervoor dat eerdere ervaringen van mensen hen niet in de weg zitten of belasten in het huidige leven. Er zijn tegenwoordig echter steeds meer mensen die een verruimd bewustzijn hebben, waardoor ze zich vorige levens herinneren, net als ik.'

De dertienjarige vertelt op opgewekte toon verder: 'In elke dimensie gelden andere natuurwetten, en in elke dimensie zijn er andere levenstaken op te lossen. Alleen op deze manier stijgen we verder op, op onze weg naar het licht. Als we daarbij een fout maken, hebben we of in dit leven of in een volgend leven de kans om die te herstellen. Zo incarneren en sterven we keer op keer. Tenminste, zo geldt de natuurwet van het sterven in deze aardse sfeer. In de hogere dimensies bestaat deze vorm van sterven niet meer.'

Oké, denk ik, ik heb nog wel even tijd nodig om dit te laten bezinken, maar het klinkt eigenlijk best plausibel.

Christina schetst me een beeld dat ik gemakkelijk kan begrijpen: 'Mama, je kunt je leven vergelijken met een soort treinreis. In jou huist je zielsplan waarin precies staat welke grote taken er in dit leven op je pad komen. Als je het zo bekijkt, is een deel van je lot in zekere zin voorbestemd. Als de trein op een bepaald station stopt, ligt daar een taak op je te wachten, een belangrijke levensopdracht die je hebt te vervullen. Deze uitdaging moet je, als het kan, constructief oplossen opdat de trein weer door kan en jij je verder kunt ontwikkelen. Dwaalwegen en omwegen leiden uiteindelijk eveneens naar het doel, maar ze maken het moeilijker en het duurt langer voor je je opdracht hebt volbracht.

Zo'n levensopdracht is bijvoorbeeld de dood van een familielid verwerken of de partner van je leven ontmoeten. Je ziet, het kan zowel om positieve als negatieve ervaringen gaan. Maar het zijn allemaal opdrachten die je tijdens je leven niet zelf kunt plannen of voorkomen, want het staat vast dat ze op je pad komen. Je zou ze "noodlot" kunnen noemen. Hoe je je levensopdrachten oplost en hoelang je ermee bezig bent, is iets wat je helemaal zelf bepaalt, want ieder mens heeft een vrije wil. Het is belangrijk dat je snapt dat je voor deze incarnatie zelf je lot hebt gekozen. Dit geldt ook voor het tijdstip van je geboorte en je dood. Wat je tussen de verschillende "lot-stations" onderneemt, staat en valt met je vrije wil.'

Wordt elke ziel dan steeds weer als aards mens geboren, wil ik weten. Weer komt Christina snel en competent met een antwoord: 'Nee. Als een ziel op Aarde alle ervaringen heeft opgedaan, zal ze niet meer incarneren. Ze kan dan bijvoorbeeld gids zijn voor de mensen op Aarde. Want als iemand die veel ervaringen heeft opgedaan in de aardse dimensie een spirituele gids wordt, is dit een grote hulp voor de mensen.'

Nu lacht Christina: 'Weet je, soms zijn deze gidsen echt radeloos omdat veel mensen steeds weer de verkeerde kant op gaan.'

Nog steeds beschrijft het meisje dit allemaal met zo'n grote vanzelfsprekendheid en kalmte dat ik geen moment twijfel aan haar woorden. Glimlachend zegt ze dat ze vaak haast niet kan geloven hoe wij mensen functioneren: 'Mama, stel je voor: er zijn zielen die ontelbaar veel incarnaties met dezelfde ervaringen nodig hebben voor ze eindelijk verder komen. Sommige blijven letterlijk plakken aan dezelfde opdrachten en draaien in kringetjes rond. Uiteraard zijn er altijd mensen die binnen één incarnatie in de derde dimensie alle leerprocessen doorleven, zoals Jezus Christus.'

Dit alles zet me aan het denken. Het 'recept' zit 'm in het onderkennen welke weg we kiezen, wat we besluiten te gaan doen. We leren van fouten, waardoor we de volgende keer een constructievere richting inslaan. Gemakzucht, passiviteit en onwetendheid staan gelijk aan stilstand en brengen de mens niet verder in zijn leven. Dit inzicht motiveert me om mijn huidige leven zo positief mogelijk vorm te geven en om zoveel als het kan van mijn ervaringen te leren. Want om later steeds weer met dezelfde levensopdrachten geconfronteerd te worden, wil ik mezelf graag besparen. Ik besluit voortaan de situaties in mijn leven niet langer als positief of negatief te bestempelen, maar ze simpelweg als ervaringen en leermogelijkheden te aanvaarden, wat beslist gemakkelijker gezegd dan gedaan is.

'Wat gebeurt er precies als we doodgaan?' is mijn volgende vraag.

Christina antwoordt: 'Na de dood komt de ziel in een onstoffelijke sfeer en wordt daar liefdevol opgevangen – ongeacht hoe goed of hoe slecht ze zich als mens heeft gedragen. Door de dood krijgen alle mensen de kans een hoger bewustzijn te verkrijgen en hun fouten in te zien. In de eerste dagen na het overlijden kijken de pas overledenen uitgebreid naar hun eigen levensfilm. Veertig jaar leven komt overeen met ongeveer drie dagen film. Het is dus niet God die over ons oordeelt, we kunnen zelf onze fouten onderkennen en besluiten ze recht te zetten. De meeste zielen hebben dan een sterke behoefte en drive om in een volgend leven alles beter te doen. Sommige komen in dit tussenleven tot het inzicht dat we allen goddelijke wezens zijn en nemen zich voor in het volgende mensenleven vooral deze aspecten te ontplooien. Uiteindelijk kiezen we vroeg of laat zelf weer onze volgende incarnatie.'

Over het onderwerp 'noodlot' heb ik toch nog een paar kritische vragen voor Christina: 'Als iemand overlijdt door een ongeluk of ziekte, kan ik ergens nog begrijpen dat deze ziel zo'n lot voor zichzelf heeft gekozen. Maar als de overleden persoon bijvoorbeeld kleine kinderen achterlaat, kan ik dat moeilijk vatten. Want de dood treft dan niet alleen de persoon zelf maar ook de omgeving. Hoe kun je zo'n lot verklaren?'

Wederom zit Christina niet verlegen om een antwoord en ik voel heel goed aan dat de dood voor haar niets ergs of definitiefs betekent: 'In dat geval hebben alle getroffen zielen deze weg bewust voor hun incarnatie gekozen, ook de kinderen. Zo'n gebeurtenis staat in het zielsplan van alle betrokkenen en ze hebben dit bewust zo gekozen omdat ze deze ervaring nodig hebben om op hun weg naar het licht verder te komen. Natuurlijk zijn de perspectieven van de overledene en zijn omgeving verschillend. Toch heeft de totale omgeving, inclusief de kinderen, bewust deze familie uitgezocht om samen deze ervaring op te doen, die past bij wat zij willen oplossen. De omgeving leert je los te laten, daarbij krijg je de nodige kracht en ondersteuning. Het klinkt misschien hard, maar een zware slag van het noodlot gaat uiteindelijk over in een rijke ervaring en dat geldt voor alle betrokkenen – voor zover het hun lukt dit lot te accepteren.'

Ook dit klinkt plausibel. Ik ben benieuwd wat mijn dochter me nog meer kan leren.

Ze vertelt verder: 'De mens is onderworpen aan de reïncarnatiecyclus. Tot nu toe kon een ziel zich alleen ontwikkelen door geboren te worden, ervaringen op te doen en weer te sterven. Na de fysieke dood keerde ze weer terug naar de onstoffelijke sferen en van daaruit begon de cyclus opnieuw.'

Christina noemt terloops dat we tegenwoordig in een bijzondere tijd leven en dat de reïncarnatieregels zoals we die tot nu toe kennen misschien al heel gauw niet meer gelden. Ik heb geen idee wat ze hiermee bedoelt.

Verder: 'Uiteindelijk streeft elke ziel naar het goede, gericht op het licht. In de derde dimensie hebben zielen ook de mogelijkheid om een destructieve afslag te nemen. Alle mensen hebben een vrije wil en moeten voortdurend kiezen tussen constructieve dan wel destructieve mogelijkheden. Zo ontstaan verkeerde beslissingen en dader- en slachtofferrollen. Bijna alle mensen hebben – in eerdere levens, maar ook in het huidige leven – zowel de dader- als de slachtofferrol gespeeld.

Ieder mens is een goddelijk wezen. Het is belangrijk dat je hier goed van doordrongen bent. Ieder mens bevindt zich in een andere fase van ontwikkeling. Maar iedereen die zich in de aardse dimensie bevindt, heeft min of meer dezelfde opdracht te doorleven en te volbrengen, ieder op zijn eigen manier, min of meer hetzelfde lot. Als mensen voor de negatieve weg kiezen, zitten ze niet meer op hun zielsplanroute, maar hebben ze een afslag genomen. Door van de route af te wijken voelen ze zich ongelukkig, want ze werken de wil van de ziel tegen. Het is echt niet het doel van iemand om een foute afslag te nemen, want dit is altijd een bewuste of onbewuste keuze gebaseerd op het negatieve; meestal gebeurt het zonder dat ze in de gaten hebben dat ze verkeerd zitten.

Daarom moet je de misstappen van anderen niet veroordelen maar als een fout zien. Tegelijkertijd moet je voorkomen dat je met zo'n fout gaat resoneren, want dan voed je de verkeerde dingen van de ander ook nog met negatieve energie zoals angst, veroordeling, haat of zelfs tegenslagen. Sterker nog, vergeven werkt veel beter. Dat helpt beide partijen om verder te komen. De mens is geboren om gelukkig te zijn, maar je bent zelf verantwoordelijk voor je geluk.'

Opnieuw ben ik onder de indruk hoe dit meisje van dertien zich opstelt tegenover de actuele uitdagingen van de mensheid. Ik vraag me af: hoe kun je zelf aanvoelen of je volgens je zielsplan leeft of ergens een verkeerde afslag hebt genomen die je zowel persoonlijk als collectief niet verder brengt? Ik heb sterk het gevoel dat onze eigen innerlijke tevredenheid een goede maatstaf is: als je vanbinnen echt tevreden met jezelf bent, als denken, voelen en handelen in harmonie zijn, als je met jezelf en je omgeving in harmonie leeft, verwerkelijk je je zielsplan.

Ik vraag me nog meer af: ben ik als moeder van Christina op de goede weg? Ik denk het wel, want Christina zou me al lang op subtiele wijze hebben laten merken dat ik te veel verkeerd gedrag vertoon. Hoe zat het bijvoorbeeld alweer met mijn topsport? Was dit oprechte belangstelling en uitdaging of een egotrip? Was dit zo bedoeld volgens mijn zielsplan?

Ook hierin is Christina heel stellig: 'Je hebt een talent gekregen en je hebt dit aangewend voor de sport om een reeks ervaringen op te doen, zowel positieve als negatieve. Bovendien heb je via de sport stress afgebouwd en zo voorkomen dat je nieuw belastend karma opbouwt.'

Oké, dit klinkt overtuigend. Hoewel karma tot nu toe geen onderwerp van gesprek is geweest, weet ik er wel iets van. Ik ben nog steeds stomverbaasd over de inzichten van mijn dochter en langzamerhand worden me enkele dingen uit haar kindertijd duidelijk.

Mario, die het laatste stukje van het gesprek heeft meegekregen, heeft nu een vraag voor zijn zus: 'Als mijn konijn Huppel doodgaat, komt hij dan ook in de wereld van de doden?'

Huppel is een buitengewoon dier dat net zo aanhalig is als een poes. Met zijn zes jaar zal hij binnenkort wel naar de konijnenhemel gaan. Of toch niet, als ik hoor wat Christina invoelend uitlegt: 'Ja, Huppel komt eveneens in de onstoffelijke wereld. Ook hij heeft een ziel en ik ga hem daar zeker zien na zijn dood. In principe neem ik de zielen daar precies zo waar als in hun laatste incarnatie, want op die manier zijn ze herkenbaar. Als iemand bijvoorbeeld in een rolstoel zat, zie ik deze persoon na zijn dood nog steeds in een rolstoel, zodat ik hem kan herkennen. In werkelijkheid zit hij natuurlijk allang niet meer in een rolstoel.'

Mario is blij met dit antwoord. Hij voelt zich gerustgesteld en gaat weer verder met zijn bezigheden, die meestal twee of meer wielen hebben. Mario vindt het hiernamaals op dat moment nog niet zo spannend – wat begrijpelijk is voor een jongen van elf.

Als Mario weer met zijn eigen dingen bezig is, komt Christina terug op de vraag over God. Ze zegt: 'Het is arrogant om God vanuit menselijk perspectief te verpersoonlijken en hem met woorden uit de menselijke taal kleiner te maken dan hij is. De meeste mensen proberen zich met woorden en beelden een voorstelling van God te maken die binnen de derde dimensie past. Ze kunnen veel beter proberen hun eigen bewustzijn te verruimen en zo meer zijn kant op te bewegen. Dan zouden we God tenminste een klein beetje erkennen, maar dan op een niet-materiële manier. Wij kunnen God in een grootsere vorm beleven en ervaren. Met een verruimd bewustzijn ontwikkelen we ook een verruimde waarneming van de werkelijkheid.'

Dit gesprek over zielen en zielsplannen hadden we op 24 februari 2015. In de dagen daarna hebben we nog meer van deze spannende en opwindende gesprekken, waarbij vooral Christina's waardering voor de hele schepping en alle rondom haar heen reizende zielen opvalt. Wat me nog niet helemaal helder is, is waarom Christina over deze gaven beschikt. Waar komt dit verruimde bewustzijn vandaan en wat moet ze hier precies mee doen op haar levenspad?

Begin maart legt Christina uit: 'Weet je, mama, al sinds mijn geboorte heb ik een heel hoge trilling vergeleken met de huidige mensheid. Dit hoge energieniveau maakt dat ik een verruimd bewustzijn en een verruimde waarneming heb. Zodoende openen zich bij mij fijnstoffelijke kanalen die al vanaf mijn geboorte beschikbaar zijn, waardoor ik constant ben verbonden met andere sferen. Want wat jij waarneemt als jouw realiteit, is in feite maar een fractie van de ware realiteit.'

Bij Christina is haar verruimde bewustzijn te zien als een fijne lichtstraal die zich boven haar hoofd hemelwaarts uitstrekt. Omdat alleen helderziende mensen die kunnen zien, is hij voor mij met mijn driedimensionale waarneming niet zichtbaar. Maar zowel de astrologe in 2002 als Mario heeft deze fijne zuil van licht gezien, dat is de reden dat Mario zijn zus als heilige zag. En hij is lang niet de enige. Steeds weer zijn er mensen die bij Christina deze energiestraal kunnen zien of aanvoelen en er iets over zeggen.

Ik herinner me nog een voorval van lang geleden. Christina was ongeveer twee jaar toen een onbekende vrouw uit een ander dorp ons voorbijliep en zei: 'Dit meisje zal ooit een heilige zijn.' Van zulke uitspraken snapte ik niets en eerlijk gezegd heb ik er ook niet echt veel over nagedacht. Voor mij was Christina gewoon een kind als ieder ander. Maar kennelijk waren er mensen die haar lichtstraal konden zien toen ze nog heel jong was en gaven hier hun persoonlijke draai aan.

Ik vraag me af, en stel de vraag daarna aan Christina, waarom ze me niet twee of vier jaar eerder over haar verruimde waarneming heeft verteld. Ze lacht en antwoordt: 'Eerlijk gezegd weet ik dat zelf niet. Ik vind het zelf ook vreemd dat ik je dit nu pas vertel. Misschien omdat nu gewoon het juiste moment is.'

Ik vind het best. Er zal vast een goede reden voor zijn waarom de bijna veertienjarige uitgerekend nu, begin 2015, over haar gaven begint te praten en haar ware wezen laat zien. Het lijkt erop dat het geleidelijk aan tijd wordt dat ze haar levenstaken aanpakt en haar bestemming volgt.

10
Kritische analyse van de huidige tijd

Het is half maart 2015. Geïnspireerd door de wonderbaarlijke ontwikkeling van Christina, denk ik veel na over de huidige tijd, over de problemen waar de wereld mee worstelt en over mogelijke oplossingen hiervoor.

Naast het feit dat met name marktgerelateerde en financieel-economische overwegingen de totale politiek en wetenschap van onze tijd beheersen, valt me op dat ook veel van onze persoonlijke levensgebieden gevormd zijn en overlapt worden door het materialistische en kapitalistische denken. Dit beperkt ons als individuen enorm in onze persoonlijke vrijheid en ontplooiing.

In de moderne maatschappij worden we niet aangemoedigd om ons eigen leven te leiden en ons zielsplan te vervullen, maar in feite alleen maar klaargestoomd om geld te verdienen en uit te geven om zo een destructief economisch systeem in stand te houden. Ook ons schoolsysteem, dat grotendeels nog uit de negentiende eeuw stamt, voedt ons eerder op tot goed functionerende marionetten dan tot zelf verantwoordelijke en zelfbepalende individuen. Zodoende weet een groot deel van de mensheid vandaag de dag niet meer dat we niet enkel een biologisch lichaam zijn, maar ook een ziel, een geestelijk lichtwezen dat een fysiek en psychisch lichaam bewoont. Ook ik had hier tot nu toe geen enkel idee van.

Vroeger heb ik me wel vaak afgevraagd waarom veel jonge kinderen nog zo zorgeloos vol levensvreugde, spontaniteit, nieuwsgierigheid en enthousiasme zijn, terwijl hiervan in de bovenbouw niet zoveel meer over is. Baby's en jonge kinderen leven – mits ze een liefdevolle omgeving hebben – in een gelukkige eigen wereld in harmonie met lichaam, geest en ziel. Christina vertelde me dat veel van hen in staat zijn talloze andere realiteitssferen te zien en dat voor hen alles nog mogelijk is in het leven. Kleine kinderen laten bijvoorbeeld een indrukwekkende veerkracht zien als ze ingewikkelde bewegingsmechanismen aanleren; ze zijn creatief en spontaan en staan voortdurend in de leergierige modus van *learning by doing*. Er is geen kind van onder de drie dat alleen maar stil en droevig in een hoekje zit. Zodra het zelfstandig kan lopen, is het voortdurend bezig de wereld te ontdekken en het voelt zelf prima aan wanneer het moe is en moet slapen. Het heeft op een onbewuste en natuurlijke manier contact met zijn innerlijke intelligentie, die het in zijn ontwikkeling liefdevol aanstuurt. Het voelt zich aangetrokken tot natuurlijke geneugtes zoals moedermelk; een baby taalt nog niet naar alcohol of koffie. Ook is er nog voldoende ruimte voor spontane emoties, voordat er later een pantser van conventies, angsten en schuldgevoel om het hart wordt gelegd.

Door het huidige systeem van school en opvoeding, de agressieve consumptiecultuur, de massamedia en last but not least de inperkende religieuze systemen worden kinderen doelgericht gemanipuleerd en geconditioneerd. Zo dringt men ze via vaste concepten, ideologieën en geloofspatronen het overheersende wereld- en mensbeeld op. Deze 'fijnstoffelijke' software wordt stevig in de hardware van de hersens opgeslagen. Dit heeft enorme invloed op de waarneming, de zienswijze en het gedrag van volwassenen. Helaas heeft deze software zeer veel gebreken en is bovendien destructief en schadelijk gebleken. De conditionering en normering van de volgende generatie beginnen dus als die naar school gaat. In plaats van hun innerlijke intelligentie (hun natuurlijke 'highware') te volgen leren kinderen en jongeren onbewust zich aan een gekunsteld ego en een door derden bepaald programma aan te passen.

Een beproefde methode daarbij is een uitgekiend systeem van lof en berisping oftewel straf en beloning. Baby's zijn er nog niet op gericht dat ze lof en erkenning krijgen. Ze willen alleen maar spelen, beleven en leren, ze willen lachen, spontaan zijn en dat er van ze gehouden wordt. Ze leven nog vrolijk en onbekommerd volgens hun zielsplan, hun hogere natuurlijke reisplan. Met geld en prestigeobjecten kun je ze niet echt blij maken, wel met dieren en planten, met andere kinderen en met de vrije natuur. Als een kind met water, zand en stenen mag spelen, kan het urenlang in zijn spel opgaan. Jonge kinderen zijn in staat om heel veel te leren simpelweg door vrij te spelen, zonder dwang en drang, zonder bevelen en dreigementen. Ze leven nog conform hun lichtvolle, positieve zielsenergie, en hun levensvreugde, luchtigheid en onbezorgdheid zijn nog niet verdrongen door berekenend gedrag en destructiviteit.

Vergeleken met jonge kinderen staan jongeren er tegenwoordig vaak verloren en haast identiteitsloos bij, omdat ze in de bepalende jaren gedwongen werden de toegang tot hun natuurlijke highware te onderdrukken. Het ego met zijn eenzijdig rationele verstand domineert en richt zich naar de voorgeschreven normen en waarden die in de maatschappij gelden, en niet naar het eigen innerlijke potentieel. Zo bepaalt vooral voorgeprogrammeerde, onnatuurlijke software het denken, voelen, spreken en handelen van de jongere, terwijl de intuïtieve intelligentie ongebruikt blijft. Gevolg is vaak grote angst en twijfel, niet constructief kunnen handelen en geen idee hebben wat ze met hun leven aan moeten.

Net zo verloren, onecht en identiteitsloos zijn tegenwoordig de meeste wereldleiders en de topmensen in het bedrijfsleven. De leidinggevende functies in de politiek, defensie, onderzoek en wetenschap, financiële wereld en economie, de media, sport en religieuze instituten worden bekleed door mensen bij wie het gekunstelde ego en de materialistische denk- en handelingsstructuren domineren. Een helder bewustzijn over zielsplannen of over hogere kosmische natuurwetten zul je daar tevergeefs zoeken. Het is dus niet verwonderlijk dat de mensheid in alle geledingen van de samenleving radeloos tegenover haar zelf gecreëerde puinhoop staat en niet weet hoe ze dit moet oplossen. Want met haar huidige software kunnen de problemen niet worden opgelost. Wat zou helpen, is een nieuwe, holistische en opbouwende visie gebaseerd op de natuurlijke innerlijke intelligentie. Wat zou helpen, zijn een radicale verandering en verruiming van het bewustzijn van ieder individu, vooral van diegenen die een sociale verantwoordelijkheid hebben tegenover anderen. Christina benadrukt steeds weer dat het vermogen tot zo'n radicale innerlijke omwenteling in elke ziel aanwezig is.

Uit onwetendheid over hun ware, geestelijke vermogen stellen veel jonge mensen zich tevreden met oppervlakkige afleidingen – zoals sociale en andere media, verdovende middelen en adrenalinekicks. Zo wordt het steeds moeilijker voor hen om de bewuste connectie met hun innerlijk, ziel en zielsplan te vinden. Samen met de aangemeten identiteit via een gekunsteld ego werkt dit vermaak een verder gevoel van stuurloosheid in de hand. Deze overdaad aan prikkels gaat bovendien vaak samen met ongezonde eetgewoonten en een zorgwekkend gebrek aan lichaamsbeweging, wat in veel gevallen niet alleen tot fysieke welvaartsziekten leidt, maar ook tot allerlei psychische kwalen.

Voor jonge mensen zoals Christina is het volledig helder dat ze niet op deze planeet zijn gekomen om zich alleen maar via een aangemeten opgelegd ego te definiëren of om in een ziekmakende ratrace allerlei vertier of materiële goederen na te jagen. Doordat ze duidelijk weten wat hun persoonlijke bestemming is, lukt het ze om zich niet te laten beïnvloeden door de alom heersende ontevredenheid, overbelasting, slachtofferrollen en afhankelijkheids- en verslavingsproblemen; ook een burn-out en depressie hebben op hen geen vat. Jonge mensen zoals Christina weten dat ze met een heel ander doel op deze wereld zijn. Ze zijn hier om verder te leren en hun zelfkennis te vergroten, om hun ziel te laten groeien en andere mensen te helpen die eveneens voor de weg van bewuste innerlijke ontwikkeling hebben gekozen.

Christina benadrukt graag dat er voor ieder mens, en in het bijzonder voor iedere jongere, altijd voldoende alternatieven zijn en dat het in onze macht ligt, zelfs onze verantwoordelijkheid is, om zelf te bepalen waar we ons bewustzijn op richten en in welke 'systemen' we onze energie stoppen. We hebben op elk moment de keuze voor welk wereld- en mensbeeld we gaan; we hebben de keuze hoe we met onszelf, onze sociale omgeving en ons milieu omgaan; we hebben de keuze wat voor werk en welke hobby's we willen doen en of we tegen de heersende omstandigheden 'ja' of 'nee' zeggen.

Een nieuwe generatie kinderen en jongeren leeft nu al duidelijk bewuster dan hun ouders en doorziet het gekunstelde systeem. Ze nemen duidelijk stelling tegen de destructiviteit door hun lichtvolle zielskracht en een diepe, authentieke vorm van rust. Omdat ik dit weet, zie ik met vertrouwen de omwenteling tegemoet.

Wat me altijd al heeft gefascineerd, zijn de subtiele handelswijzen van mensen. Door verschillende belevenissen en ervaringen ontwikkelt ieder van ons persoonlijke gedragspatronen, wat maakt dat mensen in eenzelfde situatie heel verschillend kunnen reageren. Deze patronen zijn doorgaans onbewust en beginnen zich na bepaalde tijd ook in het fysieke lichaam te manifesteren. Je ziet ze in verschillende delen van het lichaam, zoals in het gezicht (steekwoorden: psychofysiognomie en pathofysiognomie) of in de lichaamshouding, en later kunnen ze zich – als het om destructieve patronen gaat – manifesteren in de vorm van klachten of ziekten.

Deze subtiele patronen horen, zo legt Christina me uit, niet bij de biologisch noodzakelijke basisuitrusting van de mens (hardware), maar zijn het gevolg van een bepaalde programmering (software). Met de kracht van de vrije wil hebben wij als mondige mensen steeds weer de mogelijkheid om onze eigen programmering te kiezen en te veranderen. Als je zelf ouder van kinderen bent, geldt deze verantwoordelijkheid ook voor de programmering van je kinderen.

In de diepte- en ontwikkelingspsychologie weet men tegenwoordig dat basisvertrouwen al in het eerste levensjaar wordt ontwikkeld. Een baby weet of hij zijn omgeving kan vertrouwen of niet omdat hij intuïtief in staat is meer frequenties (zoals aura's) waar te nemen. De ouders zorgen niet alleen voor de fysiologische basisbehoeften – denk aan voeding, geborgenheid, bescherming en zorg –, maar brengen onbewust ook hun eigen visie, waardeoordelen, angsten, twijfels, onzekerheden, dromen, hoop, verwachtingen, hoge eisen en minderwaardigheidscomplexen over op de volgende generatie.

Wat mezelf aangaat, ik had al heel snel in de gaten dat ik – mocht mijn kinderwens ooit in vervulling gaan – mijn kinderen niet alleen structuur en discipline zou bieden, maar daarnaast heel veel vrijheid buiten in de natuur, waar ze zich zonder voortdurend toezicht vrij kunnen ontplooien. Immers, niet alleen verwaarlozing maakt dat de eigen persoonlijkheid zich niet op een gezonde manier kan ontwikkelen, het tegendeel is net zo waar: overbelasting (steekwoord: helikopterouders). Als ouders sta je dus voor de uitdaging om voor ieder kind een zinvolle, individuele balans te vinden tussen enerzijds zich in vrijheid kunnen ontplooien en anderzijds grenzen stellen. Dit gaat ons het best af als we in ons eigen leven eveneens die balans hebben gevonden, als we geleerd hebben naar onze eigen intelligentie te luisteren, de 'gebruiksaanwijzing' voor ons eigen leven kennen en onze bestemming volgen. Dan zal het geen moeite kosten om de gebruiksaanwijzing van onze kinderen goed te lezen en precies dat van hen te vragen wat ze aankunnen.

Als ouder moet je je oren niet naar de maatschappelijke dwang laten hangen en je kinderen zo opvoeden dat ze als keurige burgers soepel in de maatschappelijke en economische radertjes passen. Ook al leven we in een prestatiemaatschappij en willen we voor onze kinderen uiteraard alleen maar het beste, toch zijn we niet verplicht om kritiekloos welke van buitenaf bepaalde programmering dan ook over te nemen en door te geven. Het is veel belangrijker dat we ons eerst afvragen: wat is voor dit kind nu echt het beste? Welk levenspad zal dit unieke kind echt voldoening geven en gelukkig maken?

Het huidige systeem is zo geconstrueerd dat we pas opvallen en erkenning krijgen als we 'succesvol' zijn in iets wat het systeem heeft bedacht. Dit begint al op school met het krijgen van cijfers en zet zich door in de vorm van examens en titels, met als doel een zo goed mogelijke baan en een zo hoog mogelijk inkomen. Wordt de 'waarde' van een mens dan echt alleen maar bepaald door zichtbare functionaliteit en salaris?

Christina is hier heel duidelijk over: nee! Immers, al deze typeringen en patronen stroken niet met de natuurlijke basisuitrusting van de mensen. Ze zijn veranderbare 'software'. En juist omdat ze veranderbaar zijn, kunnen we onze eigen software en die van onze kinderen op elk moment constructief herprogrammeren en in overeenstemming brengen met het persoonlijke zielsplan voor zover we ons hiervan bewust zijn. Want de werkelijke waarde van een mens komt pas tot ontplooiing als hij zijn hogere bestemming heeft gevonden en met lichaam, geest en ziel zijn eigen, individuele plaats in het grote geheel inneemt. Ieder van ons heeft in zijn huidige menselijke incarnatie een van tevoren bepaalde rol uitgezocht en als je deze rol vervult, worden oprecht innerlijk enthousiasme en constructief succes mogelijk.

Wie op zoek naar zichzelf alleen maar erkenning van buitenaf zoekt, zal vroeg of laat teleurgesteld worden. Maar wie leert om naar zijn eigen stem te luisteren, zal niet alleen vinden wat hij zoekt, maar voorkomt door deze natuurlijke, gezonde zelfbescherming ook overbelasting en lijdzaamheid. Acties ingegeven door de eigen innerlijke intelligentie zijn altijd constructief, dat wil zeggen: ze berokkenen niemand schade en leveren altijd iets positiefs op. Deze van binnenuit geïnspireerde handelingen tref je van oudsher vooral aan in de vrije beroepen, waarin de strikte regels van de wetenschap niet of zeer beperkt spelen, bijvoorbeeld in de muziek, kunst, filosofie, literatuur en sport, maar ook in alternatieve geneeskunde.

Een grote uitdaging van deze tijd van verandering zal vooral bestaan uit het integreren en vergroten van deze zelfde vrijheid en intuïtieve vaardigheid in het wetenschappelijk onderzoek, de techniek, economie en politiek. Juist op deze terreinen kun je baanbrekende nieuwe inzichten en successen behalen als de verantwoordelijke personen de beperkende concepten van het eenzijdig rationele verstand van zich afschudden en zich openstellen voor hogere kennisbronnen. De enkele hoogbegaafde die nu al in deze kringen rondloopt, voelt zich in deze starre universitaire structuren vaak aan handen en voeten gebonden door de academische monocultuur waarin de vrije ontplooiing van de geest en het aanvaarden van hogerdimensionale kennis nog niet gewenst zijn.

Hierover vertelt Christina: 'De mensen van nu zijn geneigd zich door aangeleerde kennis en gekunstelde ideeën te laten leiden. Hoe beter iemand is opgeleid, hoe rationeler hij zijn beslissingen maakt. Hij laat zich veel te vaak door het verstand domineren in plaats van simpelweg op zijn intuïtie te vertrouwen en zijn innerlijke stem te volgen.'

Ik kan dit uit eigen ervaring beamen. Op school heb ik zeker een paar belangrijke basisdingen geleerd om later goed in ons systeem te kunnen meedraaien. Echter, toen ik zestien was, heb ik tijdens mijn stage in het verzorgingstehuis in Tessin zonder school en zonder leraren een nieuwe taal geleerd, en doordat ik zo graag in de vrije natuur rondliep, heb ik mijn sluimerende talent voor hardlopen ontdekt, dat ik daarna zelf verder heb ontwikkeld. Niet door sturing van buitenaf, maar vooral doordat ik dit innerlijke talent heb gevolgd, ben ik later Zwitsers kampioen geworden. Ook had ik geen anderen nodig om te weten hoe ik een bedrijf moest runnen, kinderen moest opvoeden, met mensen en de natuur of zinvol met het leven en de dood moest omgaan. Dit leerde ik door het principe *learning by doing* en doordat ik oprecht probeerde om mijn innerlijke stem te volgen.

Anderen kunnen ons deze innerlijke scholing en leerprocessen niet afnemen, maar ons er hoogstens bij begeleiden en ondersteunen. Als we er voor openstaan, zal het lot zulke helpers en begeleiders op ons pad brengen. Zodra we heel bewust niet enkel de weg van de vermeende minste weerstand kiezen en onze actuele leerprocessen niet uit de weg gaan, maar ze juist toelaten en er verantwoordelijkheid voor nemen, verandert je blikveld. We zien dan alles wat in ons leven gebeurt als een ervaring, waardoor we kunnen groeien. Kiezen we daarentegen niet voor deze eigen verantwoordelijkheid, dan zullen veel van onze leeropdrachten keer op keer mislukken en krijgen we ze opnieuw op ons bord. Alles wordt bepaald door onze vrije wil en we hebben elk moment de keuze hoe we ons bestaan vorm willen geven.

Intussen zijn veel mensen serieus op zoek naar de werkelijke zin van hun leven, naar innerlijke helderheid, naar onthaasten, naar eenvoud en vrijheid in hun bestaan. Veel mensen zijn bezig hun levensomstandigheden, persoonlijke gedragspatronen en drijfveren maar ook de huidige maatschappelijke structuren kritisch onder de loep te nemen. Sommigen komen tot het inzicht dat er vaak intensieve en langdurige processen nodig zijn om innerlijk ingesleten gedrag en conflictueuze patronen onder ogen te zien, te veranderen en los te laten. Het is geen sinecure je eigen gevoels- en denkpatronen te veranderen, maar beslist de moeite waard. Hier is geduld voor nodig – een deugd die eveneens niet veel gevraagd wordt in het huidige schoolsysteem.

Christina's uitspraken geven vertrouwen: 'Ieder mens is een goddelijk wezen en alle zielen zijn in principe gericht op het licht en niet op de afgrond. Dus is het in eerste instantie belangrijk je eigen innerlijke "afgronden" en misstappen te onderkennen, ze tot op de bodem te onderzoeken en te veranderen – als het kan het liefst nog in dit huidige leven.'

Als je destructieve innerlijke patronen vasthoudt die niet overeenkomen met je zielsplan en je op je levenspad blokkeren, kan dat tot psychische en fysieke ziekten leiden. Hoe groter de discrepantie tussen zielsplan en handelen, hoe groter de innerlijke onrust. Ons lichaam kan dit lange tijd uit eigen kracht compenseren, maar er komt een moment waarop je klachten krijgt.

Veranderingsprocessen zijn niet altijd gemakkelijk voor het ego, maar leiden altijd tot een ongelooflijke bevrijding en tevredenheid. Er ontstaan een lichtheid en kalmte die het leven waardevoller en succesvoller maken. Door zelf verantwoordelijkheid te nemen en je niet door programmeringen van buitenaf te laten sturen, kun je zelfs in de huidige turbulente tijd gelukkig en tevreden leven – daar is Christina het voorbeeld van. Het oppervlakkige, naar buiten gerichte bestaan daarentegen leidt nooit tot een bevredigend leven.

Door Christina's uitleg is voor mij de betekenis van de drie begrippen 'lichaam', 'geest' en 'ziel' duidelijker geworden. Ik neem me voor deze drie 'werktuigen' nog beter en op de juiste manier te leren toepassen, wat elke dag opnieuw een grote uitdaging voor me is, maar het ziet er veelbelovend uit.

De wonderlijke ontwikkeling van Christina daagt me steeds weer op een aangename manier uit tot een bewuste innerlijke ontwikkeling. Ik zie steeds duidelijker dat het werkelijke potentieel van de mens in het geestelijke zit, maar dat dit steeds in wisselwerking staat met het lichaam. Aangezien geest en ziel niet zichtbaar zijn, worden beide componenten in de moderne wetenschap buiten beschouwing gelaten, die zich vervolgens beperkt tot enkel het onderzoeken van het fysieke. Dit geldt ook voor de westerse geneeskunde en de klassieke psychologie (behalve misschien de humanistische en transpersoonlijke psychologie).

Als we innerlijk uit balans zijn, hebben we voldoende rust nodig om te achterhalen hoe dit komt, en in het gunstigste geval komen we daarbij tot het inzicht dat er structurele aanpassingen en veranderingen in het leven moeten plaatsvinden. Keer op keer krijgen we aanwijzingen die we echter niet altijd meteen als zodanig herkennen. Zo kunnen ongemakken tot fysieke oftewel psychosomatische klachten leiden, zoals het klassieke voorbeeld van chronische hoofdpijn, rugpijn en andere kwalen. Zo zijn er ziektebeelden die een psychosomatische oorzaak hebben en dus hun oorsprong in het lichaam hebben, wat weer gevolgen heeft op fijnstoffelijk, geestelijk niveau. Andere tekens die ons uitnodigen om naar binnen te kijken en jezelf vragen te stellen, zijn plotselinge ongelukken, het 'noodlot' dat toeslaat of vermeende 'toevallige' ontmoetingen met mensen die ons oproepen keuzes te maken, een andere richting op te gaan en leerprocessen te leren zien en herkennen.

Het gebrek aan flexibiliteit om iets te veranderen aan je eigen levensomstandigheden is vaak het grootste probleem. Dit komt vooral door de innerlijke softwareprogramma's die ons naar een beperkte denkwijze en vermeende uitzichtloosheid leiden. Er zijn moed en kracht voor nodig om uit dit hamsterwiel van onwetendheid en stilstand te breken, om traditionele denk- en gedragspatronen te doorbreken, vertrouwde comfortzones of zelfs gouden kooien te verlaten en vastbesloten aan iets nieuws te beginnen. Maar als we deze moed en vastberadenheid kunnen opbrengen, zullen we beloond worden met een sterk gevoel dat we het juiste doen.

Maar zelfs voor de moedigen en creatievelingen is er niet meteen garantie voor succes. Dat is me zowel in de wedstrijdsport als op andere levensgebieden wel duidelijk geworden. Toch verandert er altijd iets, ongeacht het verloop – je komt tot nieuwe inzichten, nieuwe perspectieven, nieuwe wegen om je bestemming te vinden en je constructief in te zetten. Sommigen hebben baat bij een langere time-out om afstand te nemen van hun dagelijkse gang van zaken, om zonder de vaste structuur van de agenda en weg van de gouden kooi eerst maar eens tot rust te komen. Als deze rust er is, worden we op een heilzame manier met onszelf geconfronteerd. Dan krijgt de ziel eindelijk weer een stem die niet wordt overstemd door van buitenaf aangeleerde programmeringen.

Later licht Christina nog toe: 'Iemands waarnemingen worden meestal overschaduwd door het verleden. Vaak ziet iemand alleen maar een projectie van zijn herinneringen en is de geest vertroebeld doordat hij altijd in het verleden blijft hangen. Zo kun je geen nieuw visioen opbouwen. Elke negatieve herinnering is als een steen in een muur die verhindert dat de mensen hun visioen verwezenlijken. Daarom: ***verzoen je met je verleden, stel jezelf doelen voor de toekomst en leef in het nu, want in het hier en nu ligt alle kracht!***'

Een ander recept om het leven positief en constructief tegemoet te treden, luidt als volgt: wijsheid en leren onderscheiden welke zaken je zelf kunt veranderen en welke je simpelweg moet leren accepteren omdat je er geen invloed op hebt en ze nu eenmaal zijn zoals ze zijn. Al zijn de opdrachten nog zo moeilijk, met behulp van dit onderscheidend vermogen heb je goede kansen om met jezelf in het reine te komen en je eigen denken en doen in balans te brengen. Wat ik van mijn talloze ervaringen heb geleerd, is dat in een moeilijke levenssituatie het vaak alleen maar een kwestie van je eigen instelling is of je eraan onderdoor gaat of er juist door groeit. Als je de situatie probeert te omzeilen, bereik je meestal niet veel meer dan dat het probleem je vroeg of laat weer inhaalt.

Wie zowel de zon- als de schaduwkant van het leven positief wil blijven benaderen, ontkomt er niet aan een grondige blik naar binnen te werpen. Ook ik leer elke dag door Christina om achterhaalde zienswijzen en gedragspatronen los te laten, om onbevangener te leven en niet voortdurend iets aan te merken te hebben op andere mensen – in de wetenschap dat ieder mens hier is om zijn opdrachten te onderkennen en te volbrengen.

Christina benadrukt: ‘Het is belangrijk dat je inziet dat alle mensen gelijkwaardig zijn, los van het feit op welke ontwikkelingstrede ze zich bevinden en welke opdrachten ze hebben te volbrengen. Ieder mens is in zijn huidige leven op deze Aarde op weg naar geestelijke volwassenheid – ieder individu, zelfs als het zich als een zware crimineel gedraagt. Alle leerervaringen die we in ons huidige leven niet hebben volbracht, komen we in een volgend leven of volgende levens opnieuw tegen. Misschien zijn we op dit moment wel bezig iets te leren wat we in een vorig leven nog niet hebben meegemaakt. Soms zitten we in de slachtofferrol, dan weer in de daderrol. Al met al zijn er vele incarnaties in deze derde dimensie nodig om alles te leren. Je leven in het hier en nu is slechts een piepkleine ervaring op een lange, lange weg.’

Op een ander moment zegt ze: ‘Ieder individu beschikt over een vrije wil en kan op elk moment weer terugkeren naar zijn constructieve, lichtvolle weg. Soms gaat dit via allerlei omwegen.’

Opnieuw klinkt alles wat Christina uitlegt heel logisch en overtuigend. Toch komt veel van wat ze vertelt niet overeen met hoe ik tot nu toe heb gedacht. Ik begrijp hoe sterk ik gevormd ben door alle tegenstrijdige ideeën die ik heb meegekregen door opvoeding, school, opleiding, beroep en religie. Maar ik neem me voor om open te staan als iemand vraagt naar het waarom, om kritisch te zijn en om, zoals ik al zei, vooral niet over anderen te oordelen. Want ik heb van mijn dochter geleerd dat ieder mens zich op een ander punt in zijn persoonlijke ontwikkeling bevindt en denkt, voelt, spreekt en handelt vanuit zijn eigen subjectieve maatstaven.

Wat ik deze dagen tijdens onze urenlange gesprekken duidelijk bij Christina merk, is dat ze een ongebonden neutraliteit heeft en volledig vrij is van oordelen en afkeuring. Ze is altijd welwillend en authentiek en herhaalt niet simpelweg willekeurige concepten. Ze lijkt gewoon een hogere, onafhankelijke kijk op het menselijk gebeuren te hebben. Mijn dochter is totaal vertrouwd met de verschillende wetenschappelijke theorieën en geloofsleren en laat deze respectvol in hun waarde, zelfs als ze kritische vragen stelt over welk standpunt dan ook en op geloofwaardige wijze de grotere samenhangen schetst. Door haar waarneming ziet, hoort, voelt, beleeft en begrijpt ze nu eenmaal een veel omvattender werkelijkheid dan ik.

Ze benadrukt bovendien dat het in de afgelopen eeuwen voor de mens van belang was om veilige culturele en religieuze structuren te creëren. Maar deze structuren werken nu eerder belemmerend om een constructieve globale ontwikkeling te bevorderen omdat culturen en religies in de loop der tijd zijn gemanipuleerd en veranderd.

Ook wetenschappelijke onderzoekers zien zich in toenemende mate ingeperkt door het huidige systeem. Bijna iedereen die zich vol overtuiging en met hartstocht aan een wetenschappelijke opdracht wijdt, merkt al gauw dat de universiteiten of particuliere instituten heel inperkend zijn en onprettige voorwaarden stellen. Christina zegt dat ze ervan overtuigd is dat in de toekomst veel mensen met een verruimd bewustzijn voor geweldige wetenschappelijke inzichten en doorbraken zullen zorgen zonder dat ze een universitaire opleiding hebben afgerond. Er zitten zelfs kinderen bij.

Bij deze onthullingen denk ik steeds weer: waar haalt dit bijna veertienjarige meisje zulke inzichten en zo'n zelfverzekerdheid vandaan? Ik stel me voor hoe de leraren op school zouden reageren als ze Christina zelfs maar een uur op deze manier horen vertellen? Ze zouden niet alleen hun leerling, maar ook de hele wereld met heel andere ogen bekijken. Wat mij betreft, ik heb sterk het vermoeden dat ik er eindelijk klaar voor ben om het totale wezen van mijn dochter te leren kennen. Hoe was het ook alweer? 'Verzoen je met je verleden, stel jezelf doelen voor de toekomst en leef in het nu!' Een prachtig motto, dat ik zal onthouden.

11
Een holistisch medicijn

Veel van Christina's betogen kan ik vanuit mijn professie als praktijkassistente en als aankomend natuurgenezer bevestigen. In de lange periode dat ik als praktijkondersteuner werkte, kwam ik altijd weer tot de conclusie dat lichaam, geest en ziel nauw met elkaar samenhangen en elkaar beïnvloeden.

Dit inzicht motiveerde mij om een vierjarige opleiding tot natuurgenezer te volgen, de meest uitgebreide en erkende opleiding in alternatieve geneeskunde die Zwitserland kent. Sinds 2015 zijn er vier opleidingen in alternatieve geneeskunde toegelaten: Traditionele Chinese Geneeskunde (TCM), Traditionele Europese Natuurgeneeskunde (TEN), Indiase ayurvedische geneeskunde en homeopathie. Met de invoering van de hbo-opleiding alternatieve geneeskunde (met het diploma kun je je als beëdigd alternatief genezer vestigen) heeft Zwitserland een mijlpaal gezet in de geschiedenis van de alternatieve geneeskunde; ze is in Europa een pilot en zal als voorbeeld dienen. De basis en filosofie van de TCM, TEN en ayurveda is gestoeld op de eeuwenoude humorale geneeskunde, een van oorsprong holistische vorm van geneeskunde uit de tijd van de vroegere hoogstaande culturen die tegenwoordig weer duidelijk meer aandacht geniet.

In de holistische geneeskunde worden het geestelijke en fijnstoffelijke expliciet in de anamnese en het behandelplan opgenomen. Het uitgangspunt is dat de fijnstoffelijke oorzaken al in het lichaam zichtbaar zijn – bijvoorbeeld door veranderende bloedwaarden – lang voor de feitelijke ziekte zich manifesteert. Innerlijke disbalans geeft ons lichaam bijvoorbeeld aan via onze gemoedstoestand, buik- of hoofdpijn of last van de organen (spijsverteringsklachten, hartkloppingen, prikkelbare darm of blaas enzovoort) waarvoor de reguliere geneeskunde geen duidelijke oorzaak kan vinden. In de holistische geneeskunde beschouwt men zulke verstoringen als een teken van innerlijke disbalans. Net als in de reguliere geneeskunde worden deze fysieke verstoringen ook in de alternatieve geneeskunde via een uitgebreide anamnese en de gebruikelijke klinische onderzoeksmethoden (reflexen, kno-status enzovoort) onderzocht, maar je kijkt tevens naar het totale beeld van het lichaam.

Met behulp van psychosomatiek en pathofysiologie kun je bijvoorbeeld niet alleen iemands aangeboren kenmerken aflezen, maar ook verstoringen in de organen. Ook de verschillende reflexzones kunnen je veel vertellen, evenals methoden zoals iriscopie, tong- en polsdiagnostiek, ooracupressuur enzovoort. Het fysieke lichaam wordt als de spiegel van de ziel beschouwd. Alleen al op het oor bevindt zich een complete somatoop; dat wil zeggen dat je daar meerdere grofstoffelijke lichaamsstructuren en fijnstoffelijke meridianen in de vorm van resonantiepunten vindt.

Op basis van deze visie moet de oorzaak van gezondheidsproblemen bij iemand ten eerste individueel en ten tweede met inachtneming van zijn actuele psychische gesteldheid worden onderzocht. Pas dan kan er een bestendig helingsproces beginnen. Het begint met het vinden en daarna het veranderen van de fijnstoffelijke oorzaken van de fysieke problemen. Dit is een cruciaal verschil tussen de westerse geneeskunde en de natuurgeneeskunde (humorale geneeskunde). Waar in de reguliere geneeskunde vooral de oplossing wordt gezocht in symptoombestrijding, ligt het zwaartepunt bij de humorale geneeskunde en bij bepaalde aspecten van de alternatieve en complementaire geneeskunde in het behandelen van de oorzaken. Het gaat erom de basisregulatie en de zelfhelende krachten van het lichaam doelgericht te activeren, wat op de lange termijn bijdraagt aan zelfheling. Vanzelfsprekend spelen ook het bewustzijn en de levensloop van de betreffende persoon een beslissende rol.

Net zoals er voortdurend dingen veranderen in het grote en het kosmische geheel, zo is er ook een voortdurende verandering in het kleine, aardse en menselijke gaande. In ons organisme is er een complexe wisselwerking tussen lichaam, geest en ziel; alles is voortdurend in beweging en niets ligt ooit stil. Helaas zijn veel mensen zich hier niet van bewust, en ook niet van het feit dat de manier waarop we denken en naar de wereld kijken ons fysieke lichaam aanstuurt.

De oeroude filosofie 'zo boven, zo onder, zo buiten, zo binnen' zal ik beschrijven via een voorbeeld van ons hart.

Het hart als voorbeeld ♥

Sinds mensenheugenis wordt het hart als het belangrijkste menselijke orgaan beschouwd, als de fysieke spreekbuis van de ziel. Al op de 21e dag van de zwangerschap klopt het hart voor de eerste keer, vlak nadat de goddelijke vonk in het menselijk lichaam is getreden en het hart door de juiste fijnstoffelijke informatie wordt gevormd.

Het hart voorziet daarna eerst zichzelf van bloed, om precies te zijn de kransslagaders, pas daarna komt de rest van de bloedsomloop aan bod. Er gaat een opvallende symboliek schuil achter dit gegeven: gezonde eigenliefde zou bij ieder mens op de eerste plaats moeten komen, want alleen dan is hij in staat een ander lief te hebben en te verzorgen.

Ons hart is veel meer dan alleen de 'pompinstallatie' in ons lichaam die het levenselixer bloed door het hele lichaam pompt. Ons hart is tevens de verbinding tot de niet-stoffelijke ziel, die we veel te vaak onderschatten of negeren. Daarom zullen we het hart eens wat beter onder de loep nemen.

In ons universum vind je zowel polariteit als dualiteit. Er is een voortdurende uitwisseling tussen beide polen, die elkaar in harmonie aanvullen en samen bepalen. Net zoals in de kosmos en de natuur alles heen en weer gaat, zo pendelen ook de mensen en al hun organen, aangestuurd door het hart, in een constant komen en gaan, in oorzaak en gevolg. De hartkleppen openen en sluiten zich voortdurend zonder dat we daar bewust invloed op moeten of kunnen uitoefenen. Ook dit pendelen tussen cardiale drukopbouw en cardiale ontspanning kun je als symboliek zien. Ieder mens heeft uitdagingen en leeropdrachten nodig om aan zichzelf te werken, maar er moet ook tijd voor ontspanning en herstel zijn.

Een andere filosofische betekenis vind je in het spreekwoord 'iets met hart en ziel doen'. Als je een bezigheid hebt gevonden die daadwerkelijk strookt met je zielsplan, vervult deze je met zo veel enthousiasme en vreugde dat je hart zich met alle kracht, tijd en aandacht kan wijden aan het vervullen van zijn bestemming. Als iemand zijn plek in de maatschappij heeft gevonden en zijn roeping volgt, bloeit hij zowel aan de binnen- als buitenkant op en werkt hij met heel zijn hart en ziel, zonder vermoeid te raken, zonder zich te vervelen en zonder zich een vreemde eend in de bijt te voelen. Hij is op zijn weg en zal daarbij zeker succes en voldoening vinden.

Ook de term 'hartenwens' is opvallend. We hebben allemaal ontelbaar veel wensen – we willen spullen, bezit, gezond blijven, vermaak en noem maar op. Al deze wensen spelen door ons hoofd, sommige beklijven, andere niet. Ze komen uit, worden losgelaten of er komen nieuwe voor in de plaats. Maar als je echt goed naar jezelf kijkt, merk je dat je vaak maar een paar echte hartenwensen hebt.

Stel jezelf eens de vraag: wat is mijn diepste hartenwens? Wat wil ik nou echt in dit leven? Wat wil ik doen en voor elkaar krijgen, wat wil ik voelen en meemaken? Wat wil ik leren en onder ogen zien, voor wie wil ik wat doen? Als je de tijd neemt en serieus probeert een antwoord te vinden op deze essentiële vragen, zul je ontdekken wat je levensplan, je bestemming inhoudt.

Verder is er ook nog het gezegde 'naar je hart luisteren'. Als het hart daadwerkelijk het fysieke spreekorgaan van de ziel is, dan weet je zeker dat je goed advies krijgt als je naar de stem van je hart luistert. Het probleem hierbij is dat we in ons innerlijk allerlei verschillende, zelfs elkaar tegensprekende stemmen hebben: de stemmen van onze driften en overtuigingen, de stemmen van onze rationele denkpatronen en twijfel, van onze emotionele gevoelspatronen en angsten, van ons gekunsteld ego. En wat te denken van al die stemmen van je ouders, opvoeding, cultuur, geloof en je privé- en werkomgeving - en alle weergalmen in de klankkast van je geest. Naar welke stem moet je luisteren? Welke moet je volgen?

Het antwoord luidt: de stem van je hart. Deze goddelijke, innerlijke stem herken je doordat hij altijd duidelijk en positief, constructief en oplossingsgericht is. Deze stem roept op tot harmonie en niet tot confrontatie en manipulatie; hij respecteert altijd de vrije wil van andere levende wezens en benadert al wat leeft welwillend en in vriendschap. Deze stem spreekt niet in vijandbeelden; hij stelt gerust in elke situatie en bemoedigt en wijst de weg naar jezelf. Op de stem van je hart kun je altijd vertrouwen en je kunt hem met een gerust hart volgen.

Luister je daarentegen niet naar de stem van je hart maar naar een van die andere, dan raak je uit balans en creëer je innerlijke stressoren. Hierdoor komen er adrenaline en cortisol vrij in je lichaam. Als je langere tijd niet naar de stem van je hart luistert en je je leven mogelijk in een tegenovergestelde richting stuurt, loop je het gevaar chronisch gestrest te raken, met als gevolg een langdurig verhoogde stresshormoonspiegel in het bloed. Vroeg of laat zal dit op fysiek niveau tot grote schade leiden.

De mensen van nu zijn, althans in onze cultuur, 24/7 blootgesteld aan allerlei stressfactoren: op het werk, op school, in het gezin of relatie, stress door overprikkeling door sociale media, lawaai, milieuvervuiling en stralingssmog, stress door excessieve anaerobe sport en ga zo maar door. Dit zorgt ervoor dat het parasympathische zenuwstelsel, dat je rust en ontspanning regelt, wordt lamgelegd, waardoor het sympathische zenuwstelsel voortdurend actief is. De verhoogde stresshormoonspiegel in het bloed werkt vaatwandontstekingen in de hand, wat tot aderverkalking (arteriosclerose) kan leiden. Deze verkalking - een onomkeerbaar proces - maakt dat het bloed minder goed doorstroomt en de organen minder goed verzorgd worden. Dit uit zich bijvoorbeeld in onrust, slaapstoornissen, concentratieproblemen, spijsverteringsklachten enzovoort, maar ook in verstoord zicht. En het kan ook leiden tot het afsterven van andere orgaanfuncties, waaronder de hersens, waardoor diverse hersengerelateerde ziekten kunnen ontstaan, van dementie tot herseninfarct.

Ook de kransslagader krijgt minder voeding, met als gevolg hartproblemen zoals angina pectoris, hartinsufficiëntie of een hartinfarct. Veel van deze aandoeningen zijn het resultaat van de eerdergenoemde onvrede en chronische stress in onszelf, en dit is op zijn beurt weer het gevolg van het feit dat we ooit hebben afgeleerd om naar de wijze stem van ons hart te luisteren en onze hartenwensen te vervullen.

Tot slot nog één voorbeeld waarin het woord 'hart' voorkomt: 'Alleen een hart van steen kan breken.'

Als een hart in fijnstoffelijke zin 'hard' wordt – dat wil zeggen: als een mens geen dialoog meer onderhoudt met zijn innerlijke goddelijke leiding en een kille en harde houding tegenover het goddelijke aanneemt –, raakt het fysieke hart mettertijd verkalkt en keihard. Dit zijn de wetten van de psychosomatiek. Deze situatie kan uiteindelijk resulteren in een hartinfarct: het laatste symptoom van deze verharding.

Wie zo'n verharding en een hartinfarct proactief wil voorkomen, kan ik dezelfde adviezen geven als ik degenen die al een infarct hebben gehad, zou willen geven: leer bedachtzaam met jezelf om te gaan, luister meer naar je innerlijke stem, beweeg genoeg en neem voldoende rust, eet gezond en pas je leefgewoonten aan aan een rustiger, het liefst stressvrij levensritme. In het gunstigste geval leren we door een bewustzijnsverruiming onze vastgeroeste, verharde gedragspatronen radicaal te veranderen en over het geheel flexibeler en opener te worden, meer veranderbaar. Want met het oog op de wereldwijde bewustzijnsverandering, waar we volgens Christina al middenin zitten, zijn juist eigenschappen als flexibiliteit en openstaan voor verandering heel helpend.

Als we ons hart voldoende medezeggenschap geven bij onze keuzes, raakt het niet overmatig gestrest en kunnen we rustig en doelgericht onze vastgelegde zielsweg gaan en tijdens ons leven alle opdrachten vervullen die we ons voor deze incarnatie hebben voorgenomen. Zo blijft ons hart fysiek vitaal en krachtig.

Het gaat er in het leven niet om zo veel en zo hard mogelijk te werken; het gaat erom het juiste werk te vinden en je hier met heel je hart aan te wijden. Het gaat erom dat je naar je hart luistert en je hartenwensen vervult. Dit recept is niet alleen bedoeld om gezond van te worden maar ook gelukkig.

Je zult niemand op zijn sterfbed horen klagen: 'Ach, had ik maar wat harder gewerkt!' Meestal hoor je juist het tegenovergestelde: 'Ach, had ik maar niet zoveel gewerkt en daardoor mijn leven vergooid! Had ik maar meer naar mijn hart geluisterd, had ik maar meer mijn diepere gevoelens geuit, had ik mezelf maar meer plezier gegund! En had ik maar de moed gehad trouw aan mezelf te blijven in plaats van te leven zoals ik dacht dat anderen van mij verwachtten!'

Wie trouw is aan zichzelf, van zichzelf houdt en zichzelf vergeeft, heeft een sterk en tegelijkertijd zacht hart. Zo'n hart kan niet breken en niet gebroken worden. Zo'n hart zal onder alle omstandigheden en in elke situatie onwankelbaar precies dat doen waarvoor het is geschapen: ons met heilzame levenskracht vervullen.

De prognose van de reguliere geneeskunde is somber als het gaat om hart- en vaatziekten en de daarmee samenhangende ziektebeelden zoals metabolisch syndroom, orgaaninsufficiëntie, diabetes, dementie enzovoort. Men gaat ervan uit dat deze ziekten in de komende jaren de mensheid zullen overspoelen – behalve als de mensen tot inkeer komen. Vanuit de holistische geneeskunde bekeken, zou het goed zijn om onze kinderen (en uiteraard ook de volwassenen) te leren hoe ze – naast hun naar buiten gerichte leven – de weg naar binnen weer kunnen ontdekken en bewandelen. Het zou goed zijn om op scholen, en in de maatschappij in het algemeen, holistische kennis van lichaam, geest en ziel te onderwijzen en om de juiste zorg voor onze 'hardware' (het fysieke lichaam) te versterken, opdat we resistenter worden voor externe programmering door schadelijke 'software' in de vorm van destructieve patronen en overtuigingen.

Op deze manier kan zowel op individueel als collectief niveau de rust weer in de mensheid terugkeren. In deze rust zullen zich dan steeds meer authentieke mensen ontplooien, die met een nieuwe complexe en multidimensionale denkwijze heel wat meer van de kosmos en het mens-zijn zullen begrijpen dan wij en daardoor harmonieus, constructief, liefdevol en verstandig met de universele wetten kunnen omgaan.

12
Licht en onlicht

Iets wat ik al vroeg van Christina heb geleerd, is hoe ze omgaat met het zogenaamde goede en kwade, oftewel de dualiteit van licht en onlicht. Ze benadrukt steeds weer dat alle mensen het goddelijke licht in zich dragen, ongeacht hoe destructief ze zich nu gedragen. Vanuit haar perspectief zijn alle mensen zonder uitzondering goddelijke schepsels die op dit moment bepaalde ervaringen op deze planeet doorlopen. Sommigen zijn simpelweg vergeten dat ze licht zijn terwijl anderen zich hiervan wel bewust zijn en bezig zijn dit licht steeds meer te ontwikkelen.

Haar respect voor en erkenning van alle mensen en de hele schepping legt Christina als volgt uit: 'Als wij iets als "kwaad" bestempelen, is het niet per definitie alleen maar slecht. Iets kwaads kan, afhankelijk van je bewustzijn, ook het begin zijn van iets goeds. Een voorbeeld: als je radio wordt gestolen, lijkt dit in eerste instantie iets verkeerds. Maar degene die zijn radio kwijt is, krijgt hierdoor de kans zich van bezit los te maken en zo zijn blik te verruimen. Hij krijgt de kans om in te zien dat er nooit "te weinig" is, want in feite is er altijd meer dan genoeg.

Het licht komt voort uit vrede, uit liefde voor en controle over jezelf, uit de wens anderen uit vrije wil te helpen en te ondersteunen. Voor het licht is er altijd genoeg tijd om je te ontwikkelen, er is nooit sprake van druk. Bij onlicht is het anders. Hier geldt: je moet, je zult, anders dreigen consequenties, straf, sancties of rampspoed. Oprechte vrede daarentegen vraagt niet om straffen en consequenties.

Het lichtvolle ondersteunt de zelforganiserende goddelijke intelligentie en levenskracht van onze schepping. Het licht is altijd sterker dan de schaduw, het onlicht. Het licht onderkent dat er onlicht is, terwijl onlicht het bestaan van licht ontkent. Desondanks kunnen duistere wezens niet zonder goede wezens overleven, want ze hebben de scheppende energie nodig om überhaupt te kunnen bestaan. Goede wezens daarentegen hebben geen donker nodig om te bestaan omdat ze genoeg licht en scheppende energie in zich dragen.

Alle mensen zijn licht, maar velen zijn dit simpelweg vergeten. Iedereen is in staat het kleine licht in zichzelf te laten groeien en stralen tot een groot licht. Want we leven in een tijd waarin het licht zich naar de voorgrond beweegt en grandioos zal overwinnen. Het onlicht zal zich dan vanzelf oplossen. Levenskracht en de kracht van liefde vormen de natuurlijke goddelijke intelligentie die achter de coulissen steeds voorhanden is.'

Door Christina's uitleg kan ik mijn blokkades uit het verleden loslaten. Veel gebeurtenissen in mijn leven leken aanvankelijk tragisch, moeilijk en zelfs onoplosbaar. Maar nu zie ik in dat dit allemaal gewoon maar gebeurtenissen waren die me de kans boden innerlijk te groeien en mijn horizon te verbreden zonder in de slachtofferrol te schieten.

Christina's acceptatie van zowel licht als onlicht is voor een meisje van haar leeftijd hoogst ongebruikelijk. Ik besef dat ze altijd al op die manier in het leven staat, zonder ooit op iemand neer te kijken of te veroordelen.

Ze zegt: ***'Wanneer je het geheel van bovenaf bekijkt, is het onmogelijk om wie of wat dan ook uit te sluiten en niet lief te hebben, want alles is schepping. Je kunt het vergelijken met een moeder die naar haar kibbelende kinderen kijkt in de zandbak: hoewel ze ruziemaken, houdt ze van allemaal evenveel.'***

Mijn vroegere overtuiging 'hoe beter je opleiding, hoe gemakkelijker en succesvoller je leven later is' begint behoorlijk te wankelen. Want Christina confronteert me met het tegendeel. Haar betoog roept de vraag op wat we liever willen: 'opgeleide' oftewel geprogrammeerde en geconditioneerde mensen in onze maatschappij die bijna uitsluitend volgens het eenzijdig rationele verstand en vastgestelde patronen functioneren of gelukkige mensen die individualiteit, authenticiteit, levensvreugde, acceptatie, rust en harmonie uitstralen? Willen we mensen die alleen voor een ego werken en zo de onlichte, egocentrische mentaliteit dienen, of willen we mensen die hun innerlijke goddelijke stem volgen en zich inzetten voor een constructief en lichtvol leven?

13
Bewustzijn, trilling en energie

Nog steeds half maart 2015. Tijdens onze vele gesprekken legt Christina onder meer uit dat het bewustzijn van de mens zich niet op één plek bevindt, bijvoorbeeld in het brein. Ze beschrijft het bewustzijn als een dynamisch fijnstoffelijk veld dat we door onze denk-, voel- en handelswijze voortdurend opnieuw vormgeven. Het menselijke denken is dus niet, zoals tot nu toe werd verondersteld, terug te brengen tot een puur neuraal proces in het brein, maar is onderdeel van het dynamische, holistische levensproces van ieder individu, dat ook zijn waardebegrip, wereldbeeld, emoties en gevoelens omvat.

Christina legt uit: 'Als je het in getallen uitdrukt, kan het brein via het verstand misschien maximaal 8 tot 10 procent van het menselijk potentieel gebruiken. Betrek je het totale bewustzijn erbij, dan is 100 procent mogelijk. Als we niet meer denken, betekent dat niet dat we niets meer weten, want we zijn altijd bewust, of we nu wakker zijn of slapen, of ons brein nu denkt of juist niet. Bewustzijn, weten en inzicht hangen niet van het brein af en bewustzijn slaapt nooit. Tijdens de slaap beleven we de "negatieve" inactieve kant van onze waarnemingscyclus: we nemen niets met de zintuigen waar en denken niet echt rationeel, toch zijn we ons ervan bewust dat we bestaan. Wanneer we wakker zijn, ervaren we de "positieve" actieve kant van onze waarnemingscyclus op dezelfde manier.

Zelfs al zijn het brein en het actieve verstand uitgeschakeld, dan nog steeds is het bewustzijn voorhanden. Laten we als voorbeeld een patiënt nemen die op de intensive care ligt en medisch gezien bewusteloos is. "Bewusteloos" is hier niet de juiste term. Hoewel het brein misschien verdoofd of gewond is, is er toch sprake van bewustzijn. Hetzelfde geldt voor mensen bij wie de artsen geen hersenactiviteit meer kunnen meten. Ook in dit geval is er nog steeds bewustzijn aanwezig.'

Ik weet dat er voor deze stelling inmiddels al talloze praktijkvoorbeelden zijn: mensen die uit strikt medisch oogpunt gezien bewusteloos of zelfs hersendood waren, werden gereanimeerd en herinnerden zich vervolgens elk detail en alle gesprekken van artsen en verpleegkundigen. Dit is alleen mogelijk als het bewustzijn daadwerkelijk onafhankelijk van het neurale denken en los van het brein existeert. Vanuit dit oogpunt zijn de betogen van Christina zinvol en begrijpelijk.

Tijdens zulke gesprekken vraag ik me dikwijls af welk wezen in mijn dochter is geïncarneerd. Wat voor bewustzijn heeft Christina? Hoe kan het dat zij zoveel kennis heeft op dit gebied, waar de huidige wetenschap nog voor een groot deel in het duister tast?

Haar antwoord is kort: 'Heel simpel: mijn trilling is nogal hoog.'

'Wat betekent dat? Kun je me dat nog wat duidelijker uitleggen?'

'Je weet wat energie is, mama. Alle energie in het universum heeft een bepaalde frequentie, een bepaalde trilling. Er zijn heel veel verschillende energieën en dus ook heel veel verschillende trillingen of trillingssnelheden. Mijn trilling is vergeleken met die van andere mensen gewoon wat hoger.

Al het positieve en liefdevolle heeft een hoge trilling. Dat wil zeggen: goede gedachten, woorden en daden die vol liefde, compassie, vreugde enzovoort zijn, hebben een hoge trilling.

Het slechte en destructieve daarentegen trilt laag. Ook negatieve gevoelens zoals egoïsme, afgunst, haat, ontevredenheid, onverschilligheid enzovoort hebben een lage trilling. Mijn trilling is van nature zo hoog dat het niet mogelijk is om in negativiteit te vervallen. Ik kan dus niet liegen of iets destructiefs denken of doen, noch mijn talenten misbruiken.'

Het voorbeeld van Christina maakt duidelijk dat de mate van bewustzijn niet afhankelijk is van je leeftijd, levenservaring, opleiding, sociale status en ga zo maar door, maar veel meer van je zielsenergie. Deze zielsenergie is je persoonlijke energiefrequentie of trilling en deze persoonlijke trilling bepaalt welke mentale en fysieke processen er optreden en welke kwaliteit ze hebben.

Nu ik erover nadenk, klopt het dat Christina in die veertien jaar nog nooit iets van negatieve gevoelens en emoties heeft getoond en altijd in een 'wij-bewustzijn' leeft. Ze was nooit jaloers, voelde zich nooit benadeeld, maakte nooit ruzie met anderen, heeft nooit iemand uitgescholden of iets met opzet kapotgemaakt. Ze was gewoon altijd een heel vreedzaam kind met een verborgen wijsheid die ze elke dag veelvuldig maar heel subtiel en vol humor liet zien. Nu nog steeds. Ze staat elke morgen monter op en komt aan het eind van de dag altijd stralend thuis uit school. Deze vreedzaamheid en tevredenheid zijn simpelweg haar aard. Dat kan iedereen beamen die met haar omgaat.

Christina gaat verder: 'Weet je, feitelijk bestaat het universum al een eeuwigheid uit dezelfde energie. Komen er hier op Aarde bijvoorbeeld invloeden van buiten bij – zoals verandering in het zonlicht of het magnetisch veld of andere ingrijpende invloeden zoals sterke gedachte-energieën –, dan veranderen de energetische oplading en de trilling, waardoor er nieuwe materie ontstaat. Alles wat je ziet is trilling en energie. Is de trilling laag, dan is ze zwaar en is de trilling hoog, dan wordt ze licht.'

'Is alles in het universum trilling?' wil ik weten.

'Bijna alles. Behalve daar waar ze vandaan komt – de oerbron of dat wat "Al-wat-is" wordt genoemd; daar is de energie nog zo fijn dat ze niet eens een trilling heeft, dus ook geen energetisch volume. Het is puur licht. Daarom denk ik dat niet alles simpelweg alleen maar trilling is. Maar alles wat je aan materiële zaken kunt zien, is inderdaad gemanifesteerde energie. Een stoel of een appel is gemanifesteerde energie. Zo heeft elk materieel object zijn eigen trilling, en dit geldt ook voor ieder mens. Bij ons noemt men dit energieveld ook wel "aura". Als ik bijvoorbeeld deze stoel bekijk of deze tafel hier, zie ik hun energieveld; hetzelfde geldt voor voedingsmiddelen of andere mensen. Alles heeft een energieveld om zich heen.

Sowieso is alles door een universeel energieveld met elkaar verbonden. De mens is met de Aarde verbonden, en onze planeet met de kosmos – zo staat alles in wisselwerking met elkaar. Als je naar deze tafel kijkt, mama, zie je duidelijk waar hij ophoudt, namelijk bij de rand. Deze rand is in werkelijkheid niet de grens van de tafel. De grens ligt bij het energieveld dat jij niet kunt zien. Het energieveld van de tafel vermengt zich met het energieveld van de vloer, de stoel enzovoort, en zo is alles met elkaar verbonden.'

Bewustzijnsschalen en LOC-waarden

Ik word zo enthousiast van de gesprekken over deze onderwerpen dat ik boeken lees en op internet zoek om meer over de materie te weten te komen en in de praktijk te brengen. Ik begin me in de kwantumfysica, neuropsychologie en bewustzijnsonderzoek te verdiepen en constateer dat er in de laatste jaren nogal wat in de wetenschap is gebeurd. Onderzoekers zoals de bioloog Rupert Sheldrake spreken van 'morfische velden' en 'gedachten van de natuur' en leggen zo een verband tussen de natuurwetenschap en de parapsychologie.

Ook kom ik erachter dat Christina zeker niet de enige is die een hogere trillingsfrequentie heeft. Wereldwijd is er sprake van een gestage toename van kinderen en jongeren die een verruimd bewustzijn, multidimensionale waarneming en paranormale gaven hebben.

Christina helpt me bij het onderzoek en laat me op internet onder meer de thesen zien van de Engelse astrofysicus Stephen Hawking en de Amerikaanse bewustzijnsonderzoeker David R. Hawkins. Ze is benieuwd naar de actuele stand van de wetenschap. Vooral de 'bewustzijnsschaal' van Hawkins wekt haar interesse. In de jaren negentig ontwikkelde deze psychiater op basis van zijn eigen ervaringen en kinesiologische testen een soort 'schaal van het bewustzijn'. Op deze schaal kent hij zaken als boeken, films maar ook concepten, emoties, eigenschappen en personen een waarde toe tussen 1 en 1000. De laagste waarde is 0 (geen bewustzijn) en de hoogste is 1000, wat in zijn systeem het hoogste door mensen bereikbare bewustzijn betekent. Voor de indeling van zijn schaal gebruikt hij de term 'LOC-waarde' ('Level of Consciousness').

Op de volgende pagina staat een vereenvoudigde versie van de 'bewustzijnsschaal' volgens David R. Hawkins:

LOC-waarde	Bewustzijnsniveau	Levensopvatting: 'Het leven'
700-1000	Verlichting	... is'
600	Rust, gelukzaligheid	... is volmaakt'
540	Vreugde, onvoorwaardelijkheid	... is volledig'
500	Liefde, verering	... is vriendelijk'
400	Verstandig, wetenschap	... is betekenisvol'
350	Acceptatie, productiviteit	... is harmonisch'
310	Bereidwilligheid, optimisme	... is hoopvol'
250	Neutraliteit, vertrouwen	... is bevredigend'
200	Moed, instemming/integriteit	... is maakbaar'
175	Trots, opschepperij	... is veeleisend'
150	Woede, haat	... is vijandig'
125	Begeren, verlangen	... is teleurstellend'
100	Angst, terugtrekking	... is beangstigend'
75	Verdriet, zorgen	... is triest'
50	Apathie, hopeloosheid	... is zonder hoop'
30	Schuldgevoel, boosheid	... is kwaad'
20	Schaamte, vernedering	... is ellendig'

Op basis van deze schaal bespreken Christina en ik op welke trede ik mij op dit moment bevind qua bewustzijn, levensopvatting en gedrag. Eén ding is zeker, ik ben mijlenver verwijderd van het bewustzijn van mijn dochter en vraag me af hoe ik dit kan veranderen.

Tot mijn geruststelling – of schrik – vertelt Christina dat volgens deze schaal een groot deel van de wereldbevolking helaas met een trillingsfrequentie van onder 200 LOC in dit leven onderweg is. Wel is het zo dat bewustzijnsverruiming wereldwijd snel toeneemt en dat er al heel hoogtrillende geïncarneerde lichtwezens zijn die een trillingsfrequentie van meer dan 1000 LOC laten zien.

Volgens Hawkins heeft de LOC-waarde van 200 een bijzondere betekenis. Hier bevindt zich de integriteitsdrempel. Hij onderscheidt dus positief integer gedrag en negatief niet-integer gedrag. Als je bewustzijn onder de integriteitsdrempel, dus onder 200 LOC ligt, heb je de neiging om jezelf en je omgeving door je uitstraling, praten en handelen energetisch naar beneden te trekken en zo persoonlijke groei te beletten. In dit geval zou je kunnen spreken van on-integere of negatieve energie.

Omgekeerd liggen de integere, positieve energieën boven deze integriteitsdrempel en die werken bewustzijnsverhogend en opbouwend voor de betreffende personen en hun omgeving. Zulke energieën versterken innerlijke groei, zorgen ervoor dat het persoonlijke bewustzijn zich steeds meer ontplooit en ondersteunen bovendien de collectieve bewustzijnsverruiming en de collectieve vrede. In dit verband benadrukt Christina nogmaals dat het bij de in deze schaal genoemde eigenschappen en levensopvattingen niet alleen om momentopnamen maar om een langdurige bewustzijnstoestand van de betreffende persoon moet gaan.

Verder probeerde Hawkins historische figuren zoals filosofen, schrijvers, wetenschappers en politici in zijn schaal onder te brengen, waarbij zijn politieke en religieuze voorkeuren een rol speelden. Zelf hebben we er nogal moeite mee om dit soort etiketjes op mensen te plakken, niet alleen in dit voorbeeld, maar ook in het algemeen. Immers, ieder mens kan in de loop van zijn leven op elk moment naar boven dan wel naar beneden veranderen. Met een LOC-waarde van 1000 staan Jezus Christus en avatars zoals Boeddha en Krishna boven aan Hawkins bewustzijnsschaal. Christina zegt hierover: 'Jezus Christus heeft zich in de afgelopen tweeduizend jaar enorm doorontwikkeld, hij heeft heel veel bijgeleerd in andere dimensies nadat hij de Aarde heeft verlaten. Zijn trilling kan vandaag de dag echt niet meer met slechts 1000 LOC worden gedefinieerd.'

Ik kan er maar niet bij hoe Christina dit soort dingen weet. Ze noemt het terloops, maar met een zekerheid alsof ze volledig op de hoogte is van de ontwikkelingscyclus van Jezus na zijn aardse leven.

Na de bewustzijnsschaal licht Christina nog de energiecentra van ons lichaam toe, de chakra's, waar we het overigens nooit eerder over hebben gehad. 'De activering van het kruinchakra begint ongeveer na 600 LOC. In de toekomst zullen steeds meer mensen dit niveau bereiken. Vaak zullen ze zich dan terugtrekken uit de maatschappij om de verbinding met de goddelijke sferen in stand te houden. Iemand die hoger dan 600 LOC trilt, heeft er geen enkele moeite mee om als schijnbaar normaal mens in het gezelschap van anderen te vertoeven.

Als iemand blijvend een trilling van meer dan 600 LOC heeft bereikt, is het haast niet meer mogelijk om terug te vallen. Bij de niveaus daaronder kan dat wel. Dat wil zeggen: als iemand met sterk geactiveerde chakra's en een hoog bewustzijn zijn talenten misbruikt, zal hij energieverlies op de koop toe moeten nemen. Hierdoor valt hij terug naar een lagere trilling en raakt hij zijn talenten kwijt.'

Als ik de hamvraag stel, voegt ze eraan toe: 'Maak je geen zorgen mama, ik zorg er wel voor dat ik mijn trilling en gaven niet kwijtraak. Ik heb mijn gaven in eerste instantie nodig om later mijn levenstaak in dienst van de mensheid te vervullen.'

Ik ben opgelucht dat Christina stevig in haar trilling is geworteld, en het gevaar deze te misbruiken of terug te vallen is kennelijk niet aan de orde. Bovendien is het voor mij nu helder als glas waarom ze haar hele leven al deze kalme, liefdevolle en ootmoedige uitstraling heeft.

Daarna benadrukt ze meteen dat ze niet speciaal is, dat er heel veel mensen op deze Aarde zijn die nu al een trilling van 500/600 LOC hebben en die moeiteloos hun frequentie nog hoger kunnen krijgen in dit leven. Hier zitten een paar volwassenen bij en heel veel kinderen, zodat er bij elkaar een enorm potentieel aan collectieve vrede bestaat. Los daarvan is het in principe voor ieder mens mogelijk om zijn frequentie stap voor stap te verhogen.

Een universeel, ethisch principe

Tijdens een ander gesprek waarin we het over religieuze geboden hebben, vertelt Christina: 'Ik heb geen tien geboden nodig. Want ik leef volgens de kosmische wetten.'

'Wat zijn kosmische wetten?' vraag ik.

'Voor mij is vooral één principe het belangrijkst, dat tot in de hoogste sferen van het universum geldt: ***je zult noch in gedachten, noch in woorden, noch in daden een levend organisme schade toebrengen.***'

Dit principe is inderdaad veelomvattend, vooral omdat Christina met 'een levend organisme' niet alleen mensen bedoelt, maar ook planten, dieren en de hele planeet Aarde, die ze eveneens als een zelfstandig levend organisme ziet. Ik bedenk nu dat ze echt altijd consequent volgens dit principe leeft, en langzaam maar zeker begrijp ik waarom ze al als klein meisje dit raadselachtige contact met stenen, planten en dieren onderhield.

Ook haar broer Mario is een heel behulpzame, vrolijke en spontane jongen die maar zelden negatieve energie over zich heeft. Broer en zus kunnen het goed met elkaar vinden, gaan zorgzaam met elkaar om en delen alles met elkaar zonder dat ik dat van hen verlang. Ik heb ze nooit ruzie zien maken. Tot nu heb ik dit nog nooit aan iemand verteld, omdat bijna niemand dit zou geloven. Ze hadden me vast voor een opschepper uitgemaakt. Toch is het echt zo, en familie en vrienden in onze omgeving kunnen dit bevestigen.

Multidimensionale waarneming

Naast het al eerder genoemde wetenschappelijk onderzoek heb ik het met Christina in deze dagen ook over bepaalde theorieën uit de kwantumfysica en astronomie. Het valt me op dat ze weliswaar veel wetenschappelijk vaktermen niet kan plaatsen, maar toch met de thema's op zich heel vertrouwd lijkt.

Ze krijgt het voor elkaar om in eenvoudige en begrijpelijke taal grote verbanden te beschrijven – van de basisessentie tot aan de universele dimensies. Waar in de verschillende natuurwetenschappen naar op zichzelf staande fenomenen onderzoek wordt gedaan, verbindt zij ze vanuit een holistische blik op zinvolle wijze met elkaar. Soms vindt ze het wel eens jammer dat er in onze taal geen woorden bestaan, laat staan verklaringen, voor veel zaken die zij multidimensionaal waarneemt. Er is, zo vertelt ze, in deze dimensies enkel inzicht en ervaring.

Maanden later merk ik dat Christina intussen op de hoogte is van de vaktermen van dat moment. Op mijn vragen legt ze astrofysische en astrochemische processen en ontwikkelingen uit met de bijbehorende wetenschappelijke vaktermen. Met een verruimd bewustzijn is het blijkbaar mogelijk om aan zulke informatie te komen, zonder dat je het allemaal uit je hoofd moet leren.

Haar multidimensionale waarneming illustreert Christina aan de hand van een voorbeeld uit het kleurenspectrum: 'Kijk, mama, onze taal is heel rudimentair. Neem bijvoorbeeld de kleur rood. Mijn waarneming loopt meestal via trillingsfrequenties, niet via het netvlies van de ogen. Zo zijn er voor mij meer dan honderd verschillende kleuren rood. In jouw waarneming zijn er misschien vijftien verschillende tonen rood die je via de taal kunt beschrijven: felrood, donkerrood, wijnrood enzovoort. In mijn waarneming heeft elke rode kleurschakering een andere energie, een eigen trillingsfrequentie en dus een exacte aanduiding. Op elke aparte trillingsfrequentie komen bovendien bepaalde karakters en combinaties voor die ik ook nog kan onderscheiden.

Je kent het lichtspectrum. Het menselijk oog kan maar een paar frequenties waarnemen. De hogere frequenties zoals ioniserende straling (gammastralen, röntgenstralen enzovoort) kun jij niet zien, en hetzelfde geldt voor radiogolven. Met mijn waarneming kan ik zulke frequenties zelfs op nanoniveau zien en duidelijk onderscheiden. En nog meer frequenties buiten dit niveau. Daar heb ik geen ogen voor nodig. Integendeel, in het donker kan ik deze trillingen zelfs nog beter zien.'

Weer ben ik stomverbaasd over de waarnemingscapaciteiten van Christina. Als ze aan het vertellen is, valt me op dat ze kennelijk mijn driedimensionale waarnemingswijze kent en met die van haar kan vergelijken. Verplaatst ze zich simpelweg in mijn positie of heeft ze die driedimensionale waarneming in een eerder leven zelf gehad en herinnert ze zich die ervaring nu nog?

Realiteit van afgescheidenheid en eenheidsrealiteit

Hoe meer we ons verdiepen in de verschillende natuurwetenschappen, hoe duidelijker het wordt: voor veel fenomenen heb je enerzijds de traditionele wetenschappelijke theorieën vanuit driedimensionale visie en anderzijds nieuwe theorieën en verklaringsmodellen die uitgaan van de multidimensionaliteit van de kosmos. Deze multidimensionale uitgangspunten laten zich niet 'strikt wetenschappelijk' bewijzen, omdat er op dit moment nog geen officiële technologie voorhanden is om multidimensionaliteit te meten. Desalniettemin zijn er intussen talloze onderzoekers die vermoeden dat er veel meer is dan datgene wat je alleen vanuit driedimensionale waarneming kunt zien. Ze gaan ervan uit dat de realiteit aanzienlijk omvangrijker is dan de wetenschap tot nu toe vermoedt.

Het wordt me duidelijk dat ik met mijn driedimensionale zintuiglijke waarneming een fractie kan zien van wat mijn dochter ziet. Ik zie de mensen en de dingen in de wereld los van elkaar, leef in een soort 'realiteit van afgescheidenheid'. Christina daarentegen ziet hoe de energievelden van alle dingen en personen met elkaar zijn verbonden en in hogere zin een goddelijke eenheid vormen. Zij leeft dus in een omvangrijkere eenheidsrealiteit.

Ze zegt hierover: 'Hoeveel iemand van de eenheidsrealiteit kan zien, is afhankelijk van de "zielsleeftijd" van deze persoon, oftewel hoeveel ervaringen en leerprocessen hij in deze wereld al succesvol heeft doorlopen.'

Ik begin aan het idee te wennen dat ik tot nu toe in mijn leven maar een piepklein deeltje van een immens grote multidimensionale realiteit heb gezien. Gelukkig leeft Christina in een veel grotere realiteit en gaat daar heel natuurlijk mee om.

Ze vertelt verder: 'We leven in een tijd waarin de trillingsfrequentie voortdurend toeneemt. Op dit moment trilt de Aarde op een planetaire frequentie van ongeveer 500 LOC.

Honderd jaar geleden was deze frequentie nog beduidend lager, zodat de meeste mensen toen met een overeenkomstige lagere trilling werden geboren. Tegenwoordig worden er veel kinderen met een verruimd bewustzijn geboren en ze beschikken over een waarneming en talenten die overeenkomen met de frequentie van 500 LOC. Als deze kinderen in een omgeving terechtkomen die heel dicht en vol met beelden uit de vorige eeuwen is (LOC lager dan 200), voelen ze zich onbegrepen of, sterker nog, misplaatst op deze Aarde.

Deze nieuwe generatie kinderen wil zich niet aanpassen aan de lagere trilling en benauwende, vastgeroeste denkstructuren. Ze voelen zich in het huidige schoolsysteem niet op hun plek omdat er van ze gevraagd wordt met hun brein driedimensionale ideeën, theorieën en gedragingen te leren die totaal niet stroken met de manier waarop zij de realiteit zien. Het gevaar bestaat dat ze onder deze druk hun verbondenheid met de grote Eenheid kwijtraken en net als hun omgeving in de realiteit van afgescheidenheid gaan leven. Hier kunnen ze niet echt gelukkig zijn en dus zullen ze in hun latere leven opnieuw de weg naar zichzelf terug moeten vinden.

Echter, veel van deze kinderen zijn zich wel degelijk bewust van hun trilling en blijven hiernaar leven, zonder dat de omgeving het merkt. Ze doorzien het systeem van afscheiding en werken in het geheim constructief een andere richting op. Ze zien weliswaar het verschil tussen zichzelf en de meeste volwassenen, maar stellen geen vragen over de situatie, want ze weten niet anders.'

Christina is een goed voorbeeld van iemand die vasthoudt aan haar aangeboren visie op de eenheidsrealiteit en zich doorontwikkelt zonder zich over te leveren aan de lagere trillingsfrequentie van de realiteit van afgescheidenheid.

14
Bijzondere waarnemingen en synesthesie

Elke dag hoor ik meer over wat het voor Christina betekent om dag in dag uit in de eenheidsrealiteit te leven en met hogere lichtwerelden te zijn verbonden. Ook krijg ik steeds meer antwoorden op de vraag waarom dit juist allemaal in onze tijd gebeurt.

In mijn dagelijks leven is nu een drukke tijd aangebroken waar op meerdere terreinen veel van me wordt gevraagd: een gezin onderhouden als alleenstaande moeder, een opleiding tot natuurgeneeskundige, wedstrijdsport en daar komt nu Christina bij, die meer en meer haar ware wezen laat zien. Ik kom in aanraking met onderwerpen als verruimde waarneming, hogere bewustzijnsniveaus, andere parallelle werelden en meer van dit soort zaken. Deze inkijkjes zetten mijn tot nu toe beperkte wereldbeeld behoorlijk op zijn kop. Tegelijkertijd wordt op wonderbaarlijke wijze ook veel in mijn eigen leven duidelijker en zinvoller.

Ik overweeg om aankomende zomer definitief afscheid te nemen van de wedstrijdsport en thuis een praktijk voor complementaire therapieën te beginnen en deze na mijn afstuderen in de natuurgeneeskunde verder uit te breiden. Ik loop al een tijdje rond met dit idee en de tijd lijkt rijp om het te gaan uitvoeren, hoewel ik vermoed dat ons voor nu heel andere dingen staan te wachten.

Bij ons thuis tref je steeds meer nieuwe leesstof aan: boeken over hersenonderzoek, parapsychologie, fysica, astronomie, evolutieonderzoek en noem maar op liggen overal verspreid. Het hele huis ziet er inmiddels net zo uit als in Christina's kamer, waar sinds jaar en dag al stapels boeken en notitieblokken liggen, tot in haar bed aan toe. Ze heeft in luttele jaren al honderden boeken uit twee bibliotheken gelezen, sommige zelfs meer dan eens.

Mario kan al deze nieuwe onderwerpen begrijpelijkerwijze niet meer bijbenen, maar ik probeer hem elke keer weer in het kort de actuele inzichten uit te leggen, afhankelijk van wat hij wil weten. Maar de elfjarige is meer geïnteresseerd in fietsen en motoren. Zijn niet-aflatende fascinatie voor alles wat rijdt en zijn duidelijke creativiteit maken dat hij in zijn werkplaats in de kelder telkens weer nieuwe, innovatieve voertuigen bouwt. Vanuit zijn optiek laat Christina simpelweg zien welke gaven en talenten zij heeft, net zoals hij die op technisch en muzikaal gebied heeft. In Mario's kamer zie je foto's van en boeken over landbouwvoertuigen. Zijn creativiteit en handigheid zie je terug in wat hij met LEGO Technic bouwt, waar hij urenlang aandachtig mee kan spelen en bouwen.

Over voertuigtechniek merkt Christina op: 'Zolang mensen zich nog op vier wielen verplaatsen, zullen ze nooit de snelheid van het licht ontdekken.'

Wat zegt ze nu?! De lichtsnelheid ontdekken? Wat betekent dat nu weer, wil ik verbaasd weten.

Ze legt uit: 'Het is jammer dat het de mens nog nooit is gelukt om met de snelheid van het licht te reizen. Want eigenlijk is het zo simpel. Dan kun je niet alleen de hele Aarde maar het universum bereizen. De mens heeft echter een cruciaal ding nog niet begrepen, namelijk dat niet het rationele verstand de grootste uitvindingen oplevert en vooruitgang boekt, maar het bewustzijn van de ziel.'

En over ruimtevaart zei ze een paar dagen geleden: 'Zolang de mensheid haar eigen planeet niet kent, zal ze nooit andere planeten leren kennen.'

Als ik vroeger over dit soort onderwerpen nadacht, was mijn standpunt ongeveer als volgt: het is beter dat de op macht beluste en destructieve mensen nog geen toegang tot het universum hebben, want ze zullen daar vast dezelfde puinhoop aanrichten als op Aarde. Bovendien zijn de miljarden die aan ruimtevaart worden uitgegeven een enorme verspilling als je bedenkt hoeveel mensen in de wereld nog sterven van de honger. In de komende maanden zal ik hier nog meer verhelderende informatie over krijgen.

Ik herinner me dat Christina jaren geleden al eens voor mij onbegrijpelijke uitspraken deed over de deeltjesversneller en andere ingewikkelde natuurkundige en technische contexten, zoals Albert Einsteins relativiteitstheorie. Over energietechniek deed Christina mij toen ze ongeveer tien jaar was een ingewikkeld en voor mij onbegrijpelijk voorstel. Ze had het over een – bij gebrek aan een passend woord – 'plasmadinges' dat in staat is direct uit het heelal zo veel energie naar de Aarde te leiden dat de hele planeet miljoenen jaren lang van energie is voorzien. Dan is de uitbuiting van fossiele brandstoffen en het kappen van bomen niet meer nodig. Destijds heb ik niet gevraagd wat ze precies bedoelde en hoe ze aan die informatie kwam.

Energiehandtekeningen en energierestanten

Naast de snelle manier waarop mijn horizon zich op dit moment aan het verbreden is, gaat ons dagelijks leven gewoon zijn gangetje. Maar door mijn nieuwe denk- en zienswijze worden langzamerhand enkele raadsels uit Christina's kindertijd opgelost. Zoals ik al eerder zei, toonde ze nooit bijzondere belangstelling voor de televisie; ze las liever. Ze legt me nu uit dat de tv bijna geen trilling van mensen of levende wezens in het algemeen overbrengt, wat maakt dat deze techniek oninteressant is voor haar. Bovendien worden via dit medium heel veel onwaarheden verspreid, die zij 'aangepaste nieuwsberichten' noemt.

Boeken daarentegen, legt ze uit, spreken haar duidelijk meer aan omdat ze de trilling van de schrijver, die in de letters behouden blijft, als kleur en emoties kan waarnemen. Ze zegt: 'Door het energierestant in de tekst en de kleuren rond de letters zie ik de herinneringen, gedachten, beelden en emoties van de schrijver.'

Weer schiet me een verbluffend voorval te binnen toen we in de bibliotheek waren. Ze zei: 'Dit boek kan ik niet lezen want de auteur had tijdens het schrijven slechte gedachten.' En dit was niet de enige keer.

Ik vraag door: 'Christina, wat bedoel je precies met energierestant?'

Ze legt uit: 'Naast het energieveld van de mens - de aura - dat zich afhankelijk van de energetische toestand van dat moment kan veranderen, is er nog een tweede en nog een derde aspect.

Het tweede aspect zou je "energiehandtekening" kunnen noemen. Ieder mens heeft zijn persoonlijke energiehandtekening die bijna niet te veranderen is, want die stelt de zielsenergie voor. Door heldervoelendheid en helderziendheid herken je binnen een milliseconde de energiehandtekening van iemand. Deze is net zo persoonlijk en uniek als een vingerafdruk, gezicht of handtekening. Als ik de signatuur van iemand heb gezien, herken ik deze voor altijd. Dit gebeurt via fijnstoffelijke waarnemingskanalen, dus niet via de gebruikelijke zintuigen. Zodoende kan ik de signatuur ook in het donker waarnemen, zelfs beter dan overdag.

Energiehandtekeningen kun je zowel bij mensen als dieren in de vorm van kleurige strepen zien, die ongeveer tussen de 1 en 10 centimeter dik zijn. Na korte tijd vermengen deze strepen zich weer met andere energieën en verdwijnen. Natuurmensen in het oerwoud of in de outback beschikken vaak nog over de gave om energiehandtekeningen te lezen en jagen de dieren naar hun signatuur. Bij vogels blijft de handtekening langer zichtbaar omdat deze zich in de lucht minder snel met andere energieën vermengt.

Het derde aspect is dat wat je "energierestant" kunt noemen. In tegenstelling tot energiehandtekeningen zijn energierestanten eerder vlekkerig in plaats van streperig, en ze blijven langer bestaan. Als ik bijvoorbeeld de ruimte verlaat, laat ik behoorlijk grote en heldere vlekken achter.'

Christina lacht en zegt: 'Deze energierestanten zitten in dingen zoals boeken en kleren, maar ook in huizen. Volgens mij noemen ze dit in de parapsychologie "psychometrie". Het is een verder ontwikkelde vorm van heldervoelend zijn. Als ik bijvoorbeeld een steen aanraak, draait er bij mij een soort film over zijn verleden in mijn hoofd.'

Nu snap ik waarom Christina zo dol is op stenen. Het zijn heel oude leefvormen met een oeroude geschiedenis die voor haar altijd weer spannend is om te ervaren. Christina beaamt dat stenen een ziel en een soort geest hebben.

Ook begrijp ik nu waarom ze tot haar tiende niemand een hand wilde geven als het niet per se hoefde. Want als ze iemand aanraakt, voelt ze meteen zijn hele wezen en al zijn energieën. Als ik haar daarnaar vraag, antwoordt ze dat ze ondertussen goed in staat is om andermans energie af te houden en dat dit oké is, omdat interesse in het innerlijk van andere mensen voor nu niet haar levenstaak is. Andermans energie voelen is voor haar ongeveer net zo als het weer voor mij – een vast gegeven waar je je echter niet door moet laten afleiden.

Voor mij betekent het weer even rustig ademhalen. Ik vind het behoorlijk inspannend om in zo'n korte tijd zoveel nieuwe dingen te horen en te verwerken. Gelukkig hoor ik niets slechts, sterker nog, ik vind het zo'n fijn gesprek dat ik het liefst door wil praten.

Mijn volgende vraag luidt: 'Oké, maar hoe zit het dan met de kleuren rondom de letters?'

Christina stelt me een wedervraag: 'Mama, hoe zie jij de tekst in een boek dan? Toch niet alleen maar zwarte letters op wit papier?'

'Jawel, precies zo,' antwoord ik.

'Kun je dan ook niet in het donker zien?'

'Nee, lieverd, dat kan ik niet. Jij wel, hè?'

Dit is eerder een vaststelling dan een vraag. Want weer schieten me voorvallen uit Christina's kindertijd te binnen. Ze vond het fijn om in het donker naar buiten te gaan en soms betrapte ik haar erop dat ze 's nachts in haar bed aan het lezen was – zonder licht. Destijds vond ik dat allemaal heel vreemd, maar nu weet ik dat Christina de energie ziet die uit de letters stroomt, waardoor ze in het donker niet alleen moeiteloos haar weg kan vinden, maar ook kan lezen. Op de een of andere manier loopt de waarneming bij haar via andere paadjes in het brein.

Tijdens een van onze gesprekken vertelt Christina dat het voor haar verrassend en ergens ook wel teleurstellend was toen ze erachter kwam dat niet alle kinderen dezelfde waarneming hebben als zij. Ze was lang in de veronderstelling dat andere kinderen min of meer net zo waren als zij en dat alleen volwassenen een beperkte waarneming hadden. Op enig moment kreeg ze door dat ook de meesten van haar klasgenoten alleen maar driedimensionaal zien. (Uit respect voor ieders privésfeer scant ze immers niet voortdurend al haar medemensen.)

Dan lacht ze weer en meent: 'Voor mij zou het een enorme beperking zijn als ik alleen maar driedimensionaal kon zien. Wat zou dat saai zijn – en zo kleurloos! Met mijn waarneming zie je zoveel meer, dingen waar in de menselijke taal helemaal geen woorden voor zijn.'

Soms is het best moeilijk voor haar dat ze deze waarnemingen en ervaringen niet met veel anderen kan delen.

Gekscherend sluit ze dit onderwerp af: 'Misschien dat het me ooit lukt om deze bonte en kleurrijke beelden rechtstreeks uit mijn hoofd via de printer af te drukken. Dan kun je zien hoe ik de realiteit waarneem.'

Christina's vaardigheden om kleuren rondom letters waar te nemen en in het donker te zien wekt mijn wetenschappelijke interesse als medisch professional. Al meer dan twintig jaar houd ik me bezig met het menselijk lichaam en weet ik dat alles wat er in het lichaam zit een functie heeft. Toch is nog lang niet elk verschijnsel wetenschappelijk onderzocht, vooral niet op het gebied van de neurobiologie en neuropsychologie.

Het menselijke brein vormt voor de wetenschap nog steeds een groot raadsel. Enerzijds lukt het weliswaar om onderzoek te doen naar neuronen, om bepaalde gebieden in de hersens, zoals het spraak- of zichtcentrum, geïsoleerd te bekijken of om hormonale uitwerkingen te onderzoeken. Anderzijds blijven talloze vragen onbeantwoord. Bijvoorbeeld: hoe kunnen uit miljarden zenuwcellen beelden en geluiden worden gevormd? Hoe kan de wetenschap aantonen waar alle kennis van iemand in zijn fysische brein is opgeslagen?

De overtuiging dat het niet de biologen, neurobiologen of neuropsychologen zijn die de complexe hersenstructuur in de toekomst gaan ophelderen, wordt intussen steeds sterker. Want met alleen een driedimensionale oriëntatie kun je de grotere en diepere verbanden niet begrijpen, daar is een meer verruimd bewustzijn voor nodig. Hopelijk zullen komende generaties wetenschappers en onderzoekers een opener houding hebben als het gaat om deze onderwerpen.

Synesthesie

Het weekend daarna ben ik op stap en valt mijn oog 'toevallig' op een tijdschrift waarin een artikel staat over een kunstgalerie waar een expositie is van werk gemaakt door mensen met een verruimde waarneming. Op deze expositie hangt een foto waarop, zoals ik het zie, enkel losse kleurige pixels in verschillende kleuren staan. Dit werk is van iemand met synesthesie, staat erbij. Ik koop het blad om het thuis aan Christina te laten zien.

Christina bekijkt het kunstwerk en ziet veel meer dan alleen pixels. Ze ziet twee vrouwen die gymnastiekbanden boven hun hoofd zwaaien. Dit betekent dus dat Christina eveneens synesthesie heeft, dat ze dus puur fysiek over anders gevormde hersenstructuren beschikt.

Met het begrip 'synesthesie' (letterlijk 'parallelle waarneming') wordt in de wetenschap een speciaal neuronaal netwerk in het brein bedoeld waardoor meerdere zintuigen met elkaar zijn verbonden en tegelijkertijd worden geactiveerd. Deze bijzondere gave wordt een 'normvariatie van de waarneming' genoemd, dat wil zeggen: ze wordt niet als verstoorde waarneming gezien maar als een speciale ontwikkeling van de natuurlijke waarneming. Sinds het jaar 2000 hoort synesthesie internationaal tot het populairste onderzoeksgebied, ook in de neuropsychologie. Je wordt er waarschijnlijk mee geboren en men schat dat momenteel zo'n 4 procent van de mensen synesthesie heeft.

Omdat dit verschijnsel nog lang niet afdoende is onderzocht en veel synesthesisten zich helemaal niet bewust zijn van hun bijzondere eigenschap, vermoedt men dat er heel wat meer zijn dan nu bekend is. Meerdere onderzoeken aan een kunstacademie hebben aangetoond dat 23 procent van de studenten daar synesthesist was. Het valt op dat synesthesie vaak samengaat met andere bijzondere kenmerken zoals hoogbegaafdheid, extreme geluidsgevoeligheid, uitgesproken creativiteit of aandachtsproblemen.

Bij synesthesie vormen de receptoren van de vijf zintuigen geen geïsoleerde centra in het brein. Integendeel, de zintuigen zijn via extra neuronale kanalen met elkaar verbonden. Zo kun je bijvoorbeeld kleuren of andere visuele prikkels als geluid waarnemen of een bepaalde beweging of kleur kan een akoestische waarneming oproepen. Er is een scala aan synesthetische varianten, waarvan tot nu toe zo'n zestig officieel zijn onderzocht, die alle in grote mate van elkaar verschillen qua uitingsvorm. Het vaakst zie je synesthesie die via taal (getallen, letters, vormen) tot uiting komt, zoals duidelijk ook bij Christina het geval is.

Hoewel de letters in een boek zwart op wit staan, ziet Christina ze in kleur. Ze vertelt dat ze vroeger een tijdje de smaak van een tekst in haar mond kon proeven, iets wat ze nu zelf kan regelen. Een ander opvallend talent is haar leessnelheid. Gemiddeld kost het haar ongeveer tien seconden om een bladzijde te lezen, waarbij ze ook nog eens beduidend meer informatie opneemt dan ik met mijn veel langzamere leesstijl.

Christina vertelt dat ze een pijnappelklier (epifyse) heeft van 3 centimeter. Bij de meeste mensen is deze zo groot als een erwt en van levensbelang voor verschillende hormoonfuncties in het brein. Net als Christina hebben veel kinderen een grotere pijnappelklier, die, als ze volwassen zijn, meestal weer krimpt. Voor Christina is dit orgaan een soort 'kwantumcomputer' waarmee ze veel meer kan waarnemen en verwerken.

Ze legt uit: 'Elke seconde is er oneindig veel informatie om ons heen die we kunnen waarnemen. Hoe lager je trilling, hoe meer deze informatie vervaagt, zodat je je maar van een flintertje bewust wordt. Ik laat nagenoeg niets vervagen en registreer zelfs de kleinste en fijnste impulsen uit mijn omgeving.'

'Maar hoe doe je dat dan op school met deze verruimde waarneming?' wil ik weten. 'Hoe lukt het je om je op de stof te concentreren?'

'Mama, jij hebt geen idee wat mijn waarneming daadwerkelijk inhoudt. Als ik bijvoorbeeld op school zit en alle zeven computers in de klas zijn ingeschakeld, neem ik alle data van de lopende systemen waar, dat zijn miljoenen cijfers die uit elke computer op me botsen. Dan moet ik toch wel wat actie ondernemen om me te kunnen focussen.' Geamuseerd voegt ze nog toe: 'Bovendien is de zesde laptop van voren af gezien al lange tijd kapot, alleen heeft de leerling dat niet in de gaten.'

Ze is nog niet klaar: 'Hier komen de emoties van de andere kinderen nog bij, die ik allemaal waarneem. En als dan ook nog het raam openstaat, hoor ik hoe de boom voor het raam een gesprek met de plant in het lokaal aanknoopt, en ga zo maar door. Die aanwezigheid van fijnstoffelijke wezens en die trillingen van de andere elektrische apparatuur... ik neem het allemaal simpelweg waar zoals jij waarschijnlijk het weer waarneemt, waarbij je zelf kunt bepalen hoeveel aandacht je daaraan besteedt. Al deze informatie hoort er voor mij gewoon bij.'

Ze heeft gelijk: we zijn allemaal voortdurend blootgesteld aan een oneindige stroom impulsen en informatie die aan één stuk door op ons afkomt. Maar een significant verschil met Christina is dat wij op grond van onze lagere trillingsfrequentie bijna alles automatisch uitschakelen en ons er niet van bewust zijn. Christina is echter in staat haar aandacht op al deze impulsen te richten en ze, als ze dat wil, bewust waar te nemen. Desondanks blijft ze kalm en toont ze geen enkele blijk van overbelasting.

Al die informatie en prikkels zijn voor haar niet meer dan een gegeven en hoeven geen speciale aandacht of commentaar. Maar ze zou het zeker missen als ze er niet waren, net zoals ik het weer zou missen als het er plotseling niet meer was. Alleen in een situatie van acuut gevaar of dreiging slaat ze alarm en grijpt ze in.

Wat haar concentratievermogen betreft, kan ze – net als ieder ander – met behulp van haar wilskracht bepaalde invloeden tijdelijk uitschakelen en zich zo op de stof of tentamens concentreren. 'Geen probleem,' zegt ze daarover.

Zoals het toeval soms wil, is er een paar weken later een documentaire over synesthesie op de Zwitserse televisie. Er worden voorbeelden van hoogbegaafde musici getoond die in een orkest spelen hoewel ze geen noot kunnen lezen. Ze nemen de tonen als smaak waar en beheersen hun instrument volledig – ondanks het feit dat er een heleboel tonen letterlijk op hun tong liggen. Andere synesthesisten zeggen: 'Soms hebben woorden een kleur, of de dagen van de week een geluid, of de maanden een vorm enzovoort.' Synesthesie is gewoon hun natuurlijke manier van waarnemen. Ook deze jonge mensen raken op geen enkele manier overprikkeld door hun bijzondere gave en draaien net als ieder ander gewoon mee in de maatschappij.

Je moet synesthesie daarentegen niet verwarren met het savantsyndroom. Iemand die dat heeft, beschikt over één unieke gave op een bepaald gebied, maar laat op andere levensgebieden juist tekortkomingen en ontwikkelingsstoornissen zien, bijvoorbeeld een wiskundegenie die autisme heeft en zichzelf niet kan aankleden.

Voorlopig ben ik gerustgesteld dat er voor een aantal van Christina's talenten in elk geval een rationele en wetenschappelijke verklaring is. Het gaat dus niet alleen om moeilijk te vatten 'hogere trillingsfrequenties' en 'bewustzijnsniveaus'. Het lijkt er eerder op dat haar vaardigheden organische oorzaken kunnen hebben, omdat haar neuronale hersenstructuur waarschijnlijk duidelijk van die van mij verschilt.

Desalniettemin komt het er niet meer van om ons verder te verdiepen in het thema synesthesie, want er staan ons nog meer verrassingen te wachten – zoals meer talenten die Christina stukje bij beetje laat zien. En deze talenten zijn echt niet meer vanuit de synesthesie te verklaren.

15
Mensen van de nieuwe tijd

Ik besteed veel tijd aan het zoeken naar alles wat ik maar aan informatie over paranormale vaardigheden kan vinden. Christina en ik kijken naar wetenschappelijke programma's over bewustzijnsonderzoek en neuropsychologie en verslinden talloze boeken over deze onderwerpen. Er valt ons iets op: er komen steeds meer kinderen met bijzondere waarneming en talenten, en wereldwijd groeit hun aantal.

De zekerheid dat Christina met haar bijzondere gaven lang niet de enige is, vind ik zeer geruststellend. Ze heeft haar hele leven al laten zien dat ze hier prima mee om kan gaan en zich probleemloos staande houdt in de maatschappij. Ik hoef me als moeder dus helemaal geen zorgen te maken. Toch heb ik het gevoel dat deze aspecten niet de kern van haar ware wezen en levensopdracht zijn.

Christina's bijzondere waarneming is in elk geval vergelijkbaar met elk ander talent. Sommige kinderen zijn hoogbegaafd op sportief of muzikaal gebied. Christina toevallig op metafysisch gebied. Ze zegt: 'Dit is voor mij net zo gewoon als ademen en slikken voor jou. Voor mij is het een normale lichaamsfunctie.'

Klopt, dat merk je duidelijk. Het hoort gewoon bij haar inborst en is vanuit haar perspectief totaal niets bijzonders. Weer heb ik het idee dat ik mijn sierlijke, lieve dochter nu pas echt leer kennen, hoewel we tot nu toe toch altijd een hechte band hebben gehad.

In deze weken bericht Christina elke dag urenlang over allerlei natuurwetenschappelijke en psychologische onderwerpen. Er passeren zo veel thema's de revue dat ik onmogelijk al haar uitspraken op het internet of in boeken kan nazoeken of met mensen kan bespreken die ik vertrouw. Wat de verruimde waarneming en synesthesie betreft, deze zijn nog wel enigszins te verklaren en, weet ik nu, absoluut geen zeldzaamheid. Maar hoe komt dit kind in godsnaam aan al deze ongelooflijke kennis?

Ik besluit om elke dag alles op te schrijven en op een later moment in alle rust door te werken. Zo kan ik 's avonds tenminste mijn hoofd leegmaken voor al het nieuwe dat ik elke dag weer kan verwachten. Dat ik hier op een dag een boek over zou schrijven, daar had ik toen nog geen idee van.

Christina tipt me om informatie op te zoeken over 'kristalkinderen' en 'kinderen van de nieuw tijd' en ik ben hoogst verbaasd over wat hier allemaal over te vinden is op internet – van serieus onderzoek en welgemeende hulp tot discutabele geldklopperij. Ik merk dat ik voorzichtig en sceptisch reageer als het om bepaalde 'bovennatuurlijke', 'esoterische' en 'spirituele' stellingen en presentaties gaat. Ik ben gewend om te vertrouwen op gevalideerde wetenschappelijke principes, hoewel de gebeurtenissen en ervaringen van de laatste maanden mijn vertrouwen in het driedimensionale, rationele wereldbeeld en de gangbare wetenschappelijke verklaringsmodellen in toenemende mate aan het wankelen hebben gebracht. Ik voel hoe mijn bewustzijn zich langzaamaan verruimt en er andere kennisbronnen voor mij opengaan.

Door mijn zoektocht wordt me al snel duidelijk dat ook voor de thema's 'kristalkinderen' en de 'nieuwe tijd' geldt: wees kritisch en omarm of veroordeel niet te voorbarig alles wat er op het internet en in de maatschappij aan informatie rondgaat. Eén ding lijkt echter niet meer te ontkennen: het fenomeen kristalkinderen (ook wel 'indigokinderen', 'regenboogkinderen' of 'diamantkinderen' genoemd) neemt wereldwijd significant toe en er verschijnen voortdurend nieuwe personen en publicaties die meer informatie over dit fenomeen aanbieden. Maar wat je bijna niet tegenkomt, is een sluitende theorie die uitlegt waarom juist in deze tijd steeds meer van zulke kinderen op Aarde worden geboren.

Christina raadt het af om deze kinderen in verschillende categorieën - zoals godskinderen, regenboogkinderen, diamantkinderen, kristalkinderen enzovoort – of zelfs in bewustzijnsniveaus in te delen. Als ze naar zichzelf kijkt, vindt ze dat ze in geen enkele beschrijving en geen enkel hokje past. De moeilijkheid met categoriseren of in hokjes zetten zit 'm erin dat je er geen rekening mee houdt dat deze kinderen zich tijdens hun huidige incarnatie in hun bewustzijn op hun eigen individuele manier verder kunnen ontwikkelen, en wel in elke denkbare richting. De verschillende namen en categorieën zijn kennelijk gebaseerd op hun huidige aura, hun actuele geactiveerde chakra's of hun persoonlijke kenmerken. De tendens is nu ongeveer zo dat een 'indigo-aura' andere kenmerken laat zien dan een 'regenboog-aura', en kristalkinderen zouden een soort kristalachtige cellenstructuur hebben. Hoe kun je zoiets nu serieus onderzoeken en bewijzen?

Voorlopig bekijk ik het zo: ook op dit terrein valt er aan de ene kant veel interessants en fascinerends te ontdekken en te leren, aan de andere kant gaan er allerlei speculaties, halfslachtige kennis, contradicties en vergissingen rond. Het is niet alleen goud wat er blinkt en niet iedereen die zichzelf of zijn kind bestempelt als kristalkind, bedoelt hiermee hetzelfde.

De onderliggende teneur luidt: bij deze kinderen of bij de 'mensen van de nieuwe tijd' in het algemeen gaat het meestal om 'oude', ervaren zielen die niet vanuit de parallelle wereld van de overledenen hier gereïncarneerd zijn, maar die uit hogere sferen komen en een dienovereenkomstige trillingsfrequentie meebrengen. Ze komen hier op Aarde met een complexe kosmische kennis en een grote schat aan ervaring, en ze hebben de opdracht hun gaven in dienst van de mensheid te stellen opdat deze zich individueel en collectief kan doorontwikkelen.

Het lijkt erop dat twee van zulke zielen hebben besloten om ergens uit een hogere kosmische sfeer hiernaartoe te komen en uitgerekend als mijn tweelingdochters geboren te worden. Ook al weet ik niet precies het hoe en waarom, toch ben ik blij met deze nieuwe uitdaging in mijn leven.

Christina legt uit: 'De zogenaamde kristalzielen hebben al bij de geboorte een hogere trillingsfrequentie en een multidimensionaal bewustzijn. Ze hebben al vele zielservaringen doorgemaakt, hebben een rustige aard en kennen geen angst. Op die manier zijn ze het menselijke gebeuren al ver vooruit. Bovendien ontwikkelen ze zich tijdens hun incarnatie als mens nog verder, sommigen zelfs heel snel.

Ik kan me bijvoorbeeld nog herinneren dat ik in de couveuse als te vroeg geborene steeds weer hoorde wat de artsen zeiden. Ik heb me daar zo over verbaasd. Ik was duidelijk verder in mijn bewustzijn dan de artsen, die met hun driedimensionale blik en theorieën hun argumenten aandroegen. Het was een tamelijk ontnuchterend moment toen ik voor het eerst tot de conclusie kwam dat ik nu daadwerkelijk fysiek in de derde dimensie was geïncarneerd.' Ze lacht en gaat door: 'Hoewel ik hier helemaal vrijwillig voor heb gekozen, net als Elena.'

Opnieuw ben ik met stomheid geslagen over wat ze vertelt. Maar vooral dankbaar dat ik destijds voldoende kracht had om dag in dag uit, uur na uur op de intensive care door te brengen. En de bevestiging dat Elena en Christina alle gesprekken die ik in die periode in stilte met hen voerde, blijkbaar bewust hebben waargenomen, stelt me zeer gerust. Hoe zei die ene arts het ook alweer: 'Bij dit kind zal niet alles onmiddellijk te verklaren zijn.' Hij moest eens weten hoe gelijk hij heeft gekregen!

Op een ander moment vertelt Christina nog iets wat ze heeft meegemaakt als baby: 'Al in de couveuse maakte ik kennis met de onwelkome duisternis, het onlicht. Dat was vast de eerste keer dat het onlicht in deze sfeer moest concluderen dat je niet zo gemakkelijk van me af bent.'

Over de mensen van de nieuwe tijd zegt ze: 'In deze belangrijke tijd van verandering incarneren er sinds de jaren zestig ongelooflijk veel zielen op onze planeet die niet van nabij liggende sferen komen maar van sferen veel verder weg. Allemaal drukken ze hun stempel op deze menselijke evolutie. Ook in de voorgaande eeuwen was er steeds weer sporadisch zo'n ziel. Dit waren heiligen, religieuze leiders, filosofen, onderzoekers, wetenschappers, uitvinders, eigengereide denkers, kunstenaars, musici en mensen met bijzondere gaven op allerlei terreinen, die allen constructief werkten aan de stapsgewijze ontwikkeling van de mensheid. Tegenwoordig zijn er heel veel zielen met hetzelfde potentieel, maar vele onderkennen dit nog niet bij zichzelf.'

En weer later legt ze uit: 'Soms zie ik verschillende groepen van zielen die je "babyzielen", "kinderzielen", "volwassen zielen", "oude zielen" enzovoort zou kunnen noemen. Afhankelijk van hun spirituele ontwikkeling en persoonlijke bestemming beschikken ze over verschillende eigenschappen en talenten. Je zou kunnen zeggen: hoe hoger hun trilling, hoe complexer hun ervaringen en hoe belangrijker hun levensopdracht. Terwijl een alledaagse mensenziel verantwoordelijk is voor een enkel gezin, beslaat het taakgebied voor hoogtrillende zielen in sommige gevallen miljoenen mensen. Toch is in de kern elke opdracht evenveel waard en deel van het grotere geheel. Elke ziel wil een bepaalde ervaring opdoen hier op Aarde en door wat zij doet de mensheid constructief verder brengen.'

Ik ben steeds weer onder de indruk van hoe ze het voor elkaar krijgt om ondanks haar steeds zichtbaarder wordende anders-zijn toch een heel gewoon meisje te blijven tussen de anderen. Ze doet weliswaar niet mee met mode en trends zoals veel van haar leeftijdgenoten, maar ze sluit zich ook niet af voor andere jongeren en verwacht ook niet een of andere speciale behandeling. Maar zaken zoals smartphones, kleren en sieraden, winkelen of chatten op sociale media kunnen haar niet zo bekoren, en internet gebruikt ze vooral om informatie te zoeken over wetenschappelijke, filosofische of politieke onderwerpen. Wat ze wel heel graag en vaak doet, is naar muziek luisteren. En wat sieraden betreft... af en toe draagt ze bij gelegenheid een dun kettinkje met een steen. Ze wilde ook geen gaatjes in de oren omdat dit haar energieveld zou verstoren.

Deze houding dringt ze niet op aan anderen, sterker nog, ze toont altijd begrip voor de voorkeuren en gewoonten van haar medemens, omdat ze weet waarom de mensen zijn zoals ze nu eenmaal zijn. Nooit zal ze over een ander oordelen. Ze accepteert gewoon alles zoals het is – als een deel van de schepping, dat net als alle andere delen recht van bestaan heeft.

Ik heb haar meermaals gevraagd of ze een mobieltje wil, maar tot nu toe wilde ze dat niet en ze antwoordt dan: 'Ik zal nooit een mobieltje of geld nodig hebben, en ik zal nooit autorijden.' Op deze uitspraken zijn al weddenschappen afgesloten: of het haar werkelijk gaat lukken om nooit eigen geld of een mobiel te bezitten. Als ik naar Christina's tevreden en bescheiden houding kijk, kan ik me dit zeker voorstellen, maar in de huidige tijd is het beslist bijzonder voor een dertienjarige. Christina heeft kennelijk allang in de gaten dat de meeste volwassenen een groot deel van hun tijd en aandacht richten op geld verdienen en het vervolgens weer uitgeven, en dat het echte leven hun zonder dat ze het in de gaten hebben door de vingers glipt. Dat kan dan wel zo zijn, maar iedereen weet dat het simpelweg onmogelijk is om het vandaag de dag helemaal zonder geld te redden. Of is dit misschien toch mogelijk?

16
Dimensies

In elk gesprek dat ik met Christina heb, komen bijna altijd de begrippen 'driedimensionaal', 'multidimensionaal' of 'hogerdimensionaal' voor. Deze keer vraag ik haar hoe je dimensie of dimensionaliteit moet definiëren.

Ze antwoordt: 'Het is niet zo gemakkelijk om dit aan iemand met een driedimensionaal verstand uit te leggen. Een dimensie is een soort trillingsgebied of bewustzijnssfeer. Het is belangrijk dat je weet dat tussen dimensies geen ruimtelijke maar een geestelijke grens zit. De persoonlijke waarneming van dimensies is afhankelijk van het persoonlijke energieniveau, de persoonlijke trillingsfrequentie van een levend wezen. Passend bij deze persoonlijke trillingsfrequentie krijg je vervolgens het overeenkomstige bewustzijn en de bijbehorende talenten.'

Lachend voegt ze eraan toe: 'Eigenlijk zijn alle dimensies gewoon aanwezig. De meeste mensen kunnen ze alleen niet zien terwijl ze alle in feite voor je neus liggen.'

Om dit te verduidelijken geeft ze een voorbeeld. In de zogeheten fantasyliteratuur, die ze in grote mate heeft verslonden, ziet Christina dat een aantal van deze schrijvers duidelijk een multidimensionale waarneming heeft en wat opvalt is dat veel van hen best nog wel jong zijn. 'In deze verhalen zijn de hogerdimensionale wezens en gebeurtenissen heel waarheidsgetrouw beschreven en komen ze heel natuurlijk over,' vertelt ze me.

'Welke wezens bedoel je? En wat is daar dan precies echt en natuurlijk aan?'

Christina glimlacht: 'Het lijkt erop dat we niet helemaal op dezelfde lijn zitten over wat natuurlijk is.'

Feit is dat een groot deel van de jongeren zich sterk voelt aangetrokken tot deze fantasyverhalen, zowel boeken als films. Dit komt ogenschijnlijk doordat er hogerdimensionale werelden en wezens in voorkomen. Zulke sferen waren voor mij tot nu niet echt en niets meer dan de fantasie van de schrijver. Ik heb er nooit bij stilgestaan dat deze verhalen wellicht niet aan hun fantasie zijn ontsproten, maar het gevolg zijn van hun eigen herinnering of directe waarneming. Voor Christina bevatten deze sferen niets vreemds. Hoe kan ze anders weten dat bepaalde fantasyverhalen 'echt en natuurlijk' zijn?

Ze legt uit: 'De mate waarin iemand deze oneindige sferen kan waarnemen, en wat hij binnen een dimensie waarneemt, is heel persoonlijk. Ieder mens doet immers op zijn eigen manier ervaringen op en gaat op zijn eigen manier met deze ervaringen om. Zo vormt zich bij elke ziel een persoonlijk bewustzijn, een persoonlijke trillingsfrequentie, waardoor iemand in staat is toegang te krijgen tot de verschillende dimensies, de verschillende densiteitsniveaus. En elke densiteit kent haar eigen natuurwetten. Het is dus niet zo dat in andere dimensies dezelfde natuurwetten gelden als hier in de eerste tot de derde densiteit. In een hogere densiteit gelden voor een deel wetten die voor de mensen onbegrijpelijk, zelfs ondenkbaar zijn.'

Dan treedt ze verder in detail: 'Voor het basisbegrip is het misschien belangrijk te weten dat er op elke planeet niet slechts één bewustzijnssfeer maar altijd diverse parallelle trillingsfrequenties voorhanden zijn. Deze verschillende lagen zou je "parallelle werelden" kunnen noemen. Ik weet uit ervaring dat tegenwoordig veel kinderen moeiteloos meerdere lagen van onze planeet kunnen zien, omdat ze een hogere trilling hebben dan de meeste volwassenen. Jammer genoeg weten ze niet waar dit precies over gaat en als ze hun ouders hierover vertellen, stuiten ze meestal op onbegrip. En na verloop van tijd zeggen ze er niets meer over omdat ze bij voorbaat al weten dat hun ouders afwerend tegenover zulke "fantasieverhalen" staan.'

Het aquariumvoorbeeld

Christina illustreert de multidimensionaliteit met een helder voorbeeld: twee mensen zitten in een aquarium. De ene is een laagtrillende persoon met een bewustzijnsfrequentie van rond de 150 LOC en de andere is iemand met een hogere trilling van rond de 600 LOC. In het aquarium zwemmen verschillende vissen in allerlei kleuren rond: violet, blauw, turkoois, groen, geel, oranje, rood enzovoort. Elke vissenkleur staat voor één dimensie; violet is bijvoorbeeld de tweede dimensie, blauw de derde, turkoois de vierde, groen de vijfde en ga zo maar door. Op grond van hun persoonlijke trillingsfrequentie zien beiden niet elke vis die rondzwemt, maar zien ze alleen de vissen van hun eigen trilling of lager.

Vanuit het driedimensionale zicht van de laagtrillende persoon zijn alleen de violette en blauwe vissen te zien, hoewel er in zijn aquarium nog heel veel andere vissen zwemmen. De tweede persoon kan met zijn hogerdimensionale zicht ook nog de turkooiskleurige en groene vissen zien, want zijn zicht is in dit voorbeeld vijfdimensionaal. Maar hij is niet in staat om de gele, oranje en rode vissen te zien omdat deze zich in de zesde, zevende en achtste dimensie bevinden en hiervoor heb je een frequentie van misschien 800 LOC of hoger nodig.

Wat Christina met dit voorbeeld duidelijk wil maken is dat alle kosmische dimensies gelijktijdig altijd en overal voorhanden zijn, want ze zijn wat ruimte betreft niet van elkaar gescheiden. Sterker nog, ze lopen in elkaar over. Hoeveel dimensies iemand waar kan nemen, hangt af van zijn energieniveau en persoonlijke trillingsfrequentie, die op hun beurt weer afhangen van de doorgemaakte ervaringen en de richting van zijn bewustzijn.

Op mijn vraag hoeveel dimensies Christina kan waarnemen, antwoordt ze: 'Op dit moment zijn het er twaalf met allerlei subdimensies.' Ze voegt er nog aan toe dat haar multidimensionale waarneming niet via de gebruikelijke vijf zintuigen loopt, maar via de verschillende sterk geactiveerde chakra's.

Dan vertelt Christina nogmaals dat de planeet Aarde heeft besloten om op dit moment haar eigen trillingsfrequentie te verhogen. Voor beide mensen uit het aquariumvoorbeeld betekent dit dat ze allebei de gelegenheid krijgen om hun persoonlijke trilling te verhogen en hun bewustzijn te verruimen, waardoor ze meer vissen zullen zien. Dit is een grote kans voor de hele mensheid en daarom is het niet verwonderlijk dat er juist nu in deze tijd zoveel zielen uit hogere sferen op Aarde incarneren om mee te werken aan dit geweldige proces van wereldwijde bewustzijnsverruiming.

Ik check nog een keer of ik haar betoog goed heb begrepen: dimensies zijn dus geen ruimtelijke sferen of lagen, maar eerder energetische, densiteitstreden en trillingsfrequenties. Daarbij zijn er talloze in elkaar overlopende dimensies, met andere woorden: in het grote aquarium van het universum zwemmen alle vissen in elke denkbare kleur rond. Het hangt echter van je persoonlijke bewustzijnsfrequentie af welke kleuren je kunt zien.

'Ja, precies!' beaamt Christina en ze gaat verder: 'Ik heb het hier vooral over de twaalf dimensies die ik waarneem. Er is nog een dertiende dimensie, maar die is bestemd voor de zogeheten oerzielen, maar daarover later meer.

In deze twaalf sferen gelden totaal verschillende natuurwetten. Neem bijvoorbeeld het zogenaamde sterven, dat in feite niets anders is dan een vervolgreis. Terwijl in de derde dimensie de verder reizende ziel haar lichaam na het overlijden nog fysiek achterlaat, bestaat deze vorm van overlijden niet meer in de vijfde dimensie. Daar besluit de ziel zelf wanneer ze haar lichaam verlaat en zodra ze dit doet, lost dat gewoon vanzelf op. Daar zijn geen grafdelvers en begraafplaatsen meer voor nodig. Vervolgens neemt de ziel weer een nieuwe vorm aan. Zover ik weet, geldt deze manier van overlijden tot en met de negende dimensie.

De tiende tot de dertiende dimensie kent geen stoffelijke materie meer, alleen nog pure energie. Daar hebben de wezens ook geen stoffelijk lichaam meer. Mochten ze toch nog de behoefte hebben om in een lichaam te incarneren, dan moeten ze terug naar de negende dimensie. Daar kunnen ze dan een fijnstoffelijk en vervolgens een stoffelijk lichaam aannemen.

In elke dimensie heb je, zoals ik al eerder zei, ook parallelle werelden oftewel parallelle trillingsfrequenties in dezelfde dimensie. Een voorbeeld: als iemand hier in de derde dimensie overlijdt, komt hij eerst in een van de parallelle werelden van de derde dimensie. Dit zijn de sferen waar de overleden mensen naartoe gaan, waar we het helemaal in het begin over hebben gehad. Hetzelfde geldt voor iemand die in de vijfde dimensie overlijdt. Die gaat eveneens eerst naar een parallelle wereld van de vijfde dimensie.'

17
Het oude en het nieuwe bewustzijn

Eind maart 2015. Door wat ik in de gesprekken met Christina allemaal te horen krijg, is mijn wereldbeeld danig op de proef gesteld en aan het wankelen gebracht. Ik besef met de dag meer dat ik een tamelijk buitengewone dochter heb en dat dit geschenk ook mij de kans biedt mijn eigen bewustzijnshorizon te verbreden en mijn persoonlijke trilling te verhogen.

Goddelijke zielen en zielsplannen, parallelle werelden vol fijnstoffelijke wezens, bewustzijnsfrequenties en energiehandtekeningen, synesthesie en multidimensionale waarneming, de dualiteit van licht en onlicht, eenheidsrealiteit en twaalfdimensionaliteit, kristalkinderen en hogere kosmische beschavingen – voor Christina is dit allemaal heel natuurlijk en vanzelfsprekend, voor mij daarentegen compleet nieuw en nogal ingewikkeld. Er gaat een compleet andere wereld voor me open met totaal andere natuurwetten.

Christina zegt hierover: ‘Mijn zogenaamde bovennatuurlijke gaven zijn alleen maar een bijverschijnsel van mijn ware zijn.’

‘Wat bedoel je daar precies mee?’ wil ik weten.

Ze legt uit: ‘Er leven ondertussen zogezegd drie verschillende evolutielijnen op deze Aarde. De meest dichte, onbewuste mensen met een trillingsfrequentie van minder dan 200 LOC handelen vooral vanuit het oude, driedimensionale denken en oude patronen. Daarnaast zijn er bewustere mensen met een trillingsfrequentie van tussen 250 en 500 LOC. Ze zijn voortdurend bezig om negatieve patronen en gedragingen af te leren om zo hun zielsenergie meer en meer te ontplooien. Zij gaan duidelijk tevredener en gelukkiger door het leven omdat ze hun zielsplan leven en omdat ze simpelweg veel begrijpen en minder last hebben van twijfel en angst. Natuurlijk is het mogelijk en bovendien wenselijk dat een mens zich in de loop van zijn leven dusdanig ontwikkelt dat hij van de eerste naar de tweede evolutielijn gaat. Andersom kan ook. Tot een bewustzijnsfrequentie van 600 LOC kun je nog terugvallen. Toch kunnen alle mensen in theorie een staat van 1000 LOC bereiken.

De derde evolutielijn zijn de rijpe, spiritueel hoogontwikkelde zielen met een aangeboren trillingsfrequentie van 700 LOC of hoger. Deze zielen komen niet uit de aardse parallelle werelden maar uit hogere kosmische sferen, en ze hebben van nature een beduidend hogere trillingsfrequentie. Dit maakt dat hun waarneming, de richting van hun bewustzijn en hun denk- en handelswijze heel anders zijn dan die van andere mensen. Ze zijn op dit moment nog eerder uitzondering dan regel.'

Ik besef dat ik in deze fase van mijn leven de kans krijg wakker te worden, mezelf geestelijk te helen en aan te sluiten bij de 'bewustere mensen' die Christina beschrijft.

Als je echter besluit om uit je oude overtuigingen en gedragspatronen te breken, zul je in het begin merken dat dit niet zonder slag of stoot gaat en de nodige uitdagingen met zich meebrengt – denk aan sterfgevallen in je directe omgeving, je kunt ziek worden of een ongeluk krijgen, werkloos raken, relaties die stuklopen, echtscheidingen, noem maar op. Deze vermeende noodlottige gebeurtenissen zullen in eerste instantie zwaar zijn, maar bieden tegelijkertijd de kans voor persoonlijke groei. Elk noodlot is een leerproces dat je constructief of destructief kunt oppakken. Reacties die horen bij de oude, driedimensionale patronen zijn bijvoorbeeld: jammeren, klagen, aanklagen, bevechten, kwaad worden, je vertwijfeld voelen, je terugtrekken of zelfs capituleren. Dit bewustzijnspatroon wordt gekenmerkt door angst, zorgen, twijfel, overbelasting en wanhoop.

Ik neem me voor om vanaf nu consequent volgens dit nieuwe bewustzijn te reageren: elke levensgebeurtenis aangaan in liefde, dankbaarheid en acceptatie en steeds naar constructieve oplossingen zoeken, want de liefde die voortkomt uit de kracht van je hart is dat wat de ziel in haar bewustzijnsontwikkeling en innerlijke groei daadwerkelijk vooruithelpt. Het advies luidt hier: je eigen leven met liefde en persoonlijke verantwoordelijkheid in eigen hand nemen, uit je slachtofferrol en zelfmedelijden stappen, in liefde alle niet-liefde loslaten en in liefde de houding en handelingen van andere mensen respecteren. Jammer genoeg leren we dit niet op school, maar dat is geen reden om het dan niet op eigen initiatief te leren.

Ook wat dit betreft is Christina een goed voorbeeld. Hoewel ze kennelijk een pionier is van deze derde evolutielijn en een heel hoge trilling heeft, speelt ze uiterlijk het leven van haar medemensen mee zonder dat ze zich hierdoor laat beïnvloeden. Ze zit weliswaar op een normale school, maar staat niet toe dat ze door de daar heersende destructieve denkstructuren wordt geherprogrammeerd. Ze weet wie ze is en wat haar te doen staat, gaat consequent haar weg en volgt haar zielsplan.

Ze zegt: ‘In mijn leven zal ik nooit cijfers of een diploma hoeven laten zien.’

School vindt ze vooral saai, wat gezien haar bewustzijn begrijpelijk is. Maar ze houdt van de mensen en omdat er onder scholieren net als in iedere andere maatschappelijke groepering voortdurend allerlei problemen zijn op te lossen, bekommert ze zich hier graag en vaak om.

Ze legt verder uit: ‘Met een bewustzijn vanaf 850 LOC raakt de menselijke wil verweven met de goddelijke wil.

De egostructuur verdwijnt en persoonlijke interesses staan niet meer voorop. Je handelt dan vanuit een heel krachtige, goddelijke leiding in een dienend "wij-bewustzijn" vrijwillig voor een constructievere wereld waar al wat leeft bij hoort.'

Ook hiervan is Christina een lichtend voorbeeld. En toch heb ik soms het idee dat ze zich naast de menselijke sfeer ook in heel andere sferen ophoudt, waar ik niet kan komen. Soms zegt ze wel eens dat ze erg ontroerd is door wat er op dat moment in de kosmos gebeurt. Want de kosmische gebeurtenissen beïnvloeden ook de huidige en toekomstige gebeurtenissen op Aarde. Onze planeet en ook de mensheid zijn deel van een groter geheel – deel van een kosmische, goddelijke orde die voortdurend aan verandering onderhevig is.

18
De raadselachtige dekenkist

Begin april 2015. De voorjaarsvakantie staat voor de deur en Christina viert binnenkort haar veertiende verjaardag.

Op een morgen ziet ze onderweg naar school een bijzonder fijnstoffelijk voorwerp. Midden in een weiland, zo vertelt ze, staat een oude bruine dekenkist, eenzaam en verlaten met het deksel dicht. Ze denkt hardop, zodat ik mee kan luisteren: 'Mama, dit is iets bijzonders, normaal gesproken zie ik nooit zomaar iets fijnstoffelijks zonder dat ik weet wat het betekent. Maar nu heb ik geen idee waarom deze dekenkist hier is.'

Christina is lang bezig om het raadsel op te lossen. Dat ze fijnstoffelijke dingen ziet – dat doet ze al vanaf haar geboorte –, is niet ongewoon, wel dat ze niet kan bedenken wat de reden is dat ze deze kist ziet. Aanvankelijk probeer ik haar te helpen met mijn theorieën, maar ze ontkent al mijn vermoedens. Ik richt me daarom maar weer op de sleur van alledag en houd me niet meer bezig met dit voorval.

Een paar dagen later komt Christina 's middags enthousiast thuis. 'Mama, ik weet nu wat die fijnstoffelijke dekenkist betekent. Vandaag was hij open en stel je voor: het deksel en de bodem zitten met een bruine band aan elkaar!'

Ik ben net bezig de tafel te dekken voor het middageten, voel me wat overrompeld en weet niet meteen wat ik hiervan moet denken. Christina kijkt me aan en wacht even, zodat ik tijd heb om na te denken, maar ik zie aan haar dat ze staat te trappelen om me te vertellen wat de betekenis is van de dekenkist. En dan zegt ze plechtig: 'Het is een teken dat hemel en Aarde met elkaar verbonden zijn.'

Nog steeds is het me niet helder wat ze bedoelt. Wat betekent dit symbool concreet? Ik merk dat dit voor Christina een speciaal moment is en mijn eerste analyse luidt dat de verbinding tussen hemel en Aarde in Christina's leven vermoedelijk van cruciale betekenis is.

De volgende dag vertelt ze me dat de dekenkist weg is. Voor haar betekent dit dat ze de boodschap goed heeft begrepen. Het hele voorval komt op mij nogal vreemd over, maar het is, zoals in de weken daarna duidelijk zal worden, het begin van een nieuwe fase. Want vanaf dat moment verhoogt Christina's energieniveau zich aanzienlijk. Het lijkt of er nu nog krachtiger energieën geactiveerd worden, wat zich uit in het feit dat ze nog meer talenten laat zien en er nog meer inzichten en uitleg volgen. Christina vertelt dat ook haar lichtstraal sterker is geworden. Ik kan niet zeggen of het klopt, maar voor haar is het zo klaar als een klontje.

Voorjaarsvakantie 2015

Een paar dagen later begint de voorjaarsvakantie, die twee weken duurt. Omdat dit jaar zowel Pasen als Christina's verjaardag in de vakantie valt, gaan we niet weg maar blijven we thuis en maken we een paar dagtrips.

Mario gaat met een schoolvriend een dag de bergen in en ik ga deze dag met Christina naar de dierentuin in Rapperswil. Een tijdje geleden had ze het erover dat ze graag een keer het nieuwe olifantenverblijf wilde zien om te checken of het de olifanten daar wel bevalt. Mario is niet meer zo enthousiast over dierentuinen, dus vandaag is een mooie gelegenheid om Christina's wens te vervullen.

Vlak bij de dierentuin moet ik stoppen voor een rood licht en omdat ze even niets anders heeft te doen, scant Christina het huis naast de weg. Alsof het de gewoonste zaak van de wereld is, zegt ze: 'Mama, ik heb net de zolder van dit huis doorgelicht. Er staan twee opgestapelde stoelen, een kast en twee kisten met boeken.'

Tot mijn verbazing weet ze bovendien de twee titels van de bovenste twee boeken te noemen. We hebben meteen door dat zich zojuist een nieuwe gave bij haar heeft gemanifesteerd, de zogenaamde röntgenblik, oftewel de kunde om door vaste stoffen heen te kijken.

Het liefst wil ik meteen de zolder zien om te kijken of het klopt, maar ik weet niet hoe ik dit aan de huiseigenaar uit zou moeten leggen. Ik heb mijn hele leven Christina nog nooit op een leugen kunnen betrappen en daarom heb ik ook nu geen enkele reden om aan haar te twijfelen. In de toekomst zal de röntgenblik nog vaker bevestigd worden.

Tot ik de auto op de parkeerplaats heb gezet, zeg ik geen woord meer. Ik verbaas me niet alleen over Christina, maar ook over mezelf. Waarom verwondert het me niet meer dat mijn dochter nu ook nog door vaste materie heen kan kijken? Kennelijk raakt een mens gewend aan het ongewone. Ik heb natuurlijk wel eerder over dit soort gaven gelezen en gehoord, maar het is wel even een ander verhaal als je het persoonlijk meemaakt.

We genieten allebei van de dierentuin. Christina is gek op dieren, net zoals ze van mensen en planten en van de hele Aarde houdt. We hebben het over allerlei onderwerpen en ze babbelt er, zoals meestal, vrolijk op los. Ze is vooral blij dat de olifanten nu veel meer bewegingsruimte hebben en dat het goed met ze gaat in hun nieuwe verblijf.

Op de terugweg hebben we het over beroepskeuzes, een onderwerp dat ons al een tijdje bezighoudt. Door de gebeurtenissen van vandaag opper ik voor de grap dat Christina misschien wel douanier kan worden. Met haar röntgenblik kan ze elke auto en koffer scannen. Scannen is helemaal niet nodig, zegt ze, ze kan al aan de aura en gedachten van iemand zien of ze iets in hun schild voeren. Ik geef nog wat voorbeelden van beroepen waarin haar verruimde waarneming van pas kan komen: de gezondheidszorg, de techniek, bij de rechtbank... eigenlijk overal.

Maar Christina is heel duidelijk: ***'Ik ben niet op deze wereld om de fouten van anderen bloot te leggen of over hen te oordelen. Ik wil de mensen alleen maar het licht en de vrede terugbrengen. Dan verdwijnt het onlicht vanzelf.'***

Helder! Geen douane of rechtbank, geen politie, defensie of geheime dienst voor Christina. Ze maakt duidelijk dat ze voor een baan die voortkomt uit het huidige systeem niet beschikbaar is. Ook al weten we nog niet precies wat ze uiteindelijk tijdens deze incarnatie zal gaan doen, het lijkt al helder te zijn uitgetekend dat het van een andere, hogere orde zal zijn: het licht en de vrede bij de mensen terugbrengen.

Als ze zulke duidelijke uitspraken doet, is er geen greintje euforie of geen enkel spoor van arrogantie te bespeuren. Integendeel, je ziet hier simpelweg de onwrikbare innerlijke overtuiging van een rijpe persoon die innerlijk niet onzeker en daardoor niet te manipuleren is. Ze legt bovendien uit dat dit haar niet waardevoller of beter maakte dan andere mensen, maar gewoon anders. En nogmaals benadrukt ze dat ze zich nooit in een hokje laat stoppen of laat inpalmen.

Dan schiet me te binnen dat Christina jaren geleden, toen ze nog klein was, altijd vragen stelde zoals: 'Mama, denk je dat je met een röntgenblik geboren kan worden?', 'Mama, denk je dat je je met licht kunt voeden?', 'Ken jij iemand die zich onzichtbaar kan maken?'

Wat de röntgenblik betreft, die lijkt nu geactiveerd te zijn. Christina beschrijft hoe ze met zulke nieuwe gaven omgaat vanaf het moment dat ze zich voor het eerst openbaren: in het begin manifesteren ze zich een- of tweemaal zonder dat ze er controle over heeft, zoals vandaag bij die zolderscan. Maar daarna weet ze precies hoe het in zijn werk gaat en heeft ze er bewust controle over. Het is alsof ze vanaf de geboorte een reusachtig netwerk aan extra leidingen in het brein heeft aangelegd die nu een voor een worden geactiveerd. Ik vraag me af of de andere twee vragen uit haar kindertijd – je voeden met licht en je onzichtbaar maken – zich in de toekomst eveneens zullen manifesteren? We zullen wel zien.

In elk geval lijkt de episode met de fijnstoffelijke, symbolische dekenkist – het verbinden van hemel en Aarde – de aanzet te zijn geweest tot verdere openbaringen.

19
Elementaire wezens

In deze zonnige voorjaarsvakantie nemen Mario en ik de tuin eens flink onder handen. Het plan is om een oude levensboom te kappen. Dit wekt Christina's belangstelling en ze drukt ons op het hart: 'Jullie kunnen die boom niet zomaar even omhakken, want hij heeft een ziel die heel sterk verankerd is. Hij is wat traag en heeft twee tot drie dagen nodig om een nieuw thuis, dus een andere boom, te vinden. Jullie mogen hem daarom vandaag nog niet omhakken.'

Wij luisteren natuurlijk naar haar advies, ook al is deze zienswijze volledig nieuw voor mij; ik heb hier nog nooit bij stilgestaan. Christina maakt van de gelegenheid gebruik om ons iets te vertellen over de wereld van de elementaire wezens die in een aardse parallelwereld wonen. Haar enthousiasme over dit onderwerp is van haar gezicht af te lezen.

'In de Griekse mythologie,' begint ze, 'noemt men de fijnstoffelijke boomwezens "dryaden". Ze zijn niet alleen maar fantasieën uit de mythologie en fantasyverhalen, ze bestaan echt. Ze zien er mensachtig uit, alleen hebben ze geen huid maar boomschors. Helaas zijn er nog geen echt goede foto's van dryaden. Je zult ze eerst zelf moeten zien, denk ik. Er zijn overigens mannelijke en vrouwelijke dryaden. Als je ze niet van tevoren waarschuwt dat de boom wordt gekapt, blijven ze daar eenzaam staan. Deze wezens horen bij de elementaire wezens van onze planeet – net als dwergen, trollen, elven, draken en ga zo maar door.'

Na een korte pauze gaat ze verder: 'Ik weet nog heel goed waar ik de eerste dwerg heb gezien. Het was in een hogerdimensionale sfeer met een andere ruimte- en tijdsstructuur. Het is een wonderlijke wereld, gewoon wonderschoon en oerplanetair. Jij zult het vast als een soort fantasiewereld zien. Overigens tonen deze elementaire wezens zich niet aan iedereen die helderziend is, maar alleen aan mensen die een sterke band met de natuur hebben. Mama, jij hebt geluk, want mocht je nog eens helderziend worden, dan zul jij deze wezens ook kunnen zien.'

Mijn dochter kijkt me stralend aan. Ergens ben ik nu heel blij dat ik niet helderziend ben, want anders zou ik alweer met een totaal nieuwe wereld worden geconfronteerd waar ik voorheen geen weet van had. Toch ben ik blij dat volgens Christina mijn binding met de natuur sterk genoeg is en ik misschien op een dag wel elementaire wezens kan zien. Het klopt, ik heb een sterke voorliefde voor planten en dieren en voor alles in de natuur, waar ik heel graag vertoef. Maar laten we mijn helderziendheid bewaren voor later. Voorlopig ben ik nog wel even zoet met het begrijpen en verwerken van Christina's ontwikkeling.

Mario heeft ons gesprek meegekregen en stelt ons gerust: 'Gelukkig zet de boswachter altijd een teken op de bomen in het bos die gekapt worden, zodat de dryaden een andere boom kunnen zoeken.'

Wat slim van Mario. Uit de fytotherapie (plantheelkunde) weet ik dat planten een zielsdeel hebben, een soort plantsignatuur, waardoor ze een orgaanspecifieke helende werking ontwikkelen. Dit gebeurt vaak in een uitgebalanceerde combinatie van verschillende helende substanties die elkaar qua werking ondersteunen. In dat opzicht lijkt het heel plausibel dat ook bomen bezielde wezens zijn.

Christina noemt ook nog dat er geen parallelle sferen voor overleden bomen zijn, zoals mensen een parallelle wereld hebben voor overledenen. Als een boom gekapt wordt of sterft, zoeken de dryaden gewoon een andere boom om in te wonen. Dat is de reden dat er ook bomen zijn waarin meerdere dryaden wonen.

Christina is bijna niet te stoppen. Ze vertelt enthousiast verder en zo krijgen we te horen dat er ook lichte en onlichte wezens zijn in de wereld van de elementaire wezens. Mensen met bijzondere gaven hebben altijd al geweten dat dergelijke wezens bestaan en samen met de mens op Aarde leven, en zo kwamen deze verhalen terecht in onze sprookjes en mythes. Verzamelaars en vertellers van sprookjes, zoals de gebroeders Grimm, hebben vast bewust of onbewust toegang tot deze werelden gehad. Hoe zouden ze anders deze verhalen zo levensecht hebben kunnen optekenen?

Maar er komt nog meer. Vandaag de dag is vooral IJsland een hotspot voor elementaire wezens. Geschat wordt dat de halve bevolking zich bewust is van hun bestaan. De wegen op IJsland zijn heel kronkelig en je kunt daar bijna geen weg vinden die over een langer stuk rechtuit gaat. Zo rijden de IJslanders om de holen en onderkomens van de elementaire wezens heen om ze niet te storen of te verjagen. Naar verluidt wordt er altijd een helderziende geraadpleegd om het tracé van een nieuw aan te leggen weg te bepalen, om te voorkomen dat de trollen worden gestoord.

Nu spits ik ook de oren. 'Zijn overal ter wereld dezelfde elementaire wezens?'

Christina antwoordt: 'Voor zover ik weet, zijn lichtelfen vooral in de buurt van water te vinden, zoals watervallen. Maar ook wel in ijsgebieden. Dryaden zijn natuurlijk overal te vinden waar bomen zijn. En kabouters werken graag in de tuin.'

Ik ben stomverbaasd. 'Kabouters? Zijn er echt kabouters?'

'Ja. Ze zijn ongeveer 30 centimeter groot. Maar ik heb nog nooit een kabouter met een baard gezien zoals in sprookjes. De kabouters die ik zie, dragen meestal een hoed en een geblokt overhemd op een groene of bruine broek. Hun broeken zijn heel schattig, echt zo lief! Elke maandag als ik bij oma eet, kom ik langs een grote tuin met een heel snoezige kabouter. Hij is altijd met een hark in de weer.'

'Zie je dan ook het resultaat van zijn werk? Of is dat alleen fijnstoffelijk in een hogere dimensie te zien?' wil Mario weten.

Zijn zus verklaart: 'De kabouters werken weliswaar in een fijnstoffelijke parallelle sfeer, maar het effect van hun werk reikt tot in onze grofstoffelijke wereld. Je kunt dus daadwerkelijk het resultaat van hun werk zien. Maar de kabouters en andere natuurwezens zijn inmiddels heel wantrouwend jegens mensen geworden. Als ik een kabouter in onze tuin zou zien, moet ik me meteen met hem verbinden, anders is hij zo weer weg.'

Over de planten vertelt Christina verder nog: 'Planten zijn heel plek- en luchtgevoelig. Van veranderingen, zoals verpotten, houden ze helemaal niet.'

Later legt ze de fotosynthese uit vanuit haar perspectief: 'Een plant absorbeert het licht zo effectief dat het bijna onvoorstelbaar is. Wetenschappelijk gezien is dit eigenlijk helemaal niet mogelijk, want onderweg naar de fotosynthetische kern van de plant moeten de fotonen feitelijk botsen met andere deeltjes. Maar dat doen ze niet. Dat een foton de kern bereikt, is net zo onwaarschijnlijk als geblinddoekt door een bos rennen zonder tegen een boom aan te lopen.

Planten zijn een waar wonder der natuur. De plant brengt het foton in een staat van kwantumsuperpositie: ze vermenigvuldigt het foton tot miljarden deeltjes, zodat elke mogelijke plek wordt bereikt. De mogelijkheid dat – om bij mijn voorbeeld te blijven – er iets tegen een boom botst, is totaal niet aan de orde, anders zou het hele systeem in elkaar storten. Wat doet de plant nu? Rustig weigert ze om ook maar een greintje aandacht aan dit soort "ongelukken" te schenken terwijl ze in de kern het heilige gebod van alle leven zingt: "Het zal licht worden!"

Als dan één optie de kern zonder fouten bereikt, krijgt alleen deze optie aandacht en verdwijnen alle andere. De "winnaar" wordt zogezegd uit de toekomst terug door de tijd tot stand gebracht en wordt zo de enige optie die ooit heeft bestaan. Dit is slechts een voorbeeld. Maar precies zo hebben wij allemaal het grote mysterie van het leven overwonnen, wat maakt dat wij nu hier zijn.'

Weer schieten me verschillende uitspraken door het hoofd die Christina als kind deed toen ze me hielp bij het verpotten van de planten. Zoals: 'Deze plant heeft het hier naar de zin' of 'Deze wil geen andere pot' of 'Deze boom wil niet gesnoeid worden.' Hierbij streelde ze liefdevol met haar kleine handjes over de planten, of omarmde ze zelfs, en straalde daarbij een ongelooflijk sterke verbondenheid met de natuur uit.

Nu vult ze aan: 'Planten hebben er een grote hekel aan als ze lang op transport moeten. Zoals palmen die in de herfst worden opgehaald en ondergebracht in grote hallen om te overwinteren. Daar houden ze helemaal niet van. Bij dieren zouden we dit "dierenmishandeling" noemen. Ook planten hebben gevoel.'

Ik denk na. Hoe zit dat bij mij? Mijn palmen en agaves gaan in de herfst de garage in, die daar ruim genoeg voor is, en dus hebben ze geen last van stressvol vervoer. Maar ook in de garage moest ik al een en ander verplaatsen omdat volgens Christina een paar planten ruzie hadden. Het wordt me andermaal duidelijk hoe weinig we ons bewust zijn van wat zich om ons heen in de wereld van de planten, dieren en elementaire wezens afspeelt. Via Christina krijg ik een totaal andere kijk op deze dingen en daar ben ik haar heel dankbaar voor.

20
De hartslag van de Aarde

Christina houdt niet alleen van alle wezens die samen met de mensen op de Aarde wonen, maar ook van de planeet Aarde zelf.

In de gesprekken die we tijdens deze vakantie hebben, wordt me steeds weer duidelijk hoe goed ze onze planeet lijkt te kennen. Als klein meisje al was ze dol op plaatjesboeken met plaatsen die op de Werelderfgoedlijst staan en bij het doorbladeren zei ze vaak: 'Mama, daar ga ik naartoe.' Dat ze er dan inderdaad 's nachts via astraal reizen naartoe ging, kon ik destijds niet weten. Christina wilde altijd het liefst de hele wereld zien en er meer van te weten komen, vooral van de flora en fauna.

Ze licht toe: 'Weet je mama, ik voel de hartslag van de Aarde. Net als ieder ander levend wezen heeft de Aarde ook een ziel, ze heeft bewustzijn en een energiesysteem. Als ik met mijn voeten op de aardbodem sta, voel ik de Aarde precies aan en weet ik hoe ze zich op dat moment voelt. Ik voel de planetaire trilling net zoals ik jou of de alpaca's daar buiten voel.

Voor ik naar de Aarde kwam, mocht ik uit 63 andere planeten kiezen die ook in de derde dimensie zitten. Ik heb voor de Aarde gekozen, want deze planeet is gewoonweg prachtig. Overigens is ze een meisje, wist je dat? "Moeder Aarde" is dus aardig goed geformuleerd. In haar oorspronkelijke paradijselijke staat voedde de Aarde alle mensen en dieren en beschermde hen met haar veelzijdige natuur, die toen nog volledig intact was. Maar toen kwamen de wezens van het onlicht en voerden hier hun destructieve systeem van manipulatie en uitbuiting in, waardoor de mensen zich tegenwoordig op Aarde gedragen alsof ze een spel spelen waarvan ze de handleiding allang zijn kwijtgeraakt.'

Een beetje verdrietig vertelt ze verder: 'De Aarde houdt van de mensen, maar heel veel mensen die nu leven, buiten de Aarde gewetenloos uit. Ze weert zich met natuurrampen. Oorspronkelijk was er overal een gelijkmatig mediterraan klimaat, een waar paradijs.'

In een ander verband zegt ze: ***'Zolang de mensen hun eigen planeet niet kennen, zullen ze nooit andere planeten leren kennen. Want ze hebben iets fundamenteels nog niet begrepen, namelijk dat niet het rationele verstand de grootste uitvindingen en vooruitgang heeft opgeleverd, maar het bewustzijn van de ziel.'***

Ze legt ook het energiesysteem van onze planeet uit: 'Net als de mens heeft ook de Aarde een chakrasysteem met energiebanen. Sommige wetenschappers noemen deze energiebanen "leylijnen" of "heilige banen". Je kunt ze vergelijken met wat wij mensen "meridianen" noemen. Op de plek waar twee zulke lijnen elkaar kruisen, ontstaan bijzondere krachtplekken, zoals de Notre Dame in Parijs, of oeroude plekken als Stonehenge, Angkor Wat, de piramides van Gizeh, de Zwarte Steen in Mekka, de zonnepiramide in Teotihuacán en de steden Machu Picchu, Fatima en Dwarka, de stad van Krishna. Er wordt ook beweerd dat zich op de hele Jacobsroute naar Santiago de Compostella veel leypunten en leylijnen bevinden. Op al deze krachtplekken zijn speciale energiefrequenties die voor helderziende mensen zichtbaar zijn. In de vroegere hoogstaande culturen had je mensen die een multidimensionaal bewustzijn hadden, daarom wisten ze heel precies waar ze de heiligdommen moesten bouwen.'

Oké, weer wat geleerd. Hoe boeiend al deze uiteenzettingen ook zijn, ons dagelijks leven gaat ook gewoon door en wordt in deze dagen opgeschud door een verdrietige gebeurtenis. Twee dagen voor Christina's veertiende verjaardag gaat haar lievelingskonijn Snuffie dood. Ze is ontroostbaar en huilt om het dier zoals ieder ander kind ook zou doen. Het verlies van dit dierbare gezinslid is zowel voor haar als Mario een klein drama. Ook mij raakt het, want ik ben het niet gewend om Christina zo verdrietig te zien. Nog voor haar verjaardag mag ze een ander konijn uitzoeken die ze Pandora noemt. Door Pandora is ze al gauw weer de vrolijke Christina die we allemaal zo goed kennen.

Een paar dagen later vertelt Christina dat Snuffie nu in de fijnstoffelijke wereld samen met andere, al eerder overleden konijnen onderweg is. Ze is zichtbaar gerustgesteld en getroost en Mario haalt opgelucht adem. Het is duidelijk dat het ook voor hem uitzonderlijk is om zijn zus zo verdrietig en in tranen mee te maken.

21 Christina's veertiende verjaardag

15 april 2015. Vandaag wordt Christina veertien. Ze krijgt twee kleine schildpadjes die ze Tuneira en Sahira noemt.

Familie en kinderen uit de buurt zijn uitgenodigd voor het verjaardagsfeest. De kinderen spelen verstoppertje. Het terrein waar je je kunt verstoppen strekt zich uit over meerdere eengezinswoningen en nog een paar andere gebouwen, waaronder een oude schuur waar Christina zich samen met vier andere kinderen heeft verschanst. Drie van de vijf kinderen zien een fijnstoffelijke man, oftewel een overleden persoon; de twee andere kinderen kunnen geen fijnstoffelijke dingen zien. Christina is blij dat ze met haar verruimde waarneming ogenschijnlijk niet de enige is, want haar beide vriendinnen van zes en negen zien de fijnstoffelijke man ook heel duidelijk.

Wanneer ze me dit later vertelt, vraag ik me andermaal af hoeveel kinderen er tegenwoordig zijn met een verruimde waarneming zonder dat hun ouders dit weten.

Ik denk nu ook terug aan de dag vandaag precies vier jaar geleden, toen Christina op haar tiende verjaardag voor de hele familie verkondigde: 'Nu ben ik al tien jaar op deze wereld en er is nog helemaal niets gebeurd!'

Nu begrijp ik wat ze toen bedoelde. Vanaf haar geboorte besefte ik dat ze op Aarde is gekomen met een speciale levenstaak. En als je het zo bekijkt, was er inderdaad ook nog niets bijzonders gebeurd. Het lijkt erop dat de ontwikkeling van

15 april 2015: Christina op haar veertiende verjaardag samen met haar twee schildpadjes Tuneira en Sahira.

Christina's bestemming en de start van haar taak in de wereld op een specifiek tijdstip, het juiste moment, staan te gebeuren, zoals voor alles geldt. We voelen vandaag allebei dat dat moment steeds dichterbij komt. Ik vraag me af: wat heeft deze ziel al meegemaakt en tot stand gebracht in andere sferen? Wie is dit wezen, dat uit 63 beschikbare planeten uitgerekend planeet Aarde en van alle potentiële moeders uitgerekend mij heeft gekozen?

Als ik het haar vraag, antwoordt ze: 'Ook bij mij heeft men een sluier over verschillende delen van mijn bewustzijn gelegd. Dat merk ik heel goed omdat er bepaalde informatie over diverse sferen bedekt blijft voor mij.'

Een paar dagen later heeft Christina het over 'beelden' die ze tot haar eigen verbazing de laatste tijd binnenkrijgt.

'Wat bedoel je met beelden?' vraag ik.

'Het gaat om een soort berichten of boodschappen die ik krijg toegestuurd. Ik ervaar ze als beelden die ongelooflijk snel voorbijtrekken en die zich duidelijk onderscheiden van al het andere wat ik binnenkrijg. Ze zijn heel eventjes duidelijk en dan weer weg.'

'Waar denk je dat deze berichten vandaan komen, en waarom krijg jij ze door?'

'Het zijn berichten over mij of andere onderwerpen waar ik me nu mee bezighoud. Ze komen uit verschillende sferen en ik vermoed dat ze gewoon bedoeld zijn voor mijn scholing en ontwikkeling.'

De witte lelie

Ik vraag haar of ze een voorbeeld kan geven. Hoewel ze elk beeld maar heel eventjes heeft gezien, lukt het haar om me het gedetailleerd en in alle kleuren en facetten uit te leggen.

Ze brandt los: 'Het beeld heeft aan een kant een witte muur waarop veel mensen lopen. Naast deze muur loopt een zandweg die een sfeer lager ligt dan de muur. Hier zie je niemand, maar er groeit wel een witte lelie moederziel alleen op deze zandweg.'

Christina haalt een vel papier op en tekent het beeld dat ze net beschreef. Dan zegt ze zacht tegen me: 'Ik denk dat dit een boodschap voor mij is die betekent dat ik in mijn leven niet helemaal dezelfde weg zal inslaan als het grootste deel van de bevolking.'

'En waar staat de witte lelie voor?'

'Zij is een uitdrukking van licht en liefde en staat voor goddelijke genade, reinheid en onschuld. De witte, harde muur staat voor een heldere, schone weg. Daarop loopt het overgrote deel van de mensheid. Maar op deze muur kan niets nieuws groeien.'

Een fijnstoffelijk bezoek

De volgende dag dient zich de volgende verrassing alweer aan. Het is nog steeds voorjaarsvakantie en we zijn met zijn allen buiten. Beide kinderen spelen met de buurkinderen, dan weer bij ons in de tuin, dan weer bij de buren. Deze zes kinderen groeien met elkaar op en kennen elkaar al hun hele leven en ik kan me niet herinneren dat ze ooit ruzie hebben gehad.

Ik ben onkruid aan het wieden als Christina naar me toe komt rennen en opgewonden vertelt: 'Mama, er staat een man voor de deur – een fijnstoffelijke man.' Even ben ik overrompeld, maar tot mijn eigen verbazing antwoord ik heel rustig: 'Oké, misschien kun je hem vragen wat hij wil.'

Ze rent weer naar de voordeur om het te vragen. Als ze weg is, vraag ik me af of dit soort bezoekjes in de toekomst aan de orde van de dag zullen zijn.

Maar al gauw haalt Christina me uit mijn overpeinzingen: 'Hij zegt dat hij Walter* heet.'

Nu volgen mijn gedachten elkaar in razend tempo op. Ik weet heel goed wie dat is. Vanochtend was ik samen met Christina op het kerkhof. Daar troffen we een oudere mevrouw en ik heb even kort met haar gesproken over haar overleden man, Walter, die ik best goed heb gekend. En deze Walter staat nu in zijn fijnstoffelijke gedaante bij ons voor de deur.

Christina vertelt opgewonden verder: 'Hij heeft een bericht voor je, mama. Hij wil je nog feliciteren met je laatste verjaardag en je verder alle goeds wensen voor alles wat nog gaat komen.'

Ik ben ontroerd door dit bericht. Walter was een heel vriendelijke en sympathieke man en hij kwam me elk jaar op mijn verjaardag feliciteren. Nu dit na zijn dood fysiek niet meer kan, doet hij dit alsnog op een metafysische manier

* Pseudoniem.

– en ook gelijk voor de toekomst. Ik zwijg een tijdje en zeg dan tegen Christina of ze hem namens mij heel hartelijk wil bedanken. Ze rent weer naar de voordeur en brengt de boodschap over, waarna hij met een glimlach voor altijd afscheid neemt.

Ik ben nog steeds niet gewend aan zulke voorvallen. Wat Walter betreft, was er helemaal niets slechts of engs aan, sterker nog, het was juist mooi en ontroerend. Ik besef dat het iets heel verzoenends en bevrijdends heeft als je zonder angst afscheid van een overledene kunt nemen, diegene in aanvaarding kunt loslaten om hem vervolgens zijn eigen weg te laten bepalen. Ook toen Elena stierf, lukte het me gelukkig om haar precies in dit bewustzijn los te laten. Toen wist ik immers nog niet dat ze helemaal niet weg is gegaan, maar Christina en ons net als altijd begeleidt.

Christina is blij dat ik langzamerhand het bestaan van de fijnstoffelijke wereld begin te erkennen als iets vanzelfsprekends, hoewel ik hem feitelijk niet kan zien. Ik probeer te voelen of ik door een of ander fijnstoffelijk wezen onaangenaam geobserveerd word, of me bedreigd voel, een wezen dat misschien in onze tuin of ons huis rondloopt, maar ik kan zoiets niet waarnemen. Ik vraag Christina er ook niet naar, want kennelijk zijn zulke voorvallen voor haar bijzaak en niet de moeite waard.

Ik op mijn beurt blijf eraan werken om tegenover alles waarmee ik de laatste maanden door Christina's ontwikkeling ben geconfronteerd een open en neutrale houding aan te nemen. Ik houd me voor dat fijnstoffelijke overledenen en elementaire wezens net zo normaal zijn als de bloemen in mijn tuin of onze dieren. Maar zo gemakkelijk laat mijn wereldbeeld zich niet van de ene op de andere dag op zijn kop zetten. Het is een stapsgewijs proces om mijn bewustzijn verder open te stellen, maar ik ben gemotiveerd om de uitdaging aan te gaan. Ik neem het bezoek van Walter dankbaar aan als iets wat het leven me aanbiedt – een aanbod om me door middel van zulke persoonlijke ervaringen te helpen mijn begrip voor Christina's wereld te vergroten.

22
Het schoolsysteem van de toekomst

Half april 2015. Vandaag lees ik een aankondiging in de krant van een podiumdiscussie tussen kinderartsen uit het oosten van Zwitserland. Er staat dat de kinderartsen de noodklok luiden omdat elk derde kind niet meer mee kan komen met de eisen van het huidige schoolsysteem en daarom ziek wordt. De stelling luidt: 'School maakt ziek. Niet altijd. Maar steeds vaker.' Veel leerlingen van alle leeftijden worden overvraagd en hebben daarom last van psychosomatische stoornissen zoals buikpijn, hoofdpijn en slapeloosheid. De directeur-geneesheer van het Oost-Zwitserse kinderziekenhuis stelt: 'Geef de kinderen weer een veilige plek. Laat de kinderen op school weer kind zijn.'

Het aantal ongelukkige kinderen in het huidige schoolsysteem is schrikbarend hoog en neemt bovendien sterk toe. Door Christina ben ik in de afgelopen maanden anders naar deze bekende problematiek gaan kijken. Zit er in deze generatie kinderen daadwerkelijk al een groot aantal met een verruimd bewustzijn en een multidimensionale waarneming, dan moet het voor deze kinderen een enorme kwelling zijn om in het keurslijf van het schoolsysteem tot driedimensionaal denken en achterhaalde patronen te worden gedwongen. Hoe alleen en onbegrepen moeten deze kinderen zich wel niet voelen als de hele omgeving, zowel op school als thuis, geen enkel begrip kan tonen voor hun anders-zijn? Maar wat als er volgens het wereldbeeld van de ouders en leraren domweg geen ruimte is voor dit anders-zijn, omdat zij ervan overtuigd zijn dat dingen zoals multidimensionaliteit en fijnstoffelijke waarneming niet bestaan? Maar wat als datgene wat voor deze kinderen de normale en dagelijkse gang van zaken is in de ogen van hun ouders en leraren slechts inbeelding, klinkklare nonsens of zelfs gevaarlijke onzin is?

Ik was graag naar deze discussie gegaan, maar het lukte me helaas die avond niet. Het onderwerp houdt niet alleen mij bezig, maar kennelijk ook veel andere ouders en bezorgde tijdgenoten. Vooral ouders hebben de verantwoordelijkheid om open te zijn naar hun kinderen toe, hen oprecht serieus te nemen en bereid te zijn aspecten van de werkelijkheid te leren die we tot nu toe niet voor mogelijk hielden. Dat het driedimensionale denken zijn grens aan het bereiken is en dat als gevolg hiervan niet alleen het schoolsysteem maar ook ons hele economische systeem dreigt om te vallen, wordt steeds duidelijker.

Ook gerenommeerde deskundigen maken zich zorgen over het huidige schoolsysteem. Zo lees ik een paar weken later (eind juli 2015) in een artikel in dezelfde krant dat de aftredende directeur van de volksschool zei: 'De school heeft geen revolutie maar een evolutie nodig.'

Ik bespreek altijd alles met Christina en dus ook dit. Ze lijkt duidelijk blij over de uitspraak van de directeur en voegt eraan toe: 'Die evolutie is al in volle gang.'

Ze legt uit: 'Veel kinderen van deze tijd functioneren en leren via hun intuïtie en niet alleen maar meer via hun ratio. Ze beschikken in hun zielsgeheugen al over veel intuïtieve kennis, die ze nu met de nieuw verworven kennis constructief kunnen verbinden. Maar wat ze op school aan kennis krijgen opgedrongen, verstoort vaak de toegang tot hun intuïtie. En doordat ze deze toegang missen, hebben ze moeite hun geestelijke talenten aan te boren.

Kinderen horen te leren via allerlei persoonlijke ervaringen en belevingen. Ze moeten vooral de gelegenheid krijgen om met de natuur bezig te zijn. Dan verleren ze niet hoe ze met planten en dieren moeten communiceren en beseffen ze hoe verbonden ze zijn met de natuur en het hele universum. Kinderen die over een hoogcomplexe waarneming en denkwijze beschikken, zullen later automatisch in een constructieve richting werken. En nog belangrijker, ze zullen zich vanbinnen gelukkig en tevreden voelen. Zonder gekunstelde druk om te leren verdwijnt ook het onnatuurlijke, egocentrische gedrag. Weet je, mama, op onze scholen zitten wereldwijd miljoenen universele genieën, maar niemand heeft het in de gaten.'

Hersenonderzoek toont aan dat door de huidige manier van leren uitsluitend de linkerhersenhelft wordt getraind, waardoor enkel het lineaire, analytische en kwantitatieve denken wordt uitgedaagd. De overgebrachte kennis wordt hier klakkeloos als software in het brein opgeslagen, vaak vergezeld door de nodige stress. Op deze manier wordt de rechterhersenhelft niet alleen verwaarloosd, maar regelrecht belemmerd. De rechterhersenhelft is verantwoordelijk voor het complexe, beeldende, emotionele en kwalitatieve denken. Hij stelt iemand in staat complexe structuren en het grote geheel te begrijpen en een enorme stroom aan informatie op constructieve wijze te verwerken.

Alleen door een synchrone samenwerking van beide hersenhelften kun je oude, achterhaalde denkpatronen overwinnen. Inmiddels is bekend dat bijvoorbeeld duursporten op het aerobe terrein, maar ook yoga, lichtvolle muziek en creatief bezig zijn een gezonde synchronisatie van beide hersenhelften bevorderen. Ook bij sommige therapieën wordt gericht aan synchronisatie gewerkt, bijvoorbeeld in de kinesiologie of transpersoonlijke psychologie.

Oude denkpatronen en leermodules hebben in de afgelopen decennia een bepaald type mens opgeleverd: mensen die een veelheid van ongeordende informatie hebben opgeslagen waarvan ze allang het overzicht zijn kwijtgeraakt; mensen die krampachtig via het eenzijdig rationele verstand proberen alle persoonlijke en collectieve grote constructies van het verleden op te ruimen, wat nou juist door dit eenzijdige denken is bewerkstelligd; mensen voor wie het lastig is om verder te kijken dan hun neus lang is, om buiten de gebaande banen te treden en diep in hun eigen ingesleten patronen door te dringen en deze te overwinnen; mensen die zich niet kunnen voorstellen dat er buiten hun driedimensionale waarneming en achter het materialistisch-natuurwetenschappelijke wereldbeeld nog andere werelden en wezens bestaan die in totaal andere realiteitssferen en volgens heel andere natuurwetten leven.

Het lijkt erop dat de menselijke maatschappij zich de afgelopen decennia op een fatale doodlopende weg heeft gemanoeuvreerd, en ontsnapping is alleen mogelijk door radicaal anders denken en radicaal ander gedrag.

Wat dit betreft is Christina heel duidelijk: 'Kijk waar deze kennis van het geciviliseerde leven ons heeft gebracht: we staan in alle sectoren van de maatschappij radeloos tegenover de door onszelf gecreëerde puinhoop. Als we blijven denken zoals we nu doen, kunnen we de problemen in de wereld niet oplossen. Het wordt tijd dat er mensen aan het roer komen die anders denken en die de ware natuur van de Aarde en de universele samenhang snappen. Mensen die het destructieve in de maatschappij onderkennen en consequent een constructieve koers varen. Zolang deze nieuwe generatie nog kinderen zijn, werken ze wellicht nog in stilte en merk je ze niet. Maar het is slechts een kwestie van tijd tot ze als volwassenen de radicale verandering teweeg gaan brengen.'

Om niet werkeloos toe te kijken kunnen ook wij volwassenen, als vertegenwoordigers van de 'oude' generatie, onze bijdrage aan deze verandering leveren. Ik weet zeker dat de meeste ouders liever authentieke, gelukkige kinderen hebben dan geprogrammeerde dragers van informatie – liever kinderen die in harmonie met beide hersenhelften werken; kinderen die empathisch zijn en sociale verantwoordelijkheid nemen; kinderen die actief meewerken aan een constructieve toekomst van de planeet.

Wat kunnen we dan concreet doen? Welnu, we kunnen beginnen door aandachtig naar onze kinderen te luisteren en ze serieus te nemen, juist als ze over waarnemingen en realiteitssferen vertellen die wij niet kennen. We kunnen bovendien ophouden te denken dat onze eigen bewustzijnshorizon de maat van alle dingen is en dat alles wat we ons niet kunnen voorstellen of wat 'wetenschappelijk' niet is bewezen, niet echt zou kunnen zijn. En we kunnen de politici die het onderwijsbeleid maken en de leerkrachten van onze kinderen duidelijk maken dat wij in de toekomst onderwijssystemen en scholen willen die niet alleen gericht zijn op de economische eisen van de samenleving, maar ook op de innerlijke basisbehoeften van de kinderen en wel op alle niveaus: fysiek, mentaal en spiritueel.

Kinderen die niet zijn afgesneden van hun kern, weten automatisch waaruit hun levenstaken bestaan, welke talenten en vaardigheden ze hebben en hoe ze deze het best kunnen inzetten voor het welzijn van de hele maatschappij. Kinderen bij wie de toegang tot hun zielsinformatie niet wordt gehinderd, beschikken over een enorm potentieel aan universele kennis en zijn in staat de geestelijke vooruitgang van de mensheid blijvend in een positieve richting te sturen.

Uiteraard mogen in zo'n geoptimaliseerd schoolsysteem basisvakken als talen, geschiedenis, wiskunde en natuurwetenschappen niet ontbreken. Maar het zou ook wenselijk zijn dat er vakken gegeven worden als filosofie, ethiek, meditatie en het 'hogerdimensionale' en dat ze kritisch leren onderscheiden en leren wat eigen verantwoordelijkheid betekent. Het is niet de bedoeling om het bestaande systeem overhoop te gooien of helemaal af te schaffen. Waar het om gaat is het onderwijs een nieuwe basis en diepere zin te geven.

In plaats van kennis over te brengen gebaseerd op alleen maar het driedimensionale wereldbeeld, kun je ook invalshoeken van de multidimensionaliteit belichten en overdragen. In plaats van mensen alleen maar als functionele biorobots te behandelen, kun je iedere persoon ook als een goddelijk lichtwezen erkennen dat opgeroepen is om op de planeet Aarde een individuele opdracht op zich te nemen in dienst van het grote geheel.

Het strookt niet met de aard van de kinderen die tegenwoordig al over een verruimd bewustzijn beschikken om zich te voegen naar de maatstaven en competentie-eisen van ons huidige systeem. Ze hebben een natuurlijke afkeer van gekunstelde druk en stress en van negatieve, manipulatieve energieën in het algemeen. Ze weten, of vermoeden op zijn minst, dat hun aanwezigheid op Aarde een hogere zin en bedoeling heeft, en ze verzetten zich er vanbinnen tegen als men van buitenaf probeert hun levensweg in een andere richting te dwingen.

Christina geeft toe dat het autoritaire, op uniformiteit gerichte schoolsysteem zestig jaar geleden misschien wel goed paste en ergens gerechtvaardigd was, want destijds hadden de meeste mensen inderdaad nog een trilling die paste bij het frequentiebereik van het bewustzijn van toen, zodat je hun een soort eenheidsworst van onderwijs kon aanbieden. Maar tegenwoordig is de situatie totaal anders. Voor de kinderen die een hogere bewustzijnsfrequentie en een verruimde waarneming bezitten, past dit oude systeem niet meer.

Volgens Christina zit het verschil erin dat de kinderen van nu vanwege hun hogere trilling meestal via hun intuïtie functioneren. Vandaar dat deze kinderen in het driedimensionale denken aanzienlijk zijn beperkt, waardoor ze soms grote moeite hebben om zich in te leven in deze driedimensionale leerstof en die te 'leren'. De leerstof staat simpelweg haaks op zowel hun eigen realiteitswaarneming en ervaringen als hun ethische waarden van wat goed of fout is.

Deze nieuwetijdskinderen hebben zolang ze nog kind zijn uiteraard leiding, zorg en ouderlijke bescherming nodig, maar wat ze vooral nodig hebben, is oprecht begrip, liefde en vrije ruimte voor hun creativiteit en persoonlijke ontwikkeling. Ze zouden zo veel mogelijk in de natuur moeten doorbrengen, met planten, dieren en elementaire wezens, want zo leven ze in het bewustzijn van de eenheidsrealiteit en blijft de actieve communicatie met de andere bestaanssferen aanwezig. Door het contact met de natuur leren ze enerzijds dat ze op hun intuïtie kunnen vertrouwen en anderzijds hoe ze met de maatschappelijke structuren van nu om moeten gaan zonder dat ze hierdoor hun innerlijke rust verliezen en asociaal of agressief worden. Integendeel, hoe beter ze de natuur begrijpen, hoe beter ze zullen handelen op het intermenselijke vlak als het gaat om het grotere geheel. Ze zetten zich dan in voor het gemeenschappelijk 'wij' en niet voor het egoïstische 'ik', dat meedogenloos en emotioneel afgestompt alleen nog oog heeft voor het eigen kleine voordeel ten koste van zijn medeschepsels.

Maar in plaats van buiten in de natuur te zijn, brengen de meeste kinderen elke dag veel tijd zittend in een leslokaal door, wat voor ieder kind onnatuurlijk is. Op commando wordt er gerekend, geschreven, getekend of een vreemde taal geleerd. Voor spontaniteit, creativiteit, humor, vrije associatie en vrije ontplooiing is nagenoeg geen plek meer. Kinderen zijn van nature leergierig en geïnteresseerd, maar het best leren ze door eigen ondervinding – zonder voorgekauwde concepten en zonder prestatiedruk en controle. Wanneer je hun het passende kader biedt, ontplooien ze ten volle en spelenderwijs hun creativiteit en innovatievermogen en leren ze wanneer en hoeveel ze willen. Op deze manier zijn ze gelukkig en tevreden en blijven ze fysiek gezond. Zulke kinderen zullen, ieder in zijn eigen tempo, hun levensweg zeker vinden en deze in vertrouwen bewandelen - met meer voldoening en succes dan ze in het oude systeem ooit voor elkaar hadden gekregen.

Het is genoegzaam bewezen dat vervulling en tevredenheid een positief effect hebben op de gezondheid, wat met het oog op de huidige torenhoge zorgkosten goed van pas komt. Het kan toch niet zo zijn dat de school de kinderen voorgekauwde informatie opdringt die totaal niet aansluit, ze uit balans brengt en ongelukkig maakt en ze tegelijkertijd verleert hun eigen weg te vinden en hun eigen leven te leiden. Het kan toch niet zo zijn dat we een schoolsysteem in stand houden dat mensen voortbrengt die al voor ze van school gaan innerlijk zijn afgestompt en worstelen met identiteitsverlies en talloze persoonlijkheidsstoornissen.

Het is bewezen dat het lichaam bij het verzorgen van dieren bepaalde gelukshormonen (zoals oxytocine, ook wel 'knuffelhormoon' genoemd) afscheidt, die ieder kind - en trouwens ook iedere volwassene - dringend nodig heeft. Als je daarnaast ook nog voldoende lichaamsbeweging krijgt, zoals wandelen met de hond, scheidt het lichaam ook nog weldadige en heilzame endorfines af. We kunnen niet van onze kinderen verwachten dat ze zorgzaam met de natuur, mensen en planeet omgaan als we hun niet de mogelijkheid bieden de natuur te leren kennen en te begrijpen.

Met name de kinderen van de nieuwe tijd hebben in hun omgeving het liefst een zo hoog en zuiver mogelijke trillingsfrequentie nodig om vervuld te zijn en zich ten volle te ontplooien. Ze hebben een nieuwe vorm van liefde en empathie nodig, waar al wat leeft evenveel bij betrokken is – stenen, planten, dieren, natuurwezens, mensen, maar ook hogerdimensionale lichtwezens. Ze hebben vrije ruimte nodig voor levensvreugde, spontaniteit en creativiteit en voor ongedwongen communicatieve uitwisseling met alle levende wezens.

Mijn eigen ervaring met mijn beide kinderen, met wie ik elke dag naar buiten ging, leerde me dat het niet nodig is om ook nog op sport te gaan als ze elke dag genoeg beweging krijgen. Ondanks het feit dat ze talent voor sport hadden, liepen ze beiden nooit echt warm voor competitie. Hun behoefte om zich via sport met anderen te meten en hen te verslaan, is gewoon niet sterk genoeg. Misschien is dit ook een aangeboren karaktertrek van mensen met een hogere trilling.

Ik ben er in elk geval heel dankbaar voor dat ik mijn kinderen in een nauw met de natuur verbonden omgeving een optimale start kon geven in hun huidige incarnatie. Het ontbrak ze aan niets: voldoende ruimte om dingen te bedenken en te maken, een grote tuin, bos in de buurt, eigen dieren en, het allerbelangrijkste, de vrijheid om zichzelf te zijn en hun individuele wezen te ontplooien.

Christina vermoedt dat de meeste kinderen die na 2000 zijn geboren, van nature hoger trillen dan hun ouders. Als ouder word je dan uitgedaagd om aan zelfreflectie en deemoed te werken en je erop in te stellen dat wij in de toekomst nog veel belangrijks en goeds over de wereld waarin we leven kunnen leren van onze kinderen.

Christina toont desondanks veel begrip als het gaat om ons huidige schoolsysteem en mijn generatie. 'Mama,' zegt ze, 'toen jij jong was, had je nog niet de mogelijkheden om een verruimd bewustzijn te krijgen. Je ging braaf naar school en koos vervolgens min of meer onbewust een beroep. Je hebt je leven helemaal volgens de matrix van de maatschappelijke verwachting en het rationele verstand ingericht en geleefd. Eigenlijk had je ook bijna geen andere keus. Veel van de kinderen van nu beschikken echter wel over een verruimd bewustzijn. Ze weten precies wat goed voor hen is en wat ze willen leren, want ze zijn zich bewust van hun opdracht in het leven. Er schuilt een immens potentieel in hen, dat heel veel meer omvat dan het rationele verstand en dat zich wil ontplooien. Ook ik functioneer niet alleen vanuit het rationele verstand, dat hoogstens 10 procent van mijn hersencapaciteit bedraagt.'

Als het gaat over 'toekomstige scholen voor hoogtrillende kinderen', bespeur ik iets bij mezelf wat ik ook voelde bij het onderwerp synesthesie: ik denk dat onze maatschappij bezig is zich open te stellen voor deze thema's en dat geldt ook voor fenomenen zoals een verruimde bewustzijnstoestand en multidimensionale waarneming. Zo'n twintig jaar geleden begon men deze fenomenen voor het eerst serieus wetenschappelijk te onderzoeken. Wie weet welke inzichten de komende jaren en decennia nog ontdekt gaan worden. Wat Christina betreft, zij wil graag meewerken aan en zich inzetten voor het onderzoeksproject 'schoolsysteem van de toekomst', want de kinderen van de nieuwe tijd liggen haar na aan het hart.

Hier in Zwitserland zijn inmiddels, net als op andere plekken, een aantal veelbelovende stappen in die richting gemaakt. De roep om het individuele 'Homeschooling' wordt steeds luider. Gelukkig zijn er al meerdere alternatieve schoolprojecten die gestoeld zijn op een holistisch mens- en wereldbeeld.

Er zijn in dit land voldoende mogelijkheden om de leerlingen af en toe een dag kennis te laten maken met landbouwbedrijven, parken, dierentuinen, bos-, berg- en waterprojecten, ambachtswerk of holistische technologiebedrijven en fabrieken. Ook kun je leerlingen mee laten doen aan sociale activiteiten, zoals in een bejaarden- of verpleeghuis of bij gemeenschapsprojecten helpen, of laat ze zich creatief ontplooien door muziek, dans, theater en/of kunstprojecten. Maar je kunt hun ook sport, yoga of meditatie aanbieden, zodat alle leerlingen zelf kunnen ontdekken en kiezen wat bij hen past. Ook kunnen ze uit eigen beweging kiezen om talen, geestes- en natuurwetenschappen te leren. Praktijkmensen kunnen fungeren als personal coach of projectleider. Gemotiveerde praktijkmensen in ruste of andere gemotiveerde senioren kunnen de groepen vrijwillig ondersteunen en hun ervaringen en vaardigheden met hen delen enzovoort.

Als men bereid is het benauwde korset van het driedimensionale met zijn uitsluitend materieel georiënteerde gewin af te werpen en een verruimd wereld- en mensbeeld aan te nemen, zijn fantasie en innovatiekracht nagenoeg grenzeloos. Niet alleen het onderwijssysteem, maar elk maatschappelijk instituut – wetenschap, politiek, de economie en handel, handwerk, kunst, noem maar op – kan overeenkomstig worden aangepast en verbeterd. Want als het klopt dat wij in een multidimensionale kosmos leven en dat iedereen een geïncarneerd lichtwezen is dat op Aarde gekomen is om een bepaalde levenstaak te vervullen, zal de horizon van mogelijkheden en zinvolheid zich ongekend verbreden.

Als het ons lukt om zorgzaam met deze nieuwe generatie kinderen en jongeren om te gaan en ze niet te belemmeren in hun ontplooiing, hebben wij als ouders al een waardevolle bijdrage geleverd in dienst van het grote geheel. Als het dan ook nog lukt ons eigen bewustzijn open te stellen voor het lichtvolle en toe te laten dat onze trilling hoger wordt en onze horizon zich verbreedt, staan ons vreugdevolle en vreedzame tijden te wachten.

23
Voeding

Nog steeds half april 2015. De kinderen gaan met me mee boodschappen doen. Ik leg een pak biologische yoghurt in het winkelwagentje, maar Christina legt hem zonder iets te zeggen terug in het schap en pakt een ander pak, maar wel van dezelfde soort.

Ik kijk haar vragend aan en ze zegt: 'Dit pak bevat duidelijk meer energie. Dat kan ik bij alle voeding zien. Zelfs bij groente is het vaak verontrustend hoe weinig energie er nog in zit.' Schertsend gaat ze verder: 'Het is echt opvallend wat hier zoal in de schappen staat en men als "voedingsmiddelen" eet. Het meeste van wat er staat is eerder schadelijk dan voedzaam en zou eigenlijk verboden moeten worden.'

Ik kan Christina alleen maar gelijk geven; hier heb je geen voedingsleer of multidimensionale waarneming voor nodig. Als topsporter, en natuurlijk ook als moeder, is voeding altijd een belangrijk thema voor me geweest, ook tijdens mijn opleiding natuurgeneeskunde, omdat voedingsadviezen er een belangrijk onderdeel van zijn. Ik heb mijn kinderen altijd veel verse groenten, fruit en hoogwaardige oliën gegeven – het liefst biologisch. We aten bijna nooit kant-en-klare producten en heel weinig vlees- of zuivelproducten. Het noodzakelijke calcium kregen ze via voedingssupplementen.

Maar het exacte fijnstoffelijke verschil in energie bij voedingsmiddelen kan zowel Mario als ik niet meten. Toen

Christina nog klein was, had ze echter al vaak van alles te zeggen over eten en drinken. Over een bepaalde bruine frisdrank zei ze ooit: 'Je kunt net zo goed een gifmengsel drinken.' Toen al wist ze welke neurotoxische substanties er in cola, energiedrankjes en dergelijke zaten.

Niet alleen op energetisch maar ook op fysisch niveau beschikt Christina over een heel gevoelige en gedifferentieerde waarneming. Als ze water uit de kraan dronk, spuugde ze het vaak weer uit met de opmerking dat er te veel hormonen, pijnstillers enzovoort in zaten. Het was mij een raadsel hoe ze dat kon proeven, om nog maar te zwijgen van het feit dat ze soms zelfs de farmaceutische preparaten kon benoemen. Meestal legde ze dan een geneeskrachtige steen bij het glas water om het te reinigen. Geneeskrachtige stenen zijn een hobby van haar; volgens haar heeft elke steen een specifiek bewustzijn met een specifieke werking. Ze is blij dat aan het leidingwater hier op het platteland in elk geval geen chloor is toegevoegd. Hoewel ze de kwaliteit van het water in Zwitserland niet optimaal vindt, is deze in vergelijking met andere landen door de bank genomen beter.

Christina denkt dat hoe hoger de trilling van iemand is, hoe meer moeite hij heeft met ons gefabriceerde voedsel. Zelf kan ze vaak niet voldoende energie uit het eten opnemen, daarom vult zij het aan met kosmische energie.

Lichtvoeding

Langzaam maar zeker begin ik te begrijpen waarom Christina als klein meisje elk jaar na de donkere wintermaanden in de zomer duidelijk opbloeide. Ze heeft licht nodig! Terugkijkend snap ik ook dat ze toen blijkbaar al in staat was zich deels met licht te voeden. In de eerste zes jaar van haar leven verliep haar fysieke voedselopname immers uitgesproken gecompliceerd en op kunstmatige wijze via een PEG-sonde. Het probleem was niet alleen terug te voeren op het feit dat ze veel te vroeg geboren was, maar ook op de motoriek van haar mond: haar zuig- en slikreflex werkte niet goed. Het viel op dat ze als kind sowieso niets in haar mond deed, behalve zo nu en dan een speentje. Voeding was voor Christina dus van meet af aan een uitdaging – bijna alsof natuurlijke voedingsmiddelen voor haar iets ongewoons of zelfs onnatuurlijk waren.

Ook nu eet ze nog steeds heel kleine porties. Vooral 's zomers heeft ze opvallend weinig eten nodig. Als ze overdag genoeg lichtvoeding heeft gehad, zo vertelt ze me, dan merkt ze al 's morgens bij het wakker worden dat ze geen trek heeft en ook niet zal krijgen, en gemakkelijk zonder ontbijt naar school kan. 's Winters daarentegen is dit zo goed als onmogelijk, omdat op onze breedtegraad simpelweg te weinig zonlicht voorhanden is.

Hetzelfde geldt ook voor drinken. Christina kent amper een dorstgevoel, haar dagelijkse hoeveelheid ligt tussen de 2 en 4 deciliter. Als klein meisje had ze vaak genoeg aan een paar milliliter vocht per dag, desondanks had ze wel een normale uitscheiding. Het schijnt dat er tegenwoordig overal ter wereld steeds meer mensen zijn die zich uitsluitend voeden met licht en toch kleine hoeveelheden urine en poep uitscheiden. Normaal gesproken produceert ons lichaam ongeveer 9 liter slijm en verteringssappen per dag, en ook als het geen vast voedsel krijgt toegediend, wordt er nog steeds een - overeenkomstig kleinere - hoeveelheid geproduceerd en via nieren en darmen uitgescheiden.

Over lichtvoeding zegt Christina: 'Of iemand in staat is lichtvoeding op te nemen, hangt van zijn spirituele ontwikkeling af.'

Ik vraag me af of Christina al vanaf haar moeilijke geboorte en de periode vlak daarna alleen op lichtvoeding had kunnen overleven. Haar antwoord is klip en klaar: 'Nee, toen was dat nog niet mogelijk, want mijn celstructuur was nog niet klaar. Sinds 2013 kan ik volledig leven op lichtvoeding. Maar zoals je ziet, pas ik me ook op dit gebied nog aan de derde dimensie aan.

Immers, in het algemeen is het zo dat ik mijn bewustzijn en trillingsfrequentie naar onder toe bij moet stellen opdat ik in onze maatschappij überhaupt kan bestaan. Zo'n 95 procent van de dag houd ik alleen mijn zeven hoofdchakra's geactiveerd. Hoe minder chakra's er actief zijn, hoe minder ik me via licht kan voeden, waardoor ik ben aangewezen op vast voedsel. En als ik dan eet, geniet ik er ook echt van. Dit voortdurend naar beneden bijstellen belemmert echter wel de ontwikkeling van mijn ziel, waar ik me dan na schooltijd aan wijd, vooral 's nachts. Op de kleuterschool en de basisschool moesten we altijd op commando ons broodje voor in de pauze opeten en we kregen ook kookles, waarna we het resultaat moesten opeten. Daarom heb ik me naar buiten toe aangepast en het spel meegespeeld. Ik ga ervan uit dat het later, als ik niet meer naar school ga, gemakkelijker voor me wordt.'

Ik realiseer me steeds meer hoe uitdagend en belemmerend het voor mijn dochter moet zijn om zich voortdurend aan te moeten passen aan onze derde dimensie en het spel der menselijke gewoonten mee te moeten spelen. Tot mijn opluchting zegt ze hierover: 'Geen probleem, mama, ik heb er immers zelf voor gekozen.'

Ik zou het eerlijk gezegd toejuichen als we ons allemaal met licht zouden kunnen voeden. Ten eerste hoef ik dan nooit meer met boodschappen te sjouwen en te koken, zodat ik die tijd aan zinvollere dingen kan besteden. Ten tweede zouden de mensen niet meer ziek worden door al die fabrieksmatige voedingsmiddelen die we dagelijks naar binnen werken. Welvaartsziekten zoals overgewicht, eetstoornissen, diabetes, tandbederf, voedingsallergieën en ga zo maar door, zouden dan tot het verleden behoren. Afgezien daarvan is licht een energie die onze zon welwillend en gratis tot onze beschikking stelt.

Ook Christina vertelt enthousiast over dit vooruitzicht: 'Stel je voor, dan heb je geen keuken meer nodig, en ook geen pannen, servies, bestek, koelkast of diepvriezer in de kelder. De afvalbergen worden veel kleiner en ook een groot deel van het verkeer is overbodig omdat er geen voedingstransport meer nodig is. Bovendien verdwijnt dan het gigantische energieverbruik dat hiermee gepaard gaat.'

Hoe moeten we ons voeden?

Maar zolang we ons nog niet met licht kunnen voeden, geldt voor ieder mens de vraag hoe en waarmee hij zich het best kan voeden.

Het is niet de bedoeling om in dit boek een nieuwe 'voedingsreligie' te stichten en we gaan daarom ook geen leidraad geven of regels formuleren. Want de manier waarop je jezelf van voedsel voorziet, hangt – net als al het andere – in eerste instantie af van je individuele mate van bewustzijn en de richting van je bewustzijn. Algemeen beschouwd kun je alleen maar zeggen dat iemands totale levenswijze - en dus ook zijn voeding - zo bewust en authentiek mogelijk zou moeten zijn opdat hij vanbinnen in balans is en zich verder kan ontwikkelen. Maar wat authentiek of passend is, kan iemand alleen zelf voelen als hij zich inspant om naar zijn innerlijke stem te luisteren.

Mensen die bewuster zijn, eten steeds vaker geen vlees en dierlijke producten meer omdat ook dieren een ziel hebben. Dit is zeker een mooie ontwikkeling. Net als veel andere hoogsensitieve mensen voelt ook Christina in het vlees de emoties en het lijden van het gedode dier. Ze voegt er nog aan toe dat niet alleen dieren maar ook planten en zelfs vaste materie, zoals kranen of een koffiezetapparaat, een zekere mate van bewustzijn laten zien waarmee je kunt communiceren.

Ze vertelt: ‘Een keer tijdens de kookles lukte het me niet om de paprika te snijden omdat ze schreeuwde dat ze niet kapot gesneden wilde worden. Een andere keer wilde een krop sla niet in kleine stukje in een schaal eindigen.’

We doen een experiment met een appel die volgens Christina nog niet met volledig bewustzijn is uitgerust. Nadat ik hem doormidden heb gesneden, is er al 90 procent van zijn bewustzijn verdwenen en wanneer hij in acht stukken is verdeeld, leeft hij niet meer en heeft hij geen bewustzijn meer. Daarom zijn bijvoorbeeld ook kant-en-klare producten of vlokken levenloos.

‘Bij mij gaat het zo,’ legt Christina uit. ‘Zodra het eten op mijn bord ligt, hoor ik geen woord meer van de levensmiddelen doordat ze op dat moment voor het grootste deel versneden en gekookt zijn. Waarom ik ze dan niet meer kan horen, weet ik niet. Misschien dat ik anders het idee heb dat ik levende wezens opeet. Maar wanneer je boodschappen doet, komt deze waarneming zeker van pas.’

Dit verklaart waarom Christina in de eerste zes jaar van haar leven nooit iets in de mond stak, geen etenswaren en ook geen andere dingen. Vanuit haar perspectief waren dit allemaal levende wezens. Hierover zegt ze dat haar ziel tot en met 2007 nog niet echt in haar lichaam was aanbeland en dat haar lichaam destijds erg moeilijk aan het materiële eten kon wennen. Want in de hogerdimensionale sferen voedde ze zich uitsluitend met licht.

Christina geeft nog een paar tips voor een verstandige aardse voedingswijze: ‘Hoe meer levensmiddelen bewerkt en verhit zijn, hoe meer toevoegingen erin worden gedaan, en hoe langer het bewaard wordt, hoe slechter de kwaliteit. Daarom is het raadzaam en gezond vooral plantaardige en biologisch geteelde producten zo vers mogelijk te eten. Dus bij voorkeur geen of zo weinig mogelijk vleesproducten. En zuivel met mate.’

Ze legt bovendien het verband uit tussen de verschillende voedingsmiddelen en de chakra's van het menselijk lichaam. Het wortelchakra wordt vooral geactiveerd door voedsel dat het lichaam aardt en kracht geeft: koolrabi, aardappelen en wortels helpen bijvoorbeeld om goed te aarden; bonen, noten en sojaproducten werken stabiliserend; zonnebloempitten, pijnboompitten en hoogwaardige oliën zoals olijfolie en koolzaadolie hebben een versterkende werking.

Het heiligbeenchakra wordt geactiveerd door voedingsmiddelen die het lichaam reinigen en de vochthuishouding in balans brengen. Zo hebben appels, meloenen, sinaasappels en aardbeien een reinigende werking, terwijl spinazie, komkommer en tomaten vochtafdrijvend werken.

Het zonnevlechtchakra kun je activeren door voedingsmiddelen die het lichaam warm houden, bijvoorbeeld mais, spelt, venkel, gedroogde kruiden, kaneel en kruiden in het algemeen.

Het hartchakra wordt geactiveerd door voedingsmiddelen die met liefde zijn bereid (rode appels en lotuszaad worden als echte 'hartopeners' gezien).

Het keelchakra wordt geactiveerd door voedingsmiddelen die het lichaam lichtheid geven (zoals vruchtensappen, honing of rozenbottels).

Het voorhoofdchakra wordt geactiveerd door te vasten.

En tot slot wordt het kruinchakra geactiveerd door kleine porties die lichaam en bewustzijn niet belasten (dus veganistische voedingsmiddelen als groenten en fruit, sappen en natuurlijk water).

Deze aannames kan ik vanuit de plantengeneeskunde en humorale geneeskunde volledig onderschrijven. Daar heerst de gangbare mening dat ook voedingsmiddelen passend bij de leer van de vier elementen in het lichaam verschillende uitwerkingen laten zien. Maar zoals eerder gezegd, is het niet onze bedoeling anderen voor te schrijven hoe en wat ze moeten eten. Wie voldoende fijngevoelig en eerlijk naar zichzelf toe is, weet zelf wel met welk voedingspatroon hij zich het best innerlijk kan ontwikkelen. Wat ons betreft, wij geven de voorkeur aan een vegetarisch-veganistisch voedingspatroon.

24
Genezing

Half mei 2015. Ik word gebeld door een dame die via via over Christina's talenten had gehoord en mij de trieste ziektegeschiedenis van haar dochter toevertrouwt. Ik ben verbaasd over de openheid van deze moeder en onderken de ernst van de ziekte.* Later die dag vertel ik dit aan Christina, waarbij ik de werkelijke mate van lijden en de achtergrond van de ziekte niet benoem. Ik ging ervan uit dat Christina dit sowieso niet zou kunnen plaatsen, laat staan iets concreets voor dit meisje zou kunnen doen.

Des te groter is mijn verbazing dat Christina moeiteloos een tamelijk exacte diagnose stelt. Peinzend zegt ze: 'Het probleem bij dit meisje ligt in de mentale sfeer. Daar zie ik een klontering ook al is ze niet bij mij in de buurt. In deze mentale sfeer huizen in de regel verslavingsziekten. Jij weet toch ook wat verslavingen zijn, mama. Het probleem hier heeft zich in diezelfde sfeer gevestigd, ongeveer net zo als wanneer iemand een drugsverslaving of anorexia heeft.'

Opnieuw ben ik verbaasd. Allereerst: hoe kan een veertienjarige een diagnose over een afstand van 100 kilometer formuleren; en ten tweede: hoe kan het dat ze bekend is met verslavingsproblematiek. Want tot nu toe hebben we het nog nooit

* Vanwege privacyredenen laten we verdere details achterwege.

over verslaving gehad. En toch heeft ze heel goed gezien wat het echte probleem van dit meisje is, terwijl ik haar opzettelijk niet over de daadwerkelijk aanwezige verslaving heb verteld.

Ik veronderstel dat Christina, gezien de ernst van de ziekte, niet veel kan doen. Toch voel ik me verplicht om het uitdrukkelijke verzoek van de vertwijfelde moeder na te komen en Christina uit haar naam te vragen: 'Denk je dat je dit meisje wat licht zou kunnen sturen?'

Het voelt wat ongemakkelijk en een beetje raar dat ik als moeder mijn dochter zo'n verzoek voorleg. Maar haar antwoord laat mijn twijfel meteen verdwijnen.

Rustig en objectief legt ze uit: 'Mama, als ik dit meisje nu simpelweg wat licht stuur, ondersteun ik daar alleen maar de neerwaartse spiraal mee. Om haar te helpen moet ik toch wat anders bedenken. Ik mag niet ingrijpen zonder dat de betreffende persoon dit weet en al helemaal niet tegen haar wil. Ieder mens heeft een vrije wil en we mogen ons niet ongevraagd inmengen in deze vrije wil. Dat is een wet die ik niet ga overtreden. Dit meisje is nog een onschuldig kind, maar op de een of andere manier is ze van haar zielsweg afgestapt. Maak je niet druk, er schiet me nog wel te binnen hoe ik haar kan helpen.'

Een paar dagen later komt Christina opgewonden naar me toe: 'Mama, sinds vandaag heeft Elena een meisje bij zich. Dat is in al die veertien jaar nog nooit eerder gebeurd. Zo lief! Elena heeft een meisje aan haar schattige handje. Hoe zou dat komen?'

Christina beschrijft het fijnstoffelijk zichtbare meisje dat haar overleden tweelingzus aan de hand heeft en na ruggespraak stellen we vast dat het hier inderdaad het zieke meisje betreft, van wie de moeder Christina om hulp heeft gevraagd.

Ik ben tegelijkertijd verbaasd en opgelucht. Christina laat hiermee duidelijk merken dat het meisje nu uit eigen wil haar hulp heeft gezocht – een heldere maar tevens moeilijke taak. Ik heb geen enkel idee wat Christina met het oog op de ernst van de ziekte nu gaat doen, omdat ik heel goed weet dat zulke patiënten in een ziekenhuis behandeld moeten worden.

De dagen daarna merk ik duidelijk hoezeer Christina bezig is met het zieke meisje, waarbij ze haar schooldag en alles wat hierbij komt kijken als altijd met een goed humeur volbrengt. Wel vraagt ze elke dag of de moeder van het meisje nog heeft gebeld. Ik antwoord steevast dat het misschien beter is de moeder nu niet lastig te vallen, ze laat vast wel weten wanneer ze eraan toe is.

Na ongeveer twee weken komt er op een morgen eindelijk het verlossende telefoontje. Ik was de hele geschiedenis al bijna vergeten. Ik had sowieso geen enkele verwachting dat Christina in deze uiterst moeilijke situatie iets voor elkaar zou krijgen. Maar tijdens het telefoongesprek met de moeder van dit meisje lopen me de rillingen over de rug. Want ik kan bijna niet geloven wat de moeder beschrijft.

Dankbaar en bijna eerbiedig vertelt ze dat de gezondheidstoestand van haar dochter op onverklaarbare wijze enorm is verbeterd en dat ze intussen genezen is verklaard. De vele gecompliceerde problemen waren alle op mysterieuze wijze verdwenen. De moeder is ervan overtuigd dat Christina deze wonderbaarlijke genezing heeft bewerkstelligd, en ze weet niet hoe ze me moet bedanken. Ook ik ben er ondersteboven van en voel de tranen. We spreken af er niets over te zeggen.

Ik kan die dag haast niet wachten tot Christina thuis uit school komt en ik haar kan vertellen wat er is gebeurd. Wanneer ze eindelijk binnenkomt, vertel ik niet meteen dat de moeder heeft gebeld maar vraag eerst: ‘Vertel eens, Christina, heeft Elena nog steeds dat meisje aan de hand?’

Christina kijkt me verrast aan en antwoordt vrolijk, alsof het een onbeduidend dingetje is: ‘O ja, is ook zo, mama. Ik ben helemaal vergeten om je dat te vertellen. Elena is sinds een dag of drie weer alleen op pad, het meisje is verdwenen. Toen ze afscheid van ons nam, kon je duidelijk zien aan de manier waarop ze lachte dat ze nu weer gezond is.'

Weer krijg ik kippenvel en ben ik sprakeloos. Christina weet dus allang dat het meisje beter is. Ze vond het kennelijk niet belangrijk genoeg om mij dat te vertellen. Bij Christina's reusachtige werkelijkheidshorizon lijken veel zaken inderdaad niet echt noemenswaardig en slechts bijzaak te zijn.

Ik vertel dat de moeder van het meisje vandaag heeft gebeld en bevestigd dat het meisje beter is en dat de moeder haar heel hartelijk bedankt.

Christina zegt op haar beurt: 'Weet je, mama, ik heb hierbij iets belangrijks geleerd. Tot nu toe kon ik mijn blauwe, aardse helende energie, die overigens achter mijn maag in de vorm van energiekogels ligt opgeslagen, steeds probleemloos inzetten voor genezing. In dit geval echter was de totale helende energie al na een halve dag op. Door de grote afstand ging ongeveer de helft ervan verloren, wat helaas een ontzettende verspilling van deze waardevolle energie betekent. Hierdoor heb ik ontdekt hoe ik via mijn lichtstraal een andere energie, namelijk kosmische helende energie kan ontvangen. Deze is energetischer dan de blauwe, aardse helende energie. Met deze veel sterkere energie lukte het me om ook deze afstand te overbruggen. Het zou hoe dan ook gemakkelijker zijn geweest als het meisje hier direct bij ons had gestaan. Maar dat kon in dit geval immers niet.

Mama, wat voor mij persoonlijk zo indrukwekkend is: deze kosmische energie lijkt ongelimiteerd tot mijn beschikking te staan zonder dat ik hier zwakker van word of er overbelast door raak. Maar het was niet gemakkelijk om de energie precies op de juiste plek te krijgen, want met deze hoge energie moet je heel bedachtzaam en zeer verantwoordelijk omgaan. Vandaar dat deze kosmische energie alleen wordt toevertrouwd aan diegenen die hoog genoeg trillen en daardoor ook over de vereiste kennis en verantwoordelijkheid beschikken.'

Weer sta ik met de mond vol tanden, want met wat ik zojuist heb gehoord heeft Christina niet alleen de genezing bevestigd, maar die ook meteen uitgelegd. En dat is nog niet alles. Zachtjes voegt ze nog toe: 'Mama, in deze situatie had de schoolarts inderdaad geen schijn van kans gehad.'

Dit wonderlijke gegeven is voor mij moeilijk te bevatten. Pas na meerdere telefoontjes met deze onbekende moeder wordt me langzaam maar zeker duidelijk dat haar dochter echt weer helemaal gezond is, en de hele omgeving heeft er geen enkele verklaring voor.

'Ik zal geen genezer zijn'

Een paar dagen later, nadat ik dit voorval van wonderbare genezing langzaam maar zeker een plek heb gegeven, maak ik Christina erop attent dat deze kosmische helende energie die tot haar beschikking staat, ook haar beroepsmatige perspectieven vergroot. Ze heeft meteen door waar ik heen wil en antwoordt: 'Vergeet het, mama. Ik zal echt geen genezer zijn en ik wil ook nooit zo genoemd worden.'

'Waarom dan niet? Je zou zoveel goeds voor de mensen kunnen doen.'

Christina's antwoord had ze niet duidelijker kunnen formuleren: ***'Ik ben niet op deze wereld om wonderen te verrichten. Ik wil vrede en goddelijk bewustzijn in ieder mens terugbrengen. Dan zullen de mensen inzien dat ze zichzelf kunnen genezen.'***

Ik snap het. En natuurlijk kan ik mijn dochter op dit punt ook vanuit mijn alternatieve medische visie gelijk geven. Het is bekend dat in ieder mens ergens het vermogen tot zelfgenezing sluimert.

Christina vult aan: 'De zelfhelende krachten komen in de loop van je individuele bewustzijnsverruiming steeds meer naar boven. Hoe hoger de persoonlijke trillingsfrequentie van iemand is, hoe meer de zelfhelende krachten worden geactiveerd. Het hartchakra, of beter gezegd: onvoorwaardelijke liefde, is hierbij doorslaggevend. Als deze liefde zich begint te ontplooien, en dat gebeurt ongeveer vanaf een bewustzijnsfrequentie van 500 LOC, kan ook de zelfgenezing zich manifesteren.'

En weer besef ik met hoeveel meer mogelijkheden onze huidige geneeskunde nog valt te verbeteren. Er zijn zoveel verschillende ziekten en net zoveel verschillende specialisten die naar eer en geweten proberen effectieve behandelingen en geneesmiddelen te vinden voor al deze ziekten. En het zou zoveel gemakkelijker kunnen. De meeste patiënten hebben in eerste instantie een deskundige levensleraar nodig, een soort bewustzijnscoach die in staat is hun de grotere verbanden te laten zien. Ze hebben iemand nodig die de harmonie en innerlijke genezing in zichzelf heeft gevonden en die vanwege deze kwalificatie in staat is ook hen op hun persoonlijke weg te wijzen. Dit kan pas nadat we ons eerst bewust worden van onze belastende patronen en blauwdrukken en ons er via de eigen verantwoordelijkheid mee verzoenen, om ze ten slotte positief te transformeren.

Aangezien het onderwerp genezing mij beroepshalve zeer interesseert, vraag ik Christina me nog meer te vertellen.

Ze legt uit: 'Als iemand zich niet op eigen kracht kan genezen maar zich door een energetisch genezer laat helpen, hangt het resultaat vooral af van het energievermogen van de genezer.

Ik onderscheid twee verschillende genezende energieën. De eerste is de aardse genezingsenergie die ik bij mezelf "blauwe energie" noem. Deze aardse energie wordt geproduceerd door de helende krachten van de genezer. Hij kan de energie bewust oproepen en ook kleinere energiereserves tot stand brengen. Als de reserves zijn opgebruikt, heeft de energie een bepaalde tijd nodig om zich te vernieuwen. Geeft de genezer de patiënten meer helende energie dan bij hemzelf voorhanden is, dan worden zijn eigen zelfgenezende krachten minder. In het ergste geval kan dit tot de dood leiden. Het is daarom heel belangrijk dat de genezer zijn eigen grenzen kent en bewaakt. Wat deze aardse helende energie betreft, zijn de helende krachten van iedere genezer dan ook heel verschillend. Simpel gezegd: hoe hoger de persoonlijke bewustzijnsfrequentie van de genezer, hoe hoger de geneeskracht.'

'En wat is precies het verschil met de tweede helende energie?' wil ik weten.

'De tweede energie is de kosmische genezingsenergie die ik zelf ook wel de "gouden energie" noem. Zoals ik al eerder zei, kan deze pas vanaf een bepaalde bewustzijnsgraad door iemand worden toegepast. Waarschijnlijk wanneer het kruinchakra van deze persoon openstaat en een trillingsfrequentie heeft van ten minste 600 LOC. Deze gouden kosmische energie is onuitputtelijk en aangezien ze ook enorm hoogenergetisch is, zijn er een overeenkomstig hoog bewustzijn en een hoog ethisch verantwoordelijkheidsgevoel nodig om er op de juiste manier mee om te gaan. Bij mij wordt deze kosmische energie met behulp van mijn lichtstraal via mijn lichaam gekanaliseerd. Dat gebeurt altijd bewust, nooit onbewust. Beide energieën verschillen in hun effectiviteit duidelijk van elkaar. De kosmische energie is ongeveer tien keer efficiënter dan de aardse. Los van dit verschil gelden voor zowel mij als voor ieder ander die met zulke helende energieën werkt, dezelfde ethische principes.'

Twee ethische principes voor genezers

Uiteraard ben ik nieuwsgierig aan welke ethische principes iedere genezer zich heeft te houden.

Christina antwoordt: 'Het eerste principe luidt: er mag geen genezing plaatsvinden zonder dat de betreffende persoon dit weet of tegen zijn wil. Ieder mens beschikt over het geschenk van de vrije wil en kan zodoende alleen zelf besluiten of iemand hem mag genezen of niet. De vrije wil moet onder alle omstandigheden – niet alleen in het geval van genezing – worden gerespecteerd. Dit is een universele wet en ieder die aan de kant van het goede en goddelijke mee wil werken, moet zich aan deze wet houden.

Het tweede principe voor genezers luidt: er mag geen genezing plaatsvinden tegen het zielsplan van de betreffende persoon in. Dat wil zeggen: als iemand ziek wordt en als deze ziekte in zijn zielsplan staat, is het van belang dat deze persoon de leerervaring die strookt met dit zielsplan ook opdoet omdat hij dit zelf zo heeft gekozen. Ik kan aan de hand van de zielsstructuur zien of een bepaalde ziekte in het zielsplan van iemand staat of niet.

Niet alle ziekten waaraan mensen lijden, staan in het zielsplan, en niet alle vinden hun oorsprong in de ziel. Vaak zijn kwalen ook aanwijzingen of waarschuwingstekens opdat deze persoon oplettender wordt in zijn leven, zijn leeropdrachten onderkent en bereid is zijn leven in overeenstemming met zijn zielsplan aan te passen. Juist in onze tijd komt dit best wel vaak voor, want alles is altijd in beweging: de kosmos, onze planeet Aarde, de vegetatie en ook wij mensen. Maar zoals de meesten wel weten, vinden mensen veranderingen vaak lastig. Omdat de huidige tijd onderhevig is aan een uitzonderlijk snel veranderingsproces, is het juist vandaag de dag belangrijk niet in oude denkpatronen te blijven hangen. Als je in oude denk- en gedragspatronen blijft steken, reageert het lichaam met zich niet lekker voelen en ziekten om je wakker te schudden. In plaats van achterhaalde overtuigingen en ingesleten patronen te blijven volgen, doen de mensen er beter aan om op hun intuïtie te vertrouwen.'

Langzaam maar zeker wen ik eraan dat mijn veertienjarige, sierlijke dochter bijna elke dag een betoog houdt over bewustzijnsfrequenties, kosmische energieën en goddelijke wetten, alsof het de normaalste zaak van de wereld is. Ik vraag niet meer waar ze in hemelsnaam al deze onbegrijpelijke kennis vandaan haalt. Het heeft helemaal geen zin om me daar het hoofd over te breken. Ik richt me er liever op om aandachtig naar haar te luisteren en van haar te leren.

Christina vertelt vrolijk verder: 'Zelf vertrouw ik altijd op mijn multidimensionale waarneming, want die is veel nauwkeuriger dan een klinische diagnose die gesteld wordt vanuit driedimensionale blik. Want ik zie het probleem, ik hoor het probleem, ik voel het probleem en krijg tegelijkertijd ook nog eens extra kennis binnen. Deze functie kan ik niet uitleggen, heel gewoon omdat er geen woorden voor in de menselijke taal bestaan. Dit kun je alleen zelf ervaren. Tenminste, dat is mijn persoonlijke, onverklaarbare eigen waarneming.'

'Zou je toch een poging willen wagen om me hier nog wat meer over te vertellen?' moedig ik haar aan.

Ze gaat verder: 'Weet je, mama, ik krijg steeds weer de vraag om andere mensen in hun genezingsproces te ondersteunen. Of mijn hulp echt nodig is, merk ik aan verschillende situaties: soms geeft Elena me een seintje, zoals pas geleden bij dat zieke meisje. Maar meestal kom ik iemand "toevallig" tegen en raken we in gesprek. Of iemands spirituele gidsen vragen me om hulp. Er zijn ook hogere lichtwezens uit verre sferen die me soms een opdracht geven. Wat ik echter nooit doe, is iedereen die ik zie zomaar automatisch "scannen", want dat zou de individuele persoonlijkheidsbescherming beschadigen. Ook dit is een heel belangrijke wet voor mij – hoe ik met mijn gaven omga. Deze gaven brengen een grote verantwoordelijkheid met zich mee.'

De geneeskunde van de toekomst

Gefascineerd luister ik naar wat Christina vertelt. Tot nu toe heb ik me nog niet veel met energetische geneesmethoden beziggehouden. Als aankomend natuurgenezer, met als specialisme Traditionele Europese Natuurgeneeskunde, werk ik vooral met alternatieve geneesmiddelen en op complementair therapeutische wijze. Ik kan me echter goed voorstellen dat er in de toekomst ook genezers zullen zijn die dit kunnen zonder de reguliere medische studies omdat zij van nature al over een juiste hoge persoonlijke trilling beschikken. Wie weet hoeveel van zulke genezers al onder ons zijn maar nog niet als zodanig worden herkend omdat ze nu nog kinderen zijn.

De weg die ik tijdens mijn eerste opleiding heb gevolgd en die ik op dit moment weer volg, hoeft immers niet per se de enige juiste te zijn. Soms vraag ik me af waarom ik jarenlang keihard werk om een studie alternatieve geneeskunde te volbrengen, alleen om een of andere samenhang tussen lichaam, geest en ziel te begrijpen, terwijl mijn dochter met haar multidimensionale zicht moeiteloos duidelijk diepere inzichten krijgt. Sterker nog, ze krijgt niet alleen inzicht in de grotere samenhang tussen ziekten, maar ook nog de noodzakelijke geneeskracht op de koop toe! Als ik haar dit zeg, benadrukt ze andermaal dat ieder mens zo'n waarneming en zulke krachten kan ontwikkelen, voor zover het lukt het bewustzijn overeenkomstig te verruimen en zijn trilling te verhogen. Dit vooruitzicht klinkt hoopvol en ik verheug me erop dat de huidige evolutionaire verandering al heel snel steeds meer genezers zal opleveren die in contact staan met het goddelijke en heilzame.

Er zijn als je om je heen kijkt duidelijke tekens van deze verandering, want er zijn al heel wat genezers: serieuze therapeuten op het gebied van de 'informatiegeneeskunde' of de 'kwantumgeneeskunde'* en kinderen met een verruimd

* Deze 'kwantumheling', die via het bewustzijn werkt, is anders dan energetisch genezen. We komen later uitgebreider op dit onderwerp terug.

bewustzijn die hun talent om te genezen inzetten en die bijvoorbeeld met enkel woorden iemand kunnen genezen. Deze fenomenen zullen zich in de toekomst steeds vaker voordoen en de driedimensionale wetenschap en het materiële denken voor een groot raadsel stellen.

Christina zegt hierover: 'In de komende generaties zal de kracht van het bewustzijn steeds meer de tot nu toe louter lichamelijke krachten en talenten vervangen. Veel kinderen zitten nu al op een energetisch hoger trillend niveau. En hun aantal neemt alleen maar toe.'

Loopsport en yoga

Maar genoeg gepraat voor vandaag. Ik heb weer veel nieuwe en mooie indrukken te verwerken. Dat lukt mij het best tijdens het hardlopen.

Ook zonder wedstrijddoel vind ik het nog steeds heerlijk om het hele jaar door bijna elke dag in de vrije natuur te bewegen. Het lopen brengt me een welkom evenwicht en is voor mij de meest natuurlijke en efficiënte manier van sporten om zowel fysiek als psychisch fit te blijven. Want los van tijdstip, weer, jaargetijde, plek, infrastructuur en portemonnee kun je altijd en overal lopen – ongeacht tempo of intensiteit. Onderzoek heeft aangetoond dat het menselijk lichaam bij joggen, net als bij yoga, gelukshormonen aanmaakt; wat joggen betreft kan ik dit uit eigen ervaring bevestigen.

Voor mensen die vooral lichamelijk werk doen, is het wat rustigere yoga wellicht een betere optie. Voor degenen die overdag weinig of helemaal geen fysieke beweging krijgen, is het lopen in de vrije natuur beslist een zeer efficiënte manier van beweging die tegelijkertijd meerdere gezondheidsbevorderende aspecten heeft: regelmatige, diepe ademhaling, versterking van hart- en bloedvaten, ontzuring door uitademen van CO_2, ontgiften door zweten, sterkere botten en gewrichten door mechanische rukjes aan de gewrichten, psychisch evenwicht doordat beide hersenhelften beter synchroniseren, lichtconsumptie, discussies met jezelf en je lichaam, betere kwaliteit van leven en ga zo maar door.

Sinds de jaren zestig is het aantal joggers en hardlopers alleen maar toegenomen, vooral vanwege de gezondheidsbevorderende aspecten en minder vanwege de sportieve prestatie an sich of het effect op het bewustzijn. Volgens wetenschappelijke studies is regelmatig duursporten op aeroob gebied ook bevorderlijk voor de intelligentie en geestelijke helderheid. Je zou kunnen zeggen: zonder zich hier bewust van te zijn streven wereldwijd ontelbaar veel mensen al decennialang bewustzijnsverruiming na, niet alleen door aan yoga en meditatie te doen, maar ook door te joggen en andere duursporten te beoefenen. Bij duursporten ben je volledig op jezelf aangewezen en word je met je eigen gedachten en gevoelsleven geconfronteerd. Door synchronisatie van de twee hersenhelften is niet alleen de rationele linkerkant actief, maar ook de creatieve rechterhelft. Hetzelfde gebeurt bij yoga en andere vormen van sport die eveneens een synchroniserende werking hebben op beide hersenhelften.

Om te weten te komen of je bij yoga of een andere sport je juiste persoonlijke intensiteit hebt gevonden, is eenvoudig. Als je voelt dat er endorfines vrijkomen en je je na het sporten of yoga lekkerder voelt dan voor die tijd, heb je alles goed gedaan. Voor iemand die weinig beweegt, kan af en toe sporten waarbij adrenaline vrijkomt goed zijn, maar zorg dat je het niet overdrijft. En wat net zo belangrijk is, is om nadien voldoende hersteltijd te nemen die eveneens veel bijdraagt aan de lichamelijke en mentale gezondheid. Oftewel: na sport geen stress!

25
Liefde

We hebben elke dag gesprekken en vandaag komt het begrip 'liefde' ter tafel. Er volgt een indrukwekkend en verhelderend gesprek over Christina's opvatting van wat men 'liefde' noemt.

Zonder omwegen vraagt Christina: 'Mama, wat betekent liefde voor jou?'

Ik probeer haar uit te leggen dat er verschillende vormen van liefde zijn, zoals eigenliefde, vriendenliefde, ouderliefde of partnerliefde. Voor mij betekent liefde iemand accepteren hoe hij is en hoe hij zich op dat moment opstelt. Om echt iedereen lief te hebben, lijkt me zeer vermoeiend. Acceptatie en respect vind ik al een mooi begin.

Weer ben ik onder de indruk van mijn veertienjarige dochter. 'Mijn godsdienstlerares zegt precies hetzelfde. Onze taal is een raar iets. Weliswaar beschikken we in deze wereld over een begrip zoals "liefde", dat we te pas en te onpas gebruiken, maar veel mensen weten helemaal niet goed wat liefde is. En dan zijn ze ook nog in staat om dit begrip in hokjes te verdelen en te categoriseren!

In mijn optiek is er maar één liefde. Liefde is liefde en kent geen grenzen en voorwaarden, geen einde en maakt geen onderscheid. Liefde is oneindig in het universum aanwezig, een oersubstantie die de basis is van alles wat bestaat.

Voor mij is het dan ook heel onnatuurlijk dat mensen bepaalde mensen zogenaamd liefhebben en het volgende moment verachten of zelfs haten. Dat is toch niet te vatten! Want echte liefde omvat niets anders dan liefde. Hoe kun je nou tegelijkertijd liefhebben en haten?'

Omdat Christina via haar bewustzijn voortdurend in contact staat met hogere goddelijke dimensies, ervaart zij continu deze oneindige, allesomvattende liefde en waarschijnlijk veel sterker dan wij – zo sterk dat het niet in woorden is te vatten. Ze legt uit: 'Hoe dichter de sferen zijn, hoe minder sterk liefde, wijsheid, vrede en harmonie tot uiting komen. Voor de mensen in de derde dimensie lijkt maar een piepklein beetje liefde voorhanden te zijn, maar al in de vijfde dimensie is alles vervuld van liefde.'

Opnieuw realiseer ik me dat mijn menselijke verstand niet in staat is de reikwijdte van de hogere sferen te bevatten of zelfs maar te omschrijven; ik heb ze immers nog nooit ervaren. Wat daarentegen onze aardse sfeer betreft – hier lijkt het woord 'liefde' inderdaad maar al te vaak te worden misbruikt. Hoe hard dit moet binnenkomen bij degenen die wel bewust in contact staan met de hogere lichtwerelden, kan ik alleen maar raden. Blijkbaar wordt de oneindige liefde in de buitenaardse sferen anders waargenomen. Hoe dieper het bewustzijn in lichtere, minder dichte sferen doordringt, hoe intenser de beleving van liefde wordt. Hoe kun je dit met het driedimensionale menselijke verstand nu uitdrukken?

'Ik houd van alles evenveel,' vertelt Christina verder, 'van ieder levend wezen, simpelweg van alles wat er is. Niet alleen de mensen, maar ook de Aarde, dieren, planten en stenen. En niet alleen wanneer ik ze letterlijk zie of aanraak. Ik houd altijd van ze!'

Ze lacht als ze dit zegt omdat ze weet dat het voor mij nogal vreemd moet klinken. Maar ze heeft altijd al deze liefdevolle houding laten zien: ze houdt daadwerkelijk van stenen, en dat geldt ook voor mensen, dieren of onze planeet zelf. Het is me al veel vaker opgevallen dat Christina ook meestal over het juiste communicatiemiddel beschikt om met de verschillende levende wezens van gedachten te wisselen, want vanuit haar perspectief leeft alles, is alles bezield en met elkaar in communicatieve verbinding. Zo zag ik steeds weer dat ze stenen aaide, zachtjes met haar handen planten streelde en ook mij vaak op uiterst liefdevolle wijze via subtiele aanrakingen deze alomvattend liefde gaf.

Dit doet me denken aan een uitspraak van Christina uit haar vroege kindertijd: 'Ik weet zeker dat ik nooit ga trouwen.'

Vandaag onderbouwt de veertienjarige haar uitspraak van toen als volgt: 'We zijn niet geboren om onze liefde te beperken tot slechts één partner of een paar kinderen. Op de een of andere manier voelt dit voor mij heel onnatuurlijk aan. En de term "liefde" past al helemaal niet op een uitsluitend materieel, lichamelijk niveau. Ik heb alles en iedereen even lief.'

Een partner en gezin sluit ze intussen niet meer helemaal uit, ook wanneer dit voor haar onder de huidige maatschappelijke omstandigheden moeilijk is voor te stellen. Maar er zijn ondertussen al veel jonge mensen geïncarneerd die een verruimd bewustzijn hebben en die ongeveer dezelfde weg gaan als Christina. Wie weet wat de toekomst nog voor ons in petto heeft?

In dit verband snap ik nu ook waarom Christina niet graag liefdesromans leest en romantische films kijkt. Met haar waarneming en ervaring is ware liefde veel omvattender, dieper en onkwetsbaarder dan hier in de regel wordt uitgebeeld.

En nu we het er toch over hebben, wil ik nog een ander thema aansnijden waarover ik de laatste tijd heb lopen nadenken wat Christina's toekomstige beroep aangaat: 'Christina, kun je je voorstellen dat je later als non in een klooster zult leven?'

Ook bij deze vraag is haar antwoord weer helder als glas: 'Nee, mama, zeker weten van niet. Misschien dat het kloosterleven, in welke vorm dan ook, voor sommige mensen de juiste weg is naar een verruimd bewustzijn en het goddelijke. Vorige generaties hadden inderdaad veel rust of jarenlange meditatie nodig om dit bewustzijn te bereiken. Voor de kinderen van nu is dit geen probleem meer, want ze hebben van nature al een duidelijke hogere trilling. Ook ik hoef met mijn waarneming geen leven in afzondering te leiden. Dat lijkt me eerlijk gezegd niet de bedoeling van deze evolutie.'

Weer kan ik haar prima volgen. Wat haar toekomst ook mag brengen, Christina zal hoe dan ook op een 'holistische' manier te werk gaan, niet enkel op één bepaald terrein en al helemaal niet in totale afzondering van andere mensen.

26
Nog meer talenten

Röntgenblik

Nog steeds half mei 2015. Vanavond heeft Mario's klas een uitvoering op school. De zaal is bomvol en Christina zit in alle rust samen met mij en een paar kennissen aan een tafel. Ze voelt zich zichtbaar meer op haar gemak bij andere mensen dan toen ze nog jonger was. Ik weet nu dat ze al als klein kind elk energieveld van iedere aanwezig persoon aanvoelde, maar nog niet helemaal wist hoe ze daarmee om moest gaan en hoe ze zich ervoor kon afsluiten.

Een tijdje geleden heeft ze me dit uitgelegd: 'Rond mijn elfde bereikte ik pas een energetisch niveau waarop de vele energieën van buitenaf geen invloed meer hebben op mijn eigen energieniveau. Daarom lukt het me nu om helemaal neutraal om te gaan met alle levende wezens uit de anderen sferen. Dit ging niet vanzelf en heb ik eerst moeten leren.'

Terwijl we naar de uitvoering kijken en luisteren hoe Mario met de andere kinderen op het toneel aan het zingen is, zit Christina weer stilletjes te glimlachen, maar ik heb geen idee waarom. Ineens draait ze zich naar me toe en fluistert in mijn oor: 'Mevrouw Ochsner* is hier ook.'

* Pseudoniem.

Mevrouw Ochsner is een van haar leraren die ik niet eerder heb ontmoet. Daarom vraag ik: 'O ja? Waar zit ze dan?' Christina wijst naar de muur achter mij. Daar staan drie vrouwen die ik niet ken. Ik vraag Christina wie van hen mevrouw Ochsner is. Ze glimlacht weer en fluistert omdat de uitvoering op het toneel nog steeds aan de gang is: 'Jij kunt haar niet zien, mama, mevrouw Ochsner is aan de andere kant van de muur in de keuken aan het werk.'

Niet snel daarna is de uitvoering van Mario's klas afgelopen en ik wil natuurlijk graag zeker weten of deze mevrouw Ochsner daadwerkelijk in de keuken achter de muur is. Christina trekt me mee naar de gang waar de deur van de keuken op uitkomt. En kijk: daar staat mevrouw Ochsner in de keuken, druk bezig.

Christina heeft dus weer dwars door de muur gekeken. Voor haar is dit niets bijzonders meer, maar voor mij zijn dit soort fenomenen nog steeds tamelijk ongewoon. Ondanks het feit dat ze veel van deze wonderlijke talenten heeft, voel ik me in het dagelijks leven nooit op een onaangename manier bekeken, doorgrond of in de gaten gehouden. Integendeel, ze straalt juist een heel vredige energie uit.

We gaan weer aan ons tafeltje zitten en wachten tot Mario bij ons komt. Dan zegt een oudere dame welwillend tegen mij: 'Het is ongelooflijk hoe Christina zich heeft ontwikkeld als je bedenkt wat ze als kind allemaal heeft doorgemaakt. Het is voor mij steeds weer een genoegen om haar te zien, en hoe ze lacht.'

Het moment van deze uitspraak had niet beter getimed kunnen worden. Christina keek net nog met haar röntgenblik dwars door een muur. Eerst moet ik ook een beetje lachen en zeg tegen de vrouw hoe dankbaar we allemaal zijn voor de positieve ontwikkeling van Christina. Ik vertel haar niet hoe goed ze zich heeft ontwikkeld en over welke buitengewone talenten ze inmiddels beschikt. De tijd zal het toch wel vroeg genoeg leren.

Fijnstoffelijkheid

Begin juni 2015. Een nieuwe uitdaging dient zich aan. Christina laat duidelijk blijken dat ze de laatste tijd wat moeite heeft met haar eigen lichaamsstructuur. Ze wankelt wat heen en weer tussen het onzichtbare fijnstoffelijke en het zichtbare grofstoffelijke-fysieke.

Zoals vandaag tijdens de les handenarbeid. Het lukte Christina met geen mogelijkheid de schakelaar van de naaimachine te bedienen. Haar hand was zo fijnstoffelijk dat ze letterlijk door de naaimachine heen greep. Gelukkig schoot een medeleerling haar te hulp. In die periode moest de veertienjarige toch al voortdurend opletten om niet domweg door een dichte deur te lopen zonder deze eerst open te doen.

Christina kan dus nu haar lichaamsstructuur zo veranderen dat ze dwars door materie heen kan. Als ze erover vertelt, voel ik me zelfs wat unheimisch. Mario wil dat zijn zus haar nieuwe talent demonstreert. Maar Christina houdt voet bij stuk en gaat niet op zijn vraag in.

Ze verklaart: 'Als ik mijn talenten misbruik, bijvoorbeeld puur en alleen om ze te showen, worden ze me ontnomen. Zo simpel is het. Ook hiervoor gelden duidelijke regels: misbruik, of het nu in gedachten of met woorden of daden is, wordt zonder waarschuwing direct met een persoonlijk energieverlies bestraft, wat mijn ontwikkeling schaadt, met als gevolg dat bepaalde talenten weer van me worden afgepakt. Ik ben dus vast van plan om me aan deze regels te houden. Want ik heb tenslotte mijn gaven nodig om mijn levensplan te vervullen.'

Tot nu toe heeft ze steeds elk verzoek geweigerd als iemand haar vroeg om haar gaven te demonstreren of een spectaculair 'kunststukje' op te voeren. Door wat ze vandaag heeft uitgelegd, begrijp ik waarom. Ze heeft het niet nodig om haar talenten te showen of om 'bewijzen' voor haar gaven te overleggen. Keer op keer benadrukt ze dat dit slechts bijzaken zijn van haar ware wezen die enkel tot doel hebben om later haar opdrachten te kunnen vervullen.

Mario is ondertussen niet meer zo gericht op iedere ontwikkelingsstap van zijn zus en dat is voor nu ook prima. Zijn passie ligt bij motoren en fietsen, daarin kan hij zijn creativiteit en energie kwijt. Broer en zus vullen elkaar al vanaf het begin aan: Christina is de denker en Mario de doener. Mario krijgt alles voor elkaar als het gaat om techniek en mechanica. Al op jonge leeftijd had hij zijn eigen ideeën en zette die zonder hulp handig in elkaar. Hij is in de driedimensionale wereld allesbehalve onhandig. Toen hij ongeveer acht was, had hij wielen nodig voor een van zijn projecten. Hij zette zonder mijn medeweten een tafel voor het huis met een bord waarop stond: Ik zoek wielen! Mario. Daarna brachten enkele buren met alle plezier wat hij nodig had. Hij redt zich in elke situatie.

Hij onderhoudt zijn motoren tot in de puntjes. Een poosje geleden kreeg hij een echte grasmaaier van zijn vader, zodat hij het stuk gras kon maaien waarop de alpaca's grazen. Tot mijn schrik lag het ding een halve dag later in onderdelen uit elkaar. Mario poetste ze schoon en zette de maaier zonder gebruiksaanwijzing of hulp weer perfect in elkaar. (Weken later zou deze motormaaier ontdaan worden van de maaibalken en omgebouwd worden tot een voertuig met zitje erop. In de herfst zou er ook nog een zelfgebouwde sneeuwploeg met zwaailicht op worden gemonteerd waarmee Mario 's ochtends al vroeg moeiteloos de opritten van de huizen in de straat sneeuwvrij kon maken.) Ook Mario blaakt van de energie, maar op een andere manier dan Christina. We zijn benieuwd waar zijn levenspad hem zal brengen en welke talenten hij nog gaat ontwikkelen.

‘Een soort van engel’

Christina vertelt nog een paar voorvalletjes die op school zijn gebeurd. Zo is er een jongen uit de bovenbouw die haar elke dag opzoekt. Deze jongen staat erom bekend dat hij alle meisje rond commandeert. Maar tegen haar is hij uitgesproken vriendelijk en heel open. Hij zegt dingen zoals: ‘Onmogelijk, jij komt niet van hier. Je moet wel een soort van engel zijn.’

Deze bovenbouwer meent dit echt, zonder een zweem van spot of ironie. Het schijnt dat hij Christina’s aura kan zien, haar speciale licht.

‘Wat heb je geantwoord?’ vraag ik.

‘Niets. Wat moet ik daarop zeggen? Het gebeurt wel vaker dat er mensen naar me toe komen en zulke dingen zeggen – pas geleden nog bij de bushalte, of laatst in de winkel. Ook mensen die ik helemaal niet ken. Laatst zei iemand tegen me: “Laat je niet van je pad afbrengen.” Toen ik nog klein was, vond ik dat soms heel raar en probeerde ik deze personen te begrijpen.’

Zelfs de godsdienstlerares kwam een keer na de les naar haar toe en drukte haar op het hart dat ze hoe dan ook moet vasthouden aan haar persoonlijke meningen, ook als ze daarmee zo nu en dan op onbegrip zal stuiten. Want alleen degene die niet met de stroom meegaat, zal echt iets in gang kunnen zetten op deze planeet. Deze uitspraak had Christina totaal niet zien aankomen. Want ze had juist deze godsdienstlerares al een paar keer met haar zienswijze van bepaalde Bijbelteksten geconfronteerd, waarbij ze wit wegtrok en niets meer wist te zeggen. Christina zegt dat ze op de hoogte is van sommige achtergronden van Bijbelse verhalen die in de loop van de tijd verloren zijn gegaan of doelbewust zijn achtergehouden. Deze vallen allicht niet te bewijzen noch te weerleggen, zodat het geen zin heeft om erover te discussiëren.

Een andere keer vroeg een medeleerlinge aan de leraar of hij geloofde dat iemand met planten kan praten. De leraar antwoordde dat hij dat niet geloofde, waarop Christina hem uitvoerig uitlegde dat dit echt wel kan en heel simpel via de telepathische kanalen. De leraar was met stomheid geslagen, vertelt Christina, want hij had haar nog nooit eerder zoiets horen zeggen.

'Meer dan alleen zuurstof'

Christina gaat elke vrijdagavond naar gymnastiekles. Deze avond in juni 2015 staan er licht atletische onderdelen op het programma en de leidster had iets bijzonders bedacht: elk onderdeel moest een keer met de ogen open en een keer met de ogen dicht worden afgelegd.

Toen ze thuiskwam vertelde Christina dat balwerpen nou niet bepaald tot haar sterke kanten behoorde en altijd een ramp is. Met veel humor neemt ze zichzelf op de hak en vertelt hoe rampzalig slecht haar werptechniek vandaag was: 'Vandaag vloog de bal eerst zo'n 12 meter weg. Daarna, met een band voor de ogen, 20 meter. Maar, mama, dat is toch niet logisch, zelfs voor mij niet! Ook bij hardlopen en verspringen was ik duidelijk beter met mijn ogen dicht. Het voelde op de een of andere manier gemakkelijker aan dan met de ogen open.'

We weten ondertussen dat mijn dochter goed in het donker kan zien. Maar hoe het komt dat ze met dichte ogen bepaalde lichamelijke coördinaties beter kan uitvoeren, is vooralsnog een raadsel.

Wat steeds weer opvalt is haar ademhaling. Op school waren leerlingen en leraren tijdens de 12-minutenloop telkens weer verbaasd over het feit hoe gemakkelijk Christina haar rondjes loopt zonder ooit buiten adem te raken. De verklaring was dat ze haar looptalent waarschijnlijk geërfd heeft van haar succesvolle moeder. Ik denk dat er nog andere redenen voor zijn. Want ook thuis heb ik haar nog nooit buiten adem gezien. Als klein kind al, wanneer we bergwandelingen maakten of gewoon thuis als ze aan het rondrennen was, bleef haar adem altijd gelijkmatig. Zelfs haar broertje Mario, die fysiek veel robuuster en fitter is en bij wie bewegen van nature in het bloed zit, is in vergelijking met Christina veel sneller buiten adem. Ik vraag haar of zij weet hoe dit komt.

Christina zit niet verlegen om een antwoord: 'Waarschijnlijk komt dit omdat mijn lichaam meer dan alleen zuurstof kan verwerken.'

Tekens van de nieuwe tijd

Als je naar kinder- en jeugdprogramma's op tv kijkt, valt op dat er in vele bepaalde vormen van 'toverij' en 'hekserij' voorkomen. Het lijkt wel een trend dat zulke thema's steeds meer belangstelling krijgen van de jongere generaties, wat zeker fijn is. Christina zegt hierover: 'Feitelijk maken ze gebruik van verruimde mentale talenten: laserblik, telekinese, teleportatie enzovoort.' Volgens haar is veel niet juist weergegeven en bovendien vindt ze het maar niets dat deze talenten voor allerlei onbeduidende dingen worden inzet.

Maar het beperkt zich niet alleen tot tv, overal in de media zie je, als je erop let, steeds meer tekens dat we ons inderdaad in een spannende fase bevinden van een wereldwijde verbreding van onze horizon. Christina heeft steeds benadrukt dat de nieuwe tijd in het verborgene allang is begonnen en overal ter wereld zie je de tekens.

Half juni 2015 lees ik bijvoorbeeld in de krant dat bij ons in het kanton St. Gallen de jeugdcriminaliteit weer met 17 procent is gedaald, wat je beslist opvallend kunt noemen. Vanaf dat jaar zijn de geweldsdelicten onder twintigjarigen (verkeer niet meegerekend) met meer dan 50 procent gedaald, en deze tendens zet door. Ik zie deze statistieken als een duidelijke indicatie dat er nu een nieuwe generatie van jonge mensen is die de negatieve en destructieve patronen niet meer verdraagt en andere, vreedzamere manieren van leven aandraagt. Dit wordt gestaafd door Christina's uitspraak dat de meeste kinderen die na 2000 zijn geboren, in het algemeen een hogere trilling hebben.

De vertegenwoordigers van de rechtbank in St. Gallen zijn blij met deze ontwikkeling en berichten hierover in de krant, maar kunnen deze ontwikkeling niet echt verklaren. Als je naar al het leed en de vele misstanden op onze planeet kijkt, zou je eerder denken dat de mensen alsmaar bozer en gewelddadiger worden, waarvoor vast en zeker ook aanwijzingen en statistieken zijn. Maar er is een net zo'n grote tegenbeweging en op basis van Christina's inschatting zal deze vreedzame tegenbeweging de komende jaren steeds meer gewicht in de schaal leggen en hem laten overslaan naar de andere kant. De toekomstige generaties van kinderen en jongeren brengen een nog weer hogere trilling en nog meer geestelijke talenten mee om de collectieve en wereldwijde bewustzijnsverruiming te ondersteunen.

Op dit terrein ligt ook Christina's persoonlijke roeping. Ze is zich heel bewust van haar potentieel en weet ook dat dit alleen maar groter wordt.

Ze zegt: ***'Ik ben hier om de mensen te helpen een verruimd bewustzijn te krijgen. Met een verruimde blik zouden de mensen zelf kunnen inzien wat er vandaag de dag niet goed gaat op deze planeet. Dan kunnen ze op elk levensgebied nieuwe oplossingen en perspectieven ontwikkelen die succesvol zijn, ook op de langere termijn. Maar de mensen hebben een vrije wil. Het ligt eraan welke keuzes ze maken.'***

Hoewel Christina's roeping en haar toekomstige levenstaken zich in grote lijnen al duidelijk aftekenen, heb ik als moeder nog geen idee welke concrete maatschappelijke weg ze over twee jaar, wanneer ze van school gaat, in zal slaan. Maar ik heb er vertrouwen in dat de juiste koers zich zal aandienen. In de laatste zes maanden is er al zoveel veranderd in ons leven – wie weet waar we over zes maanden of één jaar zullen staan?

Als er één ding is dat ik dit laatste halfjaar heb geleerd, is het dit: het heeft geen zin om je eigen leven in detail uit te stippelen, want het leven heeft voor ieder toch steeds weer genoeg verrassingen in petto. Onze tijd van verandering is te kort, en de uitdagingen en ommekeer zijn te groot om te denken dat alles in rustige, planbare en overzichtelijke banen zal verlopen. Met het oog op deze evolutie helpt het om over een gezonde mate van flexibiliteit te beschikken en vooral om een diep vertrouwen te hebben dat alles een zin heeft en dat uiteindelijk alles zich ten goede zal ontwikkelen.

27
Christina's lichtzuil

Half juni 2015. De lichtzuil van Christina is nog steeds een groot mysterie voor ons – de fijnstoffelijke lichtstraal die vanuit haar schedel recht omhoog de hemel in straalt en alleen te zien is door helderziende mensen. Deze witte straal heeft ze al vanaf de geboorte. Ik had hier al die jaren geen flauw idee van omdat ik tot op de dag van vandaag geen fijnstoffelijke energieën waar kan nemen.

Sinds het voorval met de raadselachtige dekenkist in april is Christina's lichtzuil energetisch sterker geworden. Ondertussen is er al een aanzienlijk aantal kinderen en volwassenen dat Christina's licht en haar aura kan zien. Daarentegen is Elena voor de meeste mensen onzichtbaar. Ten eerste komt dit door haar hoge trillingsfrequentie en ten tweede omdat ze kennelijk zelf bepaalt aan wie ze zich wel of niet laat zien.

Wanneer ik vandaag mijn twee kinderen naar bed breng, is het zoals elke avond. Eerst zit ik even bij Mario. We nemen samen de dag door en bespreken het belangrijkste voor de volgende dag. De kamer van Mario is net een machinekamer: de muren hangen vol posters met motoren en landbouwvoertuigen en ook op de planken en op de grond staan allerlei machines en technische apparaten. Als er maar banden onder zitten.

Daarna ga ik naar de overkant, naar Christina's kamer, die eerder op een bibliotheek lijkt. Ook vandaag heb ik een glimlach om de mond en ben ik blij dat beide kinderen duidelijk vol enthousiasme hun roeping hebben gevonden. Deze avond begint Christina over haar lichtstraal, waar ze kennelijk net aan lag te denken.

Kalm en in gedachten verzonken zegt ze: 'Mama, eigenlijk is het best wel bijzonder. Voor iedereen die aura's en hoge frequenties kan waarnemen, ben ik een wandelende lichtzuil. Zelfs als iemand in een vliegtuig duizenden meters hoog over me heen vliegt, kan hij deze lichtzuil zien. Raar toch...'

Ik probeer de situatie te relativeren en maak een vergelijk: 'Kijk, Christina, ook fysiek kunnen we via lichamelijke kenmerken een ander herkennen en plaatsen. We zien of iemand man of vrouw is, uit welke cultuur hij komt, hoe oud hij ongeveer is, hoeveel hij weegt enzovoort. Dit gaat vanzelf en is ook helemaal niet erg. En jij hebt daarbij nog de extra fijnstoffelijke eigenschap van je lichtzuil, die sommige mensen kunnen zien. Daar is niets mis mee. Integendeel, het is jouw persoonlijke handtekening. Die laat zien wie jij bent – namelijk een mens als ieder ander en toch een klein beetje anders.

De huidige tijd heeft zulke bijzondere mensen als jij nodig, die de kunst verstaan de ontwikkeling van de mens naar het positieve te ondersteunen. Alle mensen zijn weliswaar gelijkwaardig, ongeacht of ze er grofstoffelijk of fijnstoffelijk uitzien, maar hun talenten en taken zijn voor ieder mens weer anders. Waar het om gaat is je eigen talenten in dankbaarheid te onderkennen en ze dan constructief te ontwikkelen en te gebruiken. De tijd zal leren hoe je deze wonderlijke lichtzuil precies zal kunnen inzetten bij het vervullen van je levenstaak.'

Christina blijft in gedachten verzonken. Ik heb de indruk dat het nu pas tot haar doordringt hoe bijzonder de levenstaak zal zijn die verband houdt met haar lichtzuil. Want zelfs onder de mediaal begaafde en energetisch hoger trillende mensen is het echt niet normaal dat iemand al met zo'n lichtstraal wordt geboren. Christina voelt dat met dit buitengewone geschenk een grote verplichting en verantwoordelijkheid gepaard gaan. Welke functie de lichtzuil heeft in het vervullen van haar levenstaak, blijft voorlopig nog verborgen.

Hetzelfde geldt voor waar Christina precies vandaan komt. Ik heb haar al vaker aangemoedigd dat ze Elena toch naar haar afkomst kan vragen, maar tot nu toe krijgt Christina geen antwoord op deze vraag. Het lijkt erop dat de tijd nog niet rijp is. Voorlopig blijft deze informatie nog bedekt door de sluier van vergetelheid.

Wanneer ik later op de avond alleen in mijn bed lig, komt opnieuw de hamvraag bij me op wat dit uiteindelijk allemaal te betekenen heeft. Vanaf Christina's geboorte en door haar hele kindertijd heen waren er steeds weer bijzondere dingen en wonderlijke tekens. Ik voel duidelijk dat dit nog lang niet alles is en dat er veel meer nieuwe dingen op mij, op ons, af zullen komen. Soms denk ik wel eens dat Christina opzettelijk voorzichtig met mij is en daarom haar kennis en waarneming gedoseerd met me deelt – precies genoeg, opdat ik het kan verhapstukken en verwerken.

Ik voel de wens sterker worden om mijn bewustzijn en mijn huidige grenzen zodanig te verruimen dat ook ik in staat ben ooit de hogerdimensionale sferen binnen te treden en met de hogerdimensionale lichtwezens en realiteiten te kunnen discussiëren die voor mijn dochter de gewoonste zaak van de wereld zijn. Misschien dat ik nog een lange, moeilijke weg heb te gaan tot ik daar ben, maar dan denk ik meteen weer: waarom zou ik anders leven?

28
Het fantoom van de dood

Nog steeds half juni 2015. Twee dagen later worden de onderwerpen opnieuw tamelijk veeleisend voor me. Christina en ik voeren al maandenlang talloze gesprekken over de meest uiteenlopende onderwerpen.* Al die tijd heb ik me nooit afgevraagd of het vreemd gevonden waarom ik haar moeder en Mario haar broer is. Maar langzamerhand merk ik dat ik wil weten waarom dit zo is.

Christina voelt dit aan en raadt mijn gedachten al voor ik ze kan uitspreken: 'Mama, weet je, de meeste kinderen kiezen voor ze incarneren hun ouders bewust uit. Het is dus geen toeval dat juist jij mijn moeder bent en dat Elena mijn zus en dat Mario mijn broer is. Ook jullie hebben hiervoor gekozen. Voor mij was de keuze bovendien heel beperkt: ik had twee opties en heb jullie gekozen.'

* Dat wat in dit boek aan de orde komt, is lang niet alles. Onze talrijke gesprekken in de jaren 2015, 2016 en 2017 gaan ook over wetenschappelijke en filosofische onderwerpen zoals: de bouw van het fijnstoffelijke lichaam, de chakra's en hun betekenis, DNA en celbewustzijn, kwantumgenezing, technologie en kunstmatige intelligentie, plasma-energie, witte en zwarte gaten in het universum, goddelijke geometrie, kosmische hiërarchie, galactische federaties, kristalbewustzijn en christusbewustzijn, schepping en evolutie van de mens, Atlantis en oude hoogstaande culturen, Akashakronieken, een nieuwe maatschappij van collectieve vrede, de vijfdimensionale toekomst in vrijheid, waarheid en liefde, en nog veel andere.

Al deze thema's komen uitvoerig aan bod in volgende boeken.

Ik ben verrast door Christina's woorden en ze ontroeren me enorm. Ik begrijp ineens dat dit allemaal geen willekeur is. Sterker nog, het is precies zo bedoeld en opgezet. Ook wordt me duidelijk dat ik kennelijk toestemming gegeven heb om tijdens dit leven moeder te zijn van zulke uitzonderlijke kinderen, hoewel ik daar geen enkele bewuste herinnering aan heb. Nu ik hier zo over nadenk, schiet me nog een derde feit te binnen: met dit alles is vast een extra levensopdracht verbonden waar ik hoogstwaarschijnlijk nog geen flauw benul van heb.

Tot nu toe ging ik ervan uit dat het mijn levenstaak is om een goede moeder voor mijn kinderen en een goed medemens voor anderen te zijn, misschien een of ander sportief doel te bereiken, en door mijn medische beroep een kleine bijdrage te leveren aan gezondere en blijere mensen. Maar nu denk ik dat het leven misschien wel meer voor mij in petto heeft, iets wat blijkbaar te maken heeft met datgene waarover Christina en ik sinds het begin van het jaar met elkaar praten. Zo schrijf ik bijna elke avond op wat ik elke dag van Christina heb geleerd. Dat hier later zelfs een boek over Christina en Elena uit voort zou komen, had ik toen nooit kunnen bedenken. En toch zit ik hier en doe het. Christina's energie zal nog veel in gang zetten, ook in mijn leven.

In gedachten ga ik terug naar het verleden. Zijn de grootste obstakels al genomen of komen die nog? Wat heb ik te leren uit de jarenlange intensieve zorg voor Christina toen ze nog klein was en de geneeskunde haar allang had opgegeven? Was dit al mijn grote beproeving, waarbij ik een of ander karma uit een vorige leven mocht inlossen? Of staan me nog grotere beproevingen en uitdagingen te wachten? Zal het gemakkelijker worden in de toekomst? Of juist moeilijker? En waar leidt mijn pad uiteindelijk naartoe? Wie weet dat überhaupt?

Eigenlijk wil ik helemaal niet weten hoe mijn toekomst eruitziet. Soms heb ik wel eens de indruk dat Christina mijn toekomstige levenspad al kent. Haar subtiele hints in die richting brengt ze meestal met humor, door iets te zeggen als: 'Mama, je zult je echt nooit meer vervelen!'

Alsof mijn leven tot nu toe een saaie boel is! In mijn beleving heb ik in mijn leven al genoeg opdrachten en uitdagingen voor de kiezen gehad – als moeder en als echtgenote, als topatleet, als zakenvrouw, als doktersassistente en als beginnend natuurgenezer. Op al deze terreinen heb ik mensen van alle pluimages leren kennen en was alles een geweldige leerschool die ik natuurlijk niet zonder slag of stoot heb doorlopen. Maar saai was het nooit. Toch doet Christina's uitspraak vermoeden dat er nog iets heel anders op mijn pad gaat komen. Ik neem me voor om het onbekende dat voor me ligt in dankbare voorpret, kalm en rustig tegemoet te zien.

Tegelijkertijd merk ik dat er ook steeds weer bepaalde angsten de kop opsteken, zoals iedere ouder vast bekend voor zal komen. Ik ben er niet bang voor dat mijn dochter een waarschijnlijk hoogst ongewoon levenspad zal inslaan en hier en daar op onbegrip en afwijzing zal stuiten. Ik weet zeker dat dit haar niet van haar stuk brengt. Het is iets anders waar ik mijn hoofd over breek. Ik maak me zorgen dat Christina met haar kennis en talenten op een dag een bedreiging of gevaar kan vormen voor sommige onlichte organisaties en instituten, en dat ze zullen proberen haar in hun kamp te krijgen of haar uit te schakelen zonder geweld te schuwen.

Ik besluit mijn zorgen aan Christina voor te leggen, waarbij ik eerst een en ander bij mezelf moet overwinnen. Christina snapt mijn bedenkingen meteen en haar antwoord stelt me gerust en vrolijkt me op tot diep in mijn hart.

Ze legt uit: 'Maak je geen zorgen, mama. Door mijn trillingsfrequentie ben ik niet gehouden aan de wetten van de derde dimensie. Ik bepaal helemaal zelf wanneer ik deze dimensie ga verlaten. En ik verlaat de Aarde pas als ik mijn levenstaak heb volbracht.'

Ik ben sprakeloos. En dat is ook goed, want Christina praat zachtjes, bijna onhoorbaar verder: 'Weet je, ik heb al drie keer eerder voor deze beslissing gestaan, en ik heb steeds weer voor het leven hier gekozen. Ik heb net als alle andere mensen ervoor gekozen om hier op deze Aarde te leven om vrede, wijsheid en het verruimde bewustzijn te brengen. Je hoeft je dus geen zorgen te maken. Zolang iemand leeft volgens zijn zielsplan, overleeft hij alle tegenslagen in deze wereld tot zijn missie succesvol is voltooid. Uitzondering op deze regel is de vrijwillig gekozen dood. Die is in geen enkel levensplan voorzien, maar komt voort uit de vrije wil van iemand die van zijn weg af is geraakt.'

Nu ben ik niet alleen met stomheid geslagen, maar stokt ook mijn hartslag even – terwijl mijn goed getrainde rennershart toch echt wel wat gewend is. Maar Christina overtuigt me, en het idee dat iemand haar niet tegen haar wil schade kan berokkenen brengt de rust in me terug. Tegelijkertijd besef ik dat het vervullen van haar taak niet gemakkelijk zal zijn.

Daarna vraag ik me af in welke drie situaties Christina voor de keuze stond om haar lichaam en dus ook de Aarde te verlaten. In elk geval bij haar geboorte, toen ze als extreem vroeggeborene met een gewicht van amper 570 gram op de wereld kwam. De eerste vier maanden balanceerde ze voortdurend tussen leven en dood en deden zich genoeg momenten voor om deze driedimensionale dichtheid weer te verlaten. Vooral toen Elena ervoor koos om haar lichaam te verlaten en om Christina voortaan niet meer fysiek maar metafysisch te begeleiden.

Ik vraag me af: wil ik het echt weten? En zou dit iets veranderen aan nu? Ja, ik wil het weten! Opnieuw moet ik alle moed bij elkaar rapen om Christina ernaar te vragen. Tot mijn verbazing antwoordt ze dat alle drie situaties zich pas in de maanden na Elena's dood voordeden. Lichamelijk leek Christina in die periode op de intensive care juist wat stabieler te zijn, daarom verbaast me dit een beetje. Maar ik hoef ook niet alles altijd te begrijpen.

Christina had al eerder eens gezegd dat ze als pasgeborene in de couveuse een onaangename kennismaking had met het onlicht, maar dat toen haar eigen licht al sterker was dan de macht van het kwaad. Hoe zei ze het ook alweer: 'Dat was vast de eerste keer dat het onlicht in deze sfeer moest concluderen dat je niet zo gemakkelijk van me af bent.'

Nu ben ik blij en dankbaar dat ik in die eerste maanden en jaren alles in het werk heb gesteld om dit meisje erdoorheen te trekken en dat me dit gelukt is. En ook in de toekomst zal ik haar vast en zeker blijven steunen, en hetzelfde geldt voor Mario, die ik in al zijn wensen en belangen zal steunen, ongeacht waar het leven hen brengt. Christina heeft gelijk: saai zal het zeker niet worden!

29
De namen Elena en Christina

18 juni 2015. We hebben het over de namen van de tweeling. Elena betekent letterlijk 'de lichtvolle/stralende', en Christina betekent 'volgelinge, dienares, opvolgster van Christus'. Ik vertel dat ik vanaf haar geboorte niet expliciet over de betekenis van deze namen heb nagedacht, op de een of andere manier vonden wij ze heel goed passen.

Christina legt uit: 'Deze namen zijn heel specifiek en beslist niet toevallig gekozen. Men heeft ze je zogezegd "van daarboven" in je hoofd gezet.'

Als dit klopt, snap ik ook waarom deze twee meisjesnamen duidelijk favoriet waren en waarom we het niet eens konden worden over jongensnamen. Zonder dat we ons er bewust van waren, was het blijkbaar al besloten dat we een meisjestweeling zouden krijgen en hoe ze zouden gaan heten.

We weten intussen dat Elena, die al acht weken na de geboorte overleed, in de fijnstoffelijke sfeer nog steeds bij Christina is en dat haar lichaam uit puur gouden licht bestaat. Christina vertelt enthousiast dat dit stralende licht van Elena nog helderder is dan het helderste licht op Aarde. Elena heet dus terecht 'de lichtvolle'.

En hoe zit het dan met de naam Christina? Letterlijk betekent het 'degene die met Christus is verbonden', dus een volgelinge of dienares of opvolgster van Christus. Christina is opvallend goed op de hoogte van het verhaal van Jezus

Christus en lijkt meer over zijn leven en daden te weten dan in de Bijbelles wordt verteld. Ook kan ze uitleggen welke feiten in de loop der eeuwen verkeerd zijn doorgegeven of verkeerd zijn geïnterpreteerd. Soms lijkt het wel of ze unieke toegang heeft tot de missie en nalatenschap van Christus, die verder reikt dan zijn aardse dood. Dit geldt overigens ook voor het leven van de heilige Maria. Ook hier is sinds de geboorte van Elena en Christina sprake van een duidelijke connectie. Ze kwamen in de paasnacht op de wereld, veel eerder dan de uitgerekende datum.

Christina zegt hierover: 'Het tijdstip van onze geboorte op 15 april 2001 was bewust zo gekozen, omdat er door de toenmalige stand van de planeten een uitzonderlijk hoge energie heerste. En de namen Christina en Elena trillen numerologisch gezien eveneens heel hoog.'

Ik voel een diep gevoel van dankbaarheid en geborgenheid in me opkomen. Is het niet prachtig om te weten dat ons lot liefdevol 'van daarboven' begeleid en ondersteund wordt?

Vrolijke begrafenissen

Daarna – ik weet niet meer hoe en waarom – krijgen we het over begrafenissen. Christina zegt hierover dat je beter geen trieste en droevige afscheidsceremonie kunt organiseren, want die trekt de overledene alleen maar naar beneden. De meeste overledenen zien veel liever dat ze worden herdacht met een vrolijk feest en met de dingen die ze graag deden. In de regel zijn overledenen in fijnstoffelijke vorm zelf aanwezig op hun begrafenis en ze nemen dus ook de trilling van de aanwezigen heel goed waar.

Als familie van een overleden persoon deze niet los kan laten en wegzinkt in de duisternis van verdriet en zelfmedelijden, is niemand hierbij gebaat – noch de familie, noch de overledene. Natuurlijk is het begrijpelijk dat je verdriet hebt als je een dierbare bent verloren, als het maar duidelijk is dat niemand je eigendom is en dat je niet het recht hebt een andere persoon te hinderen op zijn verdere reis omdat jij hem vast wilt houden. Zou het niet opbouwender en zinvoller zijn als er bij het afscheid een groot feest wordt gehouden ter ere van de overledene, met vrolijke muziek en met de beste wensen van alle aanwezigen, opdat de overledene zijn reis op een prettige en gelukkige manier kan vervolgen?

Door de gesprekken met Christina is mijn denkbeeld over de dood en het hiernamaals wezenlijk veranderd en ben ik er anders naar gaan kijken. Ik zie de dood niet meer als iets ergs, want het is alleen maar een deur waar we doorheen gaan om ergens anders naartoe te reizen. In zeven van de tien grootste religieuze tradities van de mensheid overheerst bovendien de opvatting dat er zoiets is als een zielsverhuizing; dat we dus van de ene planeet naar de andere, van de ene incarnatie naar de andere, van het ene leerproces naar het andere gaan om ervaringen op te doen en inzichten te verkrijgen. Als je het zo bekijkt, is de dood dus niet het einde van alles, en ook weet je voor eens en altijd dat er na de dood geen oordeel wordt geveld of dat je voor eeuwig in de 'hemel' of in de 'hel' komt. De dood is niets anders dan het begin van je vervolgreis die je oorden en gebeurtenissen brengt waar je je volgende lessen leert en nieuwe avonturen meemaakt.

Daarom zou het zo fijn zijn als iemands dood met een vrolijk, lichtvol, opbeurend afscheidsfeest wordt gevierd, zoals in veel culturen nu al gebruikelijk is. Wat mij betreft is dit denkbeeld intussen al een stuk aannemelijker.

30
Telepathie, telekinese en andere gaven

Eind juni 2015. Vandaag vraag ik Christina of ze weet met welke ontwikkelingen we bij haar in de toekomst rekening moeten houden, oftewel welke gaven ze gaat ontplooien en welke uitdagingen ze voor de boeg heeft. Ze antwoordt dat het heel goed mogelijk is dat ze bijvoorbeeld in staat zal zijn haar zwaartekracht uit te schakelen, want aan deze natuurwet van de derde dichtheid is zij niet gebonden.

Aha, Christina zal dus eerdaags haar lichaam kunnen laten opstijgen en zweven. Als dit net zo gaat als bij haar andere gaven, zal dit hoogstens één keer ongecontroleerd gaan en daarna zal ze deze gave nooit meer puur alleen voor de show vertonen. Dus maak ik me er niet druk om.

Ik merk sowieso dat ik steeds rustiger word en steeds gemakkelijker al die buitengewone aspecten van mijn dochter zonder oordeel kan aanvaarden. Zelfs nu het driedimensionale wereldbeeld dat ik had uiteen is gespat door alles wat ze me in de afgelopen maanden heeft verteld en uitgelegd en mijn rationale verstand behoorlijk op de proef wordt gesteld, voel ik vanbinnen toch dat het goed is. Bovendien merk ik dat ook ik word aangemoedigd om de bewustzijnsverruimende richting op te gaan. Om Christina hoef ik me geen zorgen te maken. Ze zal haar weg gaan en verantwoord omgaan met al haar talenten en ze inzetten ten goede van de mensen. Ze heeft al vaker benadrukt dat het aantal mensen met een hogere trilling en multidimensionale vaardigheden de komende jaren duidelijk zal toenemen, waardoor zulke verschijnselen steeds minder bijzonder zullen zijn.

Vandaag had een van haar medescholieren verteld dat ze langs de kant van de weg een overleden bekende had gezien. Christina zegt dat dit niet voor het eerst was, maar dat ze beiden jaren geleden al af en toe fijnstoffelijke wezens uit andere sferen hadden gezien, en niet alleen overledenen.

Ik denk bij mezelf: als ouder zou je er goed aan doen zo snel mogelijk je huidige denken te verruimen en je erop voor te bereiden dat steeds meer kinderen en jongeren een natuurlijke toegang hebben tot parallelle werelden en bewoners uit andere sferen. Tegenwoordig komen er constant hoogtrillende zielen bij op Aarde die al vanaf hun geboorte een hogere frequentie bezitten en ervoor gaan zorgen dat de wereldwijde trillingsverhoging wordt ondersteund en voltooid. Velen van hen zijn zich ervan bewust dat de generatie van hun ouders tegenover het bestaan van multidimensionale werelden en wezens gevangenzit in onwetendheid. Dus respecteren ze deze onwetendheid en houden ze hun talenten verborgen. Het gevaar bestaat dat sommige van hen aan hun eigen waarneming gaan twijfelen, dat ze te veel compromissen met de heersende driedimensionale denkbeelden sluiten en daardoor langzaam maar zeker hun trillingsfrequentie en bijbehorende talenten kwijtraken.

Ook Christina begon pas op haar dertiende te vertellen over haar bijzondere waarneming. Ze ging ervan uit dat veel andere hoogtrillende zielen daar eveneens mee wachtten, tot ze in de puberteit komen. We hebben er geen idee van hoeveel buitengewone kinderen nu al op de kleuter- en basisschool zitten. Ik vind het fantastisch en het stemt me enorm hoopvol.

Christina vertelt verder dat ze vandaag het gesprek met haar leraar over telepathische krachten heeft voortgezet. Ze had hem immers pas geleden uitvoerig uit de doeken gedaan dat het heel goed mogelijk is via telepathische kanalen met planten te praten. Vandaag moest ze naar aanleiding van een eerder gemaakte opdracht zichzelf beoordelen en toen heeft ze geantwoord dat ze kennelijk geen enkel praktisch talent bezit om een kastje te maken en zichzelf een onvoldoende wilde geven. De leraar vond op zijn beurt dat veel dingen bij Christina nogal tegenstrijdig waren: pas nog had ze hem uitvoerig uitgelegd hoe je met planten kunt praten en nu lukte het haar niet om een simpel kastje te maken. Toen heeft Christina een kort betoog gehouden over het verschil tussen geestelijke gaven en praktisch talent. Telepathie is noch met driedimensionale vaardigheden te vergelijken, noch met het driedimensionale verstand te vatten. De leraar was opnieuw met stomheid geslagen, want nog niet eerder had hij de kleine, tengere Christina zo overtuigend horen praten.

We lachen allebei over deze kleine dagelijkse voorvallen. Maar haar verhaal maakt me ook nieuwsgierig en ik vraag Christina of ze me meer wil vertellen over het verschijnsel telepathie.

Telepathie

Ze steekt enthousiast van wal: 'Telepathie is niet alleen maar via gedachten communiceren. Er komt ook een grote verantwoordelijkheid voor het leven bij kijken. In telepathische communicatie zijn er niet allerlei verschillende talen zoals bij het verbale. De telepathie ís de taal. Ik sta bijvoorbeeld in contact met iemand uit het Zuid-Amerikaanse oerwoud. Waarschijnlijk spreekt hij in zijn uiterlijke leven Spaans of Portugees en ik Duits. Maar via telepathie begrijpen we elkaar prima, zonder enige taalbarrière.

Communicatie met planten en dieren gaat eveneens via fijnstoffelijke telepathische kanalen. Hier heb je echter wel zoiets als verschillende dialecten, als je het al zo zou kunnen noemen. Bij dieren heb ik tot nu toe drie verschillende dialecten vastgesteld. Het gebeurt wel eens dat ik in een van deze dialecten communiceer en dat het dier in een ander dialect antwoord geeft, omdat het alleen dit dialect kent.'

Volgens Christina is telepathie in principe een heel natuurlijke vaardigheid die de meeste mensen van nu op de een of andere manier hebben verleerd.

'Met hoeveel wezens sta je dan op dit moment telepathisch in contact?' vraag ik. Christina vertelt dat er heel veel verschillende contacten zijn, verdeeld over de hele kosmos. Voor haar is het belangrijk dat ze een nieuw contact – dat wil zeggen: een energie die ze nog niet kent – eerst blokt en onderzoekt om zich tegen ongewenste inmenging te beschermen. Helaas beschikken niet alle telepaten over deze afblokvaardigheid, wat maakt dat telepathie erg gevaarlijk kan zijn. Ze kan overigens ook op deze manier foto's versturen. Geen wonder dat ze geen mobieltje nodig heeft!

Christina vertelt verder: 'Telepathie gaat via het bewustzijn. Ze is dus niet beperkt tot een fysiek lichaam, waar het zich ook bevindt of hoe oud het is. Mijn jongste telepathische contact tot nu toe was een meisje van drie.' Lachend voegt ze toe: 'Dit meisje legde zelfs een zekere telepathische hoffelijkheid aan de dag en klopte eerst aan. Maar normaal gesproken neem ik via een telepathische overdrachtstoon waar wanneer iemand contact wil leggen en dan check ik in een oogwenk zijn energetische handtekening.'

Als ik vraag hoe telepathie eigenlijk in haar werk gaat, antwoordt ze: 'Telepathische communicatie loopt via een soort kosmisch netwerk dat je kunt vergelijken met ons zenuwstelsel. Dit kosmisch netwerk bestaat uit fijnstoffelijke plasmadraden en verbindt alles wat existeert met elkaar. Je zou het ook het "brein van God" kunnen noemen.' Ze zou dit fenomeen natuurkundig nog gedetailleerder kunnen beschrijven, voegt ze toe, maar deze uitleg volstaat voor nu.

Veelvoorkomende gaven van de kinderen van nu

Ik vraag door: 'Welke gaven komen tegenwoordig nog meer voor?'

Christina antwoordt: 'Naast telepathie is ook radiësthesie voor veel kinderen een normale aangeboren gave. Dat wil zeggen: ze zien trillingsfrequenties en stralen. Niet alleen grofstoffelijk met de ogen maar ook fijnstoffelijk en ze zien de energievelden zowel bij mensen als bij voorwerpen. Bovendien zien ze bijvoorbeeld materiedeeltjes of verschillende elektromagnetische golven als kleuren of kleurige strepen in de lucht. Deze kinderen kunnen ook vaak in het donker zien, net als ik. En net als ik beseften ze lange tijd niet dat hun ouders of grootouders anders zijn en alleen grofstoffelijke dingen kunnen zien. Sommigen houden zich ook in en durven niet te praten over hun waarnemingen omdat de omgeving ze dan als raar of "niet normaal" beschouwt. Terwijl het in feite precies andersom is.'

Ze gaat verder: 'Veel kinderen kunnen ook bij levensmiddelen of medicijnen de energie voelen en weten daardoor precies wat goed of slecht voor hen is. Daarom willen ze soms bepaalde voeding of medicijnen niet hebben, wat de ouders dan meestal niet begrijpen. In plaats van met reguliere geneesmethoden zou je deze kinderen met informatiegeneeskunde, bijvoorbeeld homeopathie, of met energetische therapieën kunnen behandelen. Hoogtrillende mensen zijn sowieso immuun voor de meeste milieuverontreinigende stoffen en ook voor inentingen.'

'Waren er vroeger ook al mensen met zulke gaven?' is mijn volgende vraag.

'Ja, maar in vroegere generaties werden deze mensen vaak met hun geestelijke vaardigheden overvraagd. Dit kwam vooral doordat hun persoonlijke energieniveau te laag was om erop natuurlijke wijze mee om te gaan. Daar komt bij dat veel zaken nog niet wetenschappelijk waren onderzocht en de mensen die het betrof, stuitten in hun omgeving en in de samenleving vaak op onbegrip. Tegenwoordig is dit anders. De kinderen van nu worden niet overvraagd met hun gaven – hoogstens hun omgeving. In principe geldt: hoe "opgeruimder" een ziel is, hoe meer ze met het goddelijke is verbonden, hoe lichtvoller haar ontwikkeling is en hoe lichtvoller ook haar ontmoetingen in andere sferen zijn. Andere kenmerken van hoogtrillende kinderen zijn verder dat ze maar heel weinig voeding en slaap nodig hebben en zelden ziek zijn omdat ze over geactiveerde zelfhelende krachten beschikken.'

Het klopt inderdaad dat Christina al drie jaar praktisch niet meer ziek is geweest. Daarvoor had ze de hele winter vaak een loopneus en in de zomer last van hooikoorts met bindvliesontsteking. Maar sinds 2012 was dit ineens verdwenen, wat met oog op haar lange geschiedenis van ziekten best wel bijzonder is. Sowieso schijnt het jaar 2012 veel te hebben veranderd, niet alleen bij haar, maar ook in mijn leven: de scheiding, ik ben uit het bedrijf gestapt, opnieuw begonnen met zijn drietjes enzovoort. Ik ben benieuwd wat dit jaar en de komende jaren nog zullen brengen.

Een tweede derde oog

Twee dagen later. Het is een prachtige zomerdag. Christina speelt met een jonger buurmeisje en samen hebben ze veel plezier met schommelen. Ook ik zit buiten in de tuin. Na het spelen komt ze naar me toe en merkt terloops op: 'Mama, sinds kort heb ik er nog een derde oog bij.' De veertienjarige wijst me de exacte plaats op haar hoofd aan.

Wat moet ik daar nu op zeggen? Ik weet nog maar net wat een derde oog precies is en van een tweede derde oog heb ik nog nooit gehoord. Het lijkt me het best dat ik verder geen aandacht schenk aan deze terloopse mededeling en die simpelweg als gegeven aanneem.

Kennelijk kijk ik heel verbaasd, want Christina legt het me toch even uit: simpel gezegd gaat het om een extra communicatiekanaal in een verre sfeer.

Hiermee is voor haar dit onderwerp alweer afgesloten, en ook voor mij. De resultaten van dit tweede derde oog zullen we vast gauw genoeg merken, net als die van al die andere energiecentra die in de toekomst nog bij Christina geactiveerd gaan worden.

Materialiseren

Dezelfde week gebeurt er nog iets bijzonders tijdens de dagelijkse rit naar school. Christina zit naast hetzelfde meisje als altijd en uit verveling beweegt ze ritmisch een voet op en neer. Ze merkt in eerste instantie niet dat ze door deze bewegingen onbewust een soort 'plaat' uit fijnstoffelijke materie heeft gematerialiseerd. Het meisje naast haar kan plotseling haar voet niet meer op de vloer zetten en voelt deze onzichtbare weerstand. Zelfs als ze met alle kracht haar voet op de grond wil zetten, blijft de onzichtbare plaat op zijn plaats. Christina zegt dat deze onbewust gecreëerde plaat na een paar minuten vanzelf weer oploste.

Ik begrijp ineens hoe oplettend en zorgvuldig Christina niet alleen met haar gedachten en woorden maar ook met haar bewegingen moet omgaan, opdat haar krachten niet onbedoeld invloed op haar omgeving uitoefenen. Want niet alleen via het wippen met haar voet kan ze fijnstoffelijke materie creëren, ook haar gedachten bevatten het vermogen om zich fijn- en grofstoffelijk te manifesteren.

Dagelijkse telepathie

Een paar dagen later rijden Christina en ik zoals elke week 's avonds naar de bibliotheek en lopen daar een medeleerling uit een andere klas tegen het lijf met wie Christina al eerder telepathisch heeft gecommuniceerd. Dit doen ze vandaag ook. Later vertelt ze me over haar kleine 'conversatie'. Alsof het de normaalste zaak van de wereld is, gaan deze jonge mensen ongedwongen met telepathie en andere gaven om, en hun ouders hebben geen flauw idee. Hoe kunnen deze ouders hun kinderen echt begrijpen als ze zich niet serieus openstellen voor deze thema's en geen tijd en aandacht willen investeren in het verhogen van hun eigen trillingsfrequentie?

Christina zegt dat deze jongen wat telepathie betreft buitengewoon goed op de hoogte is – zo goed dat zelfs zij van hem nog een en ander kan opsteken. In het dagelijks leven zal ze nooit een gesprek met hem aanknopen. Maar via telepathie schijnt haar omgang met hem volledig onbevangen te zijn.

Astrale reizen in de nacht

Ik weet dat Christina maar een paar uur slaap per nacht nodig heeft en daarom de nacht gebruikt om op reis te gaan en zo haar spirituele ontwikkeling vooruit te helpen. Soms vraag ik waar ze in de afgelopen nacht heeft rondgezworven en dan vertelt ze me over de meest fantastische plekken. Omdat ze meer dan wat ook van de natuur houdt, gaat ze het liefst naar eilanden met strand en oerwoud waar veel dieren leven – zolang het er maar warm is. Haar favoriet van dit moment is Madagaskar.

Ik vraag haar hoe dit in zijn werk gaat. Ze licht toe dat ze meestal gewoon kijkt of een of ander fijnstoffelijk wezen zich laat zien, wat eigenlijk altijd het geval is. Dan praat ze met dit wezen en laat ze zich door hem zijn wereld tonen door er samen naartoe te reizen. Overledenen vinden het bijvoorbeeld heel fijn als ze iemand uitgebreid hun levensverhaal mogen vertellen en er belangstellend naar hen wordt geluisterd. Deze levensverhalen zijn soms saai en soms spannend, vertelt Christina geamuseerd, zonder minachtend te doen. Maar pas echt spannend zijn de reizen en ontmoetingen in hogere sferen.

Als ik vraag wat er gebeurt als bijvoorbeeld ons huis zou afbranden terwijl zij net astraal onderweg is, meent ze lachend: 'Ik voel en weet wat er in de komende uren gaat gebeuren. Tijdens zo'n nacht zou ik gewoon niet op reis gaan. Mama, als ik zeg dat ik niet in een vliegtuig, trein of ander voertuig wil, doe je er goed aan me serieus te nemen.'

Telekinese

In de zomervakantie vraagt Christina me om 35 korte video's over zogenaamde wonderbaarlijke telekinetische gaven te bekijken. Op de filmpjes zie je verschijnselen als: water in beweging zetten zonder het aan te raken (hydrokinese), in de auto gaan zitten zonder eerst het portier te openen, door muren heen lopen en dergelijke. Ik vraag of zij denkt dat deze filmpjes echt zijn. Ze antwoordt: 'Ja, op één na zijn ze volgens mij allemaal echt.'

Natuurlijk kan ik me niet inhouden om te vragen of ze zelf deze gave ook heeft. Ze antwoordt dat de meeste gaven ook bij haar al zijn geactiveerd, plus nog een paar andere die niet in de video's voorkomen. Ze liet me de video's niet zien om een of andere vaardigheid te demonstreren maar om me meer duidelijkheid te verschaffen over het begrip 'telekinese'.

Waar ik bij Christina zo van onder de indruk ben, is dat ze niet prat gaat op haar uitzonderlijke gaven – ten eerste omdat ze vanuit haar perspectief niets bijzonders zijn en ten tweede omdat het slechts bijzaken zijn van een veel grotere levensopdracht die ze zich voor haar incarnatie als mens heeft voorgenomen. Daarom maakt ze van haar krachten geen poppenkast en zorgt ze er zo goed mogelijk voor dat ze in het dagelijks leven niet opvallen. Ze weet dat het niet haar taak is om haar paranormale verschijnselen te demonstreren, maar om de mensen te ondersteunen hun bewustzijn en wereldbeeld te verbreden om zo een hogere trede van wijsheid en vrede te bereiken.

'Een vakkundige catastrofe'

Dezelfde avond verrast Mario ons weer eens met zijn creatieve ideeën. Met zijn leeftijd van amper twaalf jaar is hij bijzonder innovatief. Vandaag heeft hij in zijn eentje een rijdend voertuig gebouwd. Christina vindt het prachtig en kijkt toe hoe haar jongere broer enthousiast met zijn voertuig tussen de huizen door suist. Lachend zegt ze: 'Moet je nou zien: ik ben op praktisch gebied een supercatastrofe en mijn broer een genie! Dat past toch prachtig bij elkaar. Wij vullen elkaar uitstekend aan!'

We barsten allemaal in lachen uit. Christina, niet wars van de nodige zelfspot, vult aan: 'Het is best bijzonder – het lukt mij nog niet om binnen vijftien minuten een draad in de naaimachinenaald te krijgen of een wortel te schillen. Het lijkt erop dat zulke bezigheden niet voorzien zijn op mijn levenspad. Want daar waar ik vandaan kom, heb je geen mond nodig om te praten of te eten en ook geen handen om te werken. Daar heb je alleen de kracht van je gedachten nodig.'

Op praktisch en artistiek gebied is Christina inderdaad onhandig, hoewel ze tot de derde klas ergotherapie heeft gevolgd in het kinderziekenhuis. Als ze voorwerpen tekent, zijn het altijd heel simpele tekeningen. De mensen op haar tekeningen hebben vaak geen handen, vroeger ook meestal geen voeten. Ook nu nog staan in haar tekeningen mensen meestal niet op de grond maar hangen in de lucht, omdat dit in Christina's realiteit ook grotendeels zo is. Als ze abstract schildert, gaat het wat beter.

Hierover zegt ze zelf: 'Weet je, ik heb de ongelooflijkste beelden en kleuren in mijn hoofd. Maar hier op Aarde kennen we die kleuren helemaal niet. Daarom kan ik die beelden niet beschrijven, laat staan schilderen.' Eerder zei ze daar al eens enthousiast over: 'Misschien dat het me ooit lukt om deze bonte en kleurrijke beelden rechtstreeks uit mijn hoofd via de printer af te drukken. Dan kun je zien hoe ik de realiteit waarneem.'

Ik heb ontdekt dat dit 'technopathie' wordt genoemd: de vaardigheid om technische apparaten via geestelijke kracht te bedienen. Als het zo doorgaat, is het vast slechts een kwestie van tijd voordat ook dit talent zich bij Christina zal manifesteren. Je kunt er bij haar van uitgaan dat alles wat ze wenst, denkt of zegt, zich vroeg of laat zal materialiseren – op voorwaarde dat het haar levenstaak dient en dat het verenigbaar is met haar hoge ethiek. Want uit respect voor alle levende wezens zou ze nooit misbruik van haar krachten maken louter voor eigen gewin of tegen de vrije wil van anderen in handelen. En voor Christina horen bij deze levende wezens niet alleen de mensen, maar ook de dieren en de planten en de talloze onzichtbare wezens met wie ze zich in haar verruimde gezichtsveld heeft verbonden.

Technopathie

Een paar weken later zal zich al een duidelijk voorbeeld van technopathische communicatie met apparaten voordoen. Tijdens praktijkles krijgt de klas van Christina de opdracht om zonder te meten met de machine een stuk hout van 20 centimeter af te zagen. Zoals altijd is Christina niet zo goed in lengtes en afstanden inschatten omdat ze deze vaardigheid niet zo belangrijk vindt. Het inschatten van 2 centimeter kost haar al de nodige moeite en de leraar weet dit ook. Wanneer hij Christina's stuk hout controleert en nameet, is het tot zijn verbazing precies 20 centimeter. Hij vraagt hoe ze het voor elkaar heeft gekregen om het stuk op de millimeter nauwkeurig af te zagen. Ik weet niet wat Christina de leraar heeft verteld. Thuis vertelt ze met een ondeugend lachje: 'Ik heb het gehouden op dat het "gewoon geluk" was, en dat accepteerde hij.'

Natuurlijk was het anders. Christina vertelt dat elke machine waar een mechaniek of elektronica in zit ook 'levend' is en dat ze daardoor in staat is met zo'n apparaat te communiceren. Normaal gesproken doet ze dit niet omdat het haar een oneerlijk voordeel verschaft tegenover haar medeleerlingen en de mensen in het algemeen. Maar vandaag was de houtzaagmachine uit zichzelf hulpvaardig en heb ik haar aanwijzingen gegeven: 'Nu naar rechts' of 'Nog een stukje naar links' enzovoort. Door deze hulp lukte het haar om het stuk hout zo heel precies af te zagen.

Intussen zijn er elke dag voorvallen waarbij Christina het voor elkaar krijgt met mechanische of elektronische apparaten om te gaan. Zo zag ik bijvoorbeeld hoe ze puur alleen met de kracht van haar gedachten de luidsprekerfunctie op de laptop aanzette. Ik kwam tijdens het surfen op internet terecht op een website waar vreselijke muziek onder gemonteerd zat. Nog voor ik de juiste toets in kon drukken om de muziek uit te zetten, had Christina dit al van een paar meter afstand voor elkaar. Daarna zette ze het geluid via gedachtekracht weer aan en weer uit. Zoals ik eerder al zei, had ze door haar communicatie met deze apparaten een tijdje terug al in de gaten dat een van de computers op school stuk was, wat de leerling die ermee werkte niet doorhad.

Soms levert haar hoge trilling problemen op in de omgang met elektromagnetische apparatuur. Een paar maanden later zou Christina grote moeilijkheden krijgen met een laptop op school, omdat deze haar hoge energie niet verdroeg en voortdurend uitviel, wat zelfs de toch zeer deskundige leraar voor een raadsel stelde.

We waren een keer in een winkelcentrum met de lift blijven steken en ik smeekte Christina: 'Kun jij hem niet weer aan de praat krijgen?' En inderdaad, na een paar seconden deed de lift het weer.

En mijn auto is overigens een meisje, aldus Christina. Ze kan ook met de auto communiceren. Voor haar is dit heel normaal en natuurlijk, want ze weet niet anders.

We begrijpen niet zo goed waarom ze op school zoveel moeite heeft met algebra en wiskunde. Tot nu toe is alles wat met getallen te maken heeft een grote uitdaging voor haar. Voorlopig is haar verklaring dat getallen in deze vorm alleen maar in de derde dimensie voorkomen. Ook sommige prehistorische, aardse hoge beschavingen die gestoeld waren op vijfdimensionale principes – zoals de oude Egyptenaren of de oorspronkelijke bevolking van Midden-Amerika – hadden een andere vorm van 'heilige wiskunde'. In plaats van getallen gebruikten ze hiëroglyfen, geogliefen enzovoort. In sommige van deze culturen hadden ze geen geld, waardoor getallen niet echt noodzakelijk waren.

Christina zegt dat ze bepaalde hiëroglyfen en geogliefen uit oude hoge beschavingen kan ontrafelen en vertalen. Maar dat is een heel ander verhaal.

31
Naar een andere school

Nog steeds eind juni 2015. Het schooljaar loopt ten einde en inmiddels weten we dat Christina na de vakantie afstroomt naar de Realschule (vergelijkbaar met mavo/havo).

Omdat Christina nogal stilletjes en op de achtergrond is, wordt haar houding logischerwijze als 'passief' beoordeeld, hoewel ze de lessen altijd vol aandacht volgt en rustig en geconcentreerd werkt. Toch staat het haar vaak tegen om leerstof uit het hoofd te leren en te herhalen die simpelweg niet strookt met haar multidimensionale waarneming van de werkelijkheid. Op de natuurwetenschappelijke vakken heeft ze weliswaar goede cijfers, maar ze komt in de officiële leerstof steeds weer dissonanten, vergissingen en halve waarheden tegen. Op een keer vertelde ze me vastbesloten: 'Van nu af aan zal ik bij proefwerken voor de natuurwetenschappelijke vakken de antwoorden geven die de leraar wil horen, maar ik voeg er mijn eigen opvattingen aan toe. We leren voor een deel zaken die gewoon niet kloppen.'

Deze tegenstrijdigheden, in combinatie met het feit dat ze ook voor Frans een onvoldoende heeft, gaven de doorslag dat ze af moet stromen. In de tweede klas van de nieuwe school is Frans geen verplicht vak meer, zodat ze het kan laten vallen. Christina neemt de beslissing rustig voor kennisgeving aan en even schiet het door mijn hoofd dat ze dit zelf zo heeft gestuurd. De laatste dagen van dit schooljaar zal ze dus nog met haar oude klas doorbrengen, waarna hun wegen zich zullen scheiden.

In de laatste week voor de zomervakantie moeten alle leerlingen een opstel maken met als titel 'laatste klas 2015', waarbij ze zelf het onderwerp mogen kiezen. Eerst schrijft Christina de letters niet op de reguliere manier maar op haar synesthesiewijze. Wat mij betreft, ik zie alleen maar een paar puntjes in verschillende kleuren op papier. Ook de lerares was van mening dat Christina beter niet voor moderne kunst kon kiezen. Christina glimlacht alleen maar en vertelt me wat het allemaal betekent. Opnieuw realiseer ik me hoeveel grip ze op haar gaven heeft en hoe bescheiden ze blijft en toch haar persoonlijkheid niet laat inperken. Zo heeft ze niet de behoefte haar opdracht verder uit te leggen. Vrije keus is tenslotte vrije keus.

Hoewel de leraren weten dat Christina synesthesist is en daarnaast nog over meer bijzondere talenten beschikt, hebben het leerplan en de traditionele gebruiken prioriteit. Dat is ergens ook best begrijpelijk, want ons schoolsysteem is nu eenmaal zo opgebouwd en de leerkrachten hebben in principe weinig speelruimte. Gelukkig weet Christina hier op een goede en zelfstandige manier mee om te gaan. Bovendien snapt ze heel goed dat ze om haar levenstaak te vervullen niet afhankelijk is van schoolresultaten of diploma's.

32
Zomervakantie 2015

Juli 2015. De eerste dagen van de zomervakantie verlopen opvallend rustig. Het is heerlijk weer en Christina en Mario zijn samen met de kinderen uit de buurt de hele dag buiten in de vrije natuur. Mario en zijn kameraden zijn vooral druk met hooien, maaien en hard werken terwijl Christina af en toe met twee andere meiden op stap is en soms ook urenlang in haar eentje doorbrengt. Dat ze dan niet echt alleen is, weten we intussen, want ze communiceert met de dieren, planten en stenen, observeert de natuur of speelt met het water. Vaak jongleert ze ook met een kleine bal, wat voor haar een soort meditatie is.

In tegenstelling tot de afgelopen weken zijn er tijdens de vakantie bij Christina niet elke dag nieuwe talenten of boodschappen te bespeuren. Toch blijven we interessante gesprekken voeren en Christina vertelt me een paar ervaringen uit haar jongste jaren die ik nog niet eerder heb gehoord. Want in het leven van deze veertienjarige met al haar openstaande kanalen en communicatiemiddelen gebeurt er elke dag vast en zeker van alles in allerlei sferen. Ik stel me het ongeveer zo voor, dat ze elk uur gelijktijdig veertig beeldschermen met veertig verschillende programma's waarneemt zonder zich ook maar een klein beetje overbelast te voelen.

Onze gesprekken gaan niet alleen over alledaagse voorvallen, maar ook over complexe filosofische, parapsychologische en natuurwetenschappelijke onderwerpen. Keer op keer ben ik gefascineerd door de inzichten en verbazingwekkende kennis die deze jonge vrouw heeft. Ze gaat zo natuurlijk en vanzelfsprekend met al deze verschillende kennisgebieden om dat het mijn kritische verstand niet lukt om serieus aan haar verhalen te twijfelen. Wat ze uitlegt, komt gewoon heel logisch en overtuigend op me over en vanuit mijn visie valt er niets tegen in te brengen. Integendeel, Christina's grote kracht zit 'm juist daarin dat ze in staat is op zichzelf staande ingewikkelde onderwerpen zinnig met elkaar te verbinden en net als bij een puzzel stukje voor stukje in elkaar te leggen, zodat er voor mij langzaam maar zeker een begrijpelijk totaalbeeld ontstaat. Zo leidt ze me stap voor stap, verschijnsel na verschijnsel, thema na thema vanuit mijn derdedimensiedenken naar een veel groter, omvangrijker begrip van de aardse en kosmische realiteiten die voor haar zo vanzelfsprekend zijn.*

Een besluit met verstrekkende gevolgen

Terwijl Christina mij elke dag een stukje dichter bij haar opmerkelijke zienswijze op de wereld brengt en zo mijn mentale horizon met vele dimensies verbreedt, voel ik vanbinnen duidelijk dat haar uiteenzettingen niet alleen voor mij zijn bedoeld. Mijn besef groeit dat ik deze betogen van mijn dochter ook tegelijk uit naam van veel meer mensen te horen krijg en dus verplicht ben ze op te schrijven en door te geven. Het is net alsof ik plotseling een deel van een voor mij nu nog

* Toen we met dit boek bezig waren, hebben we besloten het merendeel van deze filosofische, parapsychologische en natuurwetenschappelijke uiteenzettingen niet in dit boek maar in de volgende boeken op te nemen. Dit geldt ook voor een aantal opmerkelijke voorvallen en fenomenen uit de jaren 2015 en 2016, die we vanwege plaatsgebrek verschuiven naar het volgende boek.

Na voltooiing van dit boek, deel 1, wordt in het volgende deel Christina's leven tussen de zomer van 2015 en nu (lente 2017) kort beschreven.

ondoorgrondelijk, hoger plan ben geworden en uitgenodigd en uitgedaagd word deze mij toebedachte rol nu deemoedig aan te nemen en naar eer en geweten te vervullen.

Bij dit alles voel ik steeds hoe Christina en ik door een onzichtbare hand van een liefhebbende, goddelijke instantie worden geleid, die in ons uiterlijke en innerlijke leven alles precies op het juiste moment op touw zet. Ik vraag Christina of dit Elena misschien is, haar tweelingzus met een lichaam van puur gouden licht, die altijd bij haar is. Maar Christina denkt dat het hier toch om iemand anders gaat.

Zo rijpt deze zomervakantie in mij het besluit om samen met Christina dit boek te schrijven. Dat het niet bij één boek zou blijven, maar dat er een heuse reeks zou komen en dat er nog meer waardevolle helpers naar ons toe zouden worden gestuurd, daar had ik op dat moment nog geen flauw idee van. Tegelijkertijd steekt ook twijfel de kop op – geen twijfel aan de oprechtheid en belangrijkheid van Christina's verzoek, maar ten eerste twijfel of ik wel goed genoeg kan schrijven en ten tweede twijfel of de buitenwereld er wel aan toe is om zich met iemand als Christina in te laten.

Ik ben weliswaar goed op de hoogte van medische belangen, ik kan ook heel hard lopen en ik weet hoe je succesvol een klein bedrijf moet leiden en een gezin moet runnen. Maar een boek schrijven en de uitgeverswereld zijn voor mij totaal onbekende werelden. Daarom bid ik tot de eerdergenoemde goddelijke instantie, die ons kennelijk al de hele tijd liefdevol leidt, om alles wat nodig is om deze klus te klaren. Ik ben vastbesloten en bereid mijn aandeel te doen en ik stel alles in het werk om deze bijzondere opdracht te volbrengen.

En wat de bereidheid van het publiek betreft, ook dit geef ik in vol vertrouwen over in hogere handen. Natuurlijk besef ik in welke maatschappij dit boek terechtkomt. Wat in dit boek wordt beweerd, zal voor een groot deel van de mensen beslist geen gangbare kost zijn, want het huidige driedimensionale wereldbeeld wordt behoorlijk ter discussie gesteld en zal het materialistische denken op zijn grondvesten doen schudden. Bovendien komt het boek op voor vrede en goddelijke wijsheid, voor waarachtigheid en onbevooroordeeld respect voor de vrije wil van alle levende wezens. Het valt te verwachten dat je in bepaalde kringen op heftige reacties kunt stuiten, misschien dat we zelfs vijandig worden bejegend of bestreden worden. Maar hier trekken we ons niets van aan en we laten ons niet weerhouden. Ik ben ervan overtuigd dat Christina elke situatie aankan. En wat mezelf betreft... ik beschouw alles wat op ons afkomt als een nieuw leerproces waar ik kennelijk ooit vrijwillig voor heb gekozen.

'Wat is daar nou zo moeilijk aan?'

Op een dag in de vakantie krijgen we visite. Het is weer een prachtige zomerdag en we zitten in onze rustig gelegen tuin van de dag te genieten. Christina is in gesprek met de visite over reïncarnatie en de fijnstoffelijke werelden. Het is duidelijk dat ze over meer en nauwkeurige kennis beschikt. Wanneer de bezoeker haar twee keer vraagt naar een of ander detail over hogerdimensionale sferen, reageert ze lachend: 'Wat is daar nou zo moeilijk aan?!'

Iedereen barst in lachen uit. Deze uitspraak van Christina zal onderdeel worden van onze familiegeschiedenis en ook ik gebruik hem later bij verschillende gelegenheden meerdere keren. Bijvoorbeeld als Christina bij haar huiswerk weer eens een hobbel in wiskunde moest nemen en ik niet begrijp waarom dit meisje zoveel moeite met cijfers heeft, zeg ik: 'Wat is daar nou zo moeilijk aan?' Dan schieten we allemaal in de lach en vragen ons af hoe het komt dat Christina schijnbaar met alles zelfstandig en gemakkelijk kan omgaan, behalve met haar handen en met getallen.

De ‘geheimen’ van de duistere machten

Later op de dag vraagt de visite aan Christina waar ze de afgelopen nacht naartoe is geweest. Christina lacht opnieuw en begint enthousiast te vertellen: ‘Ik was in Egypte. Weet iemand of er in het echt een soort grote kat of leeuw is, of iets wat erop lijkt? In elk geval heb ik mijn hand op de poot van het dier gelegd, waarna er een deur openging. Daarbinnen was het helemaal donker.’

Zelfs voor Christina was het achter de deur aardedonker, hoewel zij in het donker normaal gesproken goed kan zien. De opening was groot genoeg om door naar binnen te gaan, maar ze durfde niet. Ik weet zeker dat ze de beroemde sfinx bedoelt. Weer valt me op dat Christina van sommige zaken hier op Aarde die ze voor de eerste keer ziet, niet de vakterm of aardse naam kent.

Verder vertelt ze dat ze via astrale reizen al naar veel van deze ‘geheimste plekken’ is gereisd, maar dat ze er niet bepaald van onder de indruk is. Zo maakt ze duidelijk dat ze weliswaar op de hoogte is van de vermeende geheimen en de duistere praktijken van de destructieve krachten in deze wereld, maar dat ze het niet als haar taak ziet deze praktijken te ontmaskeren, aan te klagen of te bestrijden. Ze veroordeelt de onlichte wezens ook niet voor wat ze doen, maar ziet hun aanwezigheid simpelweg kalm en zonder oordeel als een onontkoombaar feit. In deze derde dimensie heb je nu eenmaal licht en onlicht, en beide hebben voorlopig nog in gelijke mate recht om hun invloed op Aarde te laten gelden. Het is niet aan de sterke lichte machten om de duistere agressief te bestrijden of met geweld te verdrijven. De aanstaande omwenteling en machtswisseling richting het licht zullen zich sneller voltrekken als de bevolking hier werkelijk toe bereid is. Dan zullen regeringen veranderen en zich daadwerkelijk inzetten voor vrede en democratie.

Het materiële machtsmiddel geld

Vanuit Christina's perspectief zijn buitenlichamelijke ervaringen, astrale reizen en haar communicatie met hogerdimensionale wezens heel normaal, en zij wil ook graag dat anderen haar als een normaal mens behandelen. Ze heeft liever niet dat men haar als bijzonder beschouwt of behandelt. Ook ik probeer deze voor mij nog steeds ongewone facetten van mijn dochter als een vanzelfsprekendheid te accepteren. Maar eerlijk gezegd lukt me dit de ene keer beter dan de andere. Tot mijn eigen verbazing voel ik midden in deze turbulente tijd tegelijkertijd een ongewone rust en kalmte, een gevoel van erkenning en harmonie waar ik diep dankbaar voor ben.

Ook onze moeder-kindrelatie is door Christina's 'anders-zijn' nog nooit onderwerp van discussie geweest. Hoewel haar bewustzijn een veel hogere frequentie heeft dan het mijne en hoewel ze in allerlei opzichten veel verder is dan ik, accepteert ze haar rol als dochter en vervult die op voorbeeldige manier. Dit maakt het voor mij gemakkelijker om deze geplande moederrol met veel verantwoordelijkheid en liefde te vervullen. Algemeen geldt immers – los van de actuele bewustzijnsfrequentie van een kind – dat wij als ouders niet het recht hebben te bepalen wat ons kind moet denken of voelen, wat het zeggen of hoe het handelen moet. Daarom zie ik het op dit moment vooral als mijn taak om de gebeurtenissen oplettend te volgen en ze dagelijks zo waarheidsgetrouw en eerlijk op te schrijven.

Ik weet dat er in principe geen reden is om me zorgen te maken en toch bekruipt me – net als iedere moeder – af en toe een kleine onzekerheid. Dan vraag ik me af: hoe zal het verdergaan met Christina? Wat zal er de komende jaren nog op ons gezin afkomen? En ben ik in staat al mijn uitdagingen tot een goed einde te brengen?

In dit verband schiet me te binnen wat Christina vroeger eens zei: 'Ik zal nooit een mobieltje of geld nodig hebben, en ik zal nooit autorijden.' De kwestie met het mobieltje is ondertussen opgehelderd, want haar communicatie loopt voornamelijk via telepathische kanalen. En wat auto's betreft, is er geen enkele noodzaak dat ze later haar rijbewijs haalt en zelf auto gaat rijden. Er zijn immers genoeg anderen die dit kunnen, zoals haar broer Mario, die zich er nu al op verheugt om allerlei voertuigen niet alleen te besturen maar ook te bouwen. Christina heeft Mario al meerdere keren gevraagd of hij ook de mogelijkheden onderzoekt van voertuigen zonder wielen of zonder de gebruikelijke brandstof. Vanuit haar perspectief doen onze auto's en andere voertuigen met wielen eerder aan als dingen uit het stenen tijdperk, want zij kent transportmiddelen die werken op de vrije energie van de ruimte.

Hoe moet ik Christina's uitspraak zien dat ze nooit geld nodig zal hebben? Met alles wat ik weet, is het domweg onmogelijk om in onze materialistische en op geld gefixeerde maatschappij te overleven zonder enige vorm van financiële middelen. Dat geld wereldwijd machtsmiddel nummer één is, weet iedereen. En iedereen kent ook het droevige feit hoe ongelijk het geld onder de mensen is verdeeld. De rijkste 1 procent bezit meer dan de overige 99 procent samen, en deze kloof tussen de rijksten en de rest van de wereld wordt elk jaar groter. De acht meest vermogende superrijken bezitten ongeveer evenveel geld als de halve wereldbevolking, en het ziet er niet naar uit dat deze situatie binnen afzienbare tijd zal veranderen. Of misschien toch?

Voor Christina is geld nog nooit echt belangrijk geweest. Haar zakgeld geeft ze meestal aan haar broer, die er gereedschap en dergelijke voor koopt. Maar ze is allesbehalve naïef en beseft heel goed dat deze wereld momenteel door geld geregeerd wordt en dat de meeste mensen hun hele leven vooral bezig zijn met geld (moeten) verdienen. Ook Christina zal, denk ik, vroeg of laat op de een of andere manier moeten voorzien in haar eigen levensonderhoud. Ik schrik als even de gedachte door mijn hoofd schiet dat ze er misschien wel voor kiest om deze derde dimensie weer te verlaten voor ze volwassen is. Maar dit zou, stel ik mezelf weer gerust, totaal geen zin hebben. Deze ziel is toch niet van ver naar deze dichtheid gekomen om het hele gedoe rond haar geboorte, haar vroege kinderjaren in het kinderziekenhuis en haar PEG-sonde te doorstaan om even later alweer te vertrekken? Bovendien heeft ze kort geleden duidelijk gezegd dat ze pas weggaat als haar missie succesvol is volbracht.

Dus nogmaals: hoe moet ik Christina's uitspraak interpreteren dat ze later geen geld nodig zal hebben? Is deze uitspraak symbolisch bedoeld en wil ze er iets anders mee zeggen? Ik vraag haar ernaar, en haar antwoord is kort en bondig: 'Het materiële machtsmiddel geld bestaat alleen in deze derde dichtheid. In alle andere dimensies is het niet nodig.'

Ik kan me goed voorstellen dat hogerdimensionale beschavingen prima zonder geld kunnen en in plaats daarvan betere middelen hebben gevonden om hun samenleving in te richten. Maar de vraag blijft of het de mensheid op Aarde gaat lukken om zich zo snel richting vijfde dimensie te ontwikkelen dat geld al gauw geen functie meer zal hebben. Wie weet, misschien dat er voor Christina ook een kleine tussenfase zal zijn waarin ze toch iets met geld te maken krijgt voor het overbodig wordt. Of misschien is ze ook op de een of andere manier in staat alles waarvoor je geld nodig hebt zonder geld te verkrijgen. Ik weet het niet, en het heeft geen zin om erover te speculeren. De toekomst zal het leren.

33
Wezens van het onlicht

Half augustus 2015. Aanvankelijk wilde ik het in dit boek niet hebben over de negatieve energieën en destructieve donkere machten. Maar het lijkt erop dat ik er niet helemaal onderuit kom en het thema toch moet aanstippen. Ten eerste omdat de dualiteit van licht en onlicht nu eenmaal tot de realiteit van onze dimensie behoort en je die niet kunt negeren. Ten tweede omdat we er sterk rekening mee moeten houden dat de machten van het onlicht door de toekomstige daden van Christina zullen worden opgeschrikt en zich zullen roeren.

De dualiteit van licht en onlicht

Zoals in hoofdstuk 12 (Licht en onlicht) al aan bod is geweest, positioneert Christina zich heel duidelijk aan de kant van het licht, dus aan de kant van de wezens die het goddelijke en het lichtvolle onderkennen en begrijpen dat ze dienaar van dit goddelijke zijn. Kenmerken van deze licht-mentaliteit zijn: de erkenning en aanvaarding van de goddelijke puurheid; het onvoorwaardelijke respect voor de vrije wil van alle wezens; het constructief en in harmonie samenwerken in vriendschappelijke uitwisseling met alle wezens; het onvoorwaardelijk ondersteunen van anderen door middel van raad, aanmoediging en het appelleren aan de eigen kracht; het bewust afzien van manipulatie, vijanddenken, agressie en spelen met angst. Het motto van de lichtwezens luidt 'jouw wil geschiede', en dit geldt zowel in relatie tot ieder ander levend wezen als in het contact met God. In tegenstelling tot het motto van de wezens van het onlicht dat luidt 'mijn wil geschiede'. Om hun eigen doelen te bereiken zijn ze respectloos en houden ze geen rekening met de ander, zijn ze bereid te manipuleren, uit te buiten, te bevoorrechten of een ander zelfs met geweld uit de weg te ruimen.

Wezens die kiezen voor de mentaliteit van het onlicht, bevinden zich in allerlei kosmische dimensies, dus ook in onze derde aardse dichtheid en in de parallelle werelden. Dat wil zeggen: je treft ze in geïncarneerde mensen aan (en vaak daar waar de weg leidt naar macht en het geld), maar ook in de sferen dicht bij de Aarde, waar de overledenen en fijnstoffelijke wezens zijn. Juist onze aardse sferen vormen kosmisch gezien een soort school waar je kunt leren het licht en het onlicht van elkaar te onderscheiden, om vervolgens bewust voor het een of het ander te kunnen kiezen.

Je zou deze dualiteit van licht en onlicht ook 'het goed en het kwaad' of 'het negatieve en het positieve' kunnen noemen. Het is wel belangrijk om te onderstrepen dat deze aanduidingen van onze kant geen waardeoordeel in zich dragen, maar enkel een omschrijving zijn. Want echte lichtwezens kunnen heel goed onderscheid maken tussen deze twee mentaliteiten en levensvormen, maar omdat ze zich niet mengen in de vrije wil van anderen – ook niet in de vrije wil van een wezen van het onlicht – respecteren ze ook de keuze van een ziel als die voor het kwade kiest, zonder een oordeel te vellen.

Daarom zijn de termen 'het goed en het kwaad' of 'het positieve en het negatieve' niet bedoeld om een waarde toe te kennen aan deze begrippen; je moet ze simpelweg zien volgens hun letterlijke betekenis.* Een wezen met een negatieve mentaliteit is derhalve een wezen dat met zijn vrije wil ervoor heeft gekozen geen dienaar van het grote geheel en de bestaande goddelijke orde te zijn. Zo'n 'negatief wezen' is om die reden niet slechter of minder dan een 'positief wezen', maar het bevindt zich op dat moment alleen maar op de tegenovergestelde, van het licht afgekeerde weg. Begrijp me niet verkeerd, we willen hiermee het destructieve vijanddenken of het veroordelen van andere levende wezens beslist niet bevorderen. Ook manipulatieve negatieve wezens die kwaad willen doen, moeten vanuit goddelijk perspectief gezien niet in een kwaad daglicht worden gesteld.

Aanduidingen van de dualiteit van licht en onlicht kunnen zijn:

het goede - het kwade
het positieve - het negatieve
in het licht - in het onlicht (afgescheiden van het licht)
naar het licht toe - van het licht af
naar God toe - van God af
goddelijke - niet-goddelijk, antigoddelijk

Het licht van het goddelijke is in de hele kosmos altijd en overal aanwezig en elk schepsel heeft altijd de vrije keus om zich naar het licht te keren en op constructieve wijze met het licht samen te werken. Hiermee wordt duidelijk dat de wezens van het onlicht niet altijd van het licht afgescheiden hoeven te blijven, maar dat ze elk moment een andere keuze kunnen maken en

* Uit de etymologische woordherkomst van de Duitse taal betekent 'het goede' letterlijk 'dat wat [bij de goddelijke wil] past en dus deugt en constructief is', terwijl 'het kwade' letterlijk betekent 'dat wat trots, opschepperig en onbescheiden is'.

Op eenzelfde manier betekent in het Latijn 'het positieve' letterlijk 'dat wat zich [aan goddelijke wetmatigheden] houdt, terwijl 'het negatieve' letterlijk betekent 'dat wat [goddelijke wetmatigheden] ontkent en afwijst'.

dat ze in plaats van zich van het goddelijke licht af te keren ernaar toe kunnen keren. Daarom is het zo belangrijk ze niet te veroordelen of te vervloeken, maar de deur naar het licht steeds voor hen open te houden, echter zonder met hen te gaan resoneren.

De wezens van het onlicht zitten in een trieste situatie. Ze leiden een leven in constante, pijnlijke angst en in een voortdurend bewustzijn van gebrek en tekort. Omdat ze zich vrijwillig van de goddelijke Bron hebben afgekeerd, die hen te allen tijde en onder alle omstandigheden beschermt en tevens een toevlucht is en energie kan geven, zitten ze in een voortdurende staat van zorg en angst om hun bestaan en proberen ze zich eigen bronnen van energie te verschaffen of te creëren. Daarbij hebben ze geen enkele scrupule om voor eigen gewin energie van andere levende wezens af te tappen door hen te manipuleren, uit te buiten en te misbruiken.

Het is niet zo dat ze dit vanuit grote boosheid doen, het is eerder zo dat het voortkomt uit pure wanhoop en een innerlijk gevoel van pijnlijke existentiële angst. Vanuit hun perspectief bekeken, is het bestaan in deze wereld geen eindeloos feest van vreugde en liefdevolle contacten met andere dienaren van het licht, maar een voortdurende, bittere strijd om te overleven waarbij iedereen uiteindelijk alleen staat, op zichzelf is aangewezen en voor zichzelf moet vechten. Door deze onlichte, van God verlaten mentaliteit staan de negatieve wezens permanent onder een door henzelf gecreëerde dwang en druk, en de onderlinge concurrentiestrijd en de strijd om te overleven bepalen hun bestaan. Omdat ze innerlijk ver van vrede en harmonie afstaan, lukt het hun ook niet vrede te scheppen in hun uiterlijke leven. Dit maakt dat ze niet alleen voortdurend in angst, wantrouwen en afgunst verkeren, maar ook in een innerlijke en uiterlijke strijd tegen alle anderen.

Christina noemt de wezens van het onlicht ook wel ‘schaduwfiguren’ en ze blijft benadrukken dat in werkelijkheid alle wezens het goddelijke licht in zich dragen, ongeacht hoe destructief ze zich nu gedragen. Ze zegt: 'Sommigen zijn gewoon vergeten dat ze licht zijn.'

In de dicht bij de Aarde liggende sferen van de overledenen en andere fijnstoffelijke levende wezens dwalen heel veel wezens van het onlicht rond. Zoals alle mensen met een verruimde waarneming stuit ook Christina daar voortdurend op zulke schaduwfiguren. Maar omdat zij zich kan afsluiten voor negatieve energieën, roept hun aanwezigheid bij haar geen angst of een bedrukt gevoel op. Zij onderkent in welke rottige situatie deze laagtrillende, vertwijfelde figuren zitten en ze treedt hen welwillend en vriendelijk tegemoet.

Andere mediale mensen echter, vooral kinderen, die fijnstoffelijke waarnemingen hebben, laten zich af en toe verrassen door schaduwfiguren en bang maken. Wij noemen ze 'kinderlokkers', 'achtervolgers', 'vampieren', 'demonen' enzovoort. Deze onfortuinlijke schaduwfiguren proberen op een fijnstoffelijke manier via de menselijke aura bij je energie te komen en om dit voor elkaar te krijgen jagen ze je graag angst en schrik aan omdat deze bewustzijnsstaat krachtige energieën vrijmaakt.

Maar er zijn ook wezens van het onlicht die minder 'onschuldig' en beduidend machtiger en invloedrijker zijn. Christina licht dit toe: 'Sommige schaduwfiguren zijn heel intelligent en gehaaid. Ze doen zich voor als profeten van het goede en spiegelen zo een vals licht voor om de mensen op een dwaalspoor te brengen en verre te houden van het licht. Je herkent deze duistere wezens aan hun uitspraak dat het kwade niet bestaat. Hierdoor verraden ze zichzelf en laten ze zien dat ze niet echt in het licht zijn. Want in onze dimensie is altijd zowel het licht als het onlicht, zowel het goede als het kwade. Het gaat erom dat je het een van het ander leert onderscheiden.

Christina's jaren van beproevingen

Vandaag vertelt Christina dat ze in de fijnstoffelijke sferen al pittige confrontaties met de daar heersende krachten van het boze heeft meegemaakt, die al langere tijd proberen op de Aarde de mensheid te onderwerpen en te overheersen. Tegelijkertijd weet ze ook te vertellen dat de invloed van deze machten tegenwoordig enorm afneemt. Sinds 2012 is ongeveer de helft van de fijnstoffelijke schaduwfiguren verdwenen doordat ze de toenemende hogere lichtfrequenties op onze planeet gewoonweg niet verdragen. Gevolg hiervan is dat steeds meer hogere lichtwezens hun leefruimte op onze planeet zoeken door hier te incarneren.

Als kind heeft Christina deze fijnstoffelijke, duistere figuren vaak gezien, in het begin vooral 's avonds en 's nachts als ze naar buiten keek. Terwijl ze dit zegt, wordt me ineens duidelijk waarom dat kleine meisje destijds een stoel voor het raam schoof om naar buiten te kunnen kijken. Ze keek niet alleen naar de sterren en de nachtelijke hemel, maar zag ook deze enorme duistere wezens die probeerden haar bang te maken en weer van deze planeet te jagen.

In de jaren 2010 tot 2012, vertelt ze verder, namen deze onwelkome 'bezoekjes' opvallend toe. Hele legioenen schaduwwezens, meestal in rood-zwarte of grijze tinten, kwamen aangemarcheerd om haar bang te maken en te bedreigen. Ook overdag volgden ze haar bij elke stap en omsingelden ze haar keer op keer. Maar Christina is nooit bang geweest. Sterker nog, ze stapte dan onverschrokken op de figuren af zodat deze juist voor haar terugdeinsden.

Ze voegt nog toe: 'Telkens als deze schaduwfiguren opdoken, was ook Elena met haar heldere licht in de buurt. In die jaren verscheen Elena alleen maar buiten, nooit in huis. Terwijl ik 's nachts naar haar zocht, werd ik tegelijkertijd hevig met het kwade geconfronteerd. Hierdoor heb ik geleerd op eigen kracht het licht van het onlicht te onderscheiden en me op het licht te richten.'

Ze gaat verder: 'Deze energieën van het duister voelde ik destijds al aan voor ik ze zag. En hoewel deze schaduwfiguren heel intelligent, gehaaid en op een duivelse manier geniaal zijn, hebben ze één ding niet: wijsheid. Met wijsheid kun je hen machteloos maken. Als klein kind besefte ik al dat ik op een dag getest zou worden door deze duisternis. Ook Jezus moest zich meten met deze duisternis, namelijk toen hij veertig dagen alleen de woestijn in ging om te vasten en te mediteren. Daar werd hij door het kwaad verleid en dit was een belangrijke ervaring in zijn ontwikkeling. Op eenzelfde manier was het ook voor mij cruciaal om in die periode tussen 2010 tot 2012 deze ervaringen op te doen en me zonder enige vorm van steun met het onlicht te meten.'

Christina was toen tussen de negen en elf jaar oud. Ik kan er haast niet bij welke confrontaties en beproevingen het kleine meisje twee jaar lang heeft meegemaakt zonder dat ik ook maar iets in de gaten had. Kennelijk lukte het haar om alleen met wijsheid en innerlijke vrede de herhaaldelijke aanvallen en verleidingen van de duistere machten te weerstaan.

Daarna beschrijft ze nog een paar episodes uit die tijd die zo eng en angstaanjagend waren dat ik ze hier liever niet meer noem. Ik kan er met mijn hoofd niet bij hoe een kind van tien met zulke horrorscenario's kan dealen. Maar Christina is nu eenmaal geen gewoon kind, dat wordt ook nu weer duidelijk. Uit wat ze vertelt, maak ik op dat ze me de omvang en de naarste details bespaart omdat ik daar niet mee zou kunnen omgaan. Soms vroeg ze zich wel eens af hoe ik, als haar moeder, bij dit helse nachtelijke lawaai nog kon slapen. Want veel van die voorvallen speelden zich in ons huis af. Later besefte ze dat het lawaai natuurlijk fijnstoffelijk was en voor mensen zonder verruimde waarneming totaal niet te horen was.

Er was nog een kwestie waarvan nu bij mij het kwartje valt. Christina wilde altijd dat het licht op de overloop van de eerste verdieping 's nachts aan bleef – tot aan 2012. Toen hoefde het niet meer.

'Ben je dan nooit bang geweest voor deze schaduwfiguren?' vraag ik nog een keer.

'Nee, hoewel ze echt alles uit de kast hebben gehaald om me bang te maken. Want angsttrillingen zijn het voedsel van de onlichte wezens. Omdat zij het positieve en lichtvolle vermijden, moeten zij hun energie halen daar waar de mensen laag trillen en negatieve energieën uitzenden.'

Christina stelt me gerust, sinds 2012 is de ergste tijd gelukkig voorbij – niet alleen voor haarzelf maar ook wereldwijd. Door de voortgaande planetaire trillingstoename neemt de invloed van de wezens van het duister steeds meer af en verlaten ze in groten getale de planeet. Door de afnemende fysische dichtheid op Aarde is het bovendien voor nieuwe wezens van het duister niet meer mogelijk om hier als mens te incarneren omdat hun laagtrillende energie hier niet langer levensvatbaar is. Anders gezegd: hoe hoger de collectieve goddelijke bewustzijnsenergie op Aarde, hoe moeilijker het voor lagere, destructieve energieën is om hier leefruimte te vinden. Dat is nog eens goed nieuws!

Christina vertelt ook dat Elena vanaf 2012, nadat ze haar twee jaar durende beproevingen blijkbaar succesvol had volbracht, altijd en overal bij haar is, niet alleen buiten voor het raam, maar ook binnen in huis. Dat is toch gewoon fantastisch!

De onmacht van de machtigen en het hogere principe van de liefde

Ik vraag door: 'Toch heb ik de indruk dat er desondanks nog heel veel duistere wezens op Aarde zijn die hier doelgericht angst en schrik verspreiden. Ze zijn immers niet alleen in de fijnstoffelijke sferen te vinden maar ook lijfelijk aanwezig in de verschillende machtssystemen van de economie, politiek, defensie, religies enzovoort. Met het oog op de huidige nieuwsberichten via alle media zou je haast denken dat het kwade en destructieve steeds sterker aan het worden is en meer en meer mensen in de ban krijgt. Of vergis ik me?'

Christina knikt: 'Ja, je vergist je, want het gaat maar om een heel kleine, maar wel vrij machtige minderheid. Ze staan momenteel nogal onder druk vanwege de toenemende trillingsverhoging op Aarde. Deze duistere machthebbers zijn geïnformeerd dat de Aarde een proces van trillingstoename doormaakt en nu zijn ze in rep en roer omdat ze zijn overgeleverd aan hun existentiële angst. De angst om hun machtspositie en dus hun energiebron te verliezen is beduidend groter dan bijvoorbeeld de angst van de onwetende bevolking voor terreur, oorlog en chaos. De donkere machten weten allang wat er met deze planeet gaat gebeuren, en ze hebben in het verleden alles in het werk gesteld om de trilling laag te houden. Dit deden ze vooral door steeds weer angst en gruwel te verspreiden en aan te wakkeren om zo de collectieve bewustzijnsverruiming tegen te houden. En nu, omdat ze merken dat hun tijd er weldra op zit, reageert deze sterk onder druk staande, autocratische minderheid nog heftiger dan ooit.

Veel mensen zullen zich niet bewust zijn van de grotere verbanden. Daarom denken sommigen dat je de heersende duistere machten met geweld, veroordeling, sancties en tegenacties tegemoet moet treden. Maar op deze manier krijg je alleen maar verliezers aan beide kanten. Het is veel beter om ze niet als vijand te zien en je zodoende niet te verlagen tot hun energieniveau, maar om hen met een neutrale houding constructieve perspectieven aan te bieden, zodat ook zij de mogelijkheid tot transformatie hebben.'

Steeds weer ben ik verbaasd over de grote wijsheid en liefde die mijn dochter in zich heeft. Hoewel ze precies ziet welke duistere machtsspellen er achter de coulissen van onze maatschappij worden gespeeld, en hoewel ze zelf jarenlang enorm is geteisterd en bestookt, koestert ze geen enkele wrok of vijandigheid jegens hen.

Later legt Christina het hogere principe van de liefde uit met de volgende woorden: 'Mensen, zelfs hele bevolkingen, die gebrek aan liefde hebben, worden vatbaar voor angst en geweld. Ze staan onzelfstandig, chaotisch en egoïstisch in het leven. Hierdoor nodigen ze machtsbeluste, manipulatieve wezens juist uit, want die voeden zich met angsttrillingen. Als het een hele natie betreft, kan de collectieve liefdeloosheid onder mensen ertoe leiden dat op macht beluste duistere wezens de regeringen overnemen om zo chaos te creëren die is ontstaan vanwege het ontbreken van de zelforganiserende kracht van liefde.

Als je levenskracht als liefde ervaart, zal het niet-verbonden voelen met alles worden ervaren als ego, angst en haat. De op macht beluste mensen voeden zich met zulke angsten. Een regering zonder liefde kan daarom niet vrij, rechtvaardig en idealistisch zijn. Volkeren die te angstig, te zelfzuchtig en te chaotisch zijn om op eigen benen te staan, nodigen ondemocratische regeringen uit de bevolking op een gewelddadige manier te besturen en zo een kooi te creëren voor alle anderen die hun verstand hebben verloren. Zolang een mens of een volk meer angst dan liefde in zich draagt, zal democratie, ongeacht hoe eerlijk en goed die ook mag lijken, alleen maar gebruikt worden om de massa te hypnotiseren. Autocratische machthebbers werken altijd achter de coulissen van deze wereld, hun media zenden bewust irritatie en angst de wereld in, terwijl de vijand over wie wordt gesproken een verzinsel is.

Als hebzucht en de zucht naar macht en roem de boventoon voeren, wordt het ego vereerd en het uitdragen van een bewustzijn van liefde ondermijnd. Zulke systemen zullen zichzelf vernietigen. Echte verandering moet van buiten het systeem komen. Echte verandering moet van de mensen van de nieuwe tijd komen. Want liegende en bedriegende duistere regeringen kunnen niet op tegen de kracht van een oprecht liefhebbend mens. Deze liefdeskracht komt voort uit de ziel en vormt de basis van elke geweldloze revolutie. De liefde is de grootste kracht in het universum – zowel in de natuur als in ieder mens. En om ware vrijheid en gelijkheid onder de mensen te bereiken heb je een volk nodig dat in harmonie leeft met de goddelijke wetten en de goddelijke wil, waarin liefde de basis is van alles wat is.'

Christina vertelt verder en ik blijf ademloos luisteren. 'Zodra er bij iemand een bewustzijnsverruiming plaatsvindt en het derde oog wordt geactiveerd – zoals momenteel bij veel mensen het geval is –, zal hij naast al het mooie ook deze fijnstoffelijke schaduwfiguren zien. Dan hangt het van zijn eigen leerproces af hoe hij op hun aanwezigheid reageert. Zal hij constructief en liefdevol met zijn eigen waarnemingen omgaan, of wordt hij bang en trekt hij zich weer terug uit deze sfeer. ***De mensen kunnen hier zeker van zijn: natuurlijk zijn er onlichte schaduwwezens, maar er is overal en altijd ook het goede en lichtvolle aanwezig waarop je je kunt richten. Elke ziel heeft telkens weer de keuze tussen het onlicht en het licht.'***

Christina legt dan uit dat het dus van het individuele energieniveau afhangt hoe iemand omgaat met de aanwezigheid van licht en onlicht in deze dimensie. Dit individuele energieniveau kun je immers veranderen met behulp van je vrije wil. Volwassenen adviseert ze zo authentiek mogelijk te zijn; ze moeten zich noch door eigen egopatronen, noch door manipulatie van buiten laten beïnvloeden. Ook moet je niet meer klagen of mokken over het verleden of jezelf veroordelen om dingen die je vroeger hebt gedaan of juist hebt gelaten. Als je op deze manier met jezelf in harmonie bent en je van onnodige ballast bevrijdt, staat je bewustzijnsverruiming niets meer in de weg.

Voor de kinderen van de nieuwe tijd is het gemakkelijker om hun energieniveau te verhogen doordat hun bewustzijn nog niet vertroebeld is met allerlei destructieve patronen en overtuigingen die ze zich in de loop van hun leven hebben eigen gemaakt. Hun frequentie is van nature hoger, wat maakt dat voor veel kinderen van nu de multidimensionale waarneming heel vanzelfsprekend is.

Lichtvol zijn in het dagelijks leven

Later denk ik na over wat Christina me vandaag zo uitvoerig heeft uitgelegd. Ik heb weliswaar geen inkijk in de hogerdimensionale strijd van de schaduwwezens, die kennelijk voortdurend in de fijnstoffelijke sferen wordt geleverd, maar in mijn driedimensionale leven bestaat eveneens de dualiteit van licht en onlicht. Ook hier heb ik de mogelijkheid me te bekwamen in het onderscheidend vermogen en me dan met vol bewustzijn vrijwillig op het licht te richten. Ook hier kan ik onderkennen en inzien dat ik licht ben en dat ik me niet bang hoef te laten maken door onlicht. Ook hier kan ik op elk moment kiezen of ik onvolkomenheden of verkeerde beslissingen en afwegingen bij mezelf of bij anderen wel of geen aandacht geef. Ook hier kan ik begrip, vergeving en liefde oefenen en me distantiëren van destructief vijanddenken en zinloos veroordelen.

Tegen met name de ouders van hoogtrillende kinderen wil ik zeggen: zelfs als de confrontatie met de kant van het onlicht niet altijd zo heftig zal verlopen als bij Christina het geval was, houd er dan toch rekening mee dat ook jullie kinderen zulke uitdagingen tegen gaan komen. Probeer dan onder alle omstandigheden begrip voor ze te hebben. Als je dochter of zoon over donkere gedaanten vertelt die 's nachts ongewenst op bezoek komen, neem ze dan alsjeblieft serieus en help ze om het licht en het onlicht vrij van angst te leren onderscheiden. Geef zelf het voorbeeld wat liefde, wijsheid en innerlijke rust betekenen en laat zien hoe je je met behulp van deze deugden kunt beschermen tegen bangmakerij en aanvallen van de schaduwfiguren.

Het is bekend dat hoogtrillende zielen er dikwijls voor kiezen geboren te worden in moeilijke levensomstandigheden en zich blootstellen aan bijzondere beproevingen. Sommige van deze zielen lopen het risico dit te vergeten op het moment dat ze zijn geïncarneerd en geconfronteerd worden met hun leerprocessen. De fijnstoffelijke duistere machten zullen er alles aan doen om juist zulke kinderen aan te vallen, te verzwakken en van hun leerplan af te brengen. Daarom is het zo belangrijk dat de kinderen van de nieuwe tijd begrip en steun krijgen van hun ouders en leraren.

Uit de vele gesprekken die Christina met zulke kinderen heeft gehad, weet ze dat heel veel van hen de onstoffelijke schaduwfiguren kunnen zien en hier verschillende betekenissen aan geven. Velen durven hier echter niet met hun ouders over te praten en lijden onder deze geestelijke isolatie in hun eigen gezin. Omdat ze hoog trillen, nemen deze kinderen ook het lichte en mooie waar en richten ze zich hier van nature op. Desalniettemin zou het zowel voor de kinderen als voor de volwassenen wenselijk en bovendien gemakkelijker en prettiger zijn als er meer openheid en begrip zouden zijn.

Hetzelfde geldt voor de omgang tussen volwassenen onderling. Met het oog op de trillingstoename, waar onze planeet van nu af aan aan onderhevig is, en met het oog op de aanstaande maatschappelijke veranderingen die zich in de loop hiervan zullen voltrekken, staan we voor de uitdaging om ook ons eigen gedrag onder de loep te nemen. Zijn we bereid de 'tekortkomingen' en 'fouten' die anderen volgens ons hebben, volmondig te accepteren? Zijn we bereid de 'foute beslissingen' en 'misstappen' die ze volgens ons hebben gemaakt, niet langer te veroordelen? Lukt het ons om hier zonder verontwaardiging, straffen, sancties of tegenacties op te reageren? En net zo belangrijk: hoe gaan we met onze eigen tekortkomingen en misstappen om? Zijn we in staat om ook onszelf niet meer te veroordelen en te straffen?

Want veroordeling, verontwaardiging, afschuw, verachting, wraakgevoelens, vijanddenken, haat, woede, afgunst, jaloezie, hebzucht en dergelijke zijn – net als angst – sterke negatieve energieën die niet alleen onze eigen trillingstoename blokkeren, maar ook voer zijn voor de onlichte schaduwfiguren. Willen we echt deze laagtrillende destructieve wezens voeden en versterken met ons eigen bewustzijn?

Hoogtrillende en bewustzijnsverhogende energieën zijn bijvoorbeeld begrip, vergeving (heel belangrijk!) en elkaar steunen. In plaats van anderen slecht te maken, waardoor we onszelf zogenaamd beter voelen, kunnen we juist bewust de hand reiken en hun de kans geven zich eveneens richting het positieve te veranderen. Als je elkaar begrijpt, vergeeft en ondersteunt, ontstaat er voor alle partijen een hoogenergetische win-winsituatie. Dit is duidelijk vervullender en constructiever dan elkaar de schuld geven en naar beneden halen.

We zijn niet voorbestemd andere mensen of hogerdimensionale wezens voor hun misdaden aan te klagen en te bestraffen, want daar zijn de hiervoor bedoelde kosmische instanties verantwoordelijk, bijvoorbeeld de kosmische wet van oorzaak en gevolg. Volgens deze wet (in de oosterse filosofie ook wel 'karma' genoemd) zal elk wezen precies dat oogsten wat het heeft gezaaid. Of zoals de diverse spreekwoorden luiden: 'zo men doet, zo men ontmoet', 'men moet zijn bed maken zoals men slapen wil', 'wie een kuil graaft voor een ander, valt er zelf in'. Of zoals Christina het ooit zei: 'Elk schot dat je afvuurt, komt naar je terug – in dit of in een ander leven.'

We hoeven ons dus geen zorgen te maken over de vraag hoe we de wezens van het onlicht, die heel duidelijk kwaad doen en wereldwijd de meeste barbaarse verwarring en vernietiging veroorzaken, ter verantwoording moeten roepen en bestraffen. Dat is niet onze taak, daar bekommeren zich de kosmische wetten om. Het is veel meer onze taak om, met het oog op negativiteit, geweld en vernietiging, voldoende tegenwicht te geven aan de andere kant van de weegschaal, zodat deze doorslaat naar de andere kant en het positieve de overhand krijgt. Als we echt aan de kant van het licht willen staan, is het onze taak om haat te vervangen door vergevingsvolle liefde, domheid door diepe wijsheid, hoogmoed door deemoed en uiterlijke dwang door innerlijke vrede. Hoe meer ons dit lukt, hoe minder ruimte er in de samenleving overblijft voor angst en manipulatie, uitbuiting en misbruik, agressie en gewetenloosheid, vervolging en onderdrukking. Het is aan ons om aan al deze dingen een einde te maken – en dat doen we niet door de vijandige trillingen van het onlicht over te nemen maar door ons vastbesloten en consequent naar het lichtvolle te richten.

De zwarte vis

Wat later op dezelfde dag krijgt Christina nog een fijnstoffelijk beeld door. Opgewonden rent ze naar me toe op de bovenverdieping, waar ik net bezig ben met het schoonmaken van de badkamer.

'Mama, er zwemt een zwarte vis in het water!' roept ze, 'maar ik heb geen flauw idee wat dit beeld betekent.'

Ook voor mij is het een raadsel. Ik kan niet bedenken bij welke gebeurtenis in ons leven deze boodschap past of wat ze ons duidelijk wil maken. Uit ervaring weet ik ondertussen dat de oplossing van het raadsel niet lang op zich laat wachten en dat Christina ook in dit geval snel een logische verklaring krijgt aangereikt.

En inderdaad. De oplossing komt al de volgende zaterdagmorgen. Christina legt uit: 'Mama, ik weet nu hoe het zit met het beeld van de zwarte vis. Vandaag heb ik nog een beeld doorgekregen en daarop zie ik de zwarte vis aangespoeld en levenloos op het zand liggen. Het betekent dat er weer iets kwaads en destructiefs is verdwenen. Het zou zelfs een teken kunnen zijn dat het onlicht nu voorgoed de macht op Aarde heeft opgegeven.'

34
Dagelijkse voorvalletjes

Begin september 2015. Na deze opwindende maanden staat er voor mij weer een tentamenperiode voor de deur. Ik vraag me de laatste dagen voor het eerst af of ik ooit als natuurgeneeskundige zal werken. Ik ben nog steeds gefascineerd door allerlei alternatieve geneeswijzen en ook vastbesloten de acht semesters te volgen en succesvol af te ronden. Al meer dan de helft van mijn vierjarige studie zit erop en het zou jammer zijn om er nu mee te stoppen.

Desalniettemin is er de laatste maanden nogal wat gebeurd in mijn leven, met dusdanig veel innerlijke processen en veranderingen dat ik gewoonweg niet weet wat de toekomst verder aan verrassingen voor mij in petto heeft. Wie zal het zeggen waar ik in de lente van 2017 zal staan als de opleiding is afgerond? Heb ik dan mijn eigen praktijk of zullen zich heel andere taken aandienen? Kan ik mijn plan om een boek over Christina te schrijven realiseren en zo ja, hoe dan en met wie? Allemaal vragen waarop ik het antwoord nog niet weet.

Ondertussen heb ik wel geleerd dat het turbulente leven op deze planeet Aarde niet tot in detail te plannen is. Ik heb geleerd dat ondanks mijn vrije wil sommige dingen op mijn pad voorbestemd lijken te zijn en dat ik mijn levensplan uiteindelijk niet kan ontlopen. Daarom heb ik er vrede mee dat de antwoorden op al mijn vragen pas in de loop van de tijd duidelijk zullen worden. Eén ding weet ik hoe dan ook zeker: het wordt beslist niet saai.

In de komende hoofdstukken zal ik een paar voorvallen schetsen om te illustreren hoe de verruimde waarneming en gaven van Christina zich in het dagelijks leven manifesteren. Wanneer je – zoals ik als moeder – met haar samenleeft en veel tijd met haar doorbrengt, gebeuren er constant bijzondere dingen, die ik hier echt niet allemaal kan vertellen. Maar een paar voorbeelden wil ik graag delen.

Het raadselachtige madeliefje

Half augustus 2015. Christina vertelt dat ze vandaag eindelijk eens een goed gesprek met een bloem heeft gehad. Meestal vertelt ze dat de gesprekken met planten heel eenzijdig en eentonig zijn. Zo hebben bijvoorbeeld twee van mijn nieuwe planten op het terras om onbekende redenen ruzie met elkaar gehad, zodat ik beide moest verplaatsen om de ruzie te beslechten. Christina vertelt geamuseerd: 'Wees blij, mama, dat je niet hoeft te horen wat ze allemaal zeggen. Het geklets van planten is meestal niet echt van hoog niveau.'

Vandaag was de communicatie echter anders en zelfs nogal wonderlijk. Er was een madeliefje bij de halte van de postauto en dit bloempje had tegen Christina gezegd: 'Mocht je me ooit terugzien, dan sta je voor een belangrijke beslissing. Vergeet dit alsjeblieft niet.' Dat was het.

Christina analyseert: 'Mama, ik ben nu veertien jaar, maar nog nooit heeft een bloem zoiets zinnigs gezegd. Het is vast een boodschap.'

Op dit moment weten we niet wat het betekent. Maar Christina zal dit madeliefje vast en zeker op wat voor manier dan ook weer tegenkomen.*

* Dit kleine raadsel is bij de publicatie van dit boek nog niet opgelost.

Telepathische kinderen alom

Begin september 2015. Op deze woensdagmiddag staat winkelen op het programma, nadat we dit al een paar keer hebben uitgesteld. Zowel de kinderen als ik vinden 'shoppen' nou niet bepaald een leuke bezigheid. Daarom proberen we steeds onze snor te drukken en schuiven het zo lang mogelijk voor ons uit. Maar vandaag kunnen we er niet onderuit. Want over ruim drie weken hebben we een bruiloft in de familie en daar hebben we allemaal geschikte kleren en schoenen voor nodig. We nemen ons voor dat dit met elkaar niet meer dan twee uur mag duren.

Als we in de winkel de roltrap naar boven nemen, zien we een meisje van ongeveer zeven jaar dat op de kinderafdeling bij een kniehoog kledingrek zit te wachten. Ze ziet ons ook en kijkt vooral Christina verbaasd aan. Terwijl we van de roltrap in de richting van de meisjesafdeling lopen, zegt Christina opgewonden: 'Mama, dat meisje kan telepathie en ze heeft me gevraagd van welke ster ik kom.' Nu draai ik me nog een keer om en kijk nog eens beter naar het meisje dat nog steeds verbaasd naar ons kijkt.

Alweer een kind dat telepathisch kan communiceren, denk ik bij mezelf. Christina's uitspraken worden steeds vaker bevestigd: op onze kleuter- en basisscholen zitten al legio hoogtrillende kinderen – met talenten die ons hele schoolsysteem op de kop zullen zetten.

Boodschappen van boven

Half september 2015. Zoals elke avond ga ik ook vandaag naar Christina's kamer nadat ik Mario welterusten heb gewenst. Het is bijna 21.00 uur, maar ze heeft nog van alles te vertellen en babbelt er vrolijk op los.

Ineens stopt ze en zegt: ‘Mama, het wordt nu echt tijd dat je een dicteerapparaat aanschaft. De boodschappen van boven komen, zoals je merkt, nogal snel achter elkaar. En weet je, daarboven vallen ze niet graag in herhaling.’

Ze lacht, en ook ik geniet van haar sympathieke humor, waar tegelijkertijd zoveel helderheid en wijsheid in mee resoneren.

Ik maak van de gelegenheid gebruik en vraag Christina of ze nog steeds dezelfde drie spirituele gidsen heeft, want ik heb het idee dat de boodschappen in de loop der tijd anders zijn geworden. Het zijn nog steeds dezelfde, antwoordt ze en ze voegt eraan toe: ‘Deze drie hebben daarboven vaak veel lol met elkaar omdat ze schijnbaar op dit moment iets meer van mij weten dan ikzelf. Mijn drie gidsen hebben allen een andere afkomst, ze komen van verschillende kosmische sferen en daarom zijn ze het niet altijd met elkaar eens als ze mij adviseren. In zo’n geval vertrouw ik dan altijd op mijn allerbelangrijkste vertrouwenspersoon, namelijk Elena. Haar kan ik altijd vertrouwen.’

Aantekeningen van vroeger

Eind september 2015. Wanneer ik vandaag na de ouderavond tegen 21.00 uur thuiskom, liggen beide kinderen al in bed en lezen.

Christina laat me opgewonden een grote stapel aantekeningen zien die ze drie à vier jaar geleden boven op haar kast had verstopt. Ze had er lange tijd niet meer aan gedacht en ze nu weer teruggevonden, legt ze uit. Het gaat om vellen papier die in verschillende kleuren zijn volgeschreven met ingevingen die ze doorkreeg toen ze een jaar of tien, elf was. Ze vraagt zich nu af waarom ze de boodschappen toen zo belangrijk vond dat ze ze heeft opgeschreven en daarna verstopt.

Het was zeker een goede keuze om ze te verstoppen, want als ik toen deze aantekeningen had gezien, weet ik zeker dat ik geen begrip voor Christina had gehad. Drie of vier jaar geleden had ik immers nog geen flauw idee dat mijn dochter in een permanente verbinding stond met hogerdimensionale werelden en wezens. Ook was ze misschien zelf toen nog niet in staat om al mijn vragen over deze complexe thema's te beantwoorden.

Christina lacht en meent, terwijl ze de aantekeningen doorbladert: 'Het lijkt erop dat ik in al die jaren ook in andere sferen kennis heb opgedaan.' Nu kan ze veel van wat ze toen heeft doorgekregen en opgeschreven beter plaatsen en uiteraard ook met veel meer aspecten aanvullen.

Samen bekijken we de vellen nauwkeuriger. Op een paar heeft ze het ontstaan van de planeten en de evolutie van de mensheid beschreven. Voor elke menselijke beschaving uit het verleden is een ander blad papier aan beide kanten volgeschreven en ook netjes met een schaar uitgeknipt. De bladen doen denken aan oeroude stenen tafelen die een kostbaar geheim bewaren.

Ik herinner me dat Christina in die periode altijd papier en potlood bij zich had, waar we ook waren – buiten in de natuur, in de auto enzovoort. Ik liet haar gewoon haar gang gaan en vroeg meestal niet wat ze allemaal opschreef. Ik vond er niets mis mee dat ze voortdurend aantekeningen maakte, ook al begreep ik niet wat ze aan het doen was. Kennelijk had ze een sterke behoefte om dit te doen en omdat dit op geen enkele manier ons dagelijks leven in de weg zat, had ik geen reden om in te grijpen. Dingen opschrijven leek mij in elk geval zinvoller dan al die typische meisjesdingen waar anderen hun vrije tijd mee vullen.

Soms liet ze me wel eens wat lezen en ik las het als verbazend goede fantasieverhalen, als je bedenkt dat de schrijfster nog maar tien was. Als het me dan toch weer te veel werd omdat al die volgeschreven stapels papier overal in huis, op elk meubelstuk en in elke hoek lagen, gooide ik weer het nodige weg – meestal met haar toestemming, soms ook zonder. Daarom heeft ze denk ik sommige kennelijk heel belangrijke aantekeningen gered door ze op haar kamer te verstoppen.

Ondertussen weet ik dat dit helemaal geen uit de duim gezogen fantasieverhalen waren, maar dat dit een van de manieren was waarop Christina in haar kindertijd door wezens uit hogerdimensionale sferen geschoold en voorbereid werd.

Christina's gehoorvermogen

Half oktober 2015. Als Christina wil, kan ze horen wat anderen denken. Maar door de vrije wil en privacy van de ander maakt ze doorgaans geen gebruik van deze gave. Wij hebben nooit de indruk gehad dat ze ons observeerde of afluisterde.

Vandaag willen we haar gehoorvermogen testen en hiervoor gebruiken we onlinegehoortesten. Resultaat: Christina neemt vanaf een frequentie van 10 hertz akoestische signalen waar. Haar bovengrens konden we niet vaststellen, omdat de testen maar tot 22.000 hertz gaan, wat ze nog gemakkelijk kon horen. Het gehoorvermogen van Mario en mij ligt volgens deze test in het gemiddelde bereik.

Een indrukwekkend voorbeeld van Christina's uitzonderlijke gehoor deed zich vorige maand voor. Op een middag zit ze zoals altijd in de lijnbus die haar naar school brengt. Plotseling hoort ze schoten en het lijkt of ze vlakbij worden afgevuurd. Omdat ze nooit een horloge draagt, kijkt ze op de klok in de bus om het tijdstip te checken. Ze weet zeker dat de schoten te maken hebben met een moord. De volgende dag lezen we in de krant dat er precies op dat tijdstip iemand is doodgeschoten – ongeveer 10 kilometer van de bus verwijderd.

Een geruststellend inzicht

Half oktober 2015. Vandaag vertelt Christina dat ze zojuist een nieuwe gave heeft ontdekt. Bij mensen van wie ze de energie kent, kan ze heel precies aanvoelen wanneer ze gevaar lopen.

Ik vraag me af of deze gave juist nu is geactiveerd omdat haar omgeving deze bescherming mogelijk binnenkort nodig heeft of dat het gewoon nog een gave betreft zonder een direct verband met de actuele situatie? In elk geval is het een hele geruststelling dat ik me niet alleen geen zorgen om Christina hoef te maken, maar ook niet om de mensen in haar directe omgeving.

Waarom ben jij hier?

Augustus 2015. Ik vraag Christina recht op de vrouw af waarom ze ervoor gekozen heeft uitgerekend op de planeet Aarde te komen. Haar antwoord raakt en ontroert me enorm: ***'Ik ben hier omdat ik van mensen houd. Zo simpel is het, ik heb ze allemaal lief.'***

Op een soortgelijke vraag vertelt Christina me in oktober 2015: 'Weet je, mama, die hoge kosmische dimensies zijn heel indrukwekkend. Daar heb je pure vrijheid en vrede. Daar heb je op Aarde geen woorden voor en ze zijn voor het menselijke verstand ook helemaal niet te vatten. Maar met de tijd, en dan heb ik het over millennia, wordt het daarboven op de een of andere manier toch wat saai. Alles wat je nodig hebt, valt letterlijk uit de kosmos naar je toe en er is geen enkele uitdaging.'

Ik antwoord: 'Tja, in jouw leven hier zal het je beslist niet aan uitdagingen ontbreken.' En mij waarschijnlijk ook niet, voeg ik er in gedachten nog aan toe.

~

Maart 2015. Soms heeft Christina heimwee, maar niet zoals we die hier op Aarde kennen. Op de avond voordat ze op skivakantie gaat, hebben we het hierover als ik bij haar bed zit. Ze zegt peinzend: 'Als ik heimwee heb, is het naar daarboven.'

Natuurlijk steken deze woorden mij als moeder in het hart. Tegelijkertijd kan ik de gevoelens van mijn dochter heel goed begrijpen. Christina is vrijwillig weggegaan uit een verre, van licht vervulde sfeer naar 'het stenen tijdperk', naar de 'kosmische kleuterschool', en dan snap ik dat ze zo nu en dan naar thuis verlangt. Ze stelt me echter meteen gerust doordat ze me belooft dat ik me daarover geen zorgen hoef te maken. Ze zal niet zomaar oplossen en weer verdwijnen.

Ze zegt: ***'Ik ben hier als mens geboren met een rijk vervulde ziel – met een opdracht waarop ik lange tijd ben voorbereid. Wanneer je dan na zo'n lange voorbereidingsperiode eindelijk hier bent, komt alles toch wel tamelijk "stenen-tijdperkachtig" over. Maar één ding weet ik zeker: ik ga hier pas weer weg wanneer ik mijn opdracht heb volbracht!'***

Weer vraag ik me af: wat is dan precies de opdracht van deze vele hoogtrillende zielen die momenteel naar de Aarde komen? Hoogstwaarschijnlijk heeft het iets te maken met het feit dat de planeet Aarde heeft besloten zijn eigen trilling te verhogen om de mensheid in staat te stellen de volgende stap in de evolutie te zetten. En om dit proces met zijn lichtvolle trilling actief te ondersteunen hebben vanuit de hogere sferen vele zielen die zogezegd hart voor de mens hebben zich vrijwillig gemeld.

Christina zegt dat het haar ondanks de intensieve voorbereiding op haar missie in het begin heel zwaar viel om met haar hoogdimensionale bewustzijn te wennen aan haar driedimensionale menselijke lichaam. Ja, Christina, dat weet ik maar al te goed, want ik heb deze moeilijkheden in de eerste tien jaar net zo intensief meegemaakt, al tijdens de zwangerschap.

Door deze uiterst zware en moeizame eerste jaren heeft Christina mij de mogelijkheid geboden mijn eigen karmische belasting verder af te bouwen, waardoor mijn eigen persoonlijke groei zich kon ontwikkelen. In die tijd, toen mijn meisje dag en nacht medische zorg nodig had, wist ik 's avonds niet hoe ik de nacht en de volgende dag door moest komen. Toch lukte het me elke nacht en dag weer. Achteraf kan ik zeggen: dit is al met al een zeer zware, maar uiteindelijk heel effectieve leerschool geweest voor mijn geduld en vertrouwen, voor mijn bereidheid tot overgave en voor de kunst om in alles ook het mooie en goede te zien.

Onzichtbaarheid

Half oktober 2015. Zoals altijd wanneer ik op maandag naar de opleiding ga, komt er een oppas voor Christina en Mario, en vandaag waren er, bij uitzondering, ook nog andere kinderen te gast. 's Avonds, als we met zijn drieën thuis bij elkaar zitten, noemt Christina heel terloops dat ze weer een nieuwe gave heeft ontdekt bij zichzelf. Ik ben nieuwsgierig en vraag ernaar, waarna ze het volgende voorval vertelt.

Na het middageten speelden de vijf kinderen verstoppertje. Christina had een kleine voorraadkamer naast de keuken uitgezocht. Deze ruimte was slechts 2 vierkante meter groot en stond vol stellingkasten; ze zag dat ze zich hier niet echt kon verstoppen. Er was te weinig tijd om een ander plekje te zoeken en daarom bleef ze maar direct achter de deur van het kleine kamertje staan. Ze wist zeker dat ze haar meteen zouden vinden. In haar 'nood' had ze duidelijk gevoeld dat haar lichaamsstructuur zich vanzelf aanpaste aan de achtergrond en niet meer zichtbaar was voor het menselijk oog – net als een kameleon. Degene die moest zoeken, deed de deur van de voorraadkamer open om te checken of hier misschien een van de kinderen verstopt zat. Christina stond direct voor zijn neus en toch zag hij haar niet en deed de deur weer dicht. Even later was Christina uit het kamertje gekomen en stond ze ineens achter de jongen in de keuken, die geen idee had hoe dat mogelijk was. Op dat moment wist Christina meteen wat er was gebeurd.

Ergens verrast het me helemaal niet. Ik vermoedde dat het vroeg of laat zover zou komen. Want sinds een tijdje voelt Christina zich, zelfs voor haar eigen doen, ongewoon licht en 'doorzichtig', en het was slechts een kwestie van tijd dat ze de gave van onzichtbaarheid zou ontwikkelen. Ook al ging het nu nog om een onschuldige 'noodsituatie', toch was deze van dien aard dat de gave zich manifesteerde. Ook deze wetenschap is voor mij heel geruststellend.

Er waren de laatste tijd ook andere voorvallen waarbij Christina's lichaam zo fijnstoffelijk werd dat het eventjes niet meer zichtbaar was voor het driedimensionale oog zonder dat ze het zelf in de gaten had. Op school, bijvoorbeeld, staat ze soms ineens uit het niets weer voor haar medescholieren, die dan natuurlijk erg schrikken. Of ze komt het lokaal binnen en staat voor een leraar zonder dat deze heeft gemerkt dat ze binnenkwam. Pas wanneer ze iets zegt, wordt ze zichtbaar voor de leraar. Christina legt me uit dat het in zulke gevallen gaat om een frequentieverschuiving van haar kant, die ze nog niet helemaal onder controle heeft. Ze merkt het gewoon niet.

Christina vertelt deze dingen alsof het de normaalste zaak van de wereld is, een houding die ze langzaam maar zeker ook op mij overdraagt. Wat deze fenomenen betreft, merk ik dat ik steeds rustiger word en dat ik me steeds minder zorgen maak om het feit dat ik geen idee heb hoe zich dit allemaal verder ontwikkelt en waar het naartoe zal gaan. We leven in het hier en nu en moeten elke dag nemen - en ervan genieten - zoals hij komt. Je druk maken over de toekomst en angst hebben voor wat komen gaat, zijn beide energieverspilling.

In feite is er in ons dagelijks leven niets veranderd. De uiterlijke dingen zoals ons huis, het dorp, de omgeving zijn zoals ze altijd zijn, ik ben nog steeds ik, Mario is nog steeds Mario en zijn zus Christina heeft zich simpelweg een klein beetje verder ontwikkeld in de afgelopen maanden. Los daarvan is eigenlijk alles bij het oude gebleven.

Wat zich wel fundamenteel heeft veranderd, zijn mijn eigen bewustzijn, mijn wereldbeeld, mijn denkwijze en mijn kijk op de realiteit. Ik onderken de juistheid van wat de wet van oorzaak en gevolg wordt genoemd; ik ken het verschil tussen de weg van het licht en die van het onlicht en ik onderken dat ieder mens op planeet Aarde een eigen levenstaak, bestemming, levensplan heeft te vervullen. Ik probeer elke dag bewuster, intenser, minder angstig en zonder over anderen te oordelen te leven. Ik ben bereid verantwoordelijkheid te nemen voor mijn huidige leven en mijn toekomstige lot, omdat ik besef dat ik mijn eigen werkelijkheid en mijn eigen geluk en ongeluk zelf creëer. Dit alles voelt gewoon goed en ik merk dat zowel de innerlijke als de uiterlijke stress steeds minder wordt. Ik let erop dat ik de mensen in mijn omgeving niet meer tegen hun wil in probeer te veranderen, maar dat ik ze simpelweg accepteer zoals ze nu eenmaal zijn. De enige persoon die ik werkelijk mag veranderen, en bij wie ik ook het recht heb om dat te doen, ben ik zelf.

Christina vertelde me dat de nieuwe era zeker nog meer technologische uitvindingen zal brengen, maar dat het er allereerst om gaat dat ieder mens groeit in zijn persoonlijke, innerlijke ontwikkeling en dat zijn potentieel zich ontplooit. De mensen worden uitgedaagd zich steeds meer open te stellen voor het lichtvolle en goddelijke. Als ik zie hoeveel kinderen en volwassenen al op deze weg zijn, versterkt dit mijn overtuiging dat alles zich toch nog in een constructieve richting zal ontwikkelen. Misschien is juist dat het licht waarnaar we verlangen in de donkere tunnel van nu.

Af en toe vraag ik Christina wat mijn bestemming en levensopdracht zijn. Elke keer antwoordt ze stellig dat een deel van mijn bestemming het schrijven van dit boek is, het opschrijven van haar boodschappen van het licht, om die te verspreiden. Dit op zich is voor mij al een belangrijk leerproces waarin ik mijn potentieel stap voor stap kan ontplooien. Ook mijn eigen innerlijke drive om dit boek te schrijven is zo sterk dat het wel zo moet zijn. En ook al weten we dat het nog een hele tijd duurt tot het boek af is en uitgegeven kan worden, toch verheugt Christina zich er nu al op en beseft ze welke impact dit boek kan hebben.

35
Gesprekken met Christina

Eerste fase: augustus 2015. Christina kan urenlang gesprekken voeren zonder moe te worden. Omdat ze van de mensen houdt, vindt ze het fijn om met allerlei mensen van gedachten te wisselen. Ze voert graag gesprekken met kinderen en volwassenen van alle leeftijden en het maakt niet uit waar ze vandaan komen of wat hun sociale status of opleiding is. Ze heeft het met hen over de alledaagse beslommeringen en over het hiernamaals, over hogerdimensionale realiteiten en over de wereldwijde uitdagingen van de huidige tijd. Ze kent geen sociale angst, maar is blij dat de mensen bereid zijn hun horizon te verbreden. Wanneer iemand haar om advies vraagt, bekijkt ze de problematiek vanuit een holistische blik en geeft niet zelden verrassende tips. Met haar veertien jaar beschikt ze volgens de normale maatstaven nog amper over noemenswaardige levenservaring, en ook heeft ze geen hoogstaande academische opleiding genoten. Desalniettemin staan haar gesprekspartners steeds weer verbaasd over haar overzicht, haar duidelijkheid, haar onbevooroordeelde karakter en haar empathie.

Er komen bijvoorbeeld mensen bij haar die zich met de dood en het leven na de dood bezighouden, die onvervulde kinderwensen hebben, die het idee hebben dat ze op een dood spoor zitten, die communicatieproblemen met hun kinderen of ouders hebben en noem maar op. Dan luistert Christina met aandacht en belangstelling naar hen en probeert de kern van deze persoon zo nauwkeurig mogelijk te erkennen. Op die manier lukt het haar om hen op een sympathieke en meestal humorvolle manier van moeilijke en onaangename punten bewust te maken zonder de ander een gevoel van afwijzing, kritiek of schuld te geven. Vaak helpt ze de ander tot nieuwe perspectieven, nieuwe inzichten te komen en zo te ontdekken dat ze zelf oplossingen kunnen bedenken. Haar hartelijke lach werkt altijd heel aanstekelijk en bevrijdend op de bezoeker. Een gesprekspartner zei eens: 'Als Christina praat, gaat gewoon de zon schijnen.'

Het gebeurt vaak dat ze al voor een sessie een idee heeft wat passend kan zijn voor degene die komt. Dan pakt ze de laptop en tikt in een paar minuten een korte richtlijn voor de betreffende persoon, soms ook met een concrete taakstelling. Ze vindt het ook fijn om gewoon vragen te beantwoorden over allerlei wetenschappelijke onderwerpen.

Wat ze echter steeds weer benadrukt, is dat het niet haar taak is om als genezer te werken en fysieke of psychische klachten bij anderen te verhelpen. Haar uitgangspunt is anders: zij moedigt mensen aan om de verantwoording voor hun eigen leven te nemen en zo zelf stukje bij beetje hun eigen zelfhelende krachten te activeren. Desondanks geeft ze soms wel tips met betrekking tot verborgen oorzaken van problemen die overigens ook heel goed uit andere incarnaties kunnen stammen. Ze zei bijvoorbeeld over mijn onverklaarbare hoogtevrees dat die is ontstaan uit ervaringen in een vorig leven.

Hoewel Christina op deze manier allesbehalve mensenschuw is, is ze op school meestal wat meer op de achtergrond. Op haar vroegere school was ze een stil en gesloten meisje, want, legt Christina uit, de leerkrachten daar zouden niet goed geweten hebben hoe ze met haar ware wezen en multidimensionale weten hadden moeten omgaan. Daarentegen begrijpt de nieuwe leraar haar een stuk beter. Hij is op de hoogte van haar bijzondere inzichten en kennis en respecteert dat ze geen voordrachten wil houden voor de klas.

Het meest houdt ze van filosofische gesprekken die vaak een paar uur duren. Het langste gesprek tot nu toe was met een theoloog en duurde meer dan acht uur, slechts onderbroken met een halfuur middagpauze. Terwijl ik van het luisteren alleen al bekaf uit zo'n sessie kwam, was Christina nog lang niet moe en had ze nog rustig door kunnen gaan.

Christina is in de gesprekken altijd vriendelijk, tegemoetkomend en authentiek, of het nu over persoonlijke of over zakelijke dingen gaat. Ze is alleen kritisch of zelfs afwijzend als iemand probeert haar tot iets te dwingen wat niet constructief en niet volgens het goddelijke plan is.

Tweede fase: november 2015. De vele gesprekken tussen Christina en mij nemen nogal veel tijd en energie in beslag in het dagelijks leven, maar ik heb het er graag voor over. 's Avonds zit ik dan nog urenlang achter de laptop en schrijf de juiste aantekeningen voor ons geplande boek op. Wat echter steeds meer een belasting wordt, zijn Christina's privégesprekken, waar ik, omdat Christina nog minderjarig is, altijd bij zit. Ook al zijn ze voor mij zeker interessant en leerzaam, het ontbreekt ons gewoon aan tijd.

Daarom besluiten we dat Christina van nu af aan geen particuliere sessies meer doet, omdat deze meestal per persoon twee uur of meer in beslag nemen. Hoewel Christina zich in de laatste maanden behulpzaam heeft gewijd aan de vele meerlagige individuele sessies, beseffen we allebei: het is niet Christina's taak om haar kennis via individuele sessies door te geven en individuele levensbestemmingen te begeleiden. Ze wil zich niet beperken tot een bepaalde vorm of een bepaald thema, maar probeert altijd het grotere verband te schetsen en de mensheid als geheel hulp en steun te geven.

Ondertussen ben ik er vast van overtuigd dat toeval niet bestaat en het leven van ieder mens door een hogere goddelijke hand liefdevol wordt begeleid. Daarom ben ik er zeker van dat ook Christina haar weg zal gaan en laat ik de toekomst en de weg die ze kiest zo veel mogelijk over aan deze wijze, goddelijke leiding.

In dit verband moedigt mijn dochter me steeds weer aan om eindelijk mijn bange en van controle houdende verstand los te laten en me vol vertrouwen over te geven aan de rivier van het leven. Ze zegt: 'Alles zal van boven worden geregeld en wel veel constructiever dan jij met je mensenverstand kunt regelen.'

Dus vertrouw ik erop dat we op het juiste moment de juiste mensen en onze volgende leeropdracht tegenkomen – ook wat ons boekproject betreft, waarvan ik nog steeds niet helder heb hoe we dit concreet moeten gaan doen. Omdat we een vrije wil hebben, hebben we natuurlijk in elke situatie steeds weer de keuze of we die ontmoeting en uitdaging die voor ons op touw zijn gezet, ook werkelijk als zodanig herkennen en aanpakken of niet. We kunnen de vermijding kiezen en de weg van de minste weerstand nemen. Dit zal er vroeg of laat echter toe leiden dat we met de harde waarheid worden geconfronteerd en dat we het levensplan waar we voor de incarnatie mee hebben ingestemd, niet kunnen ontlopen.

Christina zegt hierover: 'Geen zorgen, mama, je krijgt altijd een tweede kans. Of een derde, vierde enzovoort.'

36
Welk beroep ga je kiezen?

Herfst 2015. Over twee jaar, in de zomer van 2017, is Christina klaar met school en we vragen ons natuurlijk af wat ze daarna gaat doen. Ook al weten we beiden vanbinnen dat welke beroepsopleiding ze ook kiest, dit geen enkele invloed zal hebben op het vervullen van haar levenstaak, toch voel ik me zeer verantwoordelijk om als moeder hierover na te denken.

Christina zelf is er vast van overtuigd dat ze geen beroep zal leren in de gebruikelijke zin. Weliswaar weet ze nu nog niet de details van wat ze later precies gaat doen, maar ze staat overal voor open, wat er ook komen gaat. Het hogere doel van haar incarnatie heeft ze immers al omschreven: 'Ik wil de mensen het licht en de vrijheid terugbrengen.' Dit klinkt meer als een roeping dan als een beroep en de tijd zal leren in welke vorm dit tot uiting zal komen.

Zelf zegt ze hierover: ***'Veel mensen zijn vergeten dat ieder individu een goddelijk wezen is. Ieder mens is een licht en met elkaar vormen we één groot licht. Ieder levend wezen draagt de goddelijke vonk in zich en ieder van ons is zogezegd een stukje van een heel groot licht. De schepping zou niet volmaakt zijn als er ook maar een van deze lichten zou ontbreken. Dit is wat ik de mensen graag wil vertellen.'***

Bij Mario lijkt de keuze van wat hij later wil doen een stuk duidelijker. Hij is amper twaalf, maar weet nu al dat hij later landbouwmachinetechniek wil studeren en dertig geiten wil houden. Ik twijfel er geen moment aan, want ik ben me er bewust van dat ieder van ons in het leven een bepaalde opdracht, bestemming, roeping heeft en je mag je gelukkig prijzen als je al op jonge leeftijd weet wat deze roeping is.

Eigenlijk maakt het niet uit wat je doet, hoeveel geld je ermee verdient of welke status dit in de maatschappij heeft – als dat wat je doet past bij je bestemming (in de oostelijke filosofie wordt dit 'dharma' genoemd), zul je je vervuld en gelukkig voelen. Omgekeerd geldt hetzelfde: als dat wat je doet niet in overeenstemming is met je eigen bestemming, kan het nog zo prestigieus en lucratief zijn, het zal je geen voldoening geven en niet gelukkig maken.

De moeilijkheid bij Christina is dat het brengen van licht en vrede geen 'normaal' beroep is. We willen daarom een lijst met mogelijke beroepen opstellen die een passend kader kan vormen voor het vervullen van deze missie. Het beroep 'genezer' valt al af, want ze kan zich niet voorstellen ergens in een praktijk te zitten en dag in, dag uit de problemen van anderen te behandelen. Dit geldt ook voor psycholoog of psychotherapeute, en samenwerken met de machtsstructuren van de huidige systemen zoals politie, defensie, geheime diensten enzovoort is ook geen optie. Ze denkt eerder aan filosofe of misschien schrijfster.

We zijn het erover eens dat Christina waarschijnlijk eerst ons boek gaat uitgeven om haar levenstaak en roeping naar buiten toe op te pakken. De voorbereidingen hiervan zijn natuurlijk al langere tijd achter de coulissen van het driedimensionale toneel in volle gang. Ze schat dat het boek voor 2018 op de markt zal komen, want vanaf 2018, zo vertelt ze, start ze met het vervullen van haar opdracht.

Een boek is een zeer geschikte, niet-opdringerige en blijvende manier om de mensen licht en vrede te bieden en hen er vertrouwder mee te maken. Wat Christina vooral graag wil, is dat het boek het liefst zo veel mogelijk ouders van kinderen met een verruimd bewustzijn zal aanspreken en uiteraard ook de betreffende kinderen zelf. Want de kinderen van de nieuwe tijd hebben de toekomst en het zijn deze kinderen die de wereldwijde trillingstoename verhogen en de mensheid optillen naar de volgende trede.

De zeven kleuren van de regenboog

Half september 2015. Deze avond krijgt Christina weer een fijnstoffelijk beeld door. Een wit kasteel met in totaal zeven vlaggen in verschillende kleuren die in de wind waaien. Christina duidt het witte kasteel als symbool voor haar vreedzame, veilige 'vesting' hier in Zwitserland. Maar wat betekenen de zeven vlaggen in de zeven kleuren van de regenboog? Gaat het hier om een voorspellende boodschap voor Christina? Heeft ze weer een ontwikkelingsproces afgesloten?

Want het valt ons op dat dit beeld een soortgelijke symboliek heeft als een ander fenomeen, een dat ze maanden geleden al eens terloops heeft genoemd. Namelijk: wanneer Christina vandaag in de spiegel kijkt, ziet ze achter zich nog zeven andere fijnstoffelijke personen, die allen oplichten in een andere kleur, maar die Christina nog niet echt kan identificeren. Het zijn, zo zegt ze, in elk geval niet haar spirituele gidsen of beschermengelen, maar andere wezens. In het begin was er lange tijd steeds maar één persoon, in het geel. In de drie jaar daarna kwamen er steeds meer personen bij en sinds een paar weken zijn het er zeven.

Deze zeven personen staan nu ook anders opgesteld achter Christina, niet meer in een rij achter elkaar maar in de vorm van een regenboog. Het lijkt erop dat dit betekent dat de groep nu compleet is en dat er niet meer bij komen, vermoedt Christina. Niet alleen de volgorde lijkt op een regenboog, maar ook de kleuren zelf komen precies overeen met de zeven kleuren van de regenboog. Christina legt uit dat elke kleur vanuit kosmisch perspectief gezien bepaalde straalaspecten heeft die bij haar nu helemaal geactiveerd zijn, zo vat zij het symbool op. Bovendien is de regenboog ook een symbool voor vrede.

Snuffeldagen

Eind september 2015. Net als alle scholieren van veertien of vijftien heeft ook Christina deze herfst drie snuffeldagen om even rond te kijken bij verschillende beroepen die je later misschien wilt gaan doen.

Eergisteren heeft ze een dag meegelopen in de praktijk van een plattelandsdokter. Ze vertelde dat ze goed heeft rondgekeken en zo heeft kunnen zien dat sommige behandelingen helaas op de verkeerde lichaamsdelen worden toegepast of dat sommige patiënten nog meer problemen hadden waar noch de dokter noch de betreffende patiënt weet van had. Met deze opmerkingen heeft ze beslist niet de bedoeling om het werk van de dokter af te wijzen, ze wil alleen het verschil illustreren tussen een driedimensionale en een multidimensionale visie. De dag in de dokterspraktijk is haar in elk geval goed bevallen.

Gisteren was ze een dag in een dierenkliniek. Omdat een van haar talenten communiceren met dieren is, verheugde ze zich erop om een hele dag lang met dieren op te trekken. Ook nu kwam ze 's avonds heel enthousiast thuis, maar ook dit werk wilde ze later niet doen. Communiceren met dieren is voor Christina net zo gewoon als ademen en al haar andere gaven die ze in haar incarnatie heeft meegenomen of die stukje bij beetje zijn gemanifesteerd. Toch heeft ze, zo vertelt Christina, in de dierenkliniek niet laten merken dat ze deze gave heeft. De dierenartsen deden hun werk echt met hart en ziel, maar net als de dag daarvoor in de dokterspraktijk speelden er ook bij de dieren vaak meerdere problemen, die helaas niet werden gezien en dus ook niet gediagnosticeerd en behandeld.

Het meest tragische van de dag was een oude man die met een vergiftigde kat de dierenkliniek binnenstormde. De kat had geroepen: 'De andere, de andere!' Uiteraard begreep Christina het verzoek van de opgewonden kat, en de dierenartsen konden met de beste wil van de wereld geen vergiftiging ontdekken en verder ook niets wat duidde op een ziekte. In vertwijfeling begon de kat zelfs te bijten, zodat men haar uiteindelijk heeft verdoofd. Alleen de kat en Christina wisten dat de man thuis nog een andere kat had en dat hij per ongeluk de verkeerde had meegenomen. Hoewel de man in de loop van het gesprek nog wel terloops noemde dat hij nog een kat had, kwam niemand op het idee dat hij misschien het verkeerde dier had meegenomen. De daadwerkelijk zieke kat lag vermoedelijk thuis zwaar te lijden of was misschien al overleden. Toen ik vroeg waarom ze niets tegen de dierenartsen heeft gezegd, antwoordde ze dat ze dat niet durfde.

De derde en laatste snuffeldag was in een verpleeghuis. Toen ze 's avonds thuiskwam, was er geen spoortje vermoeidheid bij haar te zien en ze vertelde enthousiast wat ze allemaal had gedaan. Toch zal ze ook hier niet gaan werken later.

Die avond krijgt ze onder het tandenpoetsen opnieuw een fijnstoffelijk beeld door: weer een wit kasteel, de veilige vesting, maar dit keer ligt de focus niet op de zeven wapperende vlaggen maar op het grote balkon met de balustrade van zuilen. Christina ziet het balkon als symbool voor een platform om te spreken. Het beeld zou dan kunnen betekenen dat ze er nu bijna klaar voor is om binnenkort te beginnen met tot de mensen te spreken. De veilige vesting symboliseert hier niet alleen Zwitserland als plek voor haar werk als leraar, maar ook de goddelijke bescherming die ze geniet – net als alle andere dienaren van het licht.

37
Het raadsel rond Elena

Begin oktober 2015. De ondertussen al meer dan veertien jaar durende constante aanwezigheid van Christina's overleden tweelingzus Elena is tot nu toe altijd een raadsel geweest. Want Christina neemt Elena niet als een gewone overledene waar, maar herkent haar al van mijlenver aan haar uitstraling. Haar trilling is dermate hoog dat zelfs Christina die niet kan plaatsen, terwijl ze altijd talloze hogerdimensionale sferen en trillingen kan waarnemen en onderscheiden.

We hebben sowieso maar weinig mensen ontmoet die Elena überhaupt waar kunnen nemen, met uitzondering van extreem hoogtrillende kinderen. Naast Christina kennen we slechts twee kinderen die Elena van begin af aan konden zien en met haar hebben gespeeld. Soms is er een enkele volwassene die Elena kan voelen. Op een paar uitzonderingen na praat Elena nauwelijks met ons en toch is ze alom aanwezig met haar uitstraling van zuiver gouden licht.

Christina zegt: 'Ik ken zo veel verschillende beschavingen uit andere dimensies, en ik heb al zo veel hemelwezens, engelen en aartsengelen leren kennen die allemaal een heel hoog energieniveau hebben, maar de trilling van Elena stamt uit een heel andere sfeer. Elena is heel, heel wijs. Haar licht is niet kristalwit, zoals dat van mij, maar goudgeel.'

Een paar weken geleden al noemde Christina dat ze sinds jaren een ster aan de nachtelijke hemel ziet en ze weet zeker dat

Elena van deze ster komt. Deze ster is fysisch gezien geen rode of blauwe ster, maar eerder een gele zon zoals die van ons. Hoewel de hemel bezaaid is met sterren, herkende ze deze speciale ster meteen, behalve in bepaalde seizoenen. Christina heeft me de ster een keer aangewezen, maar ik zou hem niet weer terug kunnen vinden tussen al die miljoenen andere sterren, want voor mij zag hij er net zo uit als alle andere, namelijk als een heel klein geel puntje aan de sterrenhemel. Deze 'Elena-ster', legt ze uit, is zelfs met de snelheid van het licht niet bereikbaar. Daar is een energie voor nodig die nog sneller moet zijn dan het licht.

De laatste tijd heeft Christina zich grondiger verdiept in het raadsel rond Elena en vandaag laat ze me opgewonden weten: 'Mama, ik weet nu iets meer over Elena. Ze heeft een trillingsfrequentie die waarschijnlijk uit dezelfde bron komt als die van de zonnegod Helios. Dit verklaart misschien ook haar uitzonderlijke licht.'

Verder vertelt ze dat Elena en zij niet voor de eerste keer zusjes zijn en dat Elena haar pas geleden hun beide ouders uit een andere dimensie heeft laten zien. Het zou dus zomaar kunnen dat zij, Christina, oorspronkelijk ook uit eerdergenoemde sfeer komt. Voor mij als haar moeder is dit even een moeilijk verteerbaar bericht. De gedachte dat er ergens in het universum een andere moeder, of vele andere moeders van Christina zijn, klinkt me nogal vreemd in de oren. Maar dan herpak ik me weer en moet ik toegeven dat het ook ergens wel mooi en bevrijdend is te weten dat we allemaal in het licht van de zielsverhuizing via talloze schakelingen met andere verblijfplaatsen en incarnaties met elkaar verbonden zijn. Daarom ben ik blij en dankbaar dat Elena en Christina deze keer juist mij als hun moeder hebben uitgekozen.

Christina benoemt nog dat Elena en zij tijdens een eerdere gezamenlijke incarnatie door vijandige machten met geweld uit elkaar zijn gehaald. Misschien dat dit voor Elena een reden is geweest om haar incarnatie al na acht weken weer te beëindigen en voortaan zonder driedimensionaal lichaam bij Christina te blijven. Want op deze manier is het onmogelijk om de twee zusjes uit elkaar te halen. Ze zijn nu letterlijk onafscheidbaar.

Maar wie Elena is, waarom ze uit puur gouden licht bestaat en wat precies haar opdracht is, daarover tasten we nog steeds in het duister. Het zal nog bijna een jaar duren voor we daar wat meer over te weten komen.*

* Dit wordt uitgelegd in het tweede boek.

38
Beroep en roeping

Februari 2016. Opnieuw staat het onderwerp beroepskeuze op de agenda. Christina heeft zich in de laatste maanden beziggehouden met technologie, cybernetica en kunstmatige intelligentie en een zekere interesse op deze gebieden laten zien.* Als ik vraag op welke van de vele filosofische, parapsychologische, natuurwetenschappelijke of technologische gebieden waar ze zich mee heeft beziggehouden ze later het liefst zou willen werken, is haar antwoord klip en klaar: 'Allemaal. Om op slechts één vakgebied werkzaam te zijn, lijkt me saai en zou niet stroken met mijn doel.'

Om een academische opleiding te kunnen volgen moet je echter aan minstens twee voorwaarden voldoen. Christina voldoet niet aan de vereiste kwalificaties waarmee ze bijvoorbeeld een studie psychologie of kwantumfysica zou kunnen volgen. Ten tweede wil ze sowieso geen studie volgen waarbij ze gedwongen geen gebruik zou kunnen maken van haar multidimensionale waarneming en alleen maar vanuit een driedimensionale zienswijze zou kunnen werken, waarvan ze weet dat deze onvolledig is en tekortschiet.

Soms vindt Christina dat het net lijkt of het 'van boven' opzettelijk zo bepaald is dat ze niet zo goed in wiskunde

* Ook hierover wordt meer in het tweede boek verteld.

is, zodat ze niet in de verleiding komt natuurkunde te gaan studeren. Want ze heeft een grote fascinatie voor toekomstige natuurwetenschappelijke onderwerpen zoals gratis energie of plasmatechnologie en hoopt later met experts op deze gebieden samen te werken. Ook zonder wiskundige berekeningen is ze alleen al door haar waarneming in staat kleine materiedeeltjes te identificeren en hun complexe gedrag te beschrijven. Zij denkt dat het gebruik van gratis energie de mensen uit de impasse van destructieve energiewinning zal bevrijden. Ook de klassieke en alternatieve geneeskunde kunnen door de helende kracht van plasma-energie van de basis af totaal veranderd worden.

Maar vermoedelijk horen zulke natuurwetenschappelijke, technische en medische onderwerpen niet tot de kern van haar toekomstige opdrachten. Helaas, studies waarbij je kunt leren hoe je de mensen vrede kunt brengen en kunt ondersteunen in een transformatieproces van het bewustzijn, worden nog niet gegeven aan onze scholen, hogescholen en universiteiten.

Desondanks maken we een afspraak met een beroepskeuzeadviseur en tot onze grote verrassing en vreugde lijkt hij in de gaten te hebben dat Christina een heel bijzonder iemand is. Daarom vindt hij het niet nodig om haar cijfers te checken, maar vraagt in plaats daarvan wat Christina het liefst zou willen en wat haar interesseert. We noemen wat vakgebieden zoals freelancespreker, auteur, filosoof, spiritueel psycholoog, vernieuwer van schoolsystemen enzovoort. De beroepskeuzeadviseur vindt dat we het best kunnen kiezen voor iets waar Christina nog bepaalde dingen in wil leren en dat we doelgericht op zoek moeten gaan naar leraren die haar dit kunnen bieden. Tot slot van het gesprek noemt hij nog: 'Er werken trouwens freelancedocenten aan universiteiten die zelf nooit een universitaire studie hebben gevolgd.' En zo komen we met een heel positief gevoel uit dit gesprek.

Ook al kennen we de concrete details van haar latere werk en opdrachten nu nog niet, we zijn ervan overtuigd dat

Christina haar plek in deze wereld zal vinden en stap voor stap zal ontdekken wat haar levensopdracht is en hoe ze deze zal vervullen. Voor nu is het plan dat ze tot de zomer van 2017 eerst de middelbare school afmaakt en dan eventueel een tweejarige opleiding aan een academie voor transpersoonlijke psychologie gaat volgen. Naast deze opleiding blijft er nog genoeg tijd en ruimte over voor andere projecten, zoals andere hoogtrillende mensen ontmoeten, reizen, een lichtnetwerk opbouwen, boeken schrijven, vrede en wijsheid overbrengen en ga zo maar door.

Maanden later zou ze zowel een simpele als treffende beschrijving voor haar favoriete bezigheid formuleren: ***'Ik weet nu hoe ik mijn bezigheden ga noemen. Het is mijn roeping om te leven. Leven en liefhebben betekenen hetzelfde, want we zijn allemaal geboren om gelukkig te zijn. Maar hoe komt het dat mensen dit niet doen?'***

Onderzoekers denken dat in onze jachtige tijd over twintig jaar al ongeveer de helft van de huidige beroepen verdwenen zal zijn. Volgens Christina komt dit niet alleen door de technologische ontwikkeling of het inzetten van kunstmatige intelligentie, maar ook door de multidimensionale gaven van de kinderen van de nieuwe tijd. Nu al zijn er meerdere gevallen bekend van kinderen die zeer buitengewone talenten hebben en er komen steeds meer. Zo zijn er al kinderen van twaalf die lesgeven aan universiteiten of kinderen van negen die drie universitaire studies hebben afgerond; of kinderen die alleen met de kracht van hun gedachten kunnen genezen of fijnstoffelijke operaties uitvoeren; of kinderen van elf die aan prominente conservatoria studeren, opera's componeren en orkesten dirigeren; of kinderen en jongeren die ervoor gekozen hebben om het milieu te beschermen of zich wereldwijd voor mensenrechten inzetten. En zo zijn er nog legio voorbeelden. We kunnen ervan uitgaan dat we in de toekomst steeds meer van zulke veelbelovende fenomenen zien.

Al deze mensen van de nieuwe tijd beseffen dat ze niet op deze Aarde zijn om een systeem te blijven dienen dat gestoeld is op afgunst, hebzucht, manipulatie, leugens, misleiding, onrechtvaardigheid en existentiële angst. Ze zijn hier gekomen om levensvreugde en goddelijkheid te vieren. Ze zijn hier om het heersende destructieve systeem te verwijderen en met elkaar een nieuwe vorm van samenleven te creëren die is gebaseerd op wederzijds respect, toewijding, liefde, wijsheid en vrede.

39
2016: een netwerk van licht

Zomer 2016. In de afgelopen twaalf maanden hebben we heel veel mensen ontmoet die zich bewust zijn van deze tijd van transformatie, en langzaam maar zeker ontstaat er een netwerk van lichtvolle contacten. Christina bouwt bovendien nog een wereldwijd fijnstoffelijk netwerk op uit telepathische verbindingen met andere hoogtrillende mensen.

Ze zegt: ***'Het licht is al overal op de wereld. Er is alleen nog iemand nodig die op de aanknop drukt.'***

Het gebeurt steeds vaker dat Christina door gezinnen wordt gevraagd om eens te kijken naar hun 'bijzondere kinderen' en hun 'speciale gedrag'. Ze doet dit graag, want op deze manier kan ze zich verbinden met gelijkgestemden. Ook wanneer ik een gesprek voer met kinderen met een verruimde waarneming en bewustzijn, merk ik een duidelijk indicatie dat wij ons als mensheid daadwerkelijk in een wereldwijde verandering naar het positieve en lichtvolle bevinden.

In de gesprekken met de betreffende ouders komt steeds weer hetzelfde naar voren: veel kinderen van nu zijn hoogbegaafd qua bewustzijnsfrequentie, maar het interesseert hen niet om goede cijfers op school te halen. In plaats daarvan beschikken ze over andere opvallende talenten. Sommigen zijn praktisch of kunstzinnig uiterst begaafd, anderen zijn bovengemiddeld empathisch en sociaal of hebben een bijzondere band met dieren of planten, en weer anderen zijn in staat om bij zeer complexe onderwerpen het overzicht te houden, en ga zo maar door. Voor veel van deze kinderen is het huidige schoolsysteem met zijn driedimensionale leermethoden en zijn eenzijdige rationele beoordelingssysteem in strijd met hun innerlijke wezen, zodat ze geen enkele drive voelen om zich naar dit systeem te voegen. Liever leven ze volgens hun eigen bijzondere gaven omdat ze zich hierdoor gelukkig, tevreden en waardevol voelen. Helaas beseft een groot deel van hun ouders nog niet dat deze kinderen een hogere trillingsfrequentie in zich dragen en daarom totaal anders denken, voelen, praten en handelen dan hun eigen generatie en die van hun grootouders.

Juist heel jonge kinderen die nog niet naar school gaan, laten voor een deel een enorm hoog bewustzijnsniveau zien, iets wat de ouders vaak niet onderkennen. Sterker nog, ze hebben geen idee wat er aan de hand is. Soms wordt er dan een zogenaamde hoogbegaafdheid gediagnosticeerd, wat meestal ook geen concrete verbetering oplevert, want de symptomen van overprikkeling en onbegrip uit de omgeving lossen alleen met zo'n diagnose nog niet op. Belangrijker is dat zulke kinderen allereerst ons begrip krijgen en dat we ze onze bereidheid laten zien om het bestaan van de hogerdimensionale realiteiten te erkennen. Zulke kinderen hebben niets aan goedbedoelde adviezen die voortkomen uit het driedimensionale perspectief van ons eigen wereldbeeld en onze eigen levenservaring, want ze dragen al een wereldbeeld en een schat aan inzichten in zich die ons in allerlei opzichten te boven gaan. Als ouder van zulke kinderen hoef je niet meteen je wereldbeeld en overtuigingen te herzien. Het is al voldoende als we hun een liefdevolle, begripvolle omgeving bieden en bereid zijn aandachtig naar hen te luisteren en van hen te leren.

Deze kinderen van de nieuwe tijd zijn net kostbare, ruwe diamanten die uit hogerdimensionale sferen komen en die tijdens hun verblijf hier vanuit deze hogerdimensionale sferen behoedzaam worden ondersteund en geslepen om hun levenstaak op Aarde te vervullen. Het minste wat wij als ouders kunnen doen, is dit proces niet door onze eigen kortzichtigheid in de weg te staan. In het betere scenario ondersteunen we hen actief en in het ideale scenario sluiten we ons bij hen aan.

40
Het boekproject

Eerste fase: vanaf eind december 2015. Maar weinig mensen in onze naaste omgeving weten dat Christina en ik bezig zijn met een boek. Het manuscript bevat al behoorlijk wat bladzijden, zodat we zachtjes aan op zoek gaan naar een uitgever. Ik weet niets van de uitgeverswereld, daarom vraag ik Christina me hierbij te helpen. De eerste uitgeverij waar we contact mee zoeken wil het manuscript wel bekijken, maar de hiervoor verantwoordelijke redacteur is voor langere tijd uit de running. Dat is me te onzeker en ik besluit om verder te kijken.

We zijn het er allebei over eens dat het niet alleen om het organisatorische en zakelijke deel gaat, met andere woorden: we zoeken niet iemand die alleen het boek laat drukken en op de markt brengt. Een boek met zulke bijzondere en grootse thema's en met zo'n hoge trillingsfrequentie heeft een redacteur nodig die qua bewustzijn in harmonie is met de inhoud van het boek, en ook de uitgeverij moet dit wereldbeeld delen en zich duidelijk op de kant van het licht en het goddelijke bevinden. Zal het lukken om zo iemand te vinden?

Als ik in toeval zou geloven, zou ik zeggen: toevallig liepen we een goede vriend tegen het lijf die thuis is in spirituele filosofie en die ons een belangrijke tip gaf. Zo komen we terecht bij de eigenaar van [de Zwitserse] uitgeverij Govinda: Ronald Zürrer. Wanneer ik onderzoek doe naar Ronald Zürrer, kom ik erachter dat hij niet alleen eigenaar van de uitgeverij is, maar ook een gerenommeerd en ervaren godsdienstfilosoof, schrijver en docent die zich zijn hele leven al met de onderwerpen bezighoudt waarover Christina het heeft. Voor zijn werk op het gebied van reïncarnatieonderzoek heeft hij in 2006 zelfs de 'Zwitserse prijs voor parapsychologie' gekregen.

Dit klinkt allemaal heel serieus en veelbelovend en dus mail ik hem ('toevallig' ook nog precies op zijn verjaardag) ons manuscript. Na een mailwisseling ontmoeten we elkaar drie weken later ('toevallig' precies op mijn verjaardag) voor de eerste keer. Hij had van tevoren Christina expliciet toestemming gegeven om in zijn bewustzijn 'in te trillen', om zo te onderzoeken of hij betrouwbaar genoeg is. Dat is hij zeker en daarom kijken we ernaar uit hem bij ons thuis te ontmoeten. Hier leert hij niet alleen Christina en mij kennen, maar ook Mario. Het bezoek verloopt heel prettig en ergens hebben we het gevoel dat we door een hogere samenloop van omstandigheden met een 'oude bekende' en een zielsverwant in contact zijn gebracht.

Na nog een paar afspraken met lange vaktechnische gesprekken zijn we het eens over onze samenwerking en ondertekenen in maart 2016 een contract. Ronald is tevens germanist en heeft zelf al tientallen boeken geredigeerd. Daarom biedt hij ons aan niet alleen als uitgever maar ook als redacteur persoonlijk aan ons boekproject mee te werken. Heel ongewoon in de uitgeversbranche, maar heel plezierig voor ons, is dat wij mogen bepalen welk formaat het boek krijgt, welk lettertype gebruikt gaat worden en hoe het boek eruit gaat zien. Al met al heb ik het gevoel dat ik in goede handen ben en geniet van de voorpret dat ons boek nu weldra op de markt komt.

Ronald heeft eerst nog een paar andere projecten die hij moet afronden, maar in mei 2016 begint hij met het redigeren en zo zijn langzaam maar zeker de eerste hoofdstukken klaar om gedrukt te worden. Maar om verschillende reden is de tijd nog niet rijp voor publicatie. Of ik ben er nog niet rijp voor, want ik moet blijkbaar eerst nog een ander leerproces volbrengen, namelijk dat van geduld en vertrouwen. Later, toen ik hierop terugkeek, moest ik toegeven dat ik in deze eerste fase in de lente van 2016 een te afwachtende houding aannam, die waarschijnlijk stamt uit de tijd dat ik zelf nog een bedrijf runde. Mijn verstand voert dan de boventoon en probeert alles te controleren en juist daardoor gaat het mis. Ik word ongeduldig en wil dat het boek zo snel mogelijk wordt gepubliceerd, terwijl Ronald de inhoud en de kwaliteit belangrijk vindt en daarom adviseert de tijd voor het project te nemen en niets te overhaasten. Zo raakt de harmonie tussen ons verstoord en Christina en ik besluiten met pijn in het hart de samenwerking met deze voor ons voorbestemde uitgever te beëindigen.

Christina zegt hierover: 'Onder deze voorwaarden kunnen we het boek nu niet publiceren. Het boek zal pas op de markt komen als het juiste moment daar is en alle deelnemers er werkelijk toe bereid zijn. Dan zullen ook zij daarboven het ermee eens zijn.'

Oké, dan is de tijd gewoon nog niet rijp voor publicatie. Er zit voor mij niets anders op dan dit te accepteren en dus leg ik het manuscript een aantal weken aan de kant. Ook al stemt het me enigszins verdrietig en weet ik niet hoe het verder moet met het project, toch voelt deze ongeplande pauze op onverklaarbare wijze juist.

Hulp uit het kwantumveld

Tweede fase: vanaf begin oktober 2016. In de herfstvakantie krijgt Christina nogmaals een zeer verdiepende uitleg door over veel van de thema's die in ons manuscript worden beschreven. We gebruiken de vakantie om het manuscript er weer bij te pakken en samen opnieuw te bewerken en aan te vullen. Hoewel haar enthousiasme voor het boekproject niemand kan ontgaan, benadrukt ze dat het vooralsnog mijn taak is om het boek te schrijven, maar dat ze me voor elk onderwerp graag alles aandraagt wat nodig is.

Nu ik opnieuw bezig ben met het manuscript wordt me duidelijk waarom ons boek niet zoals we aanvankelijk hoopten al in de zomer van 2016 gepubliceerd zou worden. Christina en 'die van daarboven' hebben ondertussen de thema's door heel veel nieuwe informatie en verklaringen naar een hoger niveau getild, zodat de tekst nu nog completer en sluitender is. Als ik dit tegen haar zeg, bevestigt ze mijn vermoeden en voegt lachend toe: 'Dit is nog lang niet alle informatie, mama. Het eind is nog lang niet in zicht.'

Wat mijn persoonlijke ontwikkeling betreft, heb ik het idee dat ik de laatste maanden niet alleen meer geduld en vertrouwen heb ontwikkeld, maar dat ik ook steeds vertrouwder word met al die hogerdimensionale onderwerpen en ze steeds beter weet te plaatsen. Toen dit allemaal zo'n twee jaar geleden in februari 2015 begon, was het zo nieuw en ongewoon voor mij dat ik al die concepten niet kon vatten en nog niet in staat was erin te geloven. Maar nu worden ze me langzaam maar zeker duidelijk. Mijn opleiding tot natuurgenezer en de opleiding in de transpersoonlijke psychologie die ik daarnaast ook volgde, hebben me zeker geholpen in dit proces.

Zo staan we eind oktober 2016 opnieuw voor de vraag aan welke uitgeverij we ons manuscript zullen toevertrouwen. Hoewel ik het nog steeds jammer vind dat de samenwerking met uitgeverij Govinda spaak liep, wil ik proberen open te staan voor nieuwe contacten. Ik vraag Christina om advies en ze antwoordt rustig en zelfverzekerd: 'Laat dit maar rustig over aan het kwantumveld. Dan brengt het leven altijd precies dat naar je toe wat je ziel heeft uitgezocht. Wanneer het juiste moment is gekomen om een uitgeverij te vinden, wordt het daarboven wel geregeld.'

Zo laat ik voor het eerst in mijn leven uit de grond van mijn hart iets heel bewust aan het universum, het kwantumveld en de kosmische hoeders over, namelijk het vinden van de juiste uitgeverij. Op verstandelijk niveau is het niet zo goed te volgen hoe we zonder enige actie een uitgeverij moeten vinden, maar wat weet het verstand nou eigenlijk? Ik heb besloten deze keer op de hogere leiding te vertrouwen en mijn controledrang los te laten. Misschien doet zich wel een onverwachte ontmoeting voor, of stuit ik heel toevallig op een boek of artikel in de krant waarin een uitgeverij wordt genoemd. Wat er ook gebeurt, ik laat het hele boekproject nu zonder verwachtingen of voorwaarden over aan de hogere goddelijke machten. Intussen weet ik dat ik me nu aan het noodzakelijke geduld durf over te geven, mocht het allemaal wat langer duren.

Over een paar maanden ben ik klaar met mijn vierjarige opleiding, dus heb ik genoeg te doen waarop ik mijn aandacht kan richten. Toch weet ik nog steeds niet of ik later echt als natuurgenezer ga werken of dat er wellicht andere taken voor me zijn weggelegd. Wat mijn aanstaande afstuderen betreft, moedigt Christina me aan mijn op controle beluste verstand los te laten en me ook nu vol vertrouwen over te geven aan de hogere leiding. Ik heb natuurlijk al die jaren goed geleerd en weet dat mijn vakkennis voorhanden is, die ik nu alleen maar hoef op te roepen via de kracht van mijn intuïtie.

Ik geef toe dat het me wel een beetje moeite kost en mijn verstand voelde zich vast meer senang als ik alle leerstof uit alle boeken en mappen zoals altijd door vlijtig leren in mijn hersens zou proppen. Ik ben niet zoals mijn vijftienjarige dochter, die bijna nooit leert voor tentamens of voordrachten, maar alles intuïtief doet en hier behoorlijk succesvol mee is. Zonder enige voorbereiding weet ze exact wat in elke situatie het juiste en passende is. Ik daarentegen voel me zekerder als ik mijn verstand op situaties heb voorbereid. Maar ik wil leren om steeds meer op de kracht van mijn intuïtie te vertrouwen.

Wat het boekproject betreft, heb ik me erop ingesteld dat het best nog wel een poos kan duren voor er weer wat beweging in komt. Maar opnieuw verrast het universum me op een fabelachtige manier. Want het 'antwoord' op mijn besluit om me over te geven aan het kwantumveld slaat werkelijk alles. De volgende dag al (!) krijg ik een sms'je van mijn vroegere uitgever Ronald Zürrer – na maandenlange radiostilte. Wat een grote, prachtige verrassing! Ik durfde niet eens meer te denken aan een samenwerking met Ronald, want ik ging ervan uit dat die kans was verkeken.

Waarom stuurt hij me juist nu een vriendelijk en verzoenend bericht en vraagt hij zonder opdringerig te zijn hoe het sinds onze laatste ontmoeting met mij en het boekproject is gegaan? Hoe kan het dat hij juist nu reageert? Het is een ongelooflijk moment voor me en in één klap besef ik: Ronald is nog altijd de enige juiste partner voor ons boek. Eigenlijk wist ik dit diep vanbinnen al bij de eerste ontmoeting. En hij, die sterk op zijn intuïtie vertrouwt, heeft kennelijk nu een krachtig signaal gekregen om weer contact met mij te leggen. Er volgt een kort, prettig gesprek waarin we over en weer onze fouten toegeven en de vertrouwensband wordt hersteld. Eind 2016 pakken we onze samenwerking weer op en ondertekenen daarna ook formeel een nieuw uitgeefcontract.

Van Christina krijgen we eveneens groen licht en ze is heel blij dat de samenwerking met Ronald en uitgeverij Govinda weer een feit is – net of ze het allang wist. Hoe zei ze dat laatst ook alweer: 'Geen zorgen, mama, je krijgt altijd een tweede kans.' Klopt, zoals het er nu uitziet, kun je je niet onttrekken aan de voorzienigheid.

Van maart tot mei 2017 wijdt Ronald zich intensief aan het redigeren van ons manuscript en langzaam maar zeker krijgt het boek vorm. Deze keer loopt de samenwerking gesmeerd, zodat alle betrokkenen nu zeker weten dat de tijd rijp is om het boek op de markt te brengen. Samen met Christina loop

Mei 2017: het team dat dit boek tot stand heeft gebracht: Christina met Bernadette en Ronald.

ik het gevoelige en competente redactiewerk van Ronald na en we zijn er heel tevreden over, want het is hem gelukt om mijn manuscript taalkundig en energetisch naar een hoger niveau te tillen. Christina zegt dat het boek hierdoor nu de trilling van mij, haar en Ronald samen bevat.

Halverwege deze klus is ook Christina's zestiende verjaardag, op 15 april 2017. Naast een paar vriendinnen en familieleden nodigt ze ook Ronald uit om haar verjaardag te komen vieren. Vijf weken later is er samen met Narada, Ronalds twintigjarige zoon, die kunstenaar is, een fotoshoot. Narada krijgt ook de opdracht om ons logo met de silhouetten van Elena en Christina te maken en hij helpt ons met de boekomslag.

Hoe het verdergaat: de drie kernbegrippen vrijheid, waarheid en liefde

Tijdens de redactie wordt duidelijk dat er nu al veel te veel materiaal is voor één boek. Christina had al vaker gezegd dat dit pas het begin is van haar werk en dat we in de toekomst nog heel veel meer mondelinge en schriftelijke uitspraken van haar kunnen verwachten. Het is duidelijk dat het niet bij één boek zal blijven, maar dat hier een hele serie aan het ontstaan is. We besluiten daarom het huidige manuscript op te delen in twee boeken.

Dit boek, het eerste deel, zal vooral gaan over Christina's geboorte, kinderjaren en puberteit en haar ontwikkeling tussen februari 2015 en het voorjaar van 2017. Deze eerste zestien jaren stonden voor Christina duidelijk in het teken van het wennen aan en leren omgaan met het driedimensionale leven en school en van de beproevingen om zich op haar toekomstige leven voor te bereiden.

Op aanraden van Ronald vat Christina half april 2017 haar levensopdracht samen in drie kernbegrippen te weten vrijheid, waarheid en liefde.

Eind mei 2017, vlak voor het boek wordt gedrukt, zegt ze hierover: 'Bij het thema **vrijheid** gaat het er in eerste instantie om dat de mensheid vrij is van de invloed van het onlicht. Het is daarom belangrijk dat je goed het verschil tussen het licht en het onlicht kent. Daarna kan de bevolking zich op elk levensgebied – materieel, emotioneel, rationeel en spiritueel – bewust afkoppelen van het systeem van onlicht en een nieuw leven in onafhankelijkheid en zelfbepaling beginnen. Dit betreft bijvoorbeeld thema's als zelfvoorzienend zijn met een eigen tuintje, ruilhandel als alternatief voor het geldsysteem, je eigen mening vormen los van de invloed van massamedia, de bevrijding van de dagelijkse routine en noem maar op. Bij het onderwerp vrijheid hoort ook de innerlijke vrijheid, dat wil zeggen: aanvaarding van alle aspecten van het mens-zijn, ook de schaduwzijde, in de stroom van levensvreugde.

Om dit allemaal mogelijk te maken is **waarheid** nodig. Met waarheid bedoel ik vooral dat de mensheid opheldering van bepaalde feiten krijgt die door het systeem van onlicht zijn verdraaid. Want pas als je de bedekte leugens en dwaalsporen onderkent en doorziet, kun je bewust voor een andere weg kiezen. Deze omvat enerzijds grote thema's als de ware herkomst en het verleden van de mensheid en anderzijds het heersende idee van de achtergronden van ons politieke en economische systeem.

Het derde begrip is **liefde**. Het is belangrijk om eerst de kern van gevoelens en emoties te onderkennen en dan alle negatieve dingen bewust te voelen en vervolgens in liefde om te zetten. Op die manier kunnen de mensen leren om niet met woede of geweld maar met liefde op negatieve en destructieve dingen te reageren. Dan zullen ze zowel zichzelf als de daders vergeven en beginnen om alles met liefde tegemoet te treden.

Al deze thema's komen in de volgende delen van de Christina-serie aan de orde. Het tweede deel, met de titel *Het visioen over het goede*, zal vooral gaan over Christina's filosofische en wetenschappelijke beschouwingen tussen 2015 tot 2017, plus een paar opmerkelijke voorvallen en fenomenen uit die periode die we wegens plaatsgebrek niet meer in dit boek konden opnemen.

Hoe het daarna verdergaat, zal de tijd leren. Maar we gaan er vooralsnog van uit dat het niet bij dit ene Christina-boek zal blijven...

41
Slotwoord van Christina

Beste lezer,
Ik ben gevraagd om voor dit boek, dat mijn moeder de afgelopen maanden met liefde en toewijding heeft geschreven en waarvoor in de persoon van Ronald een betrouwbare uitgever op ons pad is gekomen, een slotwoord te schrijven. Dat doe ik met alle plezier.

De mensheid staat op het punt een ongelooflijke revolutie mee te maken. Velen hebben hier reikhalzend naar uitgezien, maar slechts weinigen begrijpen wat dit werkelijk betekent. De komende revolutie maakt deel uit van een grote ontwikkeling, die op haar beurt deel uitmaakt van een nog grotere gebeurtenis die ingrijpende gevolgen heeft. Maar uiteindelijk komt het allemaal goed.

Het aanstaande ontwaken van de mensheid verloopt in fasen en de volgende stap is de revolutie van de liefde. Liefde is de kracht in alle mooie, creatieve en vreugdevolle dingen waaruit de wereld bestaat. Destructieve machtsstructuren daarentegen zijn slechts de weerslag van angst en liefdeloosheid van de bevolking. Ware liefde laat alle angst achter zich en maakt niet alleen een liefdevolle revolutie mogelijk maar zelfs onherroepelijk.

Als we allemaal de energie van liefde in ons ontketenen, heeft de mensheid voor de tweede keer in de geschiedenis het vuur uitgevonden: het vuur van de liefde zal zich in alle mensen verspreiden opdat alle systemen in deze wereld een aanpassing door liefde ervaren. De liefde is een allesdoordringende kracht van de natuur en zodoende ook de kracht van ons allemaal.

We staan voor een tweesprong: of onze wereld zal ten onder gaan aan verwoesting of hij zal zich richten op het opbouwende en goede. De kans bestaat dat alles in chaos ten onder zal gaan. Imperiums vallen uit elkaar, koninkrijken gaan in vlammen op, leefgebieden en hele werelden worden vernietigd. Alles wat eens mooi, levend en op natuurlijke wijze georganiseerd was, zal verscheurd worden en tot stof vergaan.

Maar tegenover dit duistere scenario staat een andere, tegengestelde kracht – een kracht die het onmogelijke kan bewerkstelligen: de kracht van het leven, de kracht van de liefde, elk levend wezen is een korte aanval tegen de chaos, want het is in staat orde te scheppen daar waar chaos en wanorde woeden. Genialiteit is ons erfgoed, de vrije wil is onze macht, en onoverwinnelijkheid is het speelgoed van onze ziel.

De essentie van het leven voelt aan als liefde, verschijnt als schoonheid en klinkt als waarheid. Deze essentie van het leven straalt voortdurend vanuit de hemelse rijken naar de Aarde toe en vormt het aardse leven volgens de beelden van boven. Echter, de krachten van het onlicht hadden voor een bepaalde tijd de wind in de rug op Aarde. Hierdoor lieten de mensen zich verleiden, gebruikten hun verstand tegen het leven en veranderden in willoze zombies voortgestuwd door hebzucht, afgunst en dwaze machtslust. Het onlicht laat zich door niets tegenhouden en walst over alles heen als je het zijn gang laat gaan. Alleen de wil van de ziel om volgens het goddelijke plan te leven staat boven deze vernietigende kracht. Maar wanneer alle kansen tegen ons zijn, wanneer de vooruitzichten het allerduisterst zijn en alles beheerst lijkt door geweld en destructie, komt er een engel die ons toefluistert: 'Er is iets wat je kunt doen: win! Win!'

Een krachtig licht kan elk multiversum tot in de kern doen schudden. Zo staat de engel van het leven al aan het eind van deze tijd en zwaait naar ons. Aan ons nu de taak om van de Aarde een levende weerspiegeling van de hemel te maken. Wie zich op deze manier helemaal ten dienste van het leven stelt, zal deze wereld overwinnen.

Want we zijn allemaal als licht geboren en iedereen zal zich weer herinneren dat hij licht is. Dat zal onze toekomst zijn! Er zal een groot licht ontstaan en dit licht ben jij. Alles zal helen en deze heling ben jij. Er zal een ommekeer naar liefde zijn en die ommekeer naar liefde ben jij.

Dan zal liefde de standaard van elk land zijn en zal het visioen over het goede de toekomstige wet van elk land zijn. Een sprankje licht zal uitgroeien tot een hemels licht.

Het zal licht worden!

Christina von Dreien
November 2016

September 2014: de vijftienjarige Christina in onze tuin.

We zijn allemaal als licht geboren
en iedereen zal zich weer herinneren
dat hij licht is.
Dat zal onze toekomst zijn!

Er zal een groot licht ontstaan
en dit licht ben jij.
Alles zal helen
en deze heling ben jij.
Er zal een ommekeer naar liefde zijn
en deze ommekeer naar liefde ben jij.

Dan zal liefde
de standaard van elk land zijn
en zal het visioen over het goede
de toekomstige wet van elk land zijn.
Eén sprankje licht zal zich
tot een hemels licht ontwikkelen.

Het zal licht worden!

– Christina von Dreien

Dankwoord

Mijn grootste dank gaat uit naar jou, Christina. Jij bent hier naartoe gekomen om met je open, wijze en vreedzame houding de mensen te helpen om hun bewustzijn te verruimen en de zin van hun leven beter te begrijpen. Bedankt dat ik in dit eerste boek een deel van de meerlagige, hogerdimensionale fenomenen die voor jou zo vanzelfsprekend zijn en een deel van je vele uitspraken mocht opschrijven. Jouw lichttriling heeft ook mij geholpen me verder te ontwikkelen en mijn eigen licht weer opnieuw te leren zien en te ontplooien. Dit boek is het begin van de vervulling van jouw levenstaak. Ik ben blij dat jij ons hier deelgenoot van laat zijn.

Ook jou, Ronald, wil ik hartelijk bedanken voor de harmonische samenwerking. Mijn taalvaardigheid was niet toereikend geweest om een tekst met zo'n hoogstaande inhoud op de juiste manier vorm te geven. Maar met jou als empathische en welbespraakte redacteur en uitgever ligt er nu een boek dat eer doet aan de lichtvolle onderwerpen van Christina. We zien jou inmiddels als een persoonlijke vriend en metgezel, en waarderen je integriteit, je open en eerlijke omgang en je kritische gesprekken enorm. Bedankt voor je vertrouwen in ons werk en voor de vrijheid die je ons liet.

Ik wil ook Mario hartelijk bedanken. Tijdens de vele uren dat Christina en ik gesprekken voerden, hield jij je altijd begripvol en gefascineerd bezig met je eigen hobby's, die meestal twee of meer wielen hebben. De tijd zal leren welke rol jij in deze missie zult spelen. Christina heeft met jou in elk geval de meest betrouwbare broer en vertrouweling die ze zich kan wensen.

Elena, ik mocht maar twee maanden jouw moeder zijn. Want jij besloot je driedimensionale lichaam weer te verlaten om een veel belangrijkere opdracht op je te nemen. Ik dank je met heel mijn hart dat je Christina bij het vervullen van haar bestemming altijd met je gouden licht begeleidt en steunt.

Jullie zijn allen een geschenk uit de hemel en daar ben ik eeuwig dankbaar voor. Jullie zijn allemaal door de manier waarop jullie denken, praten, handelen en werken steeds weer een reden en voorbeeld om me innerlijk te blijven ontwikkelen, om stap voor stap dichter bij mijn goddelijke kern te komen en om mijn eigen licht en potentieel verder te ontplooien.

Bernadette van Dreien
Mei 2017

Over de auteur

Bernadette von Dreien (geboren op 16 januari 1972 in het Zwitserse Toggenburg als Bernadette Brändle; aangetrouwde naam Bernadette Meier) is oud-topatleet en tegenwoordig natuurgeneeskundige.

Sinds 1997 heeft ze als Bernadette Meier op verschillende lange loopafstanden (marathon, halve marathon, 10 kilometer, bergloop en crosscountry) diverse gouden medailles gewonnen, onder andere een paar keer als Zwitsers kampioen. Daarnaast heeft ze bij de Europese en wereldkampioenschappen enkele toptienklasseringen op haar naam gezet. Ze was tot de zomer van 2015 actief als atleet van Swiss Athletics.

De gediplomeerde praktijkassistente volgde tussen 2013 en 2017 de studie natuurgeneeskunde en studeerde af met als specialisme Traditionele Europese Natuurgeneeskunde (TEN).

Tegenwoordig woont ze met haar dochter Christina (geboren in 2001) en zoon Mario (geboren in 2003) in het Zwitserse dorp Dreien in het kanton St. Gallen.

Waarom een pseudoniem

Bernadette en Christina gebruiken het pseudoniem Von Dreien niet om hun identiteit te verhullen, maar om de volgende redenen: ten eerste drukt een pseudoniem een zekere neutraliteit uit, ten tweede komt de naam Meier veel voor, ten derde verwijst het pseudoniem Von Dreien naar het dorp waar Christina is geboren en nu nog steeds woont, en ten vierde is bij Christina de toevoeging 'Von Dreien' een verwijzing naar het feit dat ze niet alleen een broer maar ook nog een zus heeft en dus een van mijn drie kinderen is. Want haar vroeg overleden tweelingzusje Elena hoort net zo goed bij ons gezin. Ze is als fijnstoffelijk lichtwezen altijd aan Christina's zijde en begeleidt en ondersteunt haar bij het vervullen van haar levenstaak.

Website van Bernadette: www.bernadettemeier.ch

Website van Christina: www.christinavondreien.ch

Noot van de auteur

Het past bij onze visie en wat wij onder een liefdevolle band tussen mensen verstaan dat we open, eerlijk en respectvol met elkaar omgaan. Daarom vragen wij je om onze privacy net zo te respecteren als je dat zelf van een ander verwacht. In het bijzonder vragen wij je ons alleen voor lichtvolle zaken te benaderen en uitsluitend op afspraak.

Zoals in dit boek al is beschreven, is Christina niet beschikbaar als genezer van lichamelijke of psychische ziekten of om haar gaven puur voor de show te demonstreren. We vragen je om ook dit te respecteren. Hartelijk dank.

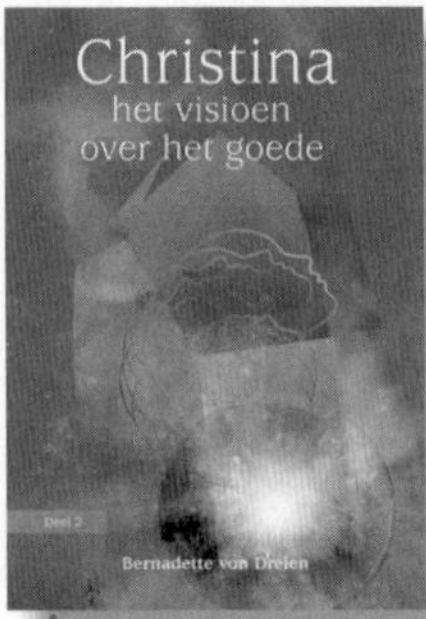

Christina, deel 2: het visioen over het goede

Bernadette von Dreien

ISBN 978 94 6015 186 6
Derde druk
352 pagina's
€ 23,50

Dit tweede deel is net als deel 1 geschreven vanuit het perspectief van Christina's moeder, Bernadette. Zij vervolgt haar verhaal over de ontwikkeling die Christina doormaakt: het einde van haar schooltijd, de onthulling van haar levensplan en het prachtige begin van haar werk in het openbaar.

Diverse onderwerpen komen aan bod, waaronder de universele spelregels van het leven, het bewandelen van het individuele zielspad en de ontvouwing van ons persoonlijke potentieel, en de hulp van onze spirituele begeleiders.

Christina, deel 3: bewustzijn schept vrede

Christina von Dreien

ISBN 978 94 6015 187 3
Tweede druk
320 pagina's
€ 23,50

Dit derde deel van de *Christina*-boekenreeks bestaat volledig uit Christina's eigen woorden. Het is samengesteld uit haar seminars en interviews uit 2018 en 2019, waarin Christina ons vertelt wie wij als mens werkelijk zijn, waarom de omstandigheden op Aarde op dit moment zijn zoals ze zijn en in welke positieve richting de wereld zich kan ontwikkelen. Daarmee geeft ze ons vertrouwen en hoop op een toekomst waarin we in en buiten onszelf vrede ervaren en versterkt ze ons gevoel dat alles ondanks alle sombere voorspellingen uiteindelijk goed zal komen.